7가지 키워드로 열어보는
팀 켈러의 설교세계

가스펠 프리칭

7가지 키워드로 열어보는 팀 켈러의 설교세계
가스펠 프리칭

2021년 6월 25일 초판 1쇄 발행
2023년 8월 30일 초판 2쇄 발행

지은이 | 박현신
펴낸이 | 박영호
교정·교열 | 주종화
펴낸곳 | 도서출판 솔로몬

주소 | 서울시 동작구 사당로 143
전화 | 599-1482
팩스 | 592-2104
직영서점 | 596-5225

등록일 | 1990년 7월 31일
등록번호 | 제 16-24호
E-mail | solcp1990@gmail.com

ISBN 978-89-8255-594-7 03230

2021 ⓒ 박현신
Korean Copyright ⓒ 2021
by Solomon Publishing Co., Seoul, Korea

저작권법에 의하여 한국 내에서 보호를 받는 저작물이므로
무단전재와 복제를 금합니다.

Timothy J. Keller

7가지 키워드로 열어보는
팀 켈러의 설교세계

가스펠 프리칭

● 박현신 지음

Gospel Preaching

솔로몬

목차

감사의 글 ... 8
프롤로그 ... 10

1부 팀 켈러 설교와 사역 조감도

1. 새로운 칼빈주의 부흥의 기수, 팀 켈러 ... 19
2. 복음, 도시, 운동, 그리고 센터 처치 ... 24
   1) 총체적 설교 구도, 좋은 설교를 넘어 위대한 설교로
   2) 켈러의 복음중심적 목회 철학
   3) 시티 투 시티(City to City), 교회 개척 센터
3. 설교 마스터, 팀 켈러 설교의 뿌리 ... 31
   1) 바울의 설교신학에 뿌리내린 켈러의 설교철학
   2) 칼빈주의 신학의 산맥 아래 선 켈러
   3) 클래식 강해설교의 전통을 현대에 되살린 설교 마에스트로, 켈러
4. 하나님 나라 비전과 사역 방향(철학)을 제시하는 설교 ... 40
   1) 리디머 교회의 비전 시리즈 설교
   2) 부흥 시리즈 설교
   3) 도시 초점 시리즈 설교
   4) 전도 시리즈 설교

2부 팀 켈러의 복음중심적 설교세계를 여는 7가지 키워드(7P)

키워드 1. 패러다임(Paradigm)
켈러 설교의 기본 패러다임: 삼중적 구조와 비의도적 패러다임 • 51
1. 켈러 설교의 해석학적 구조, 삼중적 스펙트럼 ... 51
2. 그리스도중심의 삼중직 패러다임 ... 55
3. 켈러의 비의도적 혹은 네 지평 설교 패러다임 ... 58
4. 원 저자의 메시지를 찾기 위한 주해적 과정 ... 66
   1) 원어 분석통한 성경 원 저자 의도 분석
   2) 원어와 사회/문화/역사적 배경 연결
   3) 문법적/구문적, 문맥적 분석

4) 문화 사회 분석-원 청중/원 도시

5) 정경적 분석과 주석가 활용

키워드 2. Pro-Jesus
켈러 설교의 이중초점 렌즈: 그리스도 중심 렌즈와 복음중심 신학 렌즈 • 74
1. 그리스도에 초점을 맞춘(Christo-centric focus) 복음신학적 설교 ... 74

1) 그리스도에 초점을 맞춘 복음조각들

2) 그리스도 안에서 성취된 구속사적 주제에 초점을 맞춘 복음의 조각들

3) 4단계 플롯(Plot) 구조를 통한 그리스도 중심 설교

2. 복음 신학화(Gospel Theologizing) 렌즈를 통한 그리스도 중심 설교 ... 85
3. 복음중심적 세계관에 기초한 그리스도중심적 설교 ... 88

1) 복음신학의 주요 명제

2) 복음중심적 메타내러티브(Metanarrative)

3) 하나의 복음, 여러 형태의 복음(One Gospel, Various Forms)을 통한 그리스도중심적 설교

4) 하나님 나라의 새로운 차원을 통한 그리스도중심적 설교

4. 그리스도가 복음이다: 모든 본문에서 그리스도를 설교하기 위한 6가지 전략 ... 94

1) 성경의 장르를 통한 그리스도 설교하기 전략

2) 성경의 주요 주제를 통해 그리스도 설교하기 전략

3) 성경의 주요 인물을 통해 그리스도 설교하기 전략

4) 성경의 주요 이미지를 통해 그리스도 설교하기 전략

5) 성경의 구원 이야기를 통해 그리스도 설교하기 전략

6) 직관적 원리를 통해 그리스도 설교하기 전략

5. 그리스도중심 렌즈를 통과하는 신학화 과정 분석 ... 106

1) 신학적 정의(definition)를 통한 신학화

2) 그리스도를 드러내기 위한 주요 신학적 주제

3) 시리즈 설교를 통한 그리스도중심적 교리형 강해설교

4) 4단계 플롯/율법 프리즘통한 신학화

키워드 3. P(Presuppositional Apologetic Preaching)
켈러 설교의 비장의 무기, 마음속 전제주의 변증 설교 • 116
1. 하나님에 대한 변증(The Reason for God)으로써 설교 커뮤니케이션 ... 116
2. 복음의 변증적 기능의 균형화(Balancing Apologetic Functions of the Gospel): 증명, 변호, 비판(공격) ... 118

1) 종교와 비종교가 아닌 제3의 길로써 복음중심적 변증 설교: 복음의 증명 차원

2) 포스트에브리팅 세대의 회의주의에 대한 전제주의 변증 설교: 복음의 변호
3) 4단계 전제주의 변증 설교(지성 연결–상황화–신뢰–복음 친밀함) 패턴
4) 포스트모던 우상을 '해체'하기 위한 변증 설교: 복음의 비판(공격) 차원

키워드 4. Preaching to the Heart
청중의 마음을 향한 설교 • 172
1. 청중의 마음을 향한 복음 설교 ... 172
2. 마음을 움직이는 설교의 밸런스 ... 175
3. 청중의 영적 상태에 대한 분석 표 ... 177
4. 청중의 그리스도 안 만족을 위한 설교 ... 179

키워드 5. Proculture
사회, 세대와 문화를 변혁시키는 설교 • 182
1. 후기 모던 사회(late Modern society) 포스트에브리팅(post–everythings) 세대를 읽는 혜안 ... 182
2. 포스트에브리팅 세대를 변혁시키기 위한 복음중심 설교 ... 186
3. 균형잡힌 상황화를 통한 문화 변혁(Cultural Transformation) 설교 ... 191
4. 후기모던 내러티브와 기독교적 답변을 담은 설교 ... 195
5. 문화적 상황화를 위한 설교 전략 ... 198

키워드 6. Professional Application
복음중심적 균형 잡힌 적용(Gospel–centered Balancing Application) • 200
1. 칼빈주의 신학과 그리스도에 근거한 적용 ... 200
2. 마음(동기)과 우상을 향한 적용 ... 203
3. 다양한 형태와 유형의 적용 ... 205
4. 다양한 청중/공동체에 적합한 구체적 적용 ... 208
5. 적용의 목적, 지향점: 변혁을 향해 나아가는 적용 ... 210
6. 다차원적 영역의 변혁을 향한 적용 ... 212

키워드 7. Pastoral Communication Strategy
켈러 설교의 시크릿: 탁월한 목회적 커뮤니케이션 10가지 전략 • 236
커뮤니케이션 전략 1. 레토릭이 아닌 레토리컬 어뎁테이션(청중주해와 수사학적 적응) ... 236
커뮤니케이션 전략 2. 입체적/객관적 설교 평가, 켈러 설교의 시크릿 ... 237
커뮤니케이션 전략 3. 청중에 민감한 설교 전달 ... 240
커뮤니케이션 전략 4. 치열한 8단계 설교 준비와 4단계 작성 ... 241
커뮤니케이션 전략 5. 육하원칙에 근거한 명료한 설교구조 ... 247

커뮤니케이션 전략 6. 설교 point 다양화 전략 ... 249

커뮤니케이션 전략 7. 범주화(categorization)/패턴화 ... 255

커뮤니케이션 전략 8. 수사학적 질문의 창조적 활용 ... 257

커뮤니케이션 전략 9. 성경 저자의 의도를 대화체로 풀어서 설명함 ... 258

커뮤니케이션 전략 10. 커뮤니케이션 전략 서론의 명료함과 반복을 통한 강조의 힘 ... 259

3부 팀 켈러 설교 실제 분석

1) 본문형 설교 예: "목이 마르도다"(I Thirst)" (요 19:28) (2008년 3월 9일 설교) ... 266
2) 켈러의 주제형(Thematic) 설교 예: "애굽을 탈출하다"(Getting Out) (출 14) ... 271
3) 서신서 단락(Passage) 설교 예: "우리 모두가 은사를 가진 자들" (롬 12:1-8) ... 273
4) 변증형(Apologetic) 설교 예: "탕자들"(The Prodigal Sons) (눅 15:1-2, 11-32) ... 278
5) 전통적인 내러티브 설교 예: "아무도 원하지 않는 여인" (창 29:15-35) ... 283

4부 팀 켈러 설교에 대한 종합 평가

1. 7가지 키워드로 본 켈러 설교의 강점 ... 295
2. 팀 켈러 설교에 대한 비평, 발전적 보완점 ... 308

에필로그 ... 338

부록 ... 347

    팀 켈러의 시리즈 설교 및 연속 강해 설교(1989년-2019년) ... 349

    강해설교 및 연속설교 횟수(1989년-2019년) ... 358

    팀 켈러의 주요 인용 자료 ... 361

주요 참고문헌 ... 375

감사의 글

먼저 이 책이 나올 수 있도록 인도해 주신 하나님께 모든 영광을 올려 드리며, 그 분의 선하심과 인자하심으로 인해(시 136:1) 찬양과 감사의 제사를 드립니다. 20년 가까이 부족한 저에게 사랑과 희생으로 최고의 돕는 베필이 되어준 아내 은진과 최고의 보물인 예성이와 예본이에게 사랑과 감사를 전합니다. 늘 눈물로 기도해 주시는 어머니와 변함없는 사랑으로 격려해주시는 가족들에게 항상 고마울 뿐입니다. 2013년 총신대학교 신학대학원 설교학 교수가 된 이후로 부족한 저에게 애정을 베풀어주시고 본이 되어주신 우리 학교 교수님들께 깊은 존경을 담은 감사를 드립니다. 유학시절부터 좋은 동역자로 함께 해주시고, 이 책에 조언을 아끼지 않으신 김대혁교수님께 고마운 마음을 전합니다. 또한 부족한 저의 설교학 수업들을 통해 함께 배우며 응원해준 총신신대원 제자들과 일대원, 목대원에서 함께 한 설교자들, 특히 팀 켈러 설교연구 수업을 함께 하면서 귀한 피드백과 자료조사를 해 준 전도사님들에게도 사랑과 감사를 전합니다. 학부시절부터 30년 동안 친구가 되어준 오명림 목사와 신대원 시절부터 20년 동안 동역자로 함께 해 온 H2one 목사님들에게도 감사를 드립니다. 여러 신학대학원에서 설교학을 가르치시며 저에게 귀한 배움과 도전을 주시는 한국과 미국의 설교학자들께도 존경과 감사를 드립니다. 부족한 원고를 심혈을 기울여 출판해 주신 솔로몬 출판사 박영호 장로님과 편집부 지체들에게 감사를 드립니다. 특별히 항상 따뜻한 사랑과 기도로 품어주시고, 늘 '무엇으로 남을 것인가'를 고민하게 해 주시는 최종천 목사님께 깊은 감사를 드립니다. 미국 유학 시절 가운데 가장 어려웠을 때, 해외 인재양성 장학생으로 세워주시고 귀한 후원과 기도를 해 주신 사랑하는 분당중앙교회 성도님들께도 감사의 마음을 전합니다.

- 본 책은 분당중앙교회의 저서기금의 지원을 받아 저술되었습니다.

총신대학교 신학대학원 양지 연구실에서
저자 박현신 드림

프롤로그

뉴욕 맨해튼에서 팀 켈러를 만나다

2005년 여름 어느 날, 미국 텍사스 주 사우스웨스턴에서 유학을 하고 있을 때였다. 한 목사님의 소개로 팀 켈러를 처음 듣게 된 이후 약 15년 동안 나의 학업과 사역의 여정 가운데 켈러의 설교는 최고의 관심주제 중에 하나였다. 2008년 5월, 두 번째로 미국 뉴욕에 방문할 기회가 있었다. 목적은 하나였다. 팀 켈러의 교회와 그의 설교를 직접 경험해 보고 싶어서였다. 뉴욕의 다른 어떤 관광보다 켈러의 교회에 가 보고 싶었던 것은 켈러는 몇 년 전부터 수많은 미국의 설교자들 가운데 가장 관심을 갖고 설교를 들으면서 특별한 관심을 갖고 있었기 때문이다. 켈러가 담임하는 리디머장로교회(Redeemer Presbyterian church)의 예배에 흥분되는 마음으로 참석하려고 교회당을 들어서자마자 놀라움을 금치 못했다. 주일 저녁 시간에 뉴욕 맨해튼의 한복판에 가득찬 포스트모던 시대의 젊은이들과 한눈에도 엄청난 비율의 한국인과 동양인들이 그곳에 모여들었다는 점이었다. 미국의 대형교회들의 웅장함과 화려한 찬양과 예배와는 달리, 어떤 면에서 리디머교회의 예배는 보수적인 장로교 전통적인 예배에 가까웠다. 게다가 켈러의 설교는 웅변적이지도, 강렬한 열정이나 화려한 수사학적 기술을 찾아볼 수 없는 전통적인 스타일 그대로였다. 그날 인상적이었던 점은 갈라디아서 6장을 본문으로 젊은 뉴요커들을 향해 그리스도의 십자가를 강조하는 '복음 중심적'이면서도 매우 실제적인 삶의 적용과 실천(공동체와 뉴욕사회 안에서)을 강조하는 '필요 중심적' 설교였다는 것이었다. 켈러와의 첫 만남 이후로 나는 더욱 깊은 고심에 빠졌다. 전통적이고 평범한 켈러의 설교가 이토록 자타가 공인하는 최고의 대안적 설교모델로 자리매김되고 있는 이유가 과연 무엇일까? 이 질문의 대답 안에 포스트모던 세대를 향한 복음주의 설교원리를 캐내기 위한 열쇠가 들어 있다는 확신이 들었다. 그날의 의문의 소용돌이는 '켈러 설교 연구로의 기나긴 항해'로 다시금 나를 몰아갔다.

미국에서 설교학 석사과정과 박사과정을 전공하며 유학하고 이민교회에서 사역하는 기간부터, 한국으로 귀국하여 설교학을 가르치는 기간 동안(10년이 넘는 기간동안 한 설교자를 지속적으로 연구한 건 나로서도 처음이다) 개인적으로 팀 켈러의 설교를 얼마나 들었는지 알 수 없을 정도로 참으로 많이 들었던 것 같다. 적어도 아마 켈러의 수 백편 설교를 운전할 때나, 운동할 때나, 산책할 때나 내 삶의 배경음악처럼 듣고 또 들었다. 켈러에 대한 연구의 등정은 그리 쉽지만은 않았다. 지금은 켈러에 대한 책이 제법 많이 나와 있지만, 내 기억으로 대략 2010년 전까지는 켈러에 대한 책은 별로 없었기에 목회하던 미국 세인트루이스 한인교회 가까이 있던 커버넌트 신학교(Covenant Seminary)와 필자가 공부하던 남침례 신학교(Southern Baptist Theological Seminary)에서 여러 책과 아티클, 강의내용과 인터넷 자료 등으로 흩어져 있던 켈러에 대한 자료를 샅샅이 찾아서 파일 하나에 정리하였다. 학업과 사역 중에 이를 수시로 읽으면서 나의 설교학 박사과정의 연구의 과정 속에서 연결시키는 작업을 했을 뿐 아니라, 실제 나의 설교 사역 가운데 그의 설교 이론과 방법론을 나름대로 소화하여 실험하고 접목해 보았던 과정은 내게도 너무나 소중한 경험이었다(*초기 켈러에 대한 연구의 작은 열매로 필자의 『미셔널 프리칭』에 켈러의 사역과 설교에 대한 핵심적인 내용을 떠오르는 10명의 미셔널 프리쳐 설교자 열 명 중 최고의 모델로 소개하였다).[1] 감사하게도, 2010년을 기점으로 켈러의 센터 처치(Center Church)를 필두로 한 주요한 저술들이 폭 넓게 출판되고 소개되면서 본격적으로 켈러 설교 연구를 정상 궤도 위로 올려놓을 수 있었다. 그의 설교와 인터뷰들 그리고 그의 서적들과 설교에 대한 아티클, 논문은 거의 빠짐없이 읽고 연구하는 과정 자체가 필자에게는 축복이었다. 또한 최근 한국교회에 팀 켈러의 책과 설교가 왕성하게 소개되고 영향력이 확대되어 가는 것을 보면서 참 감사했다. 하나님께서 이 시대 교회와 사회에 주신 팀 켈러라는 선물을 통해 침체한 한국교회와 진정한 설교 회복을 꿈꾸며 대안을 찾는 설교자들에게 '여름 날의 생수'와 같은 활력소가 되길 소망한다.

그러나 한국에 팀 켈러 설교가 많이 소개되었지만, 의외로 그 분에 대해 깊이 이해하지 못하고 있는 실정과 만나는 목회자들이 현실적으로 팀 켈러의 설교를 좋아하면서도 교회 현장에서 접목하기에는 너무 어렵다는 고백을 종종 듣게 되었다. 이뿐 아니라 다양한 계기를 통해, 부족하지만 팀 켈러 설교를 연구해 온 설교학자로서, 신학생들과 목회자들에게 팀 켈러 설교에 대해 강의를 해 온 목회자, 설교자로서 그 동안 연구해 온 자료들을 정리해서 하나님 나라의 작은 씨앗으로 내 놓아야겠다는 사명감을 느끼며 본서를 저술하기 시작했다. 사실은 미국에서부터 팀 켈러와 그의 설교에 대해 연구하면서 틈틈이 기록하고 정리한 것을 목회자들 뿐 아니라 팀 켈러에게 관심이 있는 신학생과 평신도들까지 읽고 이해할 수 있도록 가능한 풀어서 책을 저술하고자 노력했다. 여러 상황들 때문에 생각보다 몇 년이나 늦게 이 책이 세상 밖으로 나오게 되었다. 부족하지만, 설교학자가 쓴 팀 켈러 설교학자의 최초 연구서라는 자부심의 날개와 함께 한국교회 설교자들과 다음 세대 설교자들에게 팀 켈러 설교에 대한 작은 안내서가 될 수 있을 것이라는 확신의 날개를 펴서 훨훨 날아오르게 해 보려고 한다.

그러나 본서가 단순히 설교학적으로 켈러의 설교 이론을 정리하는 작업이 아니라 그의 이론 안에 주요 패러다임과 프레임을 7가지 주요 키워드 안에 새롭게 정리하고, 그의 실제 설교들을(엄청난 설교의 바다와 같았다!) 분석하면서 그의 각 이론적 특징과 주요 핵심 방법론과 전략들의

'예들'을 찾아내는 것은 엄청난 시간과 노고가 필요했다는 것을 고백하지 않을 수 없다(나의 강의와 함께 한 미래 설교자들이 실제 예들을 찾는데 긴요한 도움을 준 데 감사하다). 약 35만 글자와 760개가 넘는 각주들에 달하는 이 책은 대략 10년 연구의 작은 열매인 것이다. 본서에서 팀 켈러 설교의 모든 산들을 다 등정할 수는 없겠지만, 팀 켈러를 제대로 이해하고 그의 설교세계를 한 눈에 조망해 볼 수 있는 산들의 정상에 함께 등정해 보고자 한다.

먼저 본서 1부에서는 팀 켈러 사역과 설교 숲 조감도(鳥瞰圖, bird's eye view)를 펼쳐 보이고자 한다. 켈러 설교의 조밀한 숲 사이로 들어가 세밀하게 해석학 토양과 설교의 나무들을 관찰하기 위해서는 먼저 숲을 보는 지혜와 안목이 필요하다. 새가 높은 곳에서 조망하는 시야를 통해 숲의 전체 지형을 입체적으로 볼 수 있는 것처럼, 켈러의 설교에 대한 공시적 조감도를 통해 최근 미국에서 일어나고 있는 새로운 칼빈주의 부흥운동과 복음으로 도시를 변혁시키는 센터 처치 비전, 이머징 교회가 아닌, 그러나 이머징 교회의 거의 모든 장점들을 보여 주는 '리포미셔널'(Reformissional) 교회 모델로서 리디머 교회를 조망하고자 한다. 그런 다음 통시적 조감도를 통해 설교 마스터라 불리우는 켈러의 설교 숲이 조성되기까지 어떤 칼빈주의 산맥이 연결되었는지 그의 신학과 설교의 뿌리를 간략히 조망할 것이다. 또한 켈러의 설교 숲을 감싸고 흐르고 있는 강과 같은 하나님 나라 비전과 사역 방향을 제시하는 설교에 대한 조망을 해 볼 것이다.

본서 2부에서는 팀 켈러 설교 숲 전망을 통해 멀리 산맥과 강의 조망을 마치고, 그의 설교 숲(forest) 안으로 들어가서 본격적으로 탐사해 보려고 한다. 켈러 설교 숲으로 들어가 그가 선포한 설교의 나무들을 세밀하게 관찰하기 위해 필요한 도구들을 7가지 키워드로 제시해 보려고 한다. 필자가 발견한 7가지 키워드는 켈러의 설교 수백 편과 그가 저술한 대부분의 책들을 연구한 결과라고 할 수 있으며, 본서에서 가장 빛나는 장점 중 하나라고 할 수 있다. 팀 켈러의 설교론과 방법론에 비추어 그의 설교가 형성한 숲의 영역을 입체적으로 탐사하되, 독자들이 그의 설교 내용을 가능한 자연적인 상태로 읽고 경험할 수 있도록 필자가 인위적으로 조성, 개발하지 않고 요약하여 자연 그대로 살려두는 방향으로 정리해서 제시하려고 한다. 또한 팀 켈러 설교세계를 열어갈 7가지 열쇠(P로 시작하는 열쇠들)를 제공하는 이유는 독자들이 앞으로 계속적으로 열쇠들을 가지고 그의 설교세계를 함께 하나씩 열고 들어가 독자적으로 켈러의 설교를 이해하고 적용할 수 있도록 하기 위함이다.

팀 켈러 설교세계의 문을 열 수 있는 첫째 키워드는 팀 켈러의 설교의 기본 패러다임(Paradigm)인 해석학적 프레임과 설교신학의 삼중 구조, 비의도적 4단계 설교 패러다임이다. 둘째 키워드는 예수 그리스도 포커스(Pro-Jesus)로서 복음 신학화 렌즈를 통한 그리스도 초점의 설교이다. 셋째 키워드는 팀 켈러 설교의 비장의 무기라고 할 수 있는 '마음속 전제주의 변증 설교'(Presuppositional Apologetics)로서 증명, 변호, 비판의 기능을 가지고 복음을 변증하는 그의 설교 나무를 상세히 해부해 보려고 한다. 넷째 키워드는 청중의 마음을 향한 설교(Preaching to the Heart)로서 그리스도중심적 복음의 본질을 그대로 살리면서도 청중의 영적 상태와 상황을 분석하여 실천적(praxis)으로 제시하는 것이다. 다섯째 키워드는 세대와 문화를 향한 설교(Pro-culture)로서 후기 모던 사회와 포스트에브리팅 세대를 관통하고 있는 계곡들을 간파하는 혜안과 함께 균형잡힌 상황화를 통한 켈러의 문화변혁을 향한 설교이다. 여섯째 키워드는 켈러 설교의 탁월한 적용(Professional application)으로서 그의 다양한 설교 적용에 대한 것이다. 마지막 키워드는 목회적 커뮤니케이션 전략(Pastoral communication strategy)이자 켈러 설교의 시크릿(secret)이라고 할 수 있는 그의 탁월한 커뮤니케이션 전략 10가지를 관찰할 것이다.

본서 3부에서는 팀 켈러 설교의 산들을 실제로 하나씩 등정해 보고자 한다. 켈러의 설교 산맥에 등정하기 위한 7가지 필수 준비물들은 2부에서 제시한 7가지 키워드라고 할 수 있다. 그의 수많은 설교 가운데 몇 편을 임의로 선정하여 주석적, 신학적, 수사학적 이론에 입각한 상세한 분석보다는 켈러의 이론과 프레임이 얼마나 그의 설교 가운데 작동하고 있는지를 분석하는 차원으로 접근해 볼 것이다. 이런 점에서 켈러의 설교 산들 가운데 높은 산, 중간정도의 산, 낮은 산들을 차례로 등정해 볼 것이다.

켈러 설교의 산 정상에서 그의 설교세계를 전체를 조망하면서, 필자의 눈에 보이는 켈러 설교의 장점들과 발전적인 보완점들을 간략히 정리해 보고자 한다. 이후 그의 설교의 산들을 더 훌륭하게 등정하는 설교학자들과 설교자들이 이러한 평가를 다시 비평하면서 더욱 발전적인 연구로 나아갈 수 있도록 작은 디딤돌을 놓으려 한다. 켈러 설교의 등정을 마치고 내려오면서 한국교회 설교자들이 켈러 설교를 가장 적절하게 상황화하고 설교의 생태계를 더욱 생명력있게 복원하고 조성하기 위한 몇 가지 제안들을 겸손히 제시하고자 한다. 부록에서는 차후 발전적인 연구와 설교자들에게 도움을 주기 위해 그동안 팀 켈러가 어떤 설교를 해왔는지 표로 정리한 것과 팀 켈러의 책과 설교에서 인용한 학자와 책들을 정리한 표를 제공하고자 한다.

이제 켈러 설교의 산들을 함께 등정을 시작할 시간이다.

1부
팀 켈러 설교와 사역의 조감도

Chapter 1

1. 새로운 칼빈주의 부흥의 기수, 팀 켈러

과연 미국교회도 개혁주의 부흥의 불꽃은 꺼지지 않고 타오르고 있을까? 이런 가운데 최근 타임 매거진(*Time Magazine*)과 뉴욕타임즈(*New York Times*) 등에서 새롭게 부흥하고 있는 새로운 칼빈주의(New Calvinism) 운동에 주목하고 있다는 사실은 우리에게 시사하는 점이 적지 않다.[2] 시사 저널 타임지(TIMES)는 새로운 칼빈주의 부흥을 주목한 바 있다. 데이빗 반 비에마(David Van Biema)는 2009년 3월 타임지에서 "현재 세상을 변화시키고 있는 열 가지 아이디어들(10 Ideas Changing the World Right Now)"이라는 매우 미래지향적이고 흥미로운 기사를 소개하고 있다. 타임지가 현재 미국의 흐름을 분석하고 미래를 예측하면서 제시한 그 열 가지 생각은 다음과 같다: 1) 특종 직업들이 새로운 자산, 2) 도시외곽의 새로운 활용, 3) 새로운 칼빈주의, 4) 주들 사이의 상호교류 회복, 5) 윤리의 상실, 6) 아프리카, 비즈니스의 종착점으로, 7) 농업지역에 대한 막대한 투자, 8) 바이오뱅크들의 출현, 9) 생존 가게의 출현, 10) 생태학적 지능. 그 중 특별히 세 번째 현재 세상(미국)을 바꾸고 있는 아이디어로 소개하는 이슈가 바로 "새로운 칼빈주의(The New Calvinism)"라는 사실은 우리의 주목을 끌기에 충분하다(물론 타임지의 시각은 개혁주의 신학자의 시각과는 차이가 있다는 전제를 염두에 두어야 한다).

물론 대중 매체에서는 신학적인 세밀한 분별을 기대할 수 없다는 점에서, 그들은 두 그룹을 '혼합한 혹은 넓은 의미'에서 개혁주의 그룹을 새로운 칼빈주의 운동으로 분류하고 개념화 한 것으로 볼 수 있다. 그러나 개혁주의 부활을 이끌고 있는 기수들은 구도자 중심의 교회, 실용주의적 교회성장주의, 인본주의적 교회 부흥을 반대하면서 모두 칼빈주의 5대 교리(TULIP)를 기본적으로 인정하고 있다(직접적으로 칼빈주의라는 표현을 하지 않는다 할지라도).[3] 바울의 상황화 모델을 따라, 켈러는 성경의 절대 진리를 뉴욕 맨해튼의 청중들에게 변증하며 복음 중심적 기독교를 그들의 문화 가운데 상황화함으로 새로운 칼빈주의 부흥의 모델로 평가받고 있다.[4]

이처럼 최근 일반 언론과 기독 언론을 통해 미국의 새로운 칼빈주의 운동이 주목받고 있다. 좀 더 구체적으로 그 배경을 살펴보면 다음과 같이 요약할 수 있다. 특히 지난 2006년, 마이클 류오(Michael Luo)를 통해 New York Times는 티모시 켈러(Timothy Keller)를 집중적으로 소개하였다.[5]

미국의 심장이라고 하는 뉴욕의 뉴요커들이 "맨해튼의 지도적인 복음주의자"라고 부르는 켈러는 웨스트민스터신학교의 실천신학교수로 학생들을 가르치던 중에 1989년에 15명 정도의 사람들과 미국 뉴욕의 리디머장로교회를 개척하여 담임목회를 시작하였다. 2006년이 되었을 때 그의 교회는 뉴욕 한복판에서 6천 명 정도가 모이는 복음 중심의 교회로 성장하였고,[6] 《크리스천 투데이》가 2006년도에 선정한 "뉴욕 맨해튼에서 가장 생명력 넘치는 공동체"로 선정되었을 뿐만 아니라 그의 책 『하나님을 향한 변증』(The Reason for God)이 출간되자 《뉴욕타임즈》는 그를 "21세기를 위한 시 에스 루이스(C. S. Lewis)"라고 극찬했다. 2006년에는 트리니티신학교의 저명한 신약학자 카슨과 함께 복음 연맹(The

Gospel Coalition)을 결성하여 포스트모던 청중을 향한 복음사역에 새 장을 열어 가고 있는 탁월한 목회자요, 설교자이다. 최근 미국 베일러대학(Baylor University) 조사에서도 가장 영향력있는 설교자 12명 가운데 한명으로 선정되었다는 점도 팀 켈러가 설교자로서 가진 위상을 어느 정도 짐작 할 수 있게 한다.[7] 최근 한국에도 그의 책이 소개 번역[8]되면서 그의 설교 사역에 대한 관심이 매우 높아지고 있다. 이런 맥락에서 필자는 본서에서 그의 실제 설교 분석뿐 아니라 주요 서적들을 통합적으로 분석해 보고자 한다.

미국 펜실베니아 주에서 태어난 켈러는 인문학중심의 학교로 알려진 버크넬대학교(Bucknell University)에 다니면서 Intervarsity Christian Fellowship을 통해 기독교인이 되었다. 정통 개신교 교회에서 성장했지만 영적인 위기 가운데 있었던 켈러는 버크넬대학교에서 소그룹 귀납적 성경연구와 에드먼드 클라우니와의 만남을 통해 영적 생활의 변화가 일어났다고 한다.[9] 그리고 켈러는 거의 40년 동안 성경을 가르치고 설교를 해왔지만, 자신이 했던 연설 및 강의, 설교는 성경 본문을 깊이 분석하고 배우는 귀납적 성경연구가 소중한 기초가 되었다고 한다.[10] 켈러는 1972년 대학 졸업 후 고든콘웰신학교 목회학석사(Gordon-Conwell Theological Seminary, M.Div., 1975)와 하비 칸(Harvie M. Conn.) 교수의 지도 아래 웨스트민스터 신학교(Westminster Theological Seminary, D.Min, 1981)에서 목회학 박사학위를 받았다. 이후 미국 장로교 PCA(Presbyterian Church in America) 교단으로부터 목사안수를 받은 후, 버지니아주 호프웰장로교회에서 9년간 (1975-1984) 목회자로 섬기면서 말씀중심의 사역을 통해 작은 교회의 성장(90명에서 300명으로)을 경험하기도 하였다. 이 시기에 모교인 웨스트민스터 신학교에서 강의도 하였다.[11]

그렇다면 켈러는 어떻게 리디머교회를 개척하게 되었을까?[12]

1980년대 후반, 켈러 목사는 미국 장로교 교단(PCA)에서 사역하면서, 웨스트민스터 대학원에서 실천신학을 가르치는 교수 사역을 하고 있던 중, 자신이 존경하던 하비 칸(Harvie Conn)[13] 교수가 이끄는 도시 선교학자 모임에 참여하면서 그의 실천신학적 학문의 깊이와 도시선교의 열정과 비전에 감화를 받게 된다. 그 이후, 미국 장로교단(PCA) 국내선교부로부터 맨해튼 지역교회 개척을 준비 중인 테리 가이저 대표로부터 동역에 대한 제안을 받고서 결정적인 인생과 사역의 전환점이 생기게 된다.[14]

처음에는 켈러가 가이저 대표의 제안을 거절하자, 가이저는 그에게 일주일에 한 번씩 뉴욕을 방문하여 그곳에 파송될 누군가를 대신해 교회 개척을 위한 사전 조사 작업을 해달라고 부탁했다. 평생 자녀들, 교인들과 함께 한적한 교외에서 생활하고 목회하고 있었던 켈러에게 복잡한 대도시 맨해튼에서의 삶은 상상조차 할 수 없었다. 그러나 자신의 은사이자 멘토인 하비 칸 교수로부터 도시선교의 중요성을 인식한 켈러 목사는 맨해튼에 대한 사전조사를 통해 도시 교회의 작은 소망을 보게 되었고, 교회 개척을 위해 적임자라고 생각한 여러 후보들을 지명하였다. 그러나 그들 모두가 이를 거절하자 가이저는 켈러에게 '당신 외에는 대안이 없다'는 마지막 청원을 보내왔다. 주변 사람들의 만류와 가족으로 인한 많은 부담으로 인해 개척을 고민하던 중에, 윌리엄 거널(William Gurnall)의 『전신갑주를 입은 그리스도인』(The Christian in Complete Armour)이라는 책을 읽게 되었고, 켈러는 자신의 부족함에도 불구하고 두려운 마음으로, 예수 그리스도와 그 십자가 사랑을 생각하면서 하나님의 부르심에 순종하였다.[15]

리디머 교회의 역사는 1989년 4월 9일, 켈러와 15명이 함께 저녁 예배 모임으로부터 시작되었다.[16] 하나님의 부르심을 따라 팀 켈러가 맨해튼에 처음 왔을 때에 뉴욕시는 과거로부터 내려온 화란 개혁파 뿌리와 청교도 역사와 세계적인 명성에도 불구하고,[17] 폭력 범죄와 마약 거래 등의 문제로 악의 제국으로 불릴 정도로 심각해지면서 신앙인들은 이미 그곳을 떠났고 그나마 남아 있는 사람들은 힘을 잃은 상태였다. 당시 시골교회 목회 경험이 전부였던 켈러가 개척할 당시 뉴욕은 목회자들의 무덤이라고 불릴 정도로 영적으로 척박한 대도시였다.

켈러가 2017년 7월 은퇴를 앞두고 진행된 인터뷰에 의하면,[18] 자신이 개척할 당시 뉴욕의 복음주의 교회 출석 인원이 1%도 되지 않았으나 초기 8년 동안 하나님의 은혜로 놀라운 회심의 역사와 성장이 있었다고 한다. 예를 들어, 켈러는 '뉴욕 프로젝트'를 통해 미국에서 가장 세속적인 도시였던 맨해튼이 약 28년간의 복음 중심적 도시 변혁 사역을 통해 뉴요커들 가운데 복음적 교회에 다니는 출석 비율이 5%로 증가하였다고 밝힌다. 나아가 앞으로 10년 안에 뉴욕의 복음화율을 15%까지 올리겠다는 비전을 켈러는 제시하였다.

그리고 켈러는 자신이 은퇴를 선언하는 이유를 다음과 같이 밝힌다: 1) 도시사역과 변혁을 위한 지도자 훈련과 멘토링에 새로운 초점, 2) 하나의 메가처치를 만들기보다 맨해튼의 다양한 이웃들을 효과적으로 섬기기 위한 여러 가족 공동체를 확장하고 각 지교회마다 설교자를 세우기(세 교회로 리더십을 이양함), 3) 교회 개척센터를 뉴욕을 넘어 전 세계 도시들로 확장시키기, 4) 켈러 자신은 전임사역자로서 도시 사역을 위한 리더들에 대한 가르침과 멘토링에 집중하기.

켈러는 자신의 사역을 돌아보면서, 맨해튼 도시에 영향력을 미칠 수 있었던 이유를 다음과 같이 정리한다: 1) 하나님을 섬기고 사회 영역에서 선을 행하는 소명을 다시 회복함, 2) 공공 신학과 설교를 통해 도시를 향한 복음적 운동을 펼침, 3) 재정적인 나눔과 가난하고 소외된 자들을 향한 긍휼의 실천, 4) 도시와 사회 영역에서 그리스도인들이 신뢰와 투명성을 재건하는 운동에 앞장섬, 5) 그리스도인들이 사회적 규범에서 개인적 해방을 추구하기보다 희망과 인간의 존귀함을 제공하는 예술과 문화 창조, 6) 결혼과 가정 안에서 도시의 문화와 대조되는 그리스도인의 윤리적 삶의 모범을 보임.[19]

2. 복음, 도시, 운동, 그리고 센터 처치

켈러의 '센터 처치'는 교회 성장 프로그램이나 사역 매뉴얼 차원이 아닌 그의 '신학적 비전'(theological vision)이라고 할 수 있다. 켈러의 센터 처치로서 리디머 교회의 비전은 "리디머 교회들과 사역들은 개인적 회심(Personal conversion), 공동체 형성(Community formation), 사회적 정의(Social justice), 문화적 갱신(Cultural renewal)을 뉴욕 시티와 세계 가운데 가져오는 복음 무브먼트(movement of the gospel)를 통해 모든 사람들을 위한 위대한 도시를 건설하는 것을 돕기 위해 존재한다"로 요약된다.[20] 켈러는 신학적 신념의 총체인 교리적 기초를 '하드웨어', 사역 프로그램들을 '소프트웨어', 신학적 비전을 '미들웨어'(하드웨어와 다양한 유저 소프트웨어 사이에서 기능을 맡는 소프트웨어 층)라는 비유를 들어 설명한다.[21] 켈러가 추구하는 '센터 처치'(center church)의 신학적인 비전 중심에는 복음이 정초해 있으며, 그 중심은 복음 중심적인 균형(Gospel-centered balance)의 자리이며, 도시와 문화를 복음으로 변혁시키는 데로 나아간다. 켈러의 센터 처치가 추구하는 비전은 핵심가치를 통해 더욱 선명해진다. 1) 복음 중심성(Gospel Centrality), 2) 변화된 삶(Changed Lives), 3) 복음 공동체(Gospel Community), 4) 도시비전(City Vision), 5) 긍휼과 정의(Mercy and Justice), 6) 문화적 갱신(Cultural Renewal), 7) 비그리스도인, 회의주의자들을 환영함(Outward Face), 8) 복음 운동(Gospel Movement), 9) 교회 개척(Church Planting).[22] 따라서 켈러의 균형 잡힌 교회의 세 가지 중심축(the balance of three axes)은 복음(율법주의와 상대주의 사이의 균형), 도시(비상황화와 지나친 상황화 사이의 균형), 운동(구조화된 조직과 유동적인 유기체 사이의 균형)이다.[23] 즉 켈러는 그리스도를 초점으로 한 센터 처치와 세 가지 지평(복음, 도시, 운동)이 균형을 잡고 있는 복음 중심적 설교를 통해 포스트모던 청중과 포스트에브리팅 세대의 세계관과 문화를 변혁시키고자 한다.

1) 총체적 설교 구도, 좋은 설교를 넘어 위대한 설교로

켈러의 포스트모던 세대를 향한 설교 커뮤니케이션과 그의 복음 중심의 총체적 사역을 분리시켜 놓고는 그를 평가할 수가 없다. 포스트모던 세대를 그리스도 안에서 변혁하기 위해 매주 전하는 그의 설교철학과 선교적 교회의 신학이 오롯이 실현되는 장이 바로 리디머 교회의 총체적 사역이기 때문이다. 필자가 실제로 그의 교회를 방문했을 때 너무나 감동이 되고 도전이 되었던 부분은 그의 설교뿐만 아니라 전통적인 개혁신학과 전통을 철저히 지키면서도 교회의 울타리를 넘어 뉴욕의 곳곳에 '누룩'처럼 퍼져서 빛과 소금의 역할을 감당하는 공동체적 사역과 포스트모던 세대들을 향하여 영향력 있는 다양한 사역을 총체적으로 펼쳐 가고 있는 모습이었다. 리디머 처치를 "포스트모던 문화 안에서 예수님의 길을 실천하는 공동체"로서 복음주의 선교적 교회의 특징적 범주에 따라 소개해 보는 것은 한국교회의 좋은 모델로서 연구와 벤치마킹을 해 볼 만한 충분한 가치가 있을 것이다.

켈러는 누가복음 10장의 선한 사마리아 비유를 교회와 목회 사역의 비전과 철학의 주요한 기초로 삼는다.[24] 켈러는 강도 만난 이웃을 지나쳐 버린 종교인들(제사장과 레위인)과 달리, 사마리아인이 보여준 긍휼은 우정, 지지, 긴급 처치, 운반(이동), 재정적 도움, 후속 조치와 방문 등과 같은 구체적인 실천이었다고 강조한다. 켈러는 예수님은 우리에게도 이러한 '긍휼 사역'(Ministry of Mercy)(눅 10:37)을 안전과 희생을 무릅쓰고 실천할 것을 명령하신다고 선포한다. 켈러에 의하면, 세 가지 근본적인 이슈는 그리스도인으로서 긍휼의 필요성을 인식하고, 긍휼 사역의 영역을 정하며, 긍휼 사역의 동기를 점검하는 것이다. 그래서 오늘날 교회는 선한 사마리아인으로서 가난한 자들(홈리스, 실직자, 어린이들, 청소년들, 다양한 인종들, 병든 자들, 갇힌 자들)을 향한 긍휼 사역을 총체적으로 펼쳐야 한다고 적용한다.[25]

이러한 총체적인 복음사역과 긍휼사역이 리디머 교회를 통해 어떻게 펼쳐지고 있는지 실제 주보 내용을 통해 확인해 보자.

① 어떻게 가정이 복음 안에서 자랄 것인가?(가정 사역: 청소년 부모들 중심의 그룹, 결혼을 준비하는 싱글들 그룹, 어린이들 중심의 그룹 등)
② 나의 특정한 소명/직업(vocation) 안에서 어떻게 내가 복음적인 영향력을 미칠 것인가?(비주얼 기도 훈련, 직장 안에서 생존과 성공에 대한 멘토링, 재정 훈련, 헬스 캐어, 예술 영역, 법적인 영역 등)
③ 리디머교회 안에서 나의 연령대의 사람들과 어떻게 연결되고 교제를 할 수 있는가?
④ 세상의 영역에서 어떻게 내가 더욱 깊이 참여할 수 있는가?(단기 선교 프로젝트)
⑤ 치유와 온전함을 위해 내가 어디로 갈 것인가?(전인적 상담)
⑥ 어디서 다른 사람들과 함께 유사한 중독들과 삶의 이슈들을 다루어 갈 수 있는가?(리디머 지원 그룹 네트워크)
⑦ 어디서 영적인, 감정적인, 재정적인 도움을 얻을 수 있는가?(디아코니아 사역)
⑧ 어떻게 내가 교회를 개척하는 데 참여할 수 있는가?(리디머 교회 개척 센터)
⑨ 리디머교회를 위해 사역을 함께 해 보고 싶은가?(고용 기회들)
⑩ 어떻게 그리스도에 대하여 더 많이 배울 수 있는가? 그리고 이 교회에서 어떻게 사람들을 더 잘 알아갈 수 있는가?(교제 그룹들)
⑪ 어떻게 우리 교회, 공동체, 도시를 위한 기도에 다른 동역자들과 함께 헌신할 수 있을까?(기도 사역)
⑫ 나의 바쁜 스케줄과 함께 어떻게 교회 안에서 섬길 수 있을까?(주일 예배 사역들)
⑬ 어떻게 이 도시(뉴욕)를 섬길 수 있을까?(뉴욕을 위한 희망 사역)
 - 이사야58 기도 모임/ 월드 비전 모임/ 위기 가운데 있는 뉴욕의 어린이들을 하루 동안 돕는 모임/ 해비타트(Habitat: 무주택자를 위해 집을 지어 주는 모임)/ 무료 급식 모임/ 전문가들의 모임/ 청소년 코치 모임
⑭ 어떻게 나의 삶을 위한 온건한 신학적 기초를 공부할 수 있을까?(복음적 기초 학교)
⑮ 어떻게 교회 사역을 돕기 위해 나의 자원들을 제공할 수 있을까?(청지기 사역)
⑯ 예배와 예술 사역

이러한 리디머 교회의 복음중심적 사역은 선교적 교회(missional church) 운동을 통해 모든 성도들을 선교사로 세우는 사역의 역동성을 잘 보여준다.[26]

이처럼 켈러가 추구하는 선교적 교회의 특징(장점)은 교회 안에서의 모임이 아니라 뉴욕시의 다양한 장소와 다양한 시간대, 다양한 그룹들을 통해 포스트모던 세대들이 자신의 필요에 따라 참여할 기회를 최대한 부여한다는 점이다. 켈러에 의하면, 진정한 선교적 교회(Missional Church)의 표지는 다음과 같이 요약될 수 있다: 1) 현대사회의 우상(예, 물질주의, 소비주의, 개인주의)과 직면하여 하나님에 대한 회개와 심판의 메시지를 포함한 진정한 복음을 전하는 것, 2) 포스트 크리스쳔(post-Christian) 문화 속에 살아가는 사람들에게 다가가기 위해서는 최근에 공식화되고 보편화된 복음제시 방법들이 제대로 그들 안에 들어가지 않았다는 것을 인정하면서 정통 기독교 교리를 수정, 타협하지 않고 그들 문화 속으로 들어가(상황화하여) 복음을 문화의 이야기로 전하는 탁월한 소통을 추구하는 것, 3) 비그리스도인들과 회의주의자들, 구도자들이 교회생활에 참여할 수 있도록 예배, 소그룹, 강의, 사회 봉사 등의 사역의 모든 영역에서 그들을 수용하고 대응할 준비하는 것, 4) 모든 그리스도인들이 그들의 삶의 모든 영역 안에 선교적 사명이 있다는 것을 강조하면서, '만인 제사장' 교리를 회복하고 삶의 모든 영역에서 선교사로 살아갈 수 있도록 성도들을 훈련시키는 것, 5) 사회의 공공선을 추구하는 반문화적 공동체로서, 문화 가운데 공익을 추구하며 지역사회를 섬기는 공동체로 자리매김 하는 것, 6) 지역교회가 할 수 있는 최대한의 하나됨을 그리스도 안에서 추구하는 것.[27]

2) 켈러의 복음중심적 목회 철학

그의 교회 홈페이지(Redeemer)에 나와있는 "Redeemer Guide"는 교회등록을 위해 다음과 같은 것을 준수할 것을 명시하고 있다.[28]

교회 멤버가 되려면 1) 교리적 서약(당신은 반드시 성경을 믿어야 합니다), 2) 인격적 서약(성령 안에서 회개와 믿음을 통해 그리스도를 닮아가는 성장을 반드시 추구해야 합니다), 3) 공동체적 서약(교회공동체의 사역에 정기적으로 참여해야 합니다), 4) 상호책임 서약(교회 리더십과 서로에 대하여 상호책임의식을 실천하며 관계 가운데 성경적 피스메이킹을 추구해야 합니다)

이처럼 켈러와 리디머 교회는 성경에 대한 믿음을 첫 번째 우선순위로 강조하고 있으며, 언약적 교회론 관점에서 교리적, 인격적, 공동체적, 상호관계적 서약을 통한 헌신을 강조하고 있다. 이는 철저한 개혁주의적인 전통을 준수하고 있음을 알 수 있다.

켈러는 포스트모던 세대와 도시의 변혁을 위한 복음중심적 사역 패러다임을 제시한다. 켈러에 의하면, 도시(히브리어 עיר)는 "사람들이 밀집되어 함께 살아가는 사회적 형태"(시 122:3)로써 도시는 적대적 세력으로부터 안전(security)을 지켜주고 안정된 생활을 통한 문명의 발전을 위한 장소를 제공하는 곳, 인종과 문화의 다양성(diversity)을 포용하는 곳, 인간 문화 발달과 네트워크를 통한 거대한 생산성과 창조성이 발산되는 곳이다. 켈러는 구속사적 관점에서 도시는 부정적인 시각(창 4:14-24, 10:10-12, 11:3-5, 18:21)에서 긍정적인 시각(민 35:11-12; 왕상 14:21; 삼하 5-7)으로 관점이 바뀐다고 말한다.[29] 먼저 가장 중심에 복음의 상황화를 통한 신학적 비전이 있어야 하고, 두 번째 층에는 교회 개척과 갱신 운동이 자리매김 되어야 하고, 이를 기초로 세 번째 층에는 기도 운동, 리더들의 연합, 신학적/사역적 훈련, 가정에 대한 지원, 믿음과 행위의 일치, 정의와 자비 사역, 복음적 사역을 입체적으로 펼쳐나간다.[30]

켈러는 뉴욕 맨해튼에서 도시 선교를 진행하면서 "문화 변혁"을 이루기 위해서는 성경적 상황화를 통한 도시 교회와 도시 지역 복음 운동을 추구해야 한다고 본다. 켈러는 바울이 당시 큰 도시를 중심으로 복음을 효과적으로 전파한 것처럼, 오늘날 도시의 문화가 연결되고 도시와 도시가 연결되는 글로벌화와 도시들의 새로운 변화(국제화, 다문화, 도시화)와 증대되는 중요성으로 인해 도시 사역은 선교적인 차원에서 더욱 중요하다고 역설한다. 이러한 도시의 중요성을 인식하면서, 켈러는 도시의 엄청난 성장과 증가하는 영향력 속에서 교회의 가장 큰 도전과 기회는 도시의 젊은 세대들, 문화적 엘리트들, 도시의 새로운 이주자들(복음을 듣지 못한 미전도 그룹들), 가난한 자들을 복음중심적 설교와 전도를 통해 접근하는 것이라고 강조한다.[31] 구체적으로 켈러는 교회를 도시 안에서 상황화하기 위해서는 다음과 같은 선교적 교회(Missional Church)로서 목회 비전과 철학이 필요하다고 본다.[32]

- 다문화 사회, 다민족 도시 가운데 있는 도시 교회(Urban Church)는 문화에 대한 민감함으로 설교와 양육과 선교 사역을 고민해야 한다.
- 선교적 교회는 믿음과 직장의 통합적 시각을 가져야 한다. 사역자 중심이 아닌 성도로 구성되어 있는 여러 사역 팀을 통해 믿음과 직장을 연결하여(예: 창업 포럼) 직업 현장을 선교지로 접근해야 한다.
- 도시인들은 도시적 감각을 갖춘 세련되고 분명한 것을 선호하며, 다양성과 변화에 수용적이다. 따라서 선교적 교회는 문화적 차이들에 대한 탁월한 감각을 추구해야 한다.
- 선교적 교회의 목회자는 도시에 사는 청중들에게 매력적이면서도 도전적인 설교 메시지를 전해야 한다. 도시 문화와 사람들의 세계관을 분별하면서 다양한 접근법을 통한 전도를 고민해야 한다.
- 선교적 교회는 지역사회의 이웃들과 사회정의에 대한 의식과 헌신을 추구해야 한다. 개인 구원을 위한 전도를 넘어, 도시 교회는 구제를 실천해야 한다.
- 선교적 교회는 도시의 창조적인 일에 종사하는 자들과 도시의 예술가들을 존중하고 그들에게 열린 마음을 가지고 다가가야 한다.
- 지역사회와 관계를 잘 맺고 섬기는 교회와 도시 목회의 비전을 가진 목회자가 되어야 한다.
- 교회와 교단이 함께 연합하여 도시 선교, 구제 사역, 지역사회 섬김 운동을 펼쳐 나가야 한다.

3) 시티 투 시티(City to City), 교회 개척 센터

2001년 리디머장로교회는 "예수 그리스도께서 삶을 변화시키고 도시들에 영향을 주는 복음을 보기"라는 비전을 품고 "교회 개척 센터"를 설립했다.[33] 이러한 하나님 나라 '복음의 역동성'(gospel movement)을 살리는 교회 개척의 원리들이 잘 적용된 리디머 교회는 실제로 시티투시티 사역을 통해 이미 미국 내에서 56개 이상의 도시에 약 423개가 넘는 교회들이 개척되도록 도움(리더 훈련, 재정, 멘토링, 네트워크 등)을 주었을 뿐 아니라 아프리카, 아시아, 유럽, 남미, 북미 지역들 가운 시티투시티 국제 사역을 통해 교회개척 사역을 돕고 있다.[34] 통상적으로 미국의 개척 교회 생존율은 20% 미만이며, 80%의 개척된 교회가 5년을 넘기지 못하고 문을 닫는 반면, 교회 개척 센터를 통해 훈련을 받고 개척된 교회들은 건강하게 성장하여 복음의 역동성을 일으키고 있다(거의 90% 생존율을 보인다고 함).[35] 시티투시티에 의하면, 현재 세계의 50%가 도시에 집중되어 있으며, 2050년까지 일, 예배, 가족과 삶의 중심이 도시에 약 68%까지 집중될 것으로 전망하면서 도시화가 증가될수록 도시 가운데 복음의 필요성도 더욱 증대되고 있다는 것을 강조한다. 시티투시티의 주요한 사역은 복음 에코시스템(ecosystem)을 살려내는 것이다.[36] 새로운 교회나 기존 교회를 강화시키고 연결시키는 훈련을 제공하고, 교회 개척자들을 모집하고 훈련하여 도시 교회 개척에 도움을 주며, 도시 공동체 안에 생태계가 살아나도록 교회와 사역들을 새롭게 네트워킹하도록 도우며, 복음이 도시를 통해 지속적으로 전파되어 복음의 갱신 운동이 일어나도록 함께 하며, 글로벌 리더들과 연결하며, 성령께서 개인과 교회, 도시, 사람들을 새롭게 하시고 변화시키도록 함께 기도하는 것이다.[37]

2000년부터 리디머교회는 전체 예산의 15%를 교회 개척 센터를 통해 리디머교회와 별개의 독립적인 교회들을 개척하는데 사용한다. 이는 리디머 교회의 확장 수단이 아니라 '하나님 나라의 운동과 성장'이라는 목적으로 파트너 교회를 세우고 사역자들을 훈련시키며 지속적인 멘토링으로 섬긴다. 이처럼 리디머 교회의 개척운동은 1989년 개척할 때부터 교회의 핵심 가치이며 사명이다. 지금은 리디머 시티투시티 운동을 중심으로 뉴욕을 넘어 전 세계에서 사역하고 있으며, 다양하게 진행되고 있다:

① 뉴욕시 동역자 프로그램(NYC Fellows): 뉴욕에 이미 개척하고 있는 목사들을 선발해 2년간 일대일로 멘토링하는 프로그램, ② 도시 인큐베이터 프로그램(Urban Incubator): 교회를 개척하기를 원하는 사역자들을 선발해 1년간 뉴욕시에 있는 개척교회들에 파송해서 사역에 참여하여 멘토링을 받게 하고, 동시에 정기적인 세미나를 받게 하는 1년 교육프로그램이다, ③ 집중훈련학교(International Intensive): 여러 나라에서 예비 개척자들을 선발해 5주간 집중적으로 모여서 훈련하는 개척자 학교, ④ 복음사역 세미나 등이 있다.[38]

3. 설교 마스터, 팀 켈러 설교의 뿌리

최근 설교에 대한 인터뷰를 통해 켈러는 자신이 추구해온 설교철학의 요체를 잘 밝히고 있다.[39]

1. 교회 사역 가운데 설교의 중요성을 어느 정도로 평가하십니까?
설교는 매우 중요합니다. 목회사역은 설교사역만큼이나 중요하며, 평신도 사역은 사역자들의 사역만큼이나 중요합니다. 그러나 목회사역이나 평신도 사역이 결코 강력한 설교를 대체할 수는 없습니다.

2. 켈러는 자신이 설교에 은사를 받았다는 것을 어떻게 발견하셨습니까?
켈러에 의하면, 초기 사역동안에(24-33세) 일년에 200번의 설교들을 하면서, 설교가 흥미롭고 좋았다는 생각을 하긴했다. 그러나 자신에게 특별한 은사가 있는 것이 아니고, 수많은 설교 훈련을 통해 많은 성장을 하였다고 고백한다.

3. 보통 얼마나 오랜 시간 설교를 준비하십니까?
저는 큰 교회를 목회하고 많은 스탭들과 함께 동역하기 때문에 설교 준비하는 데 특별한 우선순위를 둡니다. 일주일에 보통 15-20시간을 설교를 준비하는데 할애합니다. 그러나 젊은 설교자들에게 이 정도의 많은 시간을 설교를 준비하는 데 사용하라고 권면하지는 않고 싶습니다. 좋은 설교자가 되기 위한 중요한 방식은 많은 설교를 해 보는 것이고 사람들과 더 많은 시간을 함께 보내는 것입니다. 그럴 때 당신이 단순히 성경주석가가 아니라 살아있는 메시지를 전하는 설교자가 되는 방식을 터득할 수 있기 때문입니다. 예전에 많은 스탭들과 함께 목회하기 전에는 한 설교를 준비하는데 보통 6-8시간을 할애하였죠.

4. 한 설교에 하나의 핵심 주제나 아이디어를 담는 것이 중요합니까? 만약 그렇다면, 어떻게 그것을 당신은 선명하게 제시합니까?
매번 설교마다 하나의 빅아이디어만을 제시해야 한다는 엄격한 기준에 대해서는 사실 잘 모르겠습니다. 일반적으로 그렇게 하는 것이 메시지의 선명함을 주기 때문에 설교자에게 좋은 훈련이 되죠. 사실 많은 성경 본문들이 설교자가 한 설교에서 모두 다루기에는 너무 많은 것을 담고 있습니다. 그래서 당신은 선택적이어야 합니다. 그러나 종종 설교 본문이 두 개 혹은 세 개의 핵심 아이디어를 담고 있는 경우도 있습니다.

5. 설교자가 반드시 피해야만 하는 요소 중에 가장 중요한 것은 무엇입니까?
설교자는 반드시 따뜻함과 권위/힘을 동시에 균형 있게 가져야 합니다. 이것은 매우 어려운 일이죠. 우리는 본성적으로 어느 한 쪽으로 기울어지는 경향이 있기 때문이죠.

6. 설교 원고를 어떻게 활용하십니까?
저는 각 서브포인트 아래 세밀하게 많은 핵심 문장들을 적은 매우 정밀한 설교 아웃라인을 사용합니다.

7. 설교자가 피해야 할 가장 위험한 요소는 무엇입니까?
이 질문은 간단히 답하기에는 너무 큰 질문입니다. 설교자가 반드시 추구해야만 하는 본질적인 설교 요소들을 잃어버리는 것이 가장 위험합니다.
예를 들어, 설교는 반드시 성경적이면서 선명하고(지성적 측면), 실제적이며(의지적 측면), 생생하고(감정적 측면), 따뜻하면서도 힘이 있으며, 그리스도 중심적이어야 합니다. 이러한 본질적 요소와 반대적인 특성을 모두 피해야 합니다.

> 8. 어떻게 다른 중요한 목회사역의 책임들과 설교준비 사이에 균형을 유지하십니까?
> 목회적 돌봄과 리더십 사역이 설교 준비를 소홀하게 만든다면 이는 매우 심각한 잘못입니다. 사람들에게 필요한 메시지를 전하는 설교자가 되는 것이 가장 중요한 사역이기 때문입니다. 기도 또한 설교자를 준비시키는 매우 중요한 요소입니다.
>
> 9. 설교에 대한 어떤 책들이 가장 당신의 설교에 영향을 미쳤습니까?
> 영국의 주요 설교자들이 미국 설교자들보다 더 많은 영향을 미쳤다고 볼 수 있습니다(예: 로이드존스, 스펄전, 딕 루카스 등). 그리고 조나단 에드워즈와 같은 미국 설교자들도 매우 큰 영향을 제게 주었습니다.
>
> 10. 미래 설교자들을 양육하고 성장시키는데 어떤 계획들을 가지고 계십니까?
> 그것을 매우 우선적으로 해 오진 못했다는 것이 좀 후회됩니다. 지금은 제 스탭 가운데 정기적으로 설교하는 두 명의 젊은 설교자를 멘토링하고 있고, 그들의 설교와 설교 준비에 대한 구체적인 대화를 나누고 있습니다.

켈러의 설교철학은 매우 명료하고 간단하다. 켈러에 의하면, 하나님의 말씀의 사역(행 6:2, 4)은 첫 번째 레벨의 말씀 가르침(디다스칼리아)과 훈계(누데오)의 사역도 있지만, 두 번째 레벨인 비공식적인 말씀 사역(벧전 4:10-11)도 있다. 그러나 켈러에게 있어서 세 번째 레벨인 공식적으로 모인회 중에게 말씀을 강해하고 설교하는 사역은 어떤 것으로도 대체할 수 없는 것(irreplaceability)으로, 철저한 하나님의 말씀을 선포하는 설교사역이 없이 그 어떤 교회도 '삶의 변혁'(the life transformation)을 기대할 수 없다.**40**

그렇다면 대체할 수 없는 변혁적 설교에 대한 켈러의 설교 철학은 어디에 정초하고 있는지 살펴볼 필요가 있다.

1) 바울의 설교신학에 뿌리내린 켈러의 설교철학

켈러는 복음중심적 변증 및 설교신학의 성경적 기초를 바울의 십자가 부활에 기초한 변증적 설교에 두고 있다. 먼저 켈러는 자신의 원형적 모델을 고린도전서 1장 22-25절에 나타난 바울의 변증학적 설교 원리에 두고 있다. 십자가의 "미련한 것"(복음)을 통해 헬라 문화의 이성과 철학의 우상들을, 유대 문화의 권력과 성취의 우상들을 해체하고자 했던 바울의 복음적 설교를 자신의 원형적 모델로 삼고 있다고 볼 수 있다.[41]

켈러는 특히 바울이 당시 수사학적 남용을 피하면서 구약으로부터 "그리스도와 그 십자가만을" 전하고자 했던 설교 철학을 이어받고자 하면서, 청중들의 진정한 마음의 변화는 인간의 말과 재능이 아니라 "성령의 능력의 나타남"(고전 2:4)으로부터만 가능하다고 확신한다. 나아가 바울이 당시 헬라 문화적 마음의 우상들과 유대교의 율법적 우상들을 분별하고 직면하면서 그리스도와 십자가를 설교의 중심으로 삼았던 것처럼, 켈러는 오늘날 후기 근대 문화의 내러티브와 마음의 우상들을 분별하고 청중의 마음을 변화시키기 위해서는 그리스도와 십자가 복음중심적 설교를 전해야 한다고 확신한다.[42]

그러므로 켈러는 주저 없이 좋은 설교를 "하나님의 증거를 선포하는 것"(고전 2:1)으로 한 마디로 정의한다. 설교의 주 임무(tasks)는 "하나님의 그 말씀"(벧전 4:11)으로부터 나오는 충실한 '강해'(exposition)와 통찰력, 성경적 가르침이다.[43] 두 번째 설교의 과업은 청중의 삶의 기초를 드러내기 위한 목적으로 그들의 마음과 문화와 연결된 '적용'(application)이다. 이 두 가지 설교의 과업을 완수하기 위한 한 가지 열쇠가 바로 '그리스도를 설교'(preaching Christ)하는 것이다.[44]

켈러는 바울이 빌립보로 건너가 복음을 전할 때 "주께서 그녀의 마음을 열어 바울의 메시지에 반응하게" 하셨다(행 16:14)는 점과 설교의 효력은 단순한 말이 아니라 성령과 깊은 확신과 능력에서 비롯된다(살전 1:5)는 것을 깨닫게 되었다.[45] 켈러에 의하면, 설교의 변증적 기능은 하나님의 말씀(계시)만이 절대 진리라는 전제와 그리스도를 주로 삼는 복음중심적 세계관을 통해 성립될 수 있으며(벧전 3:15), 나아가 이러한 말씀의 변증적 특성이 오늘날 포스트모던 세대를 변혁시키는 강해설교의 방법론을 이끌어가야 한다. 바울의 변증적 설교의 핵심은 그리스도와 십자가에 있으며, 세계관을 변혁시키는 복음중심적 전제주의 변증 설교를 위해서는 "미련한 것"(고전 1:21)과 "거리끼는 것"(고전 1:23)이라는 단어가 반복, 강조되는 저자의 의도를 간파해야 한다. 그리스도의 십자가 복음이 회의주의와 불신에 가득찬 세대에게는 "거리끼는 돌 혹은 부딪히는 돌"(벧전 2:8; 시 118:22; 눅 20:18; 롬 9:32)로서 작용하며, 나아가 이러한 설교는 불신자들에게 '미련한 것'과 '거리끼는 것'으로 변증적 기능을 하게 된다는 점을 인식해야 한다. 따라서 그리스도와 십자가 복음은 바울에게 있어서 최고의 인식론적 뿌리와 세계관적 렌즈 역할을 한 것이다. 그러나 이러한 그리스도/복음 중심적인 설교의 변증적인 기능은 '계시의 전달자요 소통자이신 성령'의 사역을 통해 성취될 수 있다(고전 2:10-16).[46]

이처럼 켈러는 바울의 설교의 중심에는 십자가와 부활의 복음이 자리 잡고 있다는 것에 주목하고 있다. 사도행전 17장의 아레오바고 설교를 통해서도 바울의 전제주의적 변증적 설교(presuppositional apologetic preaching)는 예수 그리스도의 부활과 종말론적 복음에 초점을 맞추어 청중들의 세계관과 문화를 변화시키기 위한 윤리적 적용으로 나아가는 것을 알 수 있다.[47] 바울의 아레오바고 설교는 이방 문화의 세계관과 접촉하면서 당시 문화적 컨텍스트에 적실한 방식으로 복음에 기초한 전제주의적 변증의 모델을 보여주고 있다.[48] 바울의 모델을 따라, 켈러의 설교 철학은 그리스도의 십자가와 부활을 중심으로 한 복음중심 설교를 지향하면서, 그리스도의 부활을 기독교의 진정성(역사적 신뢰성)에 대한 핵심 근거요, 세계관을 변혁시킬 수 있는 확고한 능력이라는 확신 위에 건축되었다.[49]

2) 칼빈주의 신학의 산맥 아래 선 켈러

포스트에브리팅 세대를 변혁시키는 켈러의 균형 잡힌 복음중심적 설교는 개혁주의 전통에서 이어져 내려온 것이다. 첫째, 칼빈과 에드워즈로부터 흘러내려 오는 복음중심적 설교의 물줄기는 켈러의 설교를 형성하는데 큰 영향을 주었다고 볼 수 있다. 켈러는 성령의 역사를 통해 청중의 마음을 움직이고 변화시키는 설교자의 모델로 어거스틴(Augustin), 루터(Luther), 칼빈(Calvin), 휫필드(Whitefield), 스펄전(Spurgeon) 등을 꼽고 있다.[50] 예를 들어 켈러는 마틴 루터(Martin Luther)를 통해 복음이 구원의 영역뿐만 아니라, 삶의 전 영역을 위한 근본적인 역동성을 주는 것임을 배웠다(실제 켈러의 설교들 가운데 루터에 관한 인용이 자주 등장하는 편이다).[51]

한 예로, 정의(justice)에 대한 성경적 세계관의 명확한 그림을 보여주는 '선한 사마리아 비유' 설교에서 켈러는 조나단 에드워즈(Jonathan Edwards)로부터 받은 통찰력을 드러낸다.[52] 켈러의 복음 중심 설교를 위한 신학적인 전망에 가장 영향력을 끼친 영적 거목은 에드워즈임이 분명하다.[53] 또한 켈러가 추구하는 삶을 변혁시키는 복음 중심적 설교는 에드워즈의 영향이 곳곳에 스며들어 있다는 것을 알 수 있다.[54] 켈러의 설교에 있어서 상상력과 마음의 감각에 대한 강조도 에드워즈가 영향을 미쳤다고 볼 수 있다.[55]

켈러도 설교에 있어서 종교적 정서(Religious Affection)의 중요성을 에드워즈로부터 영향을 받았다.[56] 켈러는 에드워즈의 설교로부터 구체적으로 다음과 같은 영향을 받았다고 볼 수 있다:

❶ 복음 갱신을 위한 사역의 수단으로써 성령의 주권적 역사에 근거한 특수한 기도와 복음의 재발견,
❷ 설교가 교리에 대한 지적인 이해만이 아닌 마음과 행동까지 연결되어야 한다는 점,
❸ 모든 본문에서 그리스도를 드러내야 한다는 점,
❹ 에드워즈가 청중들의 문화에 효과적으로 접근하는 설교를 위해 논리적인 논증들보다는 비유들, 메타포들, 이야기들을 사용했고 바울 서신의 명제들보다 예수님의 삶에 초점을 맞춘 설교를 추구한 점,

❺ 가난한 자들을 향한 복음적 자비와 성경적 정의를 실천하고 개혁하는 사역의 중요성.57

둘째, 켈러는 자신의 신학과 설교의 뿌리에 씨에스 루이스와 에드워즈가 있다고 공개적으로 밝히고 있다.

"루이스의 말은 거의 모든 챕터에서 인용된다. 신앙에 대한 나의 생각이 얼마나 루이스로부터 온 것인지를 인정하지 않는다면 그건 잘못된 일이다. 에드워즈는 나의 '신학'이라고 부를 수 있는 것의 밑바닥에 깔린 구조에 더 많은 공헌을 했다."58

실제로 필자가 들었던 켈러의 수백 편의 설교 가운데 가장 많이, 자주 언급되는 사람 중 하나가 씨에스 루이스라는 것을 확인할 수 있었다. 심지어 설교 중에 직접적으로 자신의 설교 멘토가 조나단 에드워즈와 씨에스 루이스라고 밝힐 정도로 지대한 영향을 받았다는 것을 알 수 있다.

- 예: 마가복음 설교 중에서 씨에스 루이스의 새벽출정호의 항해, 영광의 무게, 사자와 마녀의 옷장, 개인기도 등을 자주 인용함.59

셋째, 켈러의 변증적 설교는 역사적으로 칼빈과 에드워즈의 지대한 영향을 받았을 뿐 아니라, 카이퍼를 필두로 한 암스텔담 학파와 워필드(B. B. Warfield)로 대표되는 구 프린스톤 학파를 넘어 소위 게할더스 보스(Geerhardus Vos)와 코넬리우스 반틸(Cornelius Van Til)로 대별되는 웨스트민스터 학파의 산맥을 따라 서 있다고 할 수 있다.60 이를 정리해 보면 다음과 같다.

켈러의 신학과 설교에 영향을 준 칼빈주의 거목들[61]

신학 사상	☞ 교부: 어거스틴 ☞ 종교개혁자들: 루터, 칼빈, 멜랑히톤 등 ☞ 청교도 전통: 윌리엄 퍼킨즈, 조나단 에드워즈, 존 오웬
성경신학	☞ 게할더스 보스의 성경신학 ☞ 에드먼드 클라우니(Edmund Clowney)의 성경신학
조직신학	☞ 어거스틴, 존 칼빈, 조나단 에드워즈, 존 오웬의 신학 ☞ 존 머레이(John Murray), 헤르만 바빙크, 벌카우워, 벌코프 ☞ 존 프레임(John Frame), 코넬리우스 플랜팅가, 패커(J. I. Packer)
변증학	☞ 반틸과 프레임의 변증학 ☞ 씨에스 루이스(C. S. Lewis)
해석학	☞ 벤 포이트레스(Vern Poythress)의 해석학
실천신학	☞ 제이 아담스(J. E. Adams)의 실천신학 ☞ 하비 콘(Harvie M. Conn)의 복음전도(선교)학
설교	☞ 멜랑히톤의 수사학 ☞ 설교는 영국의 설교자들에게 영향을 많이 받음. 조지 휫필드, 존 오웬, 에드워즈, 스펄전, 존 스토트, 로이드존스, 딕 루카스(Dick Lucas) 등

따라서 켈러는 복음중심적 전제주의 변증 설교의 뿌리를 바울에서 시작하여 칼빈과 에드워즈, 반틸과 웨스트민스터 전통에 내리고 있으면서, 이를 균형화하여 포스트모던 시대에 새롭게 꽃피우고 있다고 볼 수 있다.

넷째, 켈러는 자신의 설교에 영국 설교자들과 마틴 로이드존스로부터 받은 영향력을 고백한다. 로이드존스가 보여준 강해설교이면서 전도설교적인 스타일, 1절을 가지고 설교하는 본문 설교(Textual) 스타일, 한 단어 한 단어를 깊이있게 유형화하고 분석하는 스타일 등이 켈러의 설교에 나타난다. 켈러는 초기 맨해튼에 교회를 개척하던 시절, 로이드존스의 부흥에 관한 시리즈 설교를 듣고 큰 감명을 받았다고 한다. 로이드존스의 강해적이면서도 복음적도인인 메시지, 50-60년대 영국 런던의 불

신자들을 향한 메시지에 매료되었던 것이다.[62]

구체적으로 켈러는 로이드존스의 설교 철학과 이론이 담긴 '설교와 설교자들'이 자신에게 미친 영향력을 다음과 같이 제시한다.[63]

❶ 저항과 반대에도 불구하고, 설교 사역에 최우선 순위를 두라.
❷ 설교를 듣는 모든 이들이 그리스도인이라고 생각하지 말라. 복음이 단지 그리스도인만을 위한 것이라고 생각하지 말라.
❸ 설교를 선명(clear)하게만 전달하려고 하지 말고, 실제적(real)으로 전달하려고 하라.

실제로 켈러의 로마서 12장 설교 서두에서 로이드존스의 로마서 강해 12장 1절-2절 설교 12편을 집중적으로 듣고 말씀을 준비했다고 고백할 정도로 많은 영향을 받았던 것을 알 수 있다.

3) 클래식 강해설교의 전통을 현대에 되살린 마에스트로, 켈러

켈러는 말씀 사역은 단순히 설교를 전하는 것이라는 비성경적 신념에 빠지는 위험성을 지적하면서, 삶의 변혁은 오직 강해설교를 통한 하나님의 말씀에 의해 이루어지는 것임을 강조한다(요 17:17; 골 3:16-17; 엡 5:18-20). 따라서 이 시대에 강해설교는 '대체불가'(irreplaceability)한 것이다.[64] 켈러는 나쁜 설교와 좋은 설교의 차이는 대부분 설교자들의 은사, 기술, 준비에 달려 있다고 본다. 즉 설교자의 '책임성'을 강조한다. 나아가 좋은 설교와 위대한 설교의 차이점은 주로 청중과 설교자의 마음 안에 얼마나 '성령'께서 역사하시는가에 달려있다고 본다.[65]

켈러는 다름아닌 강해설교가 현대 사회에도 여전히 효과적이며 기독교 공동체를 위한 설교의 기초가 되어야 한다고 확신하면서, 설교자가 추구해야 할 강해설교 철학의 핵심 요점을 다음과 같이 제시한다.[66]

- 강해설교는 중심 사상을 성경본문에서 뽑아내어야 함.
- 강해설교의 대지도 본문의 요지를 따라 형성해야 함.
- 강해설교는 본문 자체에 대한 주해를 한 다음, 성경적인 교리(조직신학)와 조율함.
- 강해설교는 본문 단락을 성경신학적인 관점에서 전체 성경 내러티브 안에서 조망함으로, 어떻게 그리스도가 본문의 핵심 주제의 궁극적인 성취가 되는지를 보여주어야 함.
- 설교자는 성경 전체가 하나님의 권위 있고, 살아 역사하는 진리라는 확신을 표현하고 전달하는 최선의 방편임.
- 설교자가 강해설교를 전달할 때 청중은 설교의 권위가 설교자의 논리와 의견이 아닌 성경 본문을 통해 나타나는 하나님의 계시 안에 있음을 인식하게 되고, 예수 그리스도가 복음 그 자체임을 자각하게 함.
- 강해설교는 설교자가 자신이 원하는 방향으로 설교의 주제를 선택하는 편협성을 내려놓고, 성경 전체를 설교하게 함으로 설교의 주제에 대해 설교자의 지평을 더 넓게 열어줌.
- 강해설교는 설교자가 본문을 있는 그대로 가장 선명하게 드러냄으로써, 청중 자신 스스로 성경을 어떻게 해석하고, 본문의 의미와 적용을 찾아낼 수 있도록 훈련시킴.

4. 하나님 나라 비전과 사역 방향(철학)을 제시하는 설교

켈러의 모든 설교가 비전을 제시하는 것은 아니지만, 켈러의 설교의 빅피쳐 중의 하나는 설교를 통해 그가 원천적으로 품고 있는 하나님 나라 복음을 통한 개인과 가정, 도시와 문화 변혁의 다차원적인 비전을 지속적으로 가르치고 선포하는 것이다.

1) 리디머 교회의 비전 시리즈 설교

예를 들어 2005년 9월 11일부터 11월 27일까지 연속 시리즈 설교("The Vision of Redeemer")를 통해 리디머 교회의 비전을 크게 11가지 주제로 나누어 선포한다.

❶ 두 탕자와 한 탕부 이야기[67]

• 자신과 교회, 목회에 매우 중요한 본문이라 소개함.
켈러는 예수님께서 두 아들 비유를 통해 전하시고자 하는 세 가지 혁명적인 재정의(redefinition)는 하나님에 대해 재정의, 죄에 대한 재정의, 구원에 대한 재정의라고 강조한 다음 적용을 제시한다.

❷ 그리스도 우리의 생명[68]

삶에서 우리는 필연적으로 우리가 갈망하는 것들에 의해 변화되고 형성되어 간다. 그러나 좋은 것들이 궁극적인 것으로 변모할 때 그것은 우상이 되고 만다. 그러나 우리의 삶을 복음에 헌신함으로 우리는 우상을 내려놓고 우리를 위해 죽으시고 부활하신 예수님을 바라볼 수 있다.

❸ 복음(사 53:4-11; 54:1-5, 11-14)

복음은 종교적인 차원에서 도덕적 순응이 아니며, 세속주의 차원에서 자기 발견도 아니다. 복음은 세상에서 찾아볼 수 없는 전혀 다른 차원의 것이다. 복음은 세 가지 결과들을 창출한다. 즉 복음은 마음의 구조를 새롭게 함, 죄의 제거, 가치의 역전을 가져오는 능력이다.

❹ 도시(사 25:6-26:6)[69]

이사야는 강한 도시와 높은 도시에 대한 두 이야기를 소개한다. 하나님의 강력한 도시는 신성하고 구원과 평화와 기쁨이 있는 곳이나, 인간의 도시는 자기중심적인 교만과 업적중심의 도시이다. 그리스도인은 세상도시가 끝날 것을 인식하고 영원한 천상도시를 바라보면서 기도와 섬김을 통해 도시의 평안과 번성을 추구해야 한다.

❺ 증거(사 55:1-7; 57:14-21)[70]

이사야에서 우리는 하나님을 진정으로 만난 자들을 위한 영원한 언약의 약속을 기억하게 된다. 하나님께서 우리의 마음을 변화시키시도록 허락할 때, 우리는 다른 사람들에게 복음을 증거하는 새로운 사명을 받게 하신다. 당신의 삶이 회심했다는 표시는 하나님께서 그분의 무조건적인 사랑과 새로운 생명의 약속을 나누기 위해 주신 능력과 동기부여이다.

❻ 정의(사 58:1-14)

정의에 대한 성경적 개념은 세상의 온전한 회복을 강조한다. 그러나 우리는 우리 자신을 우선순위로 두었을 때 사회가 무너지게 만든다는 것을 깨달아야 한다. 이사야는 하나님께서 자기중심의 마음을 변화시키고 세상 가운데 샬롬을 회복시키는데 우리를 사용되길 원하심을 선포한다.

❼ 문화(사 60:4-11, 17-21)

이사야는 새로운 예루살렘 안에서 문화적 참여를 통해 하나님을 영화롭게 하는 방식을 보여준다. 하나님은 이 도시를 슬픔, 전쟁, 어둠으로부터 구원하신다. 하나님께서는 우리의 삶과 직업을 통해 문화를 창조하고 새롭게 하시길 원하신다는 것을 알아야 한다.

❽ 복음과 부요함(말 3:1-4, 8-10; 4:1-6)

돈은 항상 당신이 진정으로 무엇을 예배하는 지를 잘 보여준다는 것을 켈러는 강조한다. 하나님이 주신 돈에 대한 청지기들로서 우리는 우리에게 맡겨 주신 재정을 잘 관리하고 나누어야 한다. 그러나 돈은 우리를 지배할 수 있는 강력한 힘을 가지고 있으며, 종종 우리는 이러한 힘에 굴복 당하기도 한다. 만약 우리의 재산에 대한 욕망을 다스리기 힘들 때는 그리스도께서 십자가에 죽으심과 우리 마음에 주신 부요함을 묵상해야 한다.

❾ 복음과 당신 자신(사 6:1-3)

우리 자신에게 집착하는 성향을 고치는 길은 하나님을 진정으로 만나는 것이다. 참 하나님은 영광스럽고 아름다우신 분이시다. 하나님을 진정으로 경험할 때, 그분은 당신의 신념과 우선순위를 변화시킬 것이다. 하나님의 은혜로 변화된 자는 그분을 위한 새로운 삶을 살게된다.

❿ 복음과 교회(벧전 2:4-12, 21-25)

교회는 매우 긴밀하게 연결된 공동체라는 것을 나타내기 위해 '산 돌'로 묘사됨. 우리는 문화에 동화되어서도, 문화로부터 분리되어서도 안 되며 세상과 연결되어 섬기기 위해서는 우리의 신념을 유지해야 함. 이러한 균형은 우리의 머릿돌 되신 그리스도 안에서 안전함과 그리스도의 몸된 공동체로부터 나온다.

2) 부흥 시리즈 설교

팀 켈러의 교회 부흥에 대한 비전이 그의 설교를 통해서는 어떻게 제시되고 선포되고 있을까? 켈러의 부흥 시리즈 설교들에 나타난 핵심 포인트를 살펴보도록 하자.

❶ 부흥을 위한 청사진(Blueprint for Revival) (눅 10:25-37)[71]

켈러에 의하면, 선한 사마리아 비유는 사회적 섬김과 긍휼에 대한 성경적 모델을 제공한다. 사마리아인은 강도 만난 자의 이웃으로서 그의 육체적, 재정적, 감정적, 물질적 필요를 채워준다. 이 비유는 진정한 믿음은 말뿐 아니라 행동을 통해 표현된다는 것을 일깨워 준다.

❷ 부흥을 위한 청사진 (Blueprint for Revival) (행 2:37-47)[72]

부흥은 나라와 교파를 초월한다. 부흥에 대한 왜곡된 관점이 성령의 역사를 방해할 수 있다. 교회가 하나님의 사랑에 대한 확신을 가질 때, 신학적이고 지적인 균형과 바른 인식을 가지고 기름 부음이 있는 예배에 대한 참여와 긍휼사역을 실천하고 복음전도를 확장해 나갈 때 영적인 역동성과 부흥을 일으킨다.

❸ 부흥을 위한 서론 2

부흥을 위한 다섯 가지 핵심 열쇠는 살아있는 예배, 교리적 가르침, 신학적 깊이, 헌신된 교제, 복음전도이다. 이러한 요소들은 교회가 부흥을 위해 균형과 건강을 유지하도록 해준다. 단순한 조직이 아닌 기도를 통해 살아 있는 유기체로서 교회가 건강하게 유지될 수 있다.
켈러는 복음 혁신을 통한 복음 부흥 설교를 추구할 것을 조언하면서, 설교자들이 종교와 복음을 분별하고, 하나님의 거룩하심과 사랑을 균형있게 전하며, 명쾌하면서도 실제적인 진리를 선포하며, 모든 성경 본문에서 예수님을 드러내며, 그리스도인뿐만 아니라 비그리스도인을 향해서도 복음을 전해야 할 것을 역설한다.[73]

3) 도시 초점 시리즈 설교

❶ 도시를 향한 사랑(행 11:19-30)[74]

그리스도인이라는 단어는 안디옥의 인종적으로 다양한 신자들을 향해 먼저 지칭되는 말이다. 그들은 도시의 문제들 가운데 하나님의 사랑 안에 있는 복음과 능력을 부르심을 받은 자들이다. 세계적인 도시 뉴욕처럼, 그리스도인의 믿음과 도시 영역 사이에서 강한 영적인 유대감이 형성되어 있었다. 안디옥 도시 가운데 있는 문화적 장벽을 깨뜨리고, 회심이 일어나며, 삶이 변화되고 자비사역과 사회적인 영향력을 행사하는 자들이 그리스도인으로 불렸다.

❷ 하나님 나라의 꿈(The Dream of the Kingdom) (단 2:24-35, 44-46)

그리스도인은 불신 세상 가운데 어떻게 살아가야 하는가? 하나님은 신자들이 세상의 문화에 동화되거나, 분리되지 않고 영적으로 도시 안에 살면서 도시를 위해 간구하고 평화와 번영을 추구하시길 원하신다. 하나님은 다니엘처럼 세상과 구별됨을 요구하시고 세상과 타협하길 원하지 않으신다. 하나님의 도시를 위해 인간의 도시를 사랑하라고 신자들을 부르신다.[75]

❸ 큰 도시를 내가 사랑해야 하지 않겠느냐? (욘 4:1-11)

요나는 하나님이 자신을 니느웨로 가길 원하시고, 요나는 니느웨 도시를 가지 않기 위한 핑계를 만든다. 요나처럼, 우리는 현 도시 가운에 범죄, 타락, 탐욕, 도덕적 타락을 목도하고 있다. 그러나 하나님은 그들을 소중한 존재로 보고 계시며 은혜와 자비를 부어 주시길 원하신다. 우리가 영원한 천상 도시를 희미하게나마 볼 수 있다면, 잃어버린 영혼들을 향한 하나님의 관점을 나누고, 자비와 사랑을 실천할 수 있다.[76]

❹ 도시의 의미(렘 29:4-14)[77]

예레미야는 바벨론 가운데 포로로 잡혀가 살고 있는 유대백성들을 향하여 그 도시 안에서 자신의 정체성을 발견하고, 도시의 평안과 번영을 추구하라고 예언한다. 뉴욕도시와 같이, 바벨론은 다양한 가치와 도덕을 가진 사람들이 살고 있는 거대하고, 위협적인 도시였다. 그러나 하나님은 도시의 문화에 동화되거나 분리되지 않고 사람들을 사랑하고 좋은 관계를 형성하길 원하신다. 하나님의 도시와 세상의 도시에 동시에 소속된 신자들은 도시가운데 평안과 은혜가 임하도록 살아가야 한다.

❺ 도시를 향한 소망(행 8:1-8)[78]

그리스도인들은 도시에 헌신되어야 한다. 도시들은 광범위하게 문화에 영향을 미치는 힘을 가지고 있다. 도시의 인구는 세계적으로 폭발적으로 증가하고 있고 그리스도인들은 도시가운데 영향력을 미쳐야 한다. 그리스도인들은 긍휼과 정의를 실천함으로, 화합을 실행하는 삶을 통해, 복음을 전파함으로 도시들을 향해 효과적으로 접근해야 한다.

4) 전도 시리즈 설교

❶ 섬김의 자유(행 4:7-20; 출 20:3)

많은 사람들은 기독교를 좋아한다고 말하지만, 왜 그리스도인들이 다른 사람들을 전도하려고 하는지 이해하지 못한다. 이러한 생각 이면에서 기독교에 대한 오해가 자리잡고 있다. 기독교는 우리가 어떻게 살아야만 하는지에 대한 가르침만 제시하는 곳이 아니다. 그리스도의 성육신, 십자가, 부활에 대한 복음을 전하는 곳이다. 베드로와 요한이 천하에 구원을 얻을만한 다른 이름이 없다고 말한 의미이다.[79]

❷ 여인, 종, 이방인(행 16:13-34)[80]

그리스도의 복음은 문화와 사회경제적 차이를 초월하게 한다. 빌립보의 회심은 종교인, 압제 받는 자, 세속적인 사람의 회심하는 예를 보여준다. 복음은 이성적인 설교, 능력 있는 만남, 실제적인 복음 중심적 삶의 실천으로 이어진다. 그리스도의 메시지는 우리의 삶을 자유롭게 하고, 삶을 변화시키며 전혀 상관없었던 사람들이 가족으로 묶어지는 능력이 있다.

❸ 선교적 교회에 속함(단 3:18)

선교적 교회는 비그리스도인들의 문화에 속한 사람들에게 접근하는 교회이다. 선교적 교회는 모든 사역이 불신자들에게 전달될 수 있도록 하기 위한 생각을 가지고 만들어 내는 교회이다. 선교적 교회는 교회와 교회의 공동체는 불신자들이 교회는 안전한 장소일 뿐 아니라 그들이 복음의 진리를 볼 수 있는 매력적인 대안문화를 보여주는 곳임을 인식시키려고 한다.[81]

❹ 선교(요 17:13-19)[82]

우리의 생각과 마음은 보다 고상한 목적을 향해 나아가도록 창조됨. 하나님은 그리스도인들을 단순히 개인적인 필요들을 채우기 위해 축복하신 것이 아니라 그리스도를 드러내는 사명과 그들의 필요를 채우기 위해 보내심을 받은 자들이다.

❺ 하늘 계시(계 21:21-22:5)[83]

성경이 새 하늘과 새 땅에 대하여 말할 때, 이는 이 세상을 대체하는 것이 아닌 이 세상의 치유와 회복에 대한 말씀이다. 이러한 말씀은 그리스도인들에게 타락한 이 세상을 회복시키는데 참여하도록 하는 이유를 제공한다. 나아가 그리스도인들은 완벽한 세계가 오고 있는 것을 알고 있기 때문에 현 세상에 어떤 소망도 두지 않는다. 기독교인은 이 세상보다 오는 세상의 가치를 알고 있기 때문에 다른 사람들을 위해 희생할 수 있다.

❻ 문화(사 60:4-11, 17-21)

이사야는 새예루살렘 안에서 문화적 참여를 통해 하나님을 영화롭게 하기 위한 방식을 보여준다. 하나님은 슬픔, 전쟁, 어둠으로부터 이 도시를 구원하신다. 풍성하고 경건한 문화를 개발하기 위해 우리의 삶과 직업을 활용하기 위해서는 우리는 반드시 하나님께서 문화의 상함과 다양성을 회복시키는 문화를 우리를 통해 창조하시길 원하신다는 것을 알아야 한다.

2부
팀 켈러의 복음중심적 설교세계를 여는 7가지 키워드(7P)

Chapter 2

2부에서는 켈러 설교세계를 열기 위한 핵심들을 영어 P로 시작하는 일곱 가지 키워드로 정리해서 제시하고자 한다.

키워드 1. 패러다임(Paradigm)

켈러 설교의 기본 패러다임: 삼중적 구조와 비의도적 패러다임

1. 켈러 설교의 해석학적 구조, 삼중적 스펙트럼

팀 켈러 설교의 해석학적 기본 프레임은 규범적, 상황적, 실존적 원리로 유기적으로 연결되어 있는 삼중적 해석학적 스펙트럼이라고 할 수 있다.

삼중적 적용적 균형

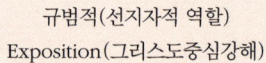

켈러의 강해설교의 해석학적 원리는 그의 설교사역에 나침반 역할을 한다. 존 프레임(John Frame)의 '삼위일체적인 존재론'(Tri-Perspectival) 즉 성부, 성자, 성령 하나님에 근거한 세 가지 관점을 통해서만 하나님의 존재를 인식할 수 있다는 인식론적 패러다임이 켈러 설교의 해석학적 패러다임의 핵심 기초로 발전하였다.[84] 이 세 가지 관점들을 프레임은 "규범적"(normative), "상황적"(situational), "실존적"(existential) 원리로 분류하였다.[85] 이를 기초로 켈러는 벤 포이트레스(Vern Poythress)의 해석학적 모델을 약간 변형시킨 해석학적 패러다임을 구축한다.[86]

첫째, 켈러는 본문 저자의 원래 의도를 이해하는 규범적 영역, 본문의 구속사적 위치를 이해하기 위한 상황적 영역, 언약적 공동체를 향한 적용에 관련된 실존적 영역을 그리스도 중심적 설교 프레임의 한 축으로 삼는다. 즉 켈러는 설교자의 선지자적 역할(prophetly)과 관련된 '규범적'인 관점(그리스도의 복음)이 필요하다고 역설한다. 단순히 성경적 원리를 전하는 것이 아닌 그리스도를 설교하기 위해서는 포스트모던 청중들이 그리스도의 인격과 사역을 이해할 수 있도록 '성경본문을 드러내는 것'을 주요한 목적으로 추구해야 한다고 본다. 켈러는 성경의 특정 본문과 그리스도 안에 있는 하나님의 계시의 절정을 통합하기 전까지는 성경을 강해한 것이 아니라고 본다. 즉 켈러의 "그리스도 중심적 주해"(Christ-centered Exposition)는 원 청중(original hearer)을 향한 저자의 의도를 강조하는 본문 중심적(text-centric) 목적, 모든 본문에서 '그리스도에 관하여 무엇을 말하고 있는가'를 묻는 그리스도 중심적 목적(Christ-centric), '어떻게 이 본문을 통해 청중들에게 복음을 설교할 수 있는가'를 묻는 복음 중심적(Gospel-centric) 목적이라는 '삼중적 목적'을 추구한다.[87] 또한 이 영역에서 설교자는 그리스도와 은혜와 하나님 나라라는 세 요소를 균형을 맞추며 나간다.

켈러는 본문의 언어적, 역사적 주해를 통한 세밀한 분석의 씨줄과 구속사의 포괄적인 분석의 날줄을 엮어 가는 설교를 추구하고자 한다. 켈러는 광의적으로 볼 때 시드니 그레이다누스(Sydney Greidanus)의 그리스도 중심적 설교의 정의와 맥을 같이한다.[88] 켈러는 전통적인 설교 주해의 3가지 요소인 언어적, 역사적, 문법적인 주해를 통한 '미시적 컨텍스트'(micro-context)와 하나님의 구속사의 절정으로서 그리스도에 대한 '거시적 컨텍스트'(macro-context)를 입체적으로 살피고자 한다.[89]

켈러는 전통적인 개혁주의 해석학 원리인 문법적-역사적(grammatical-historical) 주해를 통해 설교자가 본문에 깊이 머물러야 한다고 강조하면서도 동시에 주해 방법의 객관성(objectivity)에 대한 지나친 신뢰를 경고한다. 또한 주해 과정 중에 본문의 미시적 컨텍스트에서 지나치게 빨리 그리스도 중심적 컨텍스트(christo-centric context) 혹은 구속사적 관점이나 개인적/문화적 적용 단계로 넘어가려는 경우 혹은 정반대로 너무 과거 본문에만 머물러 있는 경우와 같은 주요한 두 가지 위험성을 조심해야 한다고 충고한다.[90]

두 번째로 설교자의 왕적 역할(kingly)과 관련된 '상황적' 영역에 관련된 해석학적 원리로서 '그리스도 중심적 적용'(Christ-centric Application)을 추구한다. 이 영역의 목적은 청중들 안에 그리스도를 적용시키기 위해 본문이 의도한 의미를 적용하는 것이다. '아들 됨의 복음'(the gospel of sonship)에 초점을 두고 "하나님께서 왜 이 본문을 여기에 두셨는가? 그리고 이 본문은 그리스도의 인격과 사역에 대하여 나에게 무엇을 알려주는가?"라는 핵심 질문이 이끌어 가면서 '복음의 조각들'을 발견해 나가야 한다. 이를 통해 단순한 윤리, 도덕적인 변화가 아닌 청중들이 그리스도로 옷입고 행동의 뿌리인 마음의 변화와 참된 성화(sanctification)라는 목적을 추구한다. 이 영역을 통해 추상적인 적용이 아닌 개인적(인격적)인 적용, 상황적 적용, 도덕주의 적용이 아닌 진정한(조나단 에드워즈가 보여준) 복음의 가치(true virtue)를 담은 적용을 균형 있게 추구한다.[91]

세 번째는 설교자의 제사장적(Priestly) 역할과 관련된 실존적인 관점, 그리스도를 통한 하나님의 성품을 청중들의 '감각(sensation)'을 통해 맛보고 경험하게 하는 것이다. 즉 텍스트를 포스트모던 상황에 적용하는 차원으로서 '왕국의 복음'(the gospel of the kingdom)이다. 그리스도 중심적 의미와 적용과 연결되어 있는 이 과정에서 청중들이 본문을 통해 무엇을 인식하고 행동하며 느껴야 하는지 삶에 효과적으로 연결해야 한다.[92] 이 영역에서 설교자는 그리스도를 '경배'(adoration)하고, 거룩한 교제(communion)를 나누며, 상상력(imagination)을 균형 있게 추구하는 목적을 성취할 수 있다. 이를 통해 켈러의 삼중적 중심을 추구하는 설교 패러다임을 추구한다.

즉 켈러는 본문중심적(Text-centric)이면서 복음중심적(Gospel-centered)이며, 그리스도 중심적(Christ-centric) 설교를 균형 있게 추구하고자 한다. 또한 켈러는 본문에서 나온 교리적 설교와 개인적인 경건과 순종을 강조하는 경건주의적 설교, 사회와 문화를 변혁시키는 문화변혁적 설교 가운데 어느 한 쪽에 치우치지 않고 세 가지 설교 방식을 균형 있게 추구해 나가고자 한다.[93]

삼중적 관점	초점	적용의 균형	활용
교리주의자 (Doctrinalist) (규범적 관점 적용)	그리스도의 대속적 사역	'인간 중심적'(man-centered)인 적용 혹은 '치유적인 접근'에 대하여 반대함. 텍스트의 의미를 추구하는 것은 적용에 대한 추구라는 것을 확고히 하면서 모든 설교는 청중이 '느끼는 필요'(felt-need) 즉 신학적으로 깊이 있는 이해를 지향해야 함.[94]	설교, 전도, 신학적 훈련
경건주의자 (Pietist) (실존적 관점 적용)	은혜 vs 행위	모든 텍스트를 청중의 신앙적, 심리학적, 경건적 필요들과 연결시키는 관점으로서 켈러는 이 접근이 일반적으로 개인적인 결단을 이끌어 내는 데 가장 최상의 적용전략으로 봄.[95]	문제 해결, 개인과 교회 의 갱신, 상담
문화-변혁주의자 (cultural- transformatist) (상황적 관점 적용)	이미와 아직 사이의 하나님 나라	성경 텍스트를 통해 어떻게 포스트모던 사회 가운데 하나님 나라가 '침노'해 갈 수 있는지, 어떻게 현대 문화적 이슈들과 연결될 수 있는지에 대한 문화적 변혁에 관한 적용이 설교 가운데 중요함.	관대함, 화해, 정의를 행함

2. 그리스도중심의 삼중직 패러다임

켈러의 설교철학은 그리스도에 초점을 맞춘 삼중직 설교 패러다임이다. 그리스도에 초점을 맞춘 변증적 설교는 기독론(Christology)과 관련된 삼중직(왕, 선지자, 제사장)에 기초한 패러다임을 균형 있게 추구한다.[96] 이러한 패러다임을 기초로 켈러는 복음중심적 설교를 위해서는 설교자의 선지자적 역할과 관련된 규범적인 관점(normative perspective) 즉 예수 그리스도의 복음에 초점을 맞추어 '무슨(what) 일이 일어났는가'(막 1:1)를 질문하고, 왕적 역할과 관련된 '상황적' 영역(situational perspective) 즉 하나님 나라의 복음에 초점을 맞추어 '어떻게(how) 그것이 일어났는가'(마 4:23)라고 질문하며, 제사장적 역할과 관련된 실존적인 관점(existential perspective) 즉 '누구 안에서(in whom) 이것이 일어났는가?'(엡 1:13)라는

질문)이 필요하다고 강조한다.[97]

그러나 켈러는 세 가지 적용 패러다임이 모든 성경본문을 해석할 때 어느 정도는 정당해야 하며 포스트모던 설교자는 은혜의 복음 기초 위에서 이 세 가지 관점을 모두 심사숙고해야 할 필요가 있다고 역설하면서 '적용적 균형'(applicational balance)을 강조한다.[98]

❶ 삼중적 적용의 예 (롬 12:1-8 "Everyone…")[99]

교리주의적 적용	속죄 제물되신 예수 그리스도.
경건주의적 적용	그리스도인은 거룩한 산 제사로 삶을 드려야 함.
문화적 변혁을 지향하는 적용	그리스도인은 자신의 은사로 공동체를 섬기고, 직장(사회)에서 산 제사의 삶을 통해 변화시켜야 함.

❷ 나병 환자를 예수님께서 치유하는 본문에 대한 그리스도가 초점이 된 삼중적 적용 예(마 8:1-4)

교리주의적 적용	의식법(ceremonial law)의 완성으로서 영원한 제사장 예수님을 제시.
경건주의적 적용	예수님의 손을 내밀어 만지심(육체적, 감정적)으로 치유하심.
문화적 변혁을 지향하는 적용	나병 환자의 사회적 상태(부정한 자로 여겨짐으로 공동체로부터 격리, 추방).

❸ 마가복음의 '부자 청년' 설교 예[100]

교리주의적 적용	예수님은 우리 모두가 죄인이지만 특히 돈이 우리의 죄와 자신의 영적 상태를 보지 못하도록 속이는 힘이 엄청나다는 것을 깨닫게 하심.
경건주의적 적용	부의 세상에서 자신의 진정한 영적 상태를 보기 위해서는 하나님의 은혜로운 간섭이 있어야 함. "당신의 구세주는 돈인가 아니면 하나님인가?"

문화적 변혁을 지향하는 적용	'돈 앞에서 우리의 태도는 어떠한가? 너무도 많은 사람이 돈을 구세주로 삼고 있음. 바울은 예수님은 부유하시지만 우리를 위해 가난해지셨다고 말한다. 우리는 예수님께서 십자가에서 행한 일을 보고 돈에 대한 태도를 완전히 바꾸어야 함.

❹ 에스더 내러티브 설교 예101

교리주의적 적용	하나님은 오직 유일한 실존하시는 왕이시며 부재(absent)해 보이는 상황이라 할지라도 모든 것을 주권적으로 통치하시는 분임.
경건주의적 적용	인간의 힘은 약하지만, 하나님은 그 약함을 강함이 되게 하실 수 있으심.
문화적 변혁을 지향하는 적용	하나님은 세속적인 환경 가운데 그 분을 섬기도록 당신의 백성들을 부르셨고, 개인을 변화시킬 뿐만 아니라 사회와 문화를 변혁시키도록 부르셨음.

❺ 구약 정결법에 관한 설교 예102

교리주의적 적용	예수님께서 십자가 죽으심으로 정결을 완성하심.
경건주의적 적용	그리스도 안에 신자들의 몸과 영혼이 정결케 됨.
문화적 변혁을 지향하는 적용	종교, 정치, 문화의 외적 요인으로 정결케 될 수 없다는 정결법(막 7:1-5).

❻ 예: 요 2장 설교

교리주의적 적용	예수님께서 이 땅에 오셔서 십자가에서 희생하신 목적은 궁극적인 결혼 잔치를 회복하시기 위함.
경건주의적 적용	결혼잔치에서 유대의 정결예식에 필요한 돌항아리는 율법을 통해 스스로를 깨끗이 하려고 애쓰는 것을 상징함. 이는 영적인 필요 즉 하나님과 교통하려면 속죄와 정화가 필요함을 의미함.
문화적 변혁을 지향하는 적용	충분히 오래살고 더 정직해진다면 인간의 악함을 인정할 수 있을 것. 인간의 악함을 깨닫지 못하는 것은 나치와 같은 악행의 논리를 또 따르는 것임.

3. 켈러의 비의도적 혹은 네 지평 설교 패러다임

켈러의 비의도적 설교 패러다임은 그리스도께 초점을 맞춘 설교를 위한 해석학적 패러다임은 설교자의 텍스트(1단계)에서 원저자의 메시지로 (2단계), 그런 다음 그리스도 안에서 성취된 구속사적 주제(3단계)를 반드시 거친 다음 현대 청중들을 향한 적용(4 단계: 어떻게 포스트모던 청중들에게 영향을 미치는가?)으로 이어진다.

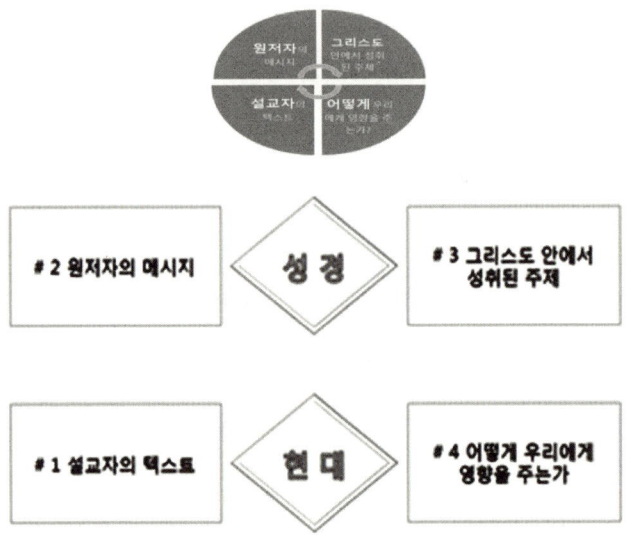

켈러의 설교는 주로 1-2-3-4(그리스도를 제시한 다음, 적용으로 나아가는 패턴)의 패턴도 있지만 주로 1-2-4-3 패러다임이 많다고 볼 수 있다(적용을 먼저 제시하고 난 다음 그리스도를 제시하는 패턴).

설교자가 비의도적으로 추구하는 7가지 설교와 적용 유형이 있다.[103] 그것을 7가지로 나누어 볼 수 있다.

❶ 정보를 전달하는 식의 설교다. 위의 1단계와 2단계로만 진행되는 설교

❷ 알레고리적[104] / 영해적인 설교이다. 위의 1단계에서 2단계를 생략한 채 곧장 3단계로 발전함.

❸ 권면적인 설교다. 위의 1단계에서 4단계로 곧장 발전하는 설교임.

❹ 조직 신학적 강해설교이다. 1단계→ 2단계→ 4단계 순서로 발전하는 설교로서 3단계가 생략된 설교임.

❺ 구속사적 설교이다. 1단계→ 2단계→ 3단계 순서로 발전하는 설교로서 마지막 4단계를 간과됨.

❻ 삶의 적용이 있는 구속사적 설교이다. 1단계→ 2단계→ 3단계→ 4단계 순서로 발전하는 설교임.

❼ 포스트모던 청중의 마음을 향해 나아가는 설교 1단계→ 2단계→ 4단계→ 3단계 순서로 발전함.

팀 켈러는 입체적인 설명을 통해 포스트에브리팅 세대를 향한 설교 모델은 기존의 ❶번에서 ❻번까지의 모델이 안고 있는 단점과 한계를 넘어 ❼번 모델을 추구해야 한다고 말한다. 포스트모던 청중과 문화와 성경 본문의 철저한 주해 사이에 첫 번째 다리 놓기가 필요하며, 저자가 의도한 의미 적용과 오늘날 청중을 향한 구체적인 적용 사이에 두 번째 다리 놓기가 필요하다. 또한 거기서 멈추지 않고 그리스도 중심적인 복음으로 나아가기 위한 세 번째 다리 놓기가 필요하다는 것이 켈러가 의도하고 있는 핵심 해석학적 구도이다.[105]

켈러의 실제 설교를 들어보면, 비의도적 설교 패러다임이 그의 설교의 중추(backbone)를 이루고 있다는 것을 어렵지 않게 알 수 있다.

- 예: 이사야 58장 설교의 경우에는 1-2-4-3 순서의 패턴이 나타난다.[106]

❶ 비의도적 설교 패러다임 예: 창세기 22장 설교[107]

1. 설교자의 텍스트	• 소렌 키에르케고르, '두려움과 떨림'(아브라함과 이삭 이야기 다룬 책) '믿음이란 비이성적이고 불합리한 것' • 존 레빈슨(Jon Levenson), '사랑하는 이의 죽음과 부활' 고대에서는 장자 상속법과 한 사람과 그 가족의 모든 성공과 꿈이 장남에게 달려 있었다는 문화적 맥락 속에서 아브라함 이야기를 이해해야 함.
2. 원저자의 메시지	1) 부르심의 본질 -하나님의 첫번째 부르심(창12:1-3)과 두번째 부르심(창 22:2)의 유사성 -부르심의 정의(히 11:8), 하나님의 부르심의 본질은 그분의 부르심이 없는 것은 당신의 삶에 아무런 기초가 없다는 것을 깨닫는 것. -적용: 그리스도인이 된다는 것은 하나님의 부르심을 듣는 것, 성장한다는 것은 그분의 부르심을 계속 듣고 나아가는 것임. 2) 시험에 대한 두려움 -전통적인 접근에 대한 문제제기: 아브라함의 순종에만 초점을 맞추는 해석에 대한 비평. 고대 근동의 첫째 아들(the firstborn)에 대한 이해가 필요함. -정경적 분석(히 11장에 근거한 해석 필요): 히 11:17-18 -어떻게 하나님은 명령을 통한 거룩한 하나님이시면서도 동시에 약속을 통한 은혜로운 하나님이실 수 있는가?
3. 그리스도 안에서 성취된 주제	3) 어린양의 놀라움 -대부분의 주석가는 본문의 정점은 천천히 진행되는 6-11절이라는 것에 동의함. -히브리어 '예비하다'라는 단어는 '자신을 위해 보고 있다'는 의미임. 아브라함은 이삭에게 '너는 그 양을 볼 수 없다. 나도 그 양을 볼 수 없다. 그러나 하나님께서 그 양을 보고 계신다'고 말함. 또한, 나는 하나님께서 어떻게 거룩하시고 동시에 은혜로운 분으로 임하실지 알지 못한다'고 말함. 그러나 아브라함은 하나님께서 죄 값을 담당하시고 약속을 지킬 분이심을 신뢰함. -아브라함은 전통적인 도덕적 인물(영웅)로 모리아 산을 올라간 것이 아님. -그로부터 많은 세월이 흐른 후, 바로 그 산간지방(모리아산)에서, 또 다른 장자가 나무에 매달려서 죽음을 기다리고 있었다. 아브라함의 아들을 대신할 진정한 제물은 하나님의 유일한 아들 예수였기 때문이다(벧전 3:18, 롬 8:32). -아브라함의 아들을 대신할 진정한 제물은 하나님의 유일한 아들 예수 그리스도이심. 그는 우리 대신 벌을 받아 죽음을 맞이하심.

4. 어떻게 우리에게 영향을 주는가	-하나님이 예비하신 어린양 예수님을 믿기 전까지는 사람과 환경의 노예로부터 자유함을 얻을 수 없음. 어떻게 하나님께서 우리를 사랑하시고 그분 안에서만 자유와 안식을 누릴 수 있다는 것을 알 수 있는가? -우리 자신의 노력과 행위로는 할 수 없음. 그러나 오직 성령의 능력에 의해 아브라함이 믿음으로 모리아 산으로 올라간 그림을 통해 갈보리 산에서 하나님께서 우리를 위해 모든 값을 치루셨다는 것을 알 수 있음. -진정한 어린양 되신 그리스도를 통해 보여주신 하나님의 사랑만이 우리를 근본적으로, 지속적으로 변화시킬 수 있다.

❷ 비의도적 설교 패러다임 예: 다니엘 3장 설교[108]

- 본문의 중심사상: 어떻게 다니엘의 세 친구들은 바벨론 왕 느부갓네살의 명령에 대응하였는가?
- 핵심 포인트: 1) 다원주의의 압력, 2) 진정한 믿음의 본질, 3) 고통의 약속들

1. 설교자의 텍스트	1) 문화 내러티브들은 고난을 견디라고 하기보다 경영학과 심리학 등을 이용해 스트레스, 트라우마 등에 잘 대응하고, 부정적 생각 대신 휴가와 운동, 위로와 격려의 관계 유지를 통해 고통을 줄이고, 바꿀 수 없는 문제들을 성숙하게 받아들이는 법을 배우라고 해결책을 제시함. 2) 기독교 신앙은 이보다 훨씬 깊고 높은 차원의 해결책 제시함. 성경에서 고난을 대처하는 자세를 '걷기'(Walk)라는 은유로 제시함(시 23:4; 69:2). 성경은 그리스도인 시련을 면제해 주시겠다는 약속보다, 고통 가운데 하나님께서 함께 '걸으며' 동행해 주시겠다는 약속을 해 주심(벧전 1:7). 3) 이사야 43장 2-3절의 약속은 바벨론 포로로 잡혀간 유다 청년들 이야기에서 성취됨.
2. 원저자의 메시지	• 배경: 6세기 고대 근동의 바벨론은 당대 최고의 강대국이며 종교 다원주의 사회. 이스라엘을 정복하고 포로민들을 동화시키기 위해 이스라엘의 학자들, 고위관리들, 예술가들, 전문가들을 바벨론으로 끌고 감. 당시 '금 신상'은 제국, 왕, 왕이 섬기는 신의 상징이며 느브갓네살 왕의 의도는 국가권력에 절대 복종하게 하는 것임.

	-다니엘서 3장은 이사야서 43장 2절에 대한 미드라쉬, 주석이 된다. • 원 저자가 의도한 메시지 1) 허물없이 고통을 당하는 이들의 전형을 보여줌. 느부갓네살은 금신상에 절하지 않을 때 풀무불 경고(단 3:14-15)함으로 권력에 복종할 것을 강요함. 이에 세 친구는 믿음의 답변을 통해 확신과 겸손의 신앙을 보여줌(단 3:17-18). 2) 모든 상황에서 건져 주시리라는 능히 구원하실 하나님을 믿는 신앙 - 자신들의 판단대로 움직이실 의무가 하나님께 없음을 아는 신앙. 신뢰의 대상은 오직 "하나님", 주님이 행해 주시길 기대하는 어떤 일들이 아님. 하나님의 뜻을 다 알고 있다는 교만이 없음 (겸손). 자신감과 겸손이라는 나란히 가기 어려운 요소 균형 이루며, 능히 구원하실 하나님과 구원받지 못할 가능성도 인정하는 신앙을 보여줌. 3) 하나님만 온전히 신뢰하는 신앙 -다니엘의 세 친구는 '시종일관' 하나님을 믿었고, 불안하거나 초조해 하지 않음. 구원이든 죽음이든 기꺼이 영적으로 불속에서 견딜 준비가 되어 있었음. - 어느 쪽이든 하나님을 영화롭게 하고 주님과 동행하리라는 것을 믿었음. 죽음에서 구원, 죽음을 통한 구원 어느 것이든 하나님의 뜻임을 전적으로 신뢰함. - 세 친구의 기쁨은 하나님을 이용해 무엇을 얻거나 이루는 것이 아니라 그분을 영화롭게 하는 것.
3. 그리스도 안에서 성취된 주제	1) 다니엘의 세 친구의 답변을 듣고 느부갓네살은 풀무불을 7배나 더 뜨겁게 함(3:22). 그곳에 함께 있던 '넷째의 모양'은 하나님의 천사(하나님의 아들)(3:24-25). 구약에서 이 천사는 나타날 때마다 경배를 받음(수 5:15; 삿 13:16-22). 이 천사를 임마누엘의 하나님, 예수그리스도라 해석 가능 (구약학자 알렉 모티어) 2) 예수님의 이 땅의 삶은 풀무 불 속을 걷는 것과 같았음 (연약한 인간의 모습, 사방의 공격, 오해와 거절, 절정은 십자가의 고통). 십자가의 고난을 홀로 감당하신 예수님 (나의 하나님 어찌하여 나를 버리시나이까?). 3) 하나님께서 다니엘의 세 친구와는 불 속에서 함께 하셨는데, 왜 그리스도는 홀로 두셨는가? 예수 그리스도가 '우리를 위해' 고난을 당하셨고, 우리가 들어가야 할 불을 대신 지나셨기에 세 친구와 더불어 불 속을 걸어가실 수 있었음. 주의 자비를 믿고 의지하는 이들을 용서하고 받아주심.

4. 어떻게 우리에게 영향을 주는가	1) 우리가 마땅히 들어가야 할 심판의 불 속으로 그리스도께서 대신 들어가심으로 우리를 구원하신 은혜 안에 머물면, 불이 금을 제련하는 것처럼, 고난은 우리 인격을 연단시킴. 그러나 그리스도의 '복음 없이' 불 속으로 들어가면 하나님을 만나는 것이 불가능함. 자신의 강점과 약점에 대한 성찰, 인격적 성숙, 깊은 믿음은 고난의 검증을 통해 비로소 알 수 있음. 2) 주님은 우리의 깊은 고통을 누구보다 잘 알고 계시며(풀무 불 비유), 우리의 숨은 사정을 헤아리시고 늘 가까이에서 함께 하심. 3) 어떤 고통이 오더라도 결국 '우리가 그분과 함께 걷고 있는가?'의 문제임. 우리 요구대로 움직이는 가짜 하나님을 모시고 있다면, 삶이 망가지는 순간마다 버림받았다고 여길 것임. 4) 복음을 기억하는 것. 하나님을 하나님의 자리에 모신 사람, 우리를 위해 십자가를 지신 예수님을 신뢰하고 의지하며 붙드는 사람은 우리와 함께 풀무 불을 걷고 계신 주님을 경험함. 그러나 자신의 의를 믿는 자는 고난이 닥칠 때, 분노하거나 죄의 대가라고 생각하며 좌절과 죄책감에 빠지게 됨. 5) 걷기는 드라마틱한 구원이 아니라 매일의 기도, 성경 말씀을 읽는 것, 순종하고 예배 하고, 헌신하는 것임(*그리스도 중심적 적용). 6) 성경을 통해 역경과 마주하며 예수님과 함께 걸어간 다니엘의 세 친구, 요셉, 욥, 예수님의 모습을 보며 걷고, 울부짖고 신뢰하며, 기도하고, 생각하고, 감사하고 사랑하며, 소망을 가져야 함.

❸ 비의도적 설교 패러다임 (공관복음의 예) 요한복음 4장[109]

1. 설교자의 텍스트	요한복음 3장 매우 도덕적인 종교계의 지도자 인사이더, 4장에서는 당시 사회, 도덕, 종교적인 아웃사이더가 나옴. 이 둘 사이에서 공통점을 찾을 수 있다면 우리 모두에게도 공통점을 찾을 수 있음. 오늘의 세상을 이렇게 만드는 데 우리는 어떤 역할을 하는지에 관해 말할 수 있음. 우리는 '죄'라는 주제를 다루어야 하고 성경에 따르면 어느 누구도 죄인이라는 판결을 피할 수 없음.
2. 원저자의 메시지	예수님은 아웃사이더인 사마리아 여인에게 열려있는 태도로 친절하게 대화하셨다면, 도덕적인 종교계의 지도자로서 인사이더인 니고데모에게는 강압적이고 직접적으로 거듭남에 대한 이야기를 하심. 거듭남은 거저 주어지는 생명의 은혜이며 노력으로 얻어지는 것이 아님. 이는 니고데모가 인사이더이지만 영적 위치가 아웃사이더와 똑같다는 것을 의미함.

3. 그리스도 안에서 성취된 주제	죄는 구원을 얻기 위해 하나님 외의 다른 것을 바라보는 것임. 첫째는 도덕적 규칙을 깨트리고 쾌락과 행복을 추구함으로 아웃사이더가 되는 삶의 방식이다. 둘째는 자신이 선한 삶과 도덕을 취했으니 하나님이 복을 주고 기도를 들어줘야 한다는 인사이더의 방식임. 니고데모나 사마리아 여인 모두는 은혜가 필요한 죄인임. 예수님은 당신에게 만족을 가져다줄 유일한 구원자이며 그를 실망시킨다 하여도 용서해줄 유일한 구원자이심. 여자가 왜 구원받았는가? 예수가 목이 말랐기 때문이다. 하나님의 아들이 연약한 인간으로 이 땅에 내려왔기 때문임.
4. 어떻게 우리에게 영향을 주는가	예수님께서 십자가 위에서 우주적 갈증을 겪음으로 나의 영적인 갈증 또한 해소됨. 그의 죽음을 받아들이고 이해할 때, 우리는 우리를 노예로 만드는 것들을 떠나 그를 경배할 수 있음. 이것은 회의주의자나 신자나 인사이더나 아웃사이더, 버림받은자나 나머지 모든 사람들에게 똑같이 적용되는 것임.

❹ 비의도적 설교 패러다임 예: 누가복음 15장 설교 예110

1. 설교자의 텍스트	• 인간의 근본적인 필요: 고향에 대한 향수 • 존 스타인백 '에덴의 동쪽' 성경의 주제: 영적인 고향에 대한 향수. - 추방당함(Exile)은 인류가 당한 상태 안에서 지속적인 감정임. 그 이유는 인간의 죄가 에덴동산에서 경험했던 하나님과의 친밀함을 파괴시켰기 때문임. - 키에르케고르의 고향에 대한 통찰: 모든 인류는 탕자와 같이 고향을 잃은 홈리스들과 같음.
2. 원저자의 메시지	1) 창세기-에덴 상실. 구약에서 '고향 잃어버림과 유배' 패턴과 구속사적 주제인 '에덴'(본향) 반복. 탕자 비유는 우리 모두의 이야기. 2) 신적인 해결책: 탕자처럼 영적 고향을 찾기 위해서는 죄의 장벽을 넘어 본성의 근본적인 회개와 변화가 필요함. 3) 새로운 공동체: 탕자가 고향으로 돌아왔을 때, 아버지가 옷, 신, 반지를 주시고 송아지를 잡아서 마을의 잔치를 열어주심. 마을 공동체가 함께 먹고 가족 식사와 축제를 경험함.

3. 그리스도 안에서 성취된 주제	- 하나님께서는 예수님을 우리의 죄로 인한 추방당한 상태로부터 구원하시기 위해, 하나님과의 온전한 교제를 회복시키시기 위해 우리의 진정한 큰 형으로 이 땅에 보내심. - 모든 인류를 영원한 본향으로 데려가시기 위해 십자가를 통해 예수님께서 영적 유배와 소외를 대신 당하심. - 그리스도가 다시 오실 때 종말론적 귀향 잔치인 '어린양의 혼인 잔치'(계 21-22)가 열릴 것임.
4. 어떻게 우리에게 영향을 주는가	- 우리가 주님의 만찬을 믿음으로 참여할 때, 모든 신자들을 위해 하나님께서 예비하신 귀향 잔치의 맛을 경험하게 됨. 그때 신자들은 하나님과 우리 사이의 온전한 친밀함이 회복된 것을 인해 축제를 벌이게 될 것임. - 종말론적 복음 다른 종교와의 근본적 차이점(종교적 적용) - 6가지 변화: 재정 사용, 결혼, 동기, 인색함, 지위, 성 - 교회 공동체적 적용: 둘째 아들을 받아주는 첫째 아들로 가득한 교회가 되어야 함.

❺ 비의도적 설교 패러다임 예: 창세기 4장 설교 예111

네지평	1. 설교자의 텍스트 (청중)	- 인류에게 어떤 잘못된 일이 일어났고, 하나님이 이를 어떻게 다루셨고, 역사 가운데 어떻게 진행되었는가에 대한 하나의 이야기 (창 1-4장) - 가인의 후손들을 추적함으로, 그들이 건설한 도시들에 대해 연구함으로, 하나님으로부터 떠난 결과로써의 폭력과 압제가 어떻게 인류가운데 생겨났는지 보게 될 것임. - 가인과 아벨 이야기 간단한 소개 - 성경 내러티브 특성 설명 - 오늘날 뉴욕 도시에서 살아가는 우리에게 중요한 세 가지 교훈을 줌
	2. 원저자의 메시지 (본문)	-최초의 도시를 건설한 가인의 범죄와 파멸 -가인의 죄악으로 인해 생겨난 죽음(억압과 폭력)의 문화 - 은혜로 살아가는 미래의 도시 - 죽음의 도시 문화를 은혜의 도시로 변혁시키기 위한 소명

3. 그리스도 안에서 성취된 주제	- 하나님은 인류를 포기하지 않으시고, 다른 종류의 도시건설을 위한 비전을 주심. 그 도시는 자기과시와 권력 대신에 예배와 은혜 위에 세워지는 도시임. - 가인은 살인과 죄악으로 죽어야 하나 긍휼을 얻음, 어떻게 하나님의 긍휼 얻을 수 있나? - 하나님의 긍휼은 십자가에서 모든 죽음과 저주를 대신 담당하신 그리스도를 통해 가능하게 됨.
4. 어떻게 우리에게 영향을 주는가	1) 그리스도께서 다 이루심. 더 이상 자신을 증명할 필요도, 이름을 낼 필요도 없음 2) 그리스도 안에서 자신을 위해 이름을 내는 대신 다른 사람을 섬기는 삶 3) 인간의 도시에 맞추어 살아가는 대신 하나님의 도시에 시민답게 살아가는 삶 4) 회개하라, 그러면 당신에게 누군가 기회를 다시 주실 것, 삶이 황폐하게 되지 않을 것

- 이 패러다임의 특징 중 하나는 그리스도를 강조한 다음, '그리스도 중심적 적용'으로 나아간다는 것이다.

4. 원 저자의 메시지를 찾기 위한 주해적 과정

켈러의 4단계 설교프레임의 핵심기초로서 '원 저자의 메시지' 단계는 주해적 과정이라고 볼 수 있다. 켈러는 성경 저자의 의도를 파악하는 것이 해석학적 패러다임(2단계)의 열쇠라고 본다. 주해를 통한 저자 의도를 간파하는 것에 몰두하되, 너무 빨리 구속사로 옮겨가지 않는 경향을 보여준다. 또한 지나치게 단어-문법-역사적 연구와 같은 미시적 분석에만 함몰되지 않고 거시적인 정경 분석과 구속사적 문맥도 '균형'있게 살피는 특징을 보여준다.

1) 원어 분석통한 성경 원 저자 의도 분석

켈러의 설교를 분석해 볼 때, 저자 의도를 파악하기 위한 해석학적 기초 작업으로서 원문의 핵심 단어를 분석하고 적절히 제시하고 있다는 점을 발견할 수 있다. 원문 단어의 사전적 의미만 단순히 설명하는 것을 넘어, 켈러의 원어분석은 깊은 통찰력이 빛나는 경우가 많으며, 원어 단어와 문법과의 연결, 원문 단어와 신학적(교리적) 함의도 연결시키는 탁월함이 돋보인다. 다음은 그 중에 몇 가지 예만 들어보려고 한다.

- 이사야 58장 설교 중, 정의와 공의를 설명하면서 히브리어 원어 미쉬파트, 체디크(짜데카), 헤세드 등을 탁월하게 제시한다.[112]
  - 켈러에 의하면, 미쉬파트는 '교정정의', 짜데카는 '기초 정의'이고, 이 두 단어가 함께 사용될 때 '사회 정의'의 개념을 잘 드러낸다. 즉 원어에 근거한 신학적 개념정리 구분에 탁월하다. 단순히 원어 사전적 의미만 제시하는 것이 아니라, 그 원어의 당시 원 청중의 사회와 문화의 맥락 속에서 이해하도록 하고 정경적 분석을 통해 다른 성경에서 어떻게 연결되어 사용되는지를 구속사적 맥락도 함께 살핀다.[113]
- 창세기 1:28 문화 명령의 '정복'에 해당하는 단어는 '의지를 진심으로 내비치는 강력한 표현으로, 피조물을 대하는 하나님의 입장'을 보여주는 것이라고 강조한다.[114]
- '영광'에 해당하는 히브리어 '쉐키나(shekinah)'[115]는 하나님이 성막과 성전 가운데 거하신다는 표시로 눈으로 볼 수 있는 하나님의 영광스런 구름을 가리키는 말이다. 그리고 하나님의 존재가 더 확실하게 드러난 사건이자 표시가 곧 예수님의 성육신이다. 즉, 예수님 자체가 영광이라고 팀 켈러는 주장한다. 한편 영광에 해당하는 헬라어 독싸(doxa)는 '찬양과 경탄, 광휘, 탁월함과 아름다움'[116]이라고 정의한다.
- 마가복음(왕의 십자가) 설교에서 나온 주요 단어 분석: '크리스토스'(Christos)는 '기름부음받은 왕족', '운행'(창 1:2)은 히브리어 '휠휠 난다', 유앙겔리온(Euangelion)은 '소식을 전한다는 뜻의 앙겔로스'(angelos)와 '기쁨을 뜻하는 접두사 유(eu)가 합쳐진 단어'임. '두나미스'(dunamis)는 능력을 뜻

함, '탈리다'(소녀)와 '쿰'(일어나라)을 합친 '탈리타쿰', '귀 먹고 말 더듬는'에 해당되는 '모글리라로스'(moglilalos), 목숨은 '프시케'(pshche)로 심리학(psychology)의 어원, 대속물은 '루트론'(lutron)으로 '노예나 죄수의 자유를 사는 것'.[117]

- 요 14장 설교에서 보혜사는 '파라칼레테'를 설명함. 이 단어는 파라(옆에서)와 칼레오(누군가를 크게 부르다)의 합성어임을 밝힘.[118]
- 로마서 6장 설교 가운데 온전한 우주적 갱신과 이를 통해 나타날 미래의 능력을 뜻하는 중생(palingenesia).[119]
- 원어(메타모르푸)를 통해, 로마서 8장 29절에서 예정하시는 목적이 그리스도의 형상을 닮아가도록 성도의 내면을 점점 변화시켜 나가신다는 점을 강조함.
- 부르심(χαλεω): 신약의 고린도전서 7장의 내용을 가지고 일이 가지는 소명성, 성경이 가르치는 올바른 노동관에 대해서도 설명하고 있다. (1) 믿음으로 구원받고, 주님과 연합하라는 하나님의 요청을 뜻함과 더불어 (2) 온 세상에 복음을 전함으로 주님을 섬기라고 불리울 때도 사용하는 단어라고 설명한다.[120]
- 뽑다, 선택하다 (ekloge):[121] 하나님께서 야곱과 에서를 택하실 때 사용했던 말은 헬라어 '에클로게(ekloge)'이다. 이를 보고 팀 켈러는 택함에 하나님의 주권적 선택이 있음을 이야기한다.
- 로마서 설교의 예: 유앙겔리온, 크리스토스, 모글리라로스, 프쉬케, '영적 예배'를 드리라고 할 때 '영적'이라는 헬라어는 로기켄(logiken)이며, '합리적 예배'라는 의미.[122]
- 갈라디아서 설교의 예: 소망(엘피다: 어떤 것에 관해 강하게 확신하고 확실하게 안다),[123] 사륵스(죄로 가득찬 마음),[124] 욕구(에피두미아: 넘치는, 과도한 욕망, 모든 것을 통제하려는 충동).[125]

또한 켈러는 갈라디아서 5장 19-21절 '육체의 일' 열거하면서 사륵스가 하는 일(결과)들을 '성적인 영역' 3가지 원어 의미와 '종교적 영역'의 2가지 원어를 밝힌다. 20-21절에서 사륵스가 '관계'를 어떻게 파괴하는지 8가지 단

어의 원어적 의미 제시한다.[126]

- 샬롬에 근거한 사회 정의: 켈러는 '샬롬'(모든 관계가 물리적, 정서적, 사회적, 영적 차원에서 완전하게 조화를 이룬 상태)에 대한 원어적 의미를 밝혀낸다.[127]
  한편 켈러는 누가복음 15장 설교에서 종교(큰 아들), 비종교(작은 아들) 유형 모두가 '온전한 샬롬'의 복음이 필요하다고 본다.

2) 원어와 사회/문화/역사적 배경 연결

켈러는 원어의 의미를 사전적인 개념으로만 제시하지 않고, 성경의 원 청중 사회, 문화의 배경 속에서 핵심 단어를 입체적으로 이해하도록 돕기도 한다.

- 예: 로마서 8장 15절의 '양자'(휘오스)는 당시 로마사회의 양자법과 관련하여 이해할 수 있으며 7가지 양자의 법적 특권이 주어짐.
- 예: 로마서 12장 1-8절의 설교("Everyone with Gift")에서 '산 제물'과 관련하여 당시 로마문화에서는 '몸'이 부정적인 개념을 내포하고 있는데 반해, 구약적인 배경에서 전인을 상징하는 '몸'을 산 제사로 드릴 것을 강조함
- 예: 누가복음 15장 탕자 비유설교에서 작은 아들의 재산 요구 개념을 사전적인 정의를 넘어, 당시 팔레스틴 문화 속에서 아버지가 살아있는 경우 재산을 요구하는 것이 무엇을 의미하는지, 당시 반지를 준다는 것과 송아지를 잡는 것이 마을 공동체 문화 속에서 어떤 의미인지를 설명함.

3) 문법적/구문적, 문맥적 분석

켈러가 저자의 의도를 파악하기 위해 단어 분석뿐 아니라 문법적 분석에도 주의를 기울이고 있다. 몇 가지 예를 들어보자.

- 예: 켈러는 사사기 1:21-33절까지 구문(문법) 분석을 하면서 이스라엘의 각 지파들이 가나안의 다양한 족속들을 다 정복하지 못하고 '쫓아내지 못하였

다'는 어구가 반복(7번)된다는 점과 이스라엘의 영적 타협('절반의 제자도')을 강조한다. 사사기 3장 7-11절에서 옷니엘의 '이상적 사이클' 구조와 두 핵심 구절(8절, 11절)에서 저자가 의도한 구문적 강조점에 주목한다.[128]

- 예: 접속사와 논리적인 전후 문맥을 통해 저자 의도를 밝히고자 함.

켈러는 로마서 8장 28절을 로마서 8장의 문맥과 29-30절과 연결하여 읽어야 (접속사 '왜냐하면') 저자 바울이 의도한 의미를 정확히 파악할 수 있다고 지적한다. 즉 '모든 것이 합력하여 선을 이루는 것'은 그리스도인들(청중들)이 원하는 더 좋은 상황이 아니라 일차적으로 '그 아들의 형상을 본받도록'(롬 8:29) 하시는 것이라고 강조한다.[129]

- 로마서 12장 설교에서도, '그러므로' 접속사의 중요성을 강조하면서 바울이 1-11장에서 제시한 복음을 근거로 그리스도인의 삶의 방식을 적용하고자 한다고 보았다.[130]

- 예: 켈러는 로마서 8장 설교에서 문법적 시제(tense)를 날카롭게 구분한다. 즉 그는 '영화롭게 하느니라'에 해당되는 동사의 미래 시제가 아닌 완료형 (aorist)이라는 문법적 특징을 통해 종말론적 구원(성화)에 대한 통찰력을 제시한다. 켈러는 로마서 8장 30절을 하나님의 자녀들 '모두'를 그리스도의 형상을 닮아가게 하시는 과정이라고 말한 다음, 5가지 능동적 동사를 상세히 살핀다(미리 아셨다. 미리 정하셨다. 부르시고 의롭다 하셨다, 영화롭게 하셨다). 특히 다른 동사들과 마찬가지로 바울이 '영화롭게' 하셨다는 동사가 미래가 아닌 '과거 시제'를 사용한 것을 통해 '하나님께서 반드시 우리를 영화롭게 하신다'는 의미를 적용한다.[131]

- 예: 엡 2:4-10 설교에서("union with Christ") '과거' 시제를 조명함으로써 그리스도와 함께 이미 함께 살아난 존재임을 강조한다. 켈러는 갈라디아서 설교에서 '자유를 주셨으니'는 '과거에 행하여 이제 막 완료된 행동'을 지칭하는 부정과거 시제 임을 강조한다.[132]

- 예: 켈러는 '일과 영성'에서 로마서 1장 20절('창세로부터 그의 보이지 아니하는 것들... 그가 만드신 만물에 분명히 보여 알려졌나니')에서 '알려졌나니'에 해당

하는 동사(nosumena)와 '보여지다'는 동사(kathopatai)는 모두 '수동태' 라고 강조하면서 "거룩한 속성을 지닌 하나님의 실재와 창조주를 향한 인간의 의무가 지속적으로 제시되고 있음을 암시한다"고 강조한다.[133]

- 구속사적 문맥: 로마서 12장 1절 '거룩한 산 제사'에 대한 의미를 구약 제사와 성전의 배경에서 이해할 수 있도록 입체적인 주해를 보여준다('속죄 제물'이 아닌 '번제'에 가까운 '산제물'). 구속사적 문맥까지 연결하여 '거룩한 산 제사'의 완성으로써 예수 그리스도의 십자가를 강조한다. 이러한 구속사적 그림 아래 현대적인 적용(그리스도 안에서 성도는 지속적인 산 제사로서 '온전한 전인'('몸'을 드리라는 것은 삶의 전부를 드리라는 것)을 제시한다.[134]
- 예: 갈라디아서 5장 17절 문장의 구조 분석(육체의 소욕은 성령을 거스르고 성령은 육체를 거스르나니)을 통해 두 종류의 소욕 사이에 일어나는 갈등의 본질에 대한 저자의 의도를 파악하고, 5장 16절과 18절이 문예적으로 병행하고 있음을 통해 육체의 소욕이 움직이는 방향을 추적함.[135]

4) 문화 사회 분석-원 청중/원 도시

켈러는 기존의 전통적 문법적-역사적 분석을 넘어, 원 청중 시대 문화와 사회적 컨텍스트 주해를 시도한다.

- 예: 단순히 원 청중과 현 청중을 연결하는 상황화를 넘어 원 도시와 현 도시를 연결(city to city)하는 것이 켈러의 독특한 점이다. 예를 들어, 설교 가운데 성경의 니느웨 도시와 뉴욕 맨해튼 도시를 연결함.[136]
- 예: 켈러는 고린도전서 설교에서 도시에 대한 역사적 변천사, 사회, 문화적 분석을 시도한다(고전 13장 설교 "better than miracles"). 나아가 당시 원청중이 속한 고린도는 동서 무역의 교차로, 경제 중심지였음. 당시 수많은 사람들이 돈을 벌기 위해 모이는 곳(살기 위한 거주지역이 아닌). 현 청중이 사는 뉴욕 맨해튼도 세계에서 경제적 중심도시로써 돈을 벌기 위해 모이는 곳으로 분석하면서 원 청중과 현 청중을 다리놓기함.

- 예: 아브라함에 관한 설교를 하면서, '고대 장자 상속법'에 관한 사회문화적 주해를 선보인다.
- 켈러는 소위 탕자 비유설교에서("The Prodigal Sons", "Give Me Mine"), 작은 아들이 살아계신 아버지에게 '유산'(내 것을 주세요)을 요구하는 것이 당시 원 청중의 문화 배경에서는 얼마나 경멸적인 것인지(단순히 재산을 요구하는 것이 아닌 죽었으면 좋겠다는 뜻), '살림'이라는 헬라어 단어는 생명(bios)을 뜻하는 것임(살림이 아닌 생명을 쪼개어 달라고 요구하는 것)을 밝힘으로써 아버지가 얼마나 큰 명예의 손실(수치)과 거절당한 사랑의 고통을 받았을 것인지 잘 드러낸다.[137]
- 켈러는 로마 당시 세금 문화에 대한 배경을 주해한다: 세금을 통해 황제의 권력을 유지, 강화하는 수단으로 사용함. 특히 데나리온에 새겨진 로마의 황제 정체(신의 아들(왕), 제사장, 선지자)를 조명함. 이스라엘 안에 로마 세금에 대한 극단적 정치방향(거부하는 저항 그룹, 순응하는 그룹 등)을 분석함.[138]
- 켈러는 누가복음 16장 설교에서, 삭개오의 직업, 로마의 이스라엘 세금 징수의 세리장이 어떤 역할을 하는지 원 청중의 상황에서 설명함으로 당시 이스라엘들에게 삭개오가 얼마나 원수적 인물이었는지 드러냄.
- 켈러는 로마서 8장 14절-15절 설교에서, '하나님의 자녀'와 '양자'(휘오테시아스)라는 개념을 원 청중의 상황에서 켈러는 '입양'이 로마사회에서 어떤 법적 절차와 의미를 담고 있는지 설명한 다음, 하나님의 자녀가 누리는 영적 특권(8:15-17)을 7가지로 적용한다.[139]
- "To be Called Your Son" 설교에서는 당시 문화 속에서 양자됨(sonship)의 특성과 '품꾼'의 신분이 무엇인지 비교하며 조명한다. 또한 "We Had to Celebrate" 설교에서는 당시 문화 속에서 작은 아들에게 준 '옷', '반지', '신발'이 어떤 의미가 있는지, '살진 송아지'를 잡아 잔치를 벌이는 것은 어떤 의미인지 밝힌다.
- 켈러는 하나님께서 "고아의 아버지시며 과부의 재판장"이신 이유는 고대 문화에서 신은 항상 사회적 강자와 동일시 한데 반해, 하나님은 가난하고 억압

받는 약자들과 동일시한다는 혁신적인 교훈을 강조하심. 즉 원 청중의 문화적 컨텍스트 주해를 통해 원 청중 문화 안에서 원 적용을 밝힌 다음, 현대 청중들이 하나님과 바른 관계 속에 있는 언약백성이라면 오늘날 과부들, 고아들, 이민자들, 그리고 경제적 약자와 동일시해야 한다는 적용을 제시한다.[140]
- 당시 거짓교사들의 율법적 가르침으로 진리를 순종하지 못하게 된(갈 5:7) 갈라디아서의 원 청중을 향한 저자(바울)의 십자가(복음) 중심적 원적용.[141]

5) 정경적 분석과 주석가 활용

켈러는 성경을 성경으로 해석하는 개혁주의 전통 해석을 견지하고 있다. 켈러는 하나님 나라 복음의 진리를 온전히 선포하기 위해서는 강해 방식을 통해 성경 전체를 설교해야 할 뿐 아니라, "성경을 성경으로 해석한다"는 원칙 아래 성경 본문에 있는 그대로를 드러냄으로써 저자의 도적 의미와 적용을 제시해야 한다고 강조한다.[142]

- 예: 로마서 8장 28절의 의미를 요셉 이야기와 연결하면서 창세기 50장 20절을 정경적 해석을 시도한다.[143]
- 예: 이사야 58장 설교 중에서 구약의 사회정의를 종말에 관한 예수님의 말씀(마 25:35-36)과 정경적으로 연결시킨 다음, 현대 청중들에게 적용으로 나아가는 패턴을 보여준다.
- 정경적 분석 예
  바울은 갈라디아서에서 육체와 성령의 갈등(갈 5:17)을 분석하면서, 다른 성경의 맥락(엡 4:22-24, 롬 7:22-23)과 연결시키는 정경적 분석을 시도한다.[144] 켈러는 주해적 과정에서 권위있는 성경 주석가들을 적절히 활용하고 직접 주석가들의 견해로 밝히기도 한다.
- 예: 브루스 왈키(창세기), 데이빗 윌킨스(창세기), 마이클 윌콕(사사기), 모티어(이사야), 더글라스 무(로마서), 존 스토트(로마서), 트렘퍼 롱맨(시편, 전도서), 제임스 에드워즈(마가복음), 카렌 좁스(에스더), 앵커 주석(마가복음), 앤터니

티셀턴(고린도전서), 피터 오브라이언(에베소서) 등

키워드 2. Pro-Jesus
켈러 설교의 이중초점 렌즈: 그리스도 중심 렌즈와 복음중심 신학 렌즈

오늘날 포스트모던 시대의 흐름에 편승하여 강해설교를 버리고 이야기식 설교를 해야 한다는 주장을 비판하면서, 켈러는 예수그리스도와 복음 중심적 강해설교를 더욱 회복해야 한다고 주장한다.145 그리스도와 하나님 나라 복음 중심적 설교를 통해서 하나님의 사랑을 경험할 수 있고, 진정한 복음의 기쁨과 진정한 소망을 회복할 수 있으며, 현대 문화를 변혁시킬 수 있고 종말론적인 성화의 삶을 살아가도록 동기를 부여할 수 있기 때문이다.146 그렇다면 켈러는 어떤 방식으로 그리스도중심적 설교를 구조화하고 실현화하는가?

켈러의 설교의 이중초점 렌즈는 '그리스도라는 렌즈'와 '복음 신학화라는 렌즈'라고 할 수 있다. 다니엘 도리아니(Daniel M. Doriani)는 구속사적 관점과 그리스도중심적 설교를 추구하면서 청중의 필요에 민감하고 그들의 필요에는 지배당하지 않는 설교의 모델로 팀 켈러를 제시한다.147

1. 그리스도에 초점을 맞춘(Christo-centric focus) 복음신학적 설교

켈러에게 있어서 설교의 삼중적인 목적은 그리스도와 그분의 구원을 높이기 위해 그리스도 중심적으로 복음을 '주해'(expound)하고, '적용'(apply)하며, '예배'(adore)하는 것이다.148 켈러에 의하면 구속사적 설교를 추구해야 하는 세 가지 필요와 이유는 다음과 같다: 1) 모든 성경이 예수님에 대한 것이라는 신학적(theological) 혹은 해석학적인(hermeneutical) 이유(눅 24:44-47), 2) 원리에 대한 순응이나 도덕주의(moralism)가 아닌 예수님에 대한 살아있는 믿음이 삶을 변화시킬 수 있다는 목회적(pastoral) 이유, 3) 모든 문화의 이야기를 '완성'하는 분이 바로 예수님이라는 선교적(missiological) 이유이다.[149]

> 켈러는 성경은 그리스도 안에서 절정에 이르는 하나의 이야기이며, 복음을 설교하는 것은 곧 그리스도를 설교하는 것이라고 믿는다. 구약과 신약의 전체 메시지는 '구원'에 초점이 맞추어져 있기에, 유일한 구원자되신 그리스도를 모든 본문에서 설교해야 한다는 켈러의 성경신학적 확신과 맞닿아있다. 켈러는 다음과 같은 네 가지 이유 때문에 그리스도를 전해야 한다고 확신한다. 첫째, 하나님의 은혜를 제대로 붙잡지 못하게 만드는 율법주의와 반율법주의 설교는 성경적인 복음의 능력을 잃어버리게 되기 때문에, 둘째 오직 복음으로만 율법주의와 반율법주의가 고쳐지기 때문에, 셋째, 모든 설교에서 그리스도를 설교함으로 청중들이 성경이 어떻게 서로 조화되는지를 보여줄 수 있기 때문에, 넷째 그리스도를 통해 복음을 전할 때 청중들이 변화될 수 있기 때문에 그리스도를 통해 복음중심적 설교를 추구해야 한다고 말한다.[150]

1) 그리스도에 초점을 맞춘 복음조각들

그렇다면 예수 그리스도께 초점을 맞춘 설교의 주요한 방향은 무엇인가?

첫째, 켈러의 이해에 따르면, 변혁적 설교를 위한 '복음의 조각들'은 그리스도에 초점을 맞추고 있다. 오직 그리스도께서 구속사적 주제를 해결(resolve)하시고, 우리가 율법의 요구를 수용(receive)할 수 있게 하시고, 성경의 스토리들을 완성(complete)하시고 상징들을 성취(fulfill)하셨다는 것이다.[151] 그리스도에 초점을 맞춘 설교는 이러한 복음의 핵심 요소들을 가장 잘 드러낼 수 있다고 본다. 켈러는 이러한 그리스도 중심적 설교 방식에 대해 에드먼드 클라우니(Edmund Clowney) 박사님께서 동의해 주신 것이 평생 큰 격려와 위로가 되었다고 고백한다.[152]

켈러는 성경의 주요 주제를 공시적으로 접근하는 조직신학적 관점(STM, Systematic-theological Method)과 성경의 이야기 구조를 통시적으로 접근하는 구속사적 관점(RHM, Redemptive-historical Method)의 유기적 조화를 추구하면서, 신구약 성경을 관통하여 주제들(intercanonical theme)을 중심으로 정경적 관점을 통해 복음중심적 설교를 구축하고자 한다.[153] 켈러는 그리스도를 통한 주제 해결, 이야기의 완성(정경적 연결), 율법의 수용, 상징의 성취, 모형론 등을 통해 저자가 의도한 주해적 아이디어(exegetical idea)를 성경 전체 구속사/그리스도의 빛을 통해 통과시켜 설교적 빅 아이디어(big idea)로 발전시킨다.

그리스도에 초점을 맞추는 복음조각들	구속사적 주제를 해결(resolve)
	율법의 요구를 수용(receive)
	성경의 이야기들을 완성(complete)
	구약의 상징들을 성취(fulfill)

첫째, 켈러에 의하면, 그리스도 안에서 해결된 '넓은 주제들'로는 추방과 귀향(exile and homecoming), 야훼와 언약, 왕국과 도래(the Kingdom and its coming)의 주제, 왕과 나라에 관한 주제, 언약 안에서 은혜와 율법의 주제, 창조, 타락, 재창조(부활)의 주제, 진정한 하나님과 우상들에 관한 주제가 있다. 그리스도 안에서 해결된 보다 '좁은 주제들'은 예배와 성소, 의로움과 수치와 정죄, 결혼과 신실함, 이미지와 형상, 안식과 쉼, 지혜와 말씀, 정의와 심판 등의 주제들이 있다.[154] 켈러는 이러한 주제들은 구속사의 발전적인 차원에서(progressively) 그리스도를 향해 나아가기 때문에 설교자는 반드시 본문을 하나님의 구속사의 흐름 안에서 조망해야 한다고 강조한다.[155]

둘째, 켈러에 따르면, 복음조각은 오직 그리스도께서 율법의 요구들을 완성하시고 신자들이 율법을 수용하도록 하는 '율법 수용' 원리이다

(갈 3:24). 그리스도의 복음만이 하나님이 요구하시는 율법의 온전함을 그리스도 안에서 얻을 수 있으며, 그리스도 안에서 우리의 마음이 율법을 역동적으로 순종하도록 이끌어 가신다.[156]

셋째, 켈러는 오직 그리스도만이 성경의 위대한 '이야기들을 완성'하신다고 강조한다. 하나님께서 반역한 인류의 역사에 개입하셔서 구원의 역사를 이끌어가시는 스토리라인은 개인적 이야기들, 공동체적 이야기들, 은혜 패턴의 이야기들로 전개될 수 있다.[157]

넷째, 켈러는 성경의 주요 인물들과 비인물(예, 놋뱀)을 통해 나타내는 그리스도의 모형들을 통해 '상징과 성취'를 통해 복음 조각들을 맞출 수 있다고 본다.[158]

켈러는 알레고리적 해석의 대안으로써 구속사적 해석 방법(Redemptive-Historical Method, RHM)을 제시한다. '오가닉'(Organic: 거룩하신 저자 하나님께서 어떤 의미를 의도하시는가?)으로 명명하면서, 성경의 인간 저자의 원 의미는 다른 인간 저자들과 조화를 이룰 뿐 아니라, 인간 저자를 넘어 거룩한 저자께서 의도하신 의미를 찾아야 한다고 본다. 켈러는 "모형론은 상징적인 함의(symbolic significance)에 기초한다고 강조한다."[159]

- 예: 아담과 하와의 타락에 대한 해결(복음조각)은 가죽옷이며, 모형론적 성취는 그리스도의 옷을 입는 것(창세기 3장 설교)
- 예: 옷니엘을 통한 평화 → 그리스도를 통한 평화
  기드온(성공 중독)과 대조적인 진정한 사사 그리스도 대조[160]

다섯째, 켈러는 '대조'(contrast)의 방법을 통해 그리스도와 연결된 복음조각을 찾아서 설교하는 방식을 잘 보여준다. 켈러는 그레이다누스가 그리스도를 드러내기 위해 선한 본보기를 찾을 필요가 없다고 말한 것에 동의하면서, 그리스도가 모든 텍스트의 완성(성취)이라는 것은 그리스도께서 모든 본문에서 성경 인물과 비교(comparison) 대상일 뿐 아니라

'대조'(contrast)의 대상 임을 의미한다는 점을 상기시킨다. 예를 들어, 다윗, 삼손, 모세에 관한 성경 본문을 통해 그들의 훌륭한 점을 그리스도와 비교할 수도 있지만, 그들의 약점(허물, 죄악)들을 온전한 그리스도와 '대조'하는 방식을 통해 복음조각을 드러낼 수 있다.[161]

- 예: 에훗 이후의 모든 사사들(약점이 있는) → 그리스도와의 대조[162]

  켈러는 에훗 이후 모든 사사는 연약함과 실패를 보여주기에 온전하신 그리스도와 '대조'의 방식을 통해 그리스도중심적 설교를 추구하며, 기드온과의 대조적 방식으로 그리스도를 드러내는 설교를 보여준다.

- 예: 삼손(인물) → 그리스도와 대조[163]

  켈러는 삼손의 죽음과 예수님의 죽음의 다른 점을 부각시킨다. 즉 삼손은 자신의 불순종으로 죽음을 자초한데 반해, 예수님은 우리의 불순종 때문에 죽으신 것이다. 또한 삼손을 통해서는 이스라엘의 제한적 구원이 임하였지만, 예수님은 영적 이스라엘을 위해 단번에 완전한 구원을 이루셨다(벧전 3:18; 히 10:10). 켈러에 따르면, 삼손과 그리스도의 결정적 차이점은 삼손이 죽음으로 사사 통치가 종결되었지만 진정한 왕(사사)이신 예수님의 죽음으로 하나님 나라 통치는 영원히 계속되었다는 사실이다.

2) 그리스도 안에서 성취된 구속사적 주제에 초점을 맞춘 복음의 조각들

켈러가 제시한 본문과 그리스도와 구속사 사이를 다리놓기 하기 위해 각 텍스트의 '복음의 조각들'(gospel pieces)을 정리하면 다음과 같다.[164]

	주제해결의 범주 (theme resolution)	율법과 은혜, 옛언약과 새언약, 창조와 새창조, 어둠의 나라와 아들의 나라, 추방과 귀향
복음의 조각	율법 수용, 율법 듣기(Law-reception)	구원자 그리스도께로 인도하는 율법의 기능(갈 3:24)
	이야기 완성 (story-completion): 본문 이야기를 성경 구속사 이야기로 연결	성경 인물의 이야기와 그리스도 연결(예: 첫 아담과 둘째 아담)
		공동체/사건 이야기와 그리스도(예: 출애굽과 새 출애굽)
		약함(죽음)에서 승리(생명)로 연결(예: 사사들의 승리와 그리스도의 승리)
	상징과 성취 (symbol-fulfillment):	모형론(typology)을 통해 구속사적 맥락(이삭과 그리스도) 연결

앞서 살펴본 '비의도적 4단계 설교 패러다임'도 궁극적으로 그리스도께 초점을 맞춘 해석학적 패러다임이라고 할 수 있다. 설교자의 텍스트(1단계)에서 원저자의 메시지로(2단계), 그런 다음 그리스도 안에서 성취된 구속사적 주제(3단계)를 반드시 거친 다음 현대 청중들을 향한 적용(4단계: 어떻게 포스트모던 청중들에게 영향을 미치는가?)으로 이어지거나 적용을 제시한 다음 그리스도를 설교의 클라이맥스로 제시하기도 한다.[165] 그러나 설교자가 그리스도의 초점을 잃게 되면 청중들의 근본적인 세계관을 변혁시키기 위한 근본적인 설교의 축을 잃게 된다. 켈러의 패러다임은 적용지향적 설교이면서 동시에 그리스도에 초점을 맞춘 적용을 추구한다.

켈러는 "그리스도를 드러내는 강해는 매우 직접적으로 그리스도중심적 적용과 연결되어 있다. 그리스도를 드러내는 강해는 성공하면서 그리스도 중심적 적용을 하는 것은 실패할 수도 있다. 그러나 만약 당신이 그리스도 중심적 강해를 하지 않고도 설교 가운데 그리스도 중심적 적용을 하는 것은 불가능하다"고 주장한다.[166]

예를 들어, 켈러는 다윗과 골리앗 내러티브에서 그리스도를 드러내는 강해 없이 '더 큰 장애물이 다가올 때, 만약 주님 안에서 믿음으로 전쟁터에 나아가면 당신의 연약함 속에서도 하나님 편에 서서 영적 거인들을 쓰러뜨리고 승리할 수 있다'는 식의 적용을 하는 비구속사적 적용을 지양해야 한다고 말한다. 오히려 이스라엘은 골리앗에게 나아갈 수 없었고, 다윗도 연약한 인물이었지만 희생양으로 원수 골리앗에게 나아갔을 때 하나님께서 그의 분명한 약함을 거인을 넘어뜨리는 도구로 사용하심으로 승리한 구원자로 세워주셨고 이스라엘에게 이 승리가 전가되었다는 점이 부각되어야 한다. 그리스도의 모형인 다윗을 통해 그리스도(연약한 가운데 원수 사탄을 무너뜨리고 승리하신)를 드러내면서도 동시에 그리스도 중심적 적용(승리하신 그리스도 안에서 실패와 영적 장애물을 극복하는 차원의)을 지향해야 한다. 이러한 그리스도 중심적인 적용은 단순한 부가적 차원이 아니며, 설교 마지막에 붙이는 부록이 아니다. 그리스도 중심적 해석은 근본적인 다른 의미와 적용을 제공한다.

3) 4단계 플롯(Plot) 구조를 통한 그리스도 중심 설교

켈러는 그리스도중심적 강해와 적용을 '내러티브 프레임' 안에 넣어 '그리스도 중심적 강해 내러티브'라는 독특한 설교 방식을 보여준다. 켈러는 이야기의 중요성과 능력을 간과할 뿐 아니라, 이야기 형식으로 된 복음을 율법들 혹은 원리들의 프레임 안에 넣어서 고유의 형태를 파괴시키기 않고 그대로 살리는 것을 중요시한다.[167] 이를 위해 켈러는 포스트모던 청중들의 세계관을 변혁시키기 위해 그리스도 중심적 복음 세계관에 뿌리박은 설교를 체계적인 과정과 준비 단계를 통해 추구한다.

먼저 "당신이 반드시 해야만 하는 것"(예를 들어 하나님의 성품에서 기인한 율법의 전체를 지켜야 하는 의무)을 제시한 다음, "왜 당신은 그것을 할 수 없는가"(청중들이 스스로 다 지킬 수 없는 율법과 죄성 문제)를 변증하고, "어떻게 예수님께서 모든 율법을 완성하시고 구속사역을 성취하셨는가"(복음 세계관에 기초한 근본적인 해결책)에 초점을 맞추고, 마지막으로 청중들의 삶과 문화를 변혁시키기 위한 적용적 단계("어떻게 그분을 통해서 당신이 그것을 할 수 있는가")를 변증한다.[168]

켈러는 포스트모던 청중들의 문제들이 그리스도의 인격과 사역(복음) 안에서만 해결될 수 있기 때문에 각 설교는 '예수님이 이야기의 진정한 영웅'으로 제시될 수 있는 조밀한 내러티브 틀을 주요한 방법으로 활용해야 한다고 말한다.[169] 그는 청중들에게 그리스도를 적용적 문제에 대한 해답으로서만이 아니라 해석학적 주제에 대한 해결로써 제시해야 한다고 주장한다. 예를 들어 십계명에 대해서 설교할 때 설교의 주요 명제를 "율법: 당신은 그것과 함께 살 수 없으며 당신은 그것이 없이는 살 수 없다."로 정한 다음 핵심 포인트를 다음과 같이 잡을 수 있다.

① 율법의 기원은 하나님의 성품에서 나온다.
② 율법의 독립성-하나의 율법을 깨뜨리면 전체를 범하게 되는 원리.
③ 율법의 문제-우리의 힘으로 율법을 다 지킬 수가 없다.
④ 답변-율법을 성취할 수 있는 유일한 길은 모든 율법을 완성하신 예수님을 믿고 의지하는 것.

이러한 그리스도 중심적 설교를 통해 설교자는 청중들이 율법에 대한 새로운 주의를 기울이게 만들고, 죄책감을 느끼게 한 다음 결국에는 예수님을 향한 예배로 옮겨 가도록 인도해 갈 수 있다.[170]

예를 들어 사무엘하 11장의 다윗과 밧세바에 관한 켈러의 설교에도 그리스도는 해석학적 해결(그리스도 중심적 설교)과 성경적 주제에 대한 해답으로 제시될 뿐만 아니라 청중의 실제적인 삶을 변화시키는 수단과 동기로써 적용될 수 있다는 것을 보여 준다.[171]

켈러는 그리스도중심적, 복음지향적 설교를 지향하면서도 구약의 율법을 4단계 플롯(plot)을 통해 유기적으로 연결시킨다.[172]

① 플롯의 준비단계	"당신이 반드시 해야만 하는 것"
② 플롯의 심화단계	"왜 당신은 그것을 할 수 없는가"
③ 플롯의 해결단계	"어떻게 그분(예수님)이 그것을 이루셨는가"
④ 플롯의 결론단계	"어떻게 그분을 통해서 당신이 그것을 할 수 있는가"

❶ 4단계 플롯 구조를 통한 그리스도 중심 설교 예: 출애굽기 20장

켈러는 '구약에서 그리스도를 어떻게 드러낼 것인가'라는 주제의 대담(T4G 강연)에서 출애굽기 20장 십계명 가운데 '네 이웃을 것을 탐내지 말라'의 명령을 예로 들면서,

1. 당신은 반드시 이웃의 물건을 탐내지 말아야 한다
2. 당신은 이웃의 것에 대한 탐심으로 이 계명을 지킬 수 없다.
3. 그리스도께서 십계명(도덕법)을 온전히 성취하심
4. 그리스도 안에서 십계명과 이웃의 물건을 탐내지 않는 계명을 지킬 수 있다.

❷ 4단계 플롯 구조를 통한 그리스도 중심 설교 예: 창세기 22장

켈러는 창세기 22장의 설교를 통해 이러한 4단계 그리스도 중심적 변증 설교의 패러다임을 잘 보여준다:[173]

1단계: 아브라함이 그랬던 것처럼, 우리도 삶의 모든 영역에서 하나님을 가장 최우선 순위로 두어야 합니다.
2단계: 그러나 우리는 그렇게 할 수가 없습니다. 우리는 그렇게 하지 않을 것입니다. 그래서 우리는 정죄 받게 됩니다.
3단계: 그러나 예수님은 십자가에서 하나님을 가장 최우선으로 모셨습니다(완벽한 순종의 유일한 모델).
4단계: 예수님께서 아브라함처럼 순종하셨다는 것을 믿음으로 바라볼 때만이 우리도 아브라함처럼 살아갈 수 있습니다.

❸ 4단계 플롯(Plot) 구조를 통한 그리스도 중심 설교 예: 마태복음 3:1-4:11 [174]

1. "당신이 반드시 해야만 하는 것"
   하나님과 항상 교제하며 시험이 없도록 올바른 삶을 살아야 한다.
2. "왜 당신은 그것을 할 수 없는가?"
   우리는 그러한 삶을 완벽히 살아낼 수 없다.
3. "어떻게 그분이 그것을 이루셨는가?"
   예수님은 세례 후 최고의 영광의 상태에서 시험에 들어가셨다.
4. "어떻게 그분을 통해서 당신이 그것을 할 수 있는가?"
   말씀과 기도로 항상 무장을 해야 한다.

❹ 4단계 플롯 구조를 통한 그리스도 중심 설교 예: 마가복음 7장 1-5절 [175]

1. 준비: 당신이 반드시 지켜야만 함 → 율법 정결법
2. 심화: 당신은 정결율법을 완벽하게 지킬 수 없다.
3. 해결: 그리스도의 보혈로 우리를 정결케 하심으로 정결법 성취됨.
4. 결론: 그리스도 안에서 정결함을 지켜나가야 함.

❺ 4단계 플롯 구조를 통한 그리스도 중심 설교 예: 누가복음 10장 설교 예 [176]

1. "당신이 반드시 해야만 하는 것"-이웃사랑 율법 실천
2. "왜 당신은 그것을 할 수 없는가?"- 하나님을 사랑하고 이웃을 몸처럼 사랑하라는 율법을 온전히 수행할 능력이 없음: 율법교사의 예
3. "어떻게 그분이 그것을 이루셨는가?" 십자가에서 생명을 값으로 지불하심으로 이웃사랑 율법 완성(성취)하심
4. "어떻게 그분을 통해서 당신이 그것을 할 수 있는가?" 진정한 '위대한 사마리아인' 되신 그리스도 안에서 '강도만난 자의 이웃'(모든 이들이 우리의 이웃)이 되어주는 삶

❻ '주제설교' 형태의 4단계 플롯 설교 예

켈러는 문화 속 아름다움과 성적 매력의 힘에 관한 주제 설교를 4단계 복음 내러티브 구조로 제시해 주고 있다.[177]

> 1. 우리는 무엇을 행해야 하는가: 깨어져야 할 육체의 아름다움의 힘이 사회와 우리의 삶에 미쳐온 파괴적인 영향력: (1) 여성들이 자신을 바라보는 관점을 왜곡시킴(자기혐오와 섭식 장애 등) (2) 노인들의 도덕심을 무너지게 함 (3) 남성들의 결혼과 결혼 상대에 대한 관점을 왜곡시키고 포르노그래피로 빠져 들게 함.
> 2. 그러나 우리는 행할 수 없다: 육체의 아름다움의 힘에서 우리가 벗어날 수 없음 (1) 우리가 육체의 아름다움을 갈망하는 것은, 우리 자신의 수치심과 연약함을 가리기 위함(창 3장) (2) 우리는 우리의 유한성과 죽음을 두려워 함. 따라서 우리는 아무리 노력해도 우리 문제를 극복할 수 없다.
> 3. 그러나 행하신 분이 한 분 계신다: 표현할 수 없을 정도로 아름다우셨으나 기꺼이 그 아름다움을 내려놓으신 한 분이 계심(빌 2장). 그분은 스스로 흉하게 되심으로 우리에게 아름다움을 선물하심(사 53장).
> 4. 이제야 비로소 우리는 변화할 수 있다: 그분이 우리를 위해 행하신 바를 바라볼 때에만 비로소 우리 마음은 변화되어, 겉모습으로 판단할 수 있다는 신념으로부터, 수치심과 유한성의 두려움으로부터 자유할 수 있음.

모든 본문에서 복음을 전하는 설교를 추구할 때, 켈러는 두 가지 위험성을 경고한다. 첫째 구약 본문이나 신약 본문에서 예수님에 관해서는 설명하면서도 복음을 설교하지 못하는 위험성이다. 특정 본문에서 어떻게 그리스도를 드러내는 것에 문제의 원인이 있다기 보다는 어떤 본문이든 그리스도와 그분의 구원과 은혜를 통해 '복음'을 드러내지 못하는 데 있다.[178]

두번째 피해야 할 위험성은 본문에 대한 충실한 주해없이 그리스도를 설교하는 것이다. 따라서 본문이 빠진 채 그리스도를 전하는 설교와 그리스도가 빠진 채 본문을 설교하는 양 극단 사이에 균형을 잡은 본문성이 살아있는 복음설교를 추구해야 한다. 이를 위해서는 본문 저자가 원청중(the original hearer)의 상황 속에서 의도한 중심 아이디어(main point)를 찾기까지 본문에 머물러 있어야 하며, 그런 다음 그리스도를 향하여 나아감으로 설교의 빅아이디어를 발견해야 한다.[179]

2. 복음의 신학화(Gospel Theologizing) 렌즈를 통한 그리스도 중심 설교

켈러의 복음중심적 설교의 균형화는 그리스도에 초점을 맞추고 있을 뿐 아니라 복음의 신학화(theologizing), 실현화, 도시화와 복음 성육신 원리를 통한 복음 커뮤니케이션의 기능을 회복하고자 한다.

예를 들어, 켈러는 요나서를 기초로 복음중심적인 설교를 위한 여섯 가지 원리를 제시한다.[180]

첫째, '복음 신학화'(gospel theologizing: 욘 1:1-2)로서 교회는 십자가를 통한 화해, 하나님의 진노로부터의 구원, 모든 만물의 회복을 포함하는 총체적인 복음을 변증하는 방법을 발전시켜야 한다.

켈러의 요나 1장의 설교 핵심은 이것이다.

> 요나 이야기의 하부구조는 다시스로 가는 배의 선원들과의 관계이다. 선원들은 공공선을 위해 자신의 믿음을 사용하지 않는 요나를 책망한다. 요나의 행동이 바뀌었을 때, 그들 안에 변화를 일으키게 된다. 오늘날 교회는 너무나 종종 요나와 같으며, 세상 사람들 앞에서 믿음으로 바르게 서 있지 못하고 있다.[181]

둘째, '복음 실현화'(gospel realizing: 욘 2:9)로서 사람들은 보다 위대한 삶의 거룩, 실천적 은혜, 복음적 성품을 보기 원하기 때문이다.

켈러에 의하면, 요나처럼 하나님을 거부함으로 내려가는 상황(욥바로 내려가고, 내려가 배에 타고, 배 밑층에 내려가고, 바다의 심연 속까지 내려가는 상태)이 바로잡히려면 근본적인 처치가 필요하다. 요나의 변화의 출발점은 단지 바닥에 있는 상태가 아니라 바닥에서 드린 기도에 있으며, 요나는 이 기도의 절정에서 헤세드 곧 하나님의 언약적 사랑과 은혜를 선포하는 자리에 이르고서야 산 자들의 땅으로 다시 풀려난다. 요나처럼, 우리가 스스로를 구원할 수 없음을 인정하고 거룩한 하나님의 의로움이 거하는 성전을 바라볼 때 비로소 하나님의 은혜를 깊이 경험하게 된다. 죄인된 우리가는 하나님의 성전에 나아갈 수 없지만, 그리스도의 십자가 피를 통해 하나님이 베푸시는 값비싼 구원을 얻게 되었다. 켈러는 이것이 복음의 실현화 임을 강조한다.[182]

셋째, '복음의 도시화'(Gospel urbanizing: 욘 1:1; 3:2; 4:11)로서 선지자 요나가 니느웨 도시에 복음을 전하도록 부르심을 받은 것처럼, 현대 교회는 포스트모던 세계 가운데 그리스도의 탁월성을 전해야 할 사명이 있다.

켈러는 오래참으시는 하나님은 요나처럼 우리를 끊임없이 설득하시고 하나님의 은혜에 붙들려 사명자로 세우신다는 것을 강조한다.[183] 켈러 설교의 요지는 이것이다. 요나는 하나님께서 당시 거대한 도시인 니느웨로 가라는 부르심을 느꼈으나, 모든 방법을 강구하여 그곳으로 가지 않으려고 했다. 요나처럼, 영원한 하나님의 도시를 경험한 우리는 오늘날 우리가 살고 있는 죄악으로 가득찬 도시 안에서 상하고 부서진 영혼들을 향한 하나님의 은혜와 긍휼의 복음을 전하도록 부르심을 받았다.[184] 켈러는 당시 앗수르 제국 니느웨 '도시'의 원 청중과 미국 뉴욕 맨해튼 도시와 현 청중과 연결하는 다리놓기를 시도한다.

넷째, 설교자는 '복음 커뮤니케이션'(gospel communication: 욘 3:4-9)을 통해 사람들이 이해할 수 있는 방식으로 복음을 전달해야 한다.

켈러는 이 본문을 통하여 두 가지 메시지 즉 하나님은 요나 선지자를 통해 니느웨의 착취적이고 폭력적인 행위를 바꾸어 사회 개혁이 일어나야 한다는 것이며, 동시에 도시가 죄를 심판하시는 하나님의 진노에 대해서 듣고 회개해야 한다는 것임을 알려주신다고 본다. 켈러에 의하면, 두려움 없이 하나님의 말씀을 전하는 일과 정의와 가난한 자들을 돌아보는 일에 모두 헌신하는 사역은 보기 드물지만 이 둘은 신학적으로 분리될 수 없다고 강조한다. 켈러는 사회적 불의에 맞서 싸우는 일과 하나님 앞에 나와 회개하도록 복음 커뮤니케이션을 통해 청중들에게 메시지를 전달하는 것은 서로 신학적으로 맞물려 있다고 본다. 켈러는 그 예로 마틴 루터 킹 주니어를 소개한다.[185]

다섯째, '복음 겸손'(gospel humility: 욘 3:1-2)을 통해 하나님의 성육신 원리를 추구해야 한다. 여섯째는 '복음 성육신'(gospel incarnation: 욘 4:10-11) 원리를 통해 복음 안에서 그리스도의 탁월성을 추구해야 한다.[186] 켈러는 독선에 찬 요나에게 보여주신 하나님의 긍휼과 눈물(4:10-11)을 통해 종교 지도자들과 군중의 손에 고난을 당하셨지만 요나처럼 분노에 가득 차거나 자기연민에 빠지지 않으시고 십자가를 지신 예수님, 켈러에 의하면, 요나는 니느웨 도시가 멸망하는 것을 지켜보려고 도시 밖으로 나갔지만 도시의 구원을 성취하기 위해 도시 밖으로 나가사 십자가에 죽으신 예수님의 탁월성이 강조된다.[187]

켈러는 도시 속 직업과 일(노동)에 대한 메시지를 '복음신학화-실현화-도시화-겸손-성육신' 패러다임 속에서 다음과 같이 풀어 나간다.[188]

5가지 균형		
	① 복음 신학화	• 창조주의 소명을 따를 때는 일과 노동은 즐거운 활동임. • 인간이 타락 후, 기술이 권력을 쌓은 도구가 됨(두발가인, 창세기 4장). 인간이 자기 통제권을 극대화하기 위한 시도가 바벨탑 사건(11장)임. • 이웃의 기본적인 필요를 채우면서 하나님의 섭리를 나타내는 통로로 쓰일 수 없음. • 죄에 물든 마음에서 비롯된 욕망들은 현실 세계에 긴장을 불러오고 결국 붕괴에 이르게 함. 스스로 중요한 존재가 되려는 교만한 갈망은 필연적으로 경쟁과 분열, 갈등을 일으킬 수밖에 없음.
	② 복음 실현화	• 자신을 드러내는 데 집중하는 삶이 동료 인간들 사이에서 일치와 사랑을 빚어내기란 불가능함. 그런 마음가짐은 스스로 숭배의 대상이 되든지 집단을 우상으로 삼든지 둘 중 하나를 선택해야 하는 비참한 지경으로 몰아감.
	③ 복음 커뮤니케이션	에스더를 통해 위치에서 얼마든지 '회색지대'로 들어갈 수 있다는 걸 볼 수 있음. 그러나 에스더가 결국엔 거룩한 주님의 손에 붙들렸듯이, 처음부터 완벽하게 깨끗한 사람은 없음을 알고 왕궁에서 사는 이유를 깨달아야 함.

		"네가 왕후의 자리를 얻은 것이 이때를 위함이 아닌지 누가 알겠느냐?". • 내가 가진 왕궁의 특권(직업)으로 남을 섬기지 못하면 특권을 잃을 수도 있다.
	④ 복음 겸손	인간의 바벨탑(권력, 명예, 교만)을 내려놓고, 죄와 탐욕으로 세상이 망가졌음을 겸손히 인정해야 함.
	⑤ 복음 성육신	• 왕궁에서 위대한 임금님(예수 그리스도)과 더불어, 겸손히 낮아지시고, 성육신하셔서 죽기까지 사랑하신 예수님의 사랑을 통해 직업관을 회복해야 함.

3. 복음중심적 세계관에 기초한 그리스도중심적 설교

켈러가 추구하는 복음신학화 설교는 성경적 세계관의 빛을 비추어 청중의 생각에 있는 세속적 세계관을 변혁시키는 설교이다. 켈러의 복음신학화를 통한 변증은 복음이 곧 기독교 세계관이라는 전제에 뿌리박고 있다.[189]

1) 복음신학의 주요 명제

켈러에 따르면, 복음 신학의 주요 명제는 다음과 같이 요약된다.[190]

"복음은 모든 것이 아니다"	1) 복음은 권면이 아닌 '소식'. 2) 복음은 우리와 하나님과의 '관계'에 관한 것. 3) 복음은 복음의 '결과들'이 아니다. 4) 복음은 대등하면서도 상반된 '두개의 적'을 가지고 있다 (종교와 비종교).
"복음은 단순한 것이 아니다"	1) 성경 자체가 복음에 대해 '하나의 표준화된 개요'를 제공하지 않는다. 2) 복음은 '하나님 나라 관점'에서 이해된다.

"복음은 모든 것에 영향을 미친다"	3) 복음은 '성경의 줄거리와 주제들'과 관련이 있어야 함: 본국/추방, 여호와/언약, 하나님나라 4) 복음은 '다양한 문화적 맥락'에 맞게 표현되어야 함. 1) 복음의 효력 2) 복음의 부요함: Upside-down, Inside-out, Forward-back 3) 교회 안에서 복음을 구현하기 4) 복음의 중심성

켈러에 의하면, 복음(euangelion)은 하나의 충고가 아니라 그리스도에 의해 이루어진 일에 대한, 구원에 관한 좋은 소식이다.[191] 복음이란 그리스도의 속죄와 부활을 통해 "하나님이 죄인들을 구원하신다"(고전 15:3-5)로 요약된다. 이 명제는 켈러의 사역과 설교의 전체 매인아이디어 볼 수 있기에 그의 설교 가운데 자주 반복된다.

모든 능력과 충족성을 가지고 있는 하나님 나라의 복음이 반드시 모든 것에 적용되어야 하며, "단순히 기독교의 기초일 뿐만 아니라 기독교의 처음과 끝"이라고 할 수 있다.[192]

켈러는 이러한 기독교 복음의 중심성은 기독교의 세계관으로 기능하다고 본다. 켈러는 다음과 같이 말한다.

"복음은 그리스도인의 믿음의 한 부분이 아니라 처음부터 끝까지를 포함하는 모든 것이다. 복음은 하나의 신념이나 도덕이 아니라 분명한 세계관이다. 복음은 예수님께서 우리를 위해 이미 행하신 일에 대한 좋은 소식이다. 복음은 모든 어려움을 이기는 방법이며, 우리가 변화되도록 한다."[193]

복음적 세계관은 기독교의 기초적 메시지로서 개인의 마음과 공동체, 나아가 세상을 향해 어떤 삶을 살아가야 할 지를 결정하며 은혜는 모든 것을 변화시킨다고 강조한다.[194]

이는 참된 복음이 구원의 모든 측면, 즉 중생, 칭의, 성화, 영화의 전

과정 가운데 강력한 능력과 충분한 은혜를 담고 있다는 그의 심오한 확신에서 비롯되었다.[195]

한 예로, 켈러는 세상에서의 일과 하나님의 일로 분리하는 이분법이 아닌 기독교세계관에 기초한 직업관을 제시한다. 즉 창조주 하나님의 거룩한 창조사역의 연장선 상에서 성경적 노동관을 제시하면서 세상을 향한 하나님의 섭리를 전달하는 도구로써의 일을 이해하고 문화를 변혁시키는 일에 참여하라고 권면한다.[196]

2) 복음중심적 메타내러티브

켈러는 메타내러티브를 거부하는 포스트에브리팅 세대의 세계관 변혁을 위해 복음신학화를 담아내는 내러티브를 더욱 강조한다. 켈러는 "본향/해방, 야웨/언약, 하나님 나라"라는 성경의 주제와 연결되어 있는 복음중심적 세계관 혹은 메타내러티브를 다음과 같은 주요한 질문을 통해 전개한다. 켈러는 복음을 창조, 타락, 구속, 회복(종말)이라는 성경적 세계관 구조와 연결하여 제시하면서, 복음중심적 세계관은 창세기 1장(하나님), 2장(죄), 3장(그리스도의 대속과 회복), 4장(믿음을 통한 은혜와 신뢰)으로 이해될 수 있다고 말한다.[197]

"우리는 어디에서 왔는가?"	복음 진리: 홀로 하나이신 인격적인 하나님으로부터
"왜 만물이 잘못된 방향으로 가게 되었는가?"	복음진리: 속박과 정죄를 가져오는 죄 때문에
"우리가 구원받기 위해서는 (하나님과 바른 관계에 들어가려면) 무엇이 필요한가?"	복음진리: 그리스도의 성육신, 대속, 회복이 필요함
"어떻게 구원을 얻을 수 있는가?"(어떻게 하나님과 바른 관계를 회복할 수 있는가)	복음진리: 믿음을 통해서만 은혜와 신뢰를 회복함

켈러의 모든 사역은 이러한 복음의 핵심 내러티브의 큰 틀 위에서 바른 관계를 세워가고자 한다. 이러한 복음의 메타내러티브를 통해 청중들의 마음 안에 성경적 세계관의 핵심을 형성해 나갈 수 있다.[198] 예를 들어 누가복음 탕자 비유설교 시리즈에서 복음진리에 대한 4가지 주요 질문들이 잘 녹아져있으며, '어떻게 구원을 얻을 수 있는가'에 대한 4가지 적용을 제시한다.

3) 하나의 복음, 여러 형태의 복음(One Gospel, Various Forms)을 통한 그리스도중심적 설교

켈러는 복음은 여러 가지가 아니라 오직 하나의 복음만이, 여러 형태로 존재한다고 본다.[199] 하나의 복음은 크게 세 가지 방향을 가리키고 있는데 첫번째는 예수님께서 자신을 비우시고 세상으로 오셔서 종이 되신 그리스도의 성육신의 복음과 '위에서 아래로 내려가는'(upside-down) 하나님 나라 통치/질서 방향이다. 두번째는 그리스도의 '십자가의 복음의 형태'로서 우리를 위한 대속적 희생으로서 '안에서 밖으로 나가는'(inside-out) 하나님 나라의 통치 질서의 방향이다. 세번째는 그리스도께서 무덤(죽음)에서 일어나셔서 새롭게 된 온 세상의 첫 부활의 열매가 되셨다는 복음으로서, 이미와 아직 사이(already but not yet)에서 '미래가 현재로 임하는'(forward-back) 하나님 나라 통치 질서를 지칭한다.[200]

씨뿌리는 비유 설교를 통해 켈러는 하나님 나라는 힘과 정복으로 상징되는 이 세상의 왕국과 다르다는 점을 강조한다. 예수님께서 하나님 나라를 설명하시기 위해 작은 씨앗의 비유를 사용하신 것은 하나님 나라의 특성을 쉽게 보여주기 때문이다. 어떤 사람이 하나님 나라에 들어갔는지를 알기가 어렵다. 켈러는 예수님께서 이 비유 설교를 통해 하나님 나라 백성인지 아닌지를 시험해 볼 수 있도록 의도하셨다는 점을 강조한다.[201]

켈러는 이러한 그리스도라는 렌즈와 복음 신학화라는 렌즈에 초점을 맞춘 설교를 통해 포스트에브리팅 청중의 세계관을 변혁시키고자 한다.

4) 하나님 나라의 새로운 차원을 통한 그리스도중심적 설교

하나님 나라에 관한 설교를 통해 켈러는 하나님 나라 복음의 핵심적 특징을 제시한다. 첫째 하나님 나라는 기존의 세상 질서를 뒤집어 엎는 (Upside-down) 나라이다. 켈러는 마가복음 14장 48-52절에서 제자들이 예수님을 버리고 도망가는 장면에 대해 설교하면서 말한다.

"왜 어떤 사람들이 이 세상을 '바로 선 나라'(right-side-up-kingdom)라고 부르고, 하나님의 나라를 '뒤집어엎는 나라(upside-down-kingdom)라고 부르는지 아는가? 권력과 명예를 강조하는 세상은 똑바르고 자연스러워 보이지만 예수님이 말씀하신 섬김과 희생은 전혀 불가능하고 부자연스러워 보이기 때문이다 … 자신만을 위해 돈을 쓰고 권력에 혈안이 되고 성공과 명예에 집착하면 당장은 멋진 파티를 즐길 수 있을지 몰라도(다니엘 5장의 벨사살 왕처럼), 성경에 따르면 그런 나라는 전복될 것이다. 그 나라의 시대는 끝났다."[202]

켈러는 예수님은 산상수훈 설교를 통해서 혁명적인 왕국(revolutionary kingdom)을 선포하신다는 점을 강조한다. 켈러에 의하면, 예수님은 우리가 살고 있는 옛 나라와 오고있는 새로운 나라의 패턴, 힘, 결과물을 대조시키고 계신다. 예수님의 설교는 모든 자연적 본능과 반대되는, 기존 세상의 가치를 전복시키는 하나님 나라의 가치를 잘 보여주신다.[203]

두 번째, 하나님 나라는 삶과 내면을 변화(Inside-out)시키는 나라이다.[204] 이런 맥락에서 켈러는 다음과 같이 힘주어 말한다:[205] 1) "우리를 지으신 하나님이 이와 같으시다면, 이 진리는 우리의 삶을 바꾸는 영광스러운 능력으로 우리를 가득 채우며 충만하게 한다." 2) "종교는 자기 의와 자기 중심주의, 자기 사랑을 전혀 제거하지 못한다 … 종교나 정치,

대중문화만이 외적 해법이 아니다 … 외적인 해법으로는 인간 마음의 문제를 해결할 수 없다." 3) "우리 마음의 문제를 해결할 수 있는 유일한 열쇠는 보혈뿐이다."

한편, 켈러는 산상수훈 설교에서 예수님은 두 그룹을 대조시키신다. 즉 외식하는 자들과 내적인 동기를 가진 자들이 대조된다. 종교적인 사람들은 피상적이며 율법의 규례 뒤에 숨는 자들이다. 반면 복음에 의해 변화된 사람들은 율법의 정신 안에서 빛나는 자들이다.[206] 켈러는 '내면으로부터 변화된 삶' 설교에서 하나님 나라 복음을 통한 내적 변화를 강조한다. 종교에 대한 공통된 오해는 우리의 행위를 통해 하나님으로부터 인정과 용납을 구한다는 것이다. 그러나 자기중심적 혹은 자기의를 추구하는 접근은 하나님과 기독교 공동체를 거부하는데 이르게 된다. 하나님으로부터 진정한 용납은 하나님의 전적인 은혜와 그리스도께서 우리 죄를 위해 희생하심을 믿음으로 받아들이는 것이다.[207]

셋째, 하나님 나라는 종말론적 하나님 나라를 현재에 경험하는 차원(Forward-back)이다.[208] 이러한 차원에서, 켈러는 '조니 에릭슨 타다'의 예화를 들면서 장애로 인한 상처와 절망 속에 그리스도 안에서 종말론적 부활과 부활 안에서 온전한 만족에 대한 소망을 얻을 수 있다고 강조한다.

"하지만 부활이 '지금' 당신의 삶과는 무슨 상관이 있는가? 깊은 상관이 있다 … 하나님 나라는 그런 곳이다. 샬롬이 있는 곳이다 … 우리가 하나님, 자연, 서로, 그리고 우리 자신과 화해하게 된다. 이 미래를 진정으로 믿는다면 현재의 삶이 완전히 변할 수 밖에 없다 … 오직 부활만이 새 마음뿐 아니라 새 몸을 약속해 준다 … 그날, 모든 것이 역전되고 측량할 수 없는 기쁨이 밀려올 것이다 … 그러니 이 세상을 부활과 회복이라는 빛 속에서 살자. 영광스럽고 영원하고 즐거운 은혜의 춤 속에서 살자"

켈러는 탕자 비유설교에서 하나님 나라의 세 가지 차원을 모두 제시

하고 있다.[209]

탕자가 아버지 집을 떠나 고향을 잃은 것처럼, 인류가 죄악으로 인해 고향을 잃어버리고 추방당한 상태에 있을 때, 다시 본향 집으로 데려가시기 위해 그리스도께서 하늘을 버리시고 이 땅에 내려오셔서 십자가 고난과 죽음을 당하셨고(upside down), 하나님 아버지의 자녀로 회개하고 집으로 돌아와 성령 안에서 먹고 마시는 영적 잔치가 회복되었고(inside out), 종말에 그리스도께서 다시 오셔서 영원한 본향으로 인도하시고 궁극적인 하나님 나라 잔치를 영원히 누리게 하신다(foward back).

4. 그리스도가 복음이다: 모든 본문에서 그리스도를 설교하기 위한 6가지 전략

켈러는 모든 본문에서 그리스도를 전해야 한다는 설교 철학이 너무나 확고하고, 그 전략은 매우 치밀하다. 켈러는 말한다.

> "설교할 때마다 복음을 설교하기 위한 열쇠는 매번 그리스도를 설교하는 것이다. 이를 위해서는 하나님께서 어떻게 예수 그리스도 안에 있는 무조건적 은혜에 의해 우리를 구속하시고 구원을 통해 세상을 새롭게 하시는지 성경의 위대한 구속사 내러티브와 전체 정경적 문맥 안에서 본문을 이해하는 것이 필수적이다."[210]

모든 성경 본문에서 그리스도를 설교하는 철학은 에드먼드 클라우니의 영향을 받은 것이다.[211] 켈러는 그리스도를 드러내는 해석학적 방법론을 구축하기 위해 퍼거슨(약속과 성취, 모형론, 언약, 구원의 참여와 완성)과 그레이다누스(구속사 진전, 약속과 성취, 모형론, 유비, 정경적 주제, 신약 인용, 대조), 골즈워디(성경의 각 장르별), 데이빗 머레이(David Murray)의 성경의 장르와 정경적 주제를 통합한 방법(창조, 구약 인물들, 하나님의 임재, 하나님의 율법과 명령,

이스라엘 역사, 선지자들, 모형론, 언약들, 잠언, 시)을 자신만의 방법으로 창조적으로 통합하여 활용한다.212

이러한 그리스도중심적 해석학과 설교철학을 구현하기 위해 켈러는 구체적으로 6가지 원리를 제시한다.213 매번 복음을 설교하는 열쇠는 매번 그리스도를 설교하는 것이고, 그렇게 하는 열쇠는 특정 본문이 전체 정경의 문맥 안으로 어떻게 맞아 들어가는지, 성경의 거대한 내러티브의 흐름 안에 하나의 장으로서 어떻게 참여하는 지를 찾아내는 것이다.

1) 성경의 장르를 통한 그리스도 설교하기 전략

첫째, 켈러는 성경의 장르(genre) 혹은 각 본문의 독특한 문학적 특성을 고려하여 그리스도를 드러내야 한다는 원리를 제시한다.

켈러는 성경의 장르와 조화를 이루어 그리스도 중심적 설교를 추구한다. 켈러는 다음과 같이 구속사 흐름을 따른 장르를 구분한다.

(1) 아브라함 이전의 구약 내러티브
(2) 모세와 여호수아 시대 구약 내러티브와 율법
(3) 사사기부터 다윗까지 구약 내러티브, 지혜서, 시편
(4) 다윗에서 예수님까지 구약 내러티브, 선지서
(5) 예수님의 사역 시기 신약 내러티브와 강화(가르침과 비유)
(6) 초대 교회 시대 신약 내러티브(사도행전)와 서신서
(7) 묵시 장르로는 다니엘, 요한계시록, 감람산 강화214

켈러는 구약에서 그리스도를 설교하기 위해서는 구약 본문이 제시하고 있는 질문들에 대한 구속사적 성취로서 하나님의 아들 그리스도를 제안해야 한다고 확신한다. 즉 구약을 하나의 구속 이야기로 묶어주며, 최종적인 성취로서 예수 그리스도를 성경의 모든 장르에서 제시하는 것이 설교자의 사명이라고 믿는다.215

켈러가 분류한 성경의 장르 가운데 첫 번째는 '내러티브'이다.[216]

❶ **타락 이전 내러티브**
- 창조의 주제는 그리스도 안에서 궁극적인 목적이 성취된 요한계시록 21-22장의 새 창조와 연결됨.
- 아담은 가장 분명한 그리스도의 모형.
- 하나님은 자신의 창조 사역이 완성될 때 안식하심.

❷ **타락 내러티브**
- 창 3:15은 전체 구속사에서 하나님의 새로운 인간과 공동체에 대한 예언.

창세기 3장은 하나님과, 다른 사람과, 우리 자신과 관계를 맺기 위해 만들어짐을 보여줌.

창세기 3장은 우리 마음속 깊은 곳에 '하나님은 당신을 돌보지 않으셔'라는 거짓을 우리가 믿을 때 그것이 잘못된 것임을 알게 해줌.

에덴동산에서 아담과 하와의 순종의 시험은 광야에서 예수님께서 시험받으심과 연결.

❸ **타락 후/족장이전 내러티브**
창세기 4장은 아벨은 그리스도와 연결될 수 있음. 홍수 내러티브는 반드시 해결이 필요한 구속적 주제들-하나님의 죄에 대한 심판과 인류를 향한 하나님의 긍휼.

바벨탑 내러티브는 자기의 이름을 내기 위해(창 11:4) 도시를 건설하고자 하는 인류를 보여주며 예수님은 도시의 건설자(히 11:10;13:14)이심.

❹ **족장시대 내러티브: 창세기 아브라함**

켈러가 분류한 성경의 장르 가운데 두 번째는 '율법'이다.

켈러에 의하면, 출애굽 이후에 하나님과의 관계를 위해 은혜로 확정된 율법이 언약백성들에게 주어진 것이며, 각 법은 하나님의 성품과 그리스도의 구속사역에 기초하고 있다. 예를 들어 '간음하지 말라'는 명령을 설교할 때 법의 요구사항과 금지사항을 본문주해를 통해 드러내면서 동시에 그리스도의 신부로서 우리와 그리스도의 관계에 초점을 맞추어야 한다.[217]

켈러가 분류한 성경의 장르 가운데 세 번째는 '시편'이다.

이 시대의 성경 본문 가운데 켈러는 시편 설교를 강조하는 경향을 보인다. 고전적인 메시아적 시편은 그리스도에 관한 풍성한 관점을 담고 있다(예, 시편 2, 110, 118). 그러나 그리스도중심적 시편 설교를 위해서 켈러는 전통적 메시아 시편에만 한정할 필요가 없다고 본다(예: 바울이 롬 15:8-9에서 시편 18:49 인용). 먼저 예수님 자신이 시편을 노래하고 시편으로 기도하셨다는 것을 기억해야 한다. 또한 우리가 예수님께 시편으로 노래를 올려드릴 수 있다.[218]

- **그리스도 중심적 시편 설교 예[219]**

본문: 시편 1편
주제: 행복한 삶의 비밀은 묵상에 있다
아웃라인
-핵심질문: 어떻게 진정한 행복을 찾을 수 있는가?

1. 우리가 누구(who)를 묵상하느냐가 매우 중요함(1-2절):
악인(악인의 꾀, 죄인의 길, 교만한 자리)을 묵상하느냐 하나님의 율법을 묵상하느냐.
무엇이 당신의 생각을 형성하게 하느냐는 당신의 행동(길)과 태도와 마음을 형성하게 만들게 됨.
2. 어떻게(how) 묵상하느냐(2절):
즐거운 마음으로, 말씀에 중심을 둔 생각을 훈련함으로(낮과 밤으로) 묵상해야 함.
3. 우리가 왜(why) 묵상해야 하느냐(2-3절):
안정적인 삶(깊은 뿌리를 내리고 시절을 따라 잎사귀를 내고 과실을 맺음).
- 결과: 형통함(3c), 특정한 삶의 방식(5-6절), 안전과 확신(6절)
- 본문을 통해 배울 수 있는 기도의 원리: 하나님을 향한 경배(adore), 고백, 결단, 겸손과 기쁨.

• 그리스도에 초점:
1) 예수님만이 하나님의 율법을 온전히 즐거워하심(히 10:7, 시편 40:8, 내가 주의 뜻 행하기를 즐기나이다, 주의 율법이 내 마음에 있나이다).
2) 그러나 당신은 예수님이 없이는 주의 법을 기뻐할 수 없다.
3) 예수님이 우리를 위해 율법을 온전히 순종함(고후 5:21).
4) 예수님 안에서 당신도 율법을 즐거워해야 함.

2) 성경의 주요 주제를 통해 그리스도 설교하기 전략

둘째, 켈러는 성경의 주요한 '주제' 즉 나라, 언약, 본향과 추방, 하나님의 임재와 예배, 안식과 안식일, 정의와 심판, 의와 벌거벗음 등과 연결하여 그리스도를 설교 가운데 드러내는 원리를 제시한다.[220]

❶ 예: 켈러는 창세기 15장의 아브라함 언약과 그리스도를 연결하여 언약을 완성하신 그리스도를 드러낸다.[221]
❷ 예: 켈러는 고향이라는 주제를 종종 사용하는 것을 볼 수 있는데, 예레미야 31장 설교에서 본향이라는 주제를 통해 그리스도를 드러내는 설교를 제시한다.[222]
특별히 탕자 비유 설교에서 '유랑과 귀향'이라는 주제를 통해 예수 그리스도를 드러내는 설교의 예를 잘 볼 수 있다. 켈러는 '창조-본향(에덴동산)', '타락-본향(집)을 떠남', '구원-본향(집)으로 귀향할 수 있게 됨', '영생-영원한 본향집으로서 천국잔치의 기쁨을 누리는 것'을 통해 예수님이 완성하신 구속사 그림을 청중들에게 선명하게 보여준다.[223] 켈러는 "We Had to Celebrate" 설교에서 죄악으로 인해 고향을 잃고 방황하는 인류를 영원한 본향으로 인도하시는 분으로서 예수 그리스도를 드러낸다. 구약 에스더 3장 설교에서도 '본향과 추방'이라는 주제를 그리스도를 연결시켜 설교한다.[224]
❸ 예: 창세기 3장 설교에서, 켈러는 타락 후 벌거벗음으로 수치 가운데 있던 아담과 하와가 가죽옷을 입은 것처럼, 죄악의 수치 가운데 그리스도로 옷입

어야 의를 힘입을 수 있음을 강조한다.

❹ 예: 켈러는 '안식과 안식일'의 주제와 그리스도를 연결시키는 예도 보여준다.²²⁵

❺ 예: 켈러는 '역전'이라는 주제를 구속사와 그리스도와 연결시키는 설교를 보여준다.²²⁶ 켈러는 에스더 설교에서 하만과 모르드개의 운명이 역전된 것처럼, 진정한 왕께서 자신의 백성을 구원하기 위해 악한 세력의 음모를 폐하시고 역전의 역사를 이루심을 강조한다.

3) 성경의 주요 인물을 통해 그리스도 설교하기 전략

셋째, 성경의 주요 인물, 구속사에서 주요한 성경 인물들과 예수 그리스도를 연결하는 원리이다.

성경의 주요 인물과 그리스도를 연결시키는 것은 선지자, 제사장, 왕, 사사 가운데 어떤 형태의 구원을 가져오도록 긍정적인 역할을 한 인물을 통해 그리스도를 드러내는 방식과 개인의 연약함과 죄악(예: 다윗의 범죄)을 통해 그리스도를 대조적으로 드러내는 방식으로 나누어진다.²²⁷ 켈러는 주요 인물을 통해 그리스도를 연결시키는 원리와 모형론을 통합하는 방식을 추구한다고 볼 수 있다.²²⁸

❶ 예: 에스더 설교에서 중재자가 되어 이스라엘 백성들의 목숨을 구한 에스더의 이야기를 통해 예수 그리스도를 연결시킨다.

❷ 예: 보아스와 룻은 모두 우리의 '기업 무를 자'되신 그리스도를 가리킴. 이것을 깨달을 때 우리는 장벽들을 넘어 영적인 관계에 참여하고 진정한 예수님의 제자들이 될 수 있음.²²⁹

❸ 예: 사사 옷니엘을 통한 평화를 그리스도 십자가를 통한 궁극적인 평화의 도래와 연결시킨다.²³⁰

❹ 예: 악한 하만이 모르드개(이스라엘)를 대신해서 나무 위에 메달린 것을 통해 죄가 없으신 예수님이 영적 이스라엘인 우리를 대신해서 나무 위에 매

달리심을 연결시킨다.²³¹

❺ 예: 에스더 3장 설교에서 하만이 교만하여 왕의 옷(지위)을 입고, 반지로 인을 쳐 이스라엘 학살을 집행하고자 하였으나, 모르드개는 겸손함으로 대응하여 하만이 결국 나무에 달려 죽고 모르드개가 높임을 받는 역전이 이루어진다. 모르드개의 겸손과 역전(승리)을 통해 진정한 왕으로 낮아지심으로 십자가 부활로 승리하신 그리스도를 연결시키고, 하만의 대조적 인물로 그리스도를 연결시킨다.(**약간의 무리가 있어보임)²³²

❻ 예: 모형론(유비)을 통한 그리스도 연결 예
켈러에 의하면, 삼손의 죽음은 예수님의 죽음에 대한 그림자: 친구인 척 가장했던 누군가에게 배신당함(들릴라, 유다), 이방인 압제자에게 넘겨지고 고문, 조롱당함, 둘 모두 적에게 패배한 것처럼 보였지만 둘 모두 죽음으로 대적으로부터 승리(골 2:15), 단독 구원자, 죽음 값을 통해 삼손은 예수님의 사탄에 대한 승리를 '예표'한다.²³³

켈러는 스가랴 3장의 여호수아를 그리스도의 예표적 인물로 연결시킨다.²³⁴

4) 성경의 주요 이미지를 통해 그리스도 설교하기 전략

넷째, 성경의 주요 이미지 즉 제사, 성전, 절기, 생명나무 등을 통해 구속사적 관점을 가지고 그리스도를 드러내는 원리이다.²³⁵

❶ 예: 창세기 15장 설교에서 켈러는 아브라함 언약과 제사를 그리스도와 연결시키는 설교를 보여준다.

❷ 예: 창세기 3장에서 에덴동산의 생명나무를 그리스도와 연결시키는 설교를 제시한다.

❸ 예: 로마서 12장 1-8절 설교에서, 자신을 속죄제물로 하나님께 드리심으로 구약의 제사를 완성하신 분으로 그리스도를 연결한다.

❹ 예: 요나서 2장 설교에서 요나가 바라본 '성전'을 그리스도의 희생제사와 연결시킨다.²³⁶

5) 성경의 구원 이야기를 통해 그리스도 설교하기 전략

다섯째, 성경의 구원 이야기에서 가장 주요하게 드러나는 플롯(plot)이라고 할 수 있는 '죽음을 통한 생명', '연약함을 통한 승리' 등을 통해 그리스도의 구속과 승리를 드러내는 것이다.[237]

❶ 예: 요한복음 11장에서 켈러는 나사로의 '죽음에서 생명'(부활)을 통해 그리스도가 무덤에 들어가심으로 나사로와 같은 우리를 죽음에서 나오게 하시고 생명과 구원을 주셨다는 것을 드러낸다.

❷ 예: 요한복음 2장의 가나 혼인잔치의 표적 이야기에서 그리스도를 드러낸다.[238]
- 예수께서 오신 목적은 십자가 죽음을 통한 잔치의 회복을 위해서 오셨다.
- 포도주가 상징하는 것: 자신의 기쁨을 잃음으로써 잔치의 기쁨을 회복시키신다.

6) 직관적·실존적 원리를 통해 그리스도 설교하기 전략

여섯째, 직관적(instinct) 혹은 실존적인 원리이다. 켈러는 모든 성경에서 그리스도를 드러내는 엄격한 방법론의 한계를 인지하면서, 너무 엄격하게 그러한 방법론에만 고수하기보다 어떤 경우에는(위에서 제시한 다섯 가지 방법으로 그리스도를 연결하기 어려운 경우) 해석학적인 방법론으로는 정확히 맞지 않는다 하더라도 자연스럽게 그리스도를 연결할 수 있는 소위 '직관적' 혹은 '실존적' 방법을 활용하는 것이 목회적 상황에서 필요하다고 본다.[239] 켈러는 때로는 본문의 단어, 구, 아이디어를 활용해서 직관적으로 그리스도를 연결하는 것을 시도한다. 성경에서 그리스도를 나타내는 여러 해석학적 방법 가운데 켈러의 직관적 원리는 독특한 공헌인 동시에 주관적인 측면이 담긴 위험이 내포된 방법이라고 할 수 있다.

켈러의 직관적 방법은 싱클레어 퍼거슨(Sinclair Ferguson)이 단순하게 그리스도를 드러내는 정형화된 방법보다 목회자들이 개발할 필요가 있

는 자연스럽고 실제적인 방법에 대한 주장과 어느 정도 맞닿아 있다.[240]

❶ 예: 사사기 제사장과 기생 이야기를 통해 아내를 위하여 희생하시는 진정한 남편되신 그리스도(엡 5:22-23)를 직관적으로 드러냄.[241]

❷ 예: 선한을 넘어 위대한 사마리아인[242]

켈러는 누가복음 10장 선한 사마리아 비유에서 단순히 사마리아인을 이웃 사랑의 모범으로 삼는 설교를 넘어, 영적으로 강도를 만난 우리를 위해 대신 죽으심으로 구원해 주신 예수님을 위대하고 완전하신 사마리아인으로 제시한다. 그런 다음 켈러는 진정한 '위대한 사마리아인'이 되신 그리스도 안에서 '강도만난 자의 이웃'(모든 이들이 우리의 이웃)이 되어주는 삶을 강조한다.

❸ 예: 눅 15장 시리즈 설교("Kissed him") 중,

켈러는 '아버지가 당시 수치를 무릅쓰고 아들에게 달려가는 것'을 예수 그리스도의 십자가와 직관적으로 연결시킨다.

또한 켈러는 누가복음 15장의 설교("The True Old Brother") 중 우리의 '진정한 큰 형'이 되신 예수 그리스도께서 영원한 수치와 저주를 대신 담당하지 않았다면, 하늘 아버지께서 작은 아들과 같은 죄인인 우리를 받아들일 수 있는 방법이 없었다고 말한다.

❹ 예: 켈러는 예수님께서 결혼잔치 회복을 첫 표적으로 사용하시면서, 연회장이 해결하지 못한 문제를 해결해 자신이 참된 연회장임을 드러내신다고 말한다.[243]

❺ 예: 켈러는 삼손의 죽음은 예수님의 구원 예표임을 강조한다. 켈러는 예수님의 십자가 죽음으로 인한 승리와 영원한 통치를 연결한 다음 복음적 적용을 제시한다. 또한 그리스도인의 삶의 패턴도 '은혜 속 약해져서 강해짐'으로 삼손의 함정에 빠질 수 있으며, '교만, 정욕, 분노, 복수심, 안일'에서 승리해야 한다는 적용을 제시한다.[244]

❻ 예: 켈러는 왕하 5장 나아만 장군 설교에서 '노예 소녀'가 고통과 대가를 치룸으로 나아만의 병을 치유하고 용서받고 구원받도록 해 준 것처럼 왕되

신 그리스도께서 종으로 낮아지시고 십자가에서 고통과 대가를 치르심으로 우리가 성공의 우상에서 자유함으로 얻고 구원얻게 된다고 하면서 직관적 방법을 통해 그리스도를 연결한다.[245]

❼ 예: '어미가 어찌 그 자식을 잊겠느냐'(사 49:5-16) 설교에서 켈러는 자식을 향한 어머니의 사랑을 시편 22편에 기초하여 십자가에서 아버지로부터 버림당하는 경험을 하신 예수님과 연결시키고, 하나님 아버지 손에 우리를 새기신 것을 예수님께서 손에 못 박히신 것을 연결시킨다.

❽ 예: 켈러는 이삭의 출생으로 사라가 기쁨의 웃음이 나타남과 죄인들이 다시 의롭게 되어 웃음을 찾기 위해 지신 십자가에서 아버지의 웃음을 잃으신 예수님과 연결시킨다.[246]

❾ 예: 켈러는 이사야 설교에서 영화 '미녀와 야수'(The Beauty and the Beast)를 통해 십자가에서 죄인들을 아름다운 자들로 바꾸기 위해 죽으신 그리스도와 야수를 연결시킨다.[247]

❿ 예: 켈러는 욥의 고난을 시편 22편에 나타난 그리스도의 십자가 고통(마 27:46)과 연결시킨다.[248]

⓫ 예: 켈러는 마가복음 7장 설교에서, 귀먹고 벙어리된 우리가 치유받고 그리스도를 왕으로 부를 수 있도록 그리스도가 벙어리가 되어주셨다고 말한다.[249]

• 사무엘 힐(Samuel P. Hill)은 "Pointers to Christ-Directional Signs in History," "The Gospel According to God," "Disciplines of Grace," "The Songs of the Servant" 등 시리즈 설교에서 구약의 율법서, 선지서, 시편(눅 24:44)에서 선정한 36편의 켈러의 구약 설교를 켈러의 6가지 방법론을 적용하여 연구하였다. 그의 연구 결과를 정리해 보면 다음과 같다.[250]

	율법서	선지서	시편
모든 장르(섹션)에서 그리스도를 드러내는 방법 활용	7.1%	63.6%	36.4%
모든 주제에서 그리스도를 드러내는 방법	42.9%	63.6%	36.4%
모든 주요 인물로부터 그리스도를 드러내는 방법 활용	42.9%	18.2%	36.4%
모든 주요 이미지로부터 그리스도를 드러내는 방법 활용	28.6%	9.1%	36.4%
모든 구원의 이야기로부터 그리스도를 드러내는 방법 활용	21.4%	9.1%	9.1%
다섯 가지 이외의 직관적 방법으로부터 그리스도를 드러내는 방법 활용	21.4%	27.3%	27.3%

켈러의 그리스도 중심적 설교(*그리스도 중심적 설교로 부르기 보다는 복음중심적 설교라는 것이 더 가깝다)를 이해하면서, 설교자는 다음과 같은 질문을 던질 필요가 있다.

- 설교자는 어떻게 본문의 모든 장르에서 그리스도의 인격과 사역을 연결시킬 것인가?
- 설교자는 어떻게 본문 안에서 모든 주제에서 그리스도의 인격과 사역을 연결시킬 것인가?
- 설교자는 어떻게 본문 안 인물을 통해 그리스도의 인격과 사역을 연결시킬 것인가?
- 설교자는 어떻게 본문의 주요 이미지를 통해 그리스도의 인격과 사역을 연결시킬 것인가?
- 설교자는 어떻게 구속의 이야기(내러티브)를 통해 그리스도의 인격과 사역을 연결시킬 것인가?

• 설교자는 어떻게 직관을 통해 그리스도의 인격과 사역을 연결시킬 것인가?

켈러의 그리스도의 렌즈를 통한 복음중심적 설교를 통해 얻을 수 있는 통찰력을 정리해 보면 다음과 같다.

1) 그리스도 중심적 복음 강해설교를 위해서는 본문의 역사적, 문법적, 문예적 맥락을 먼저 고찰한 다음 어떻게 더 큰 성경신학적 맥락에서 그리스도와 연결될 수 있을지 고민해야 한다. 또한 켈러처럼 충분히 본문의 문맥을 드러내기 전까지 그리스도를 너무 일찍 드러내지 않는 지혜도 필요하다.
2) 켈러의 다섯가지 방법론과 그리스도 중심적 해석학 및 설교 방법론들을 연구하고 실제 설교 준비에 적용, 활용할 필요가 있다.
3) 켈러의 직관적 방법에 대한 냉철한 이해와 함께 성경신학과 그리스도 중심적 해석학적 기초 위에서 신중하게 활용을 고려해 볼 필요가 있다.
4) 구약과 신약 모든 성경에서 그리스도를 드러내기 위한 목회적 설교 계획과 실천이 필요하다.
5) 그리스도 중심적 설교를 통해 청중들이 그리스도를 이해하고, 유익을 얻으며 예배할 수 있도록 해야 한다.
6) 그레이다누스가 자신이 제시한 그리스도를 드러내기 위한 6가지 방법을 창세기, 다니엘, 시편 본문 전체를 적용해서 펼쳐나가는 것처럼, 켈러의 방법을 실제 본문 설교를 통해 실천적 적용이 필요하다.

이러한 원리를 통해 '무엇'을 그리스도와 연결할 것인지 설교자가 결정한 다음, '어떻게' 연결할 것인지를 고민해야 한다. 이를 위해 켈러는 4가지 해석학적 질문을 던질 것을 충고한다.[251]

> 1) 하나님의 계획을 따르고 있는가?
> (예: 창세기에서 야곱이 벧엘에서 일시적인 하나님의 임재를 경험하지만, 이후 하나님의 구속 계획이 성취되고 예수 그리스도 안에서 하나님의 임재를 영속적으로 누리게 됨.
> 2) 성취를 향해 나아가고 있는가?
> (예: 삼하 7장에서 하나님께서 세우시겠다고 약속하신 다윗의 보좌는 솔로몬을 넘어 다윗언약을 완성하신 그리스도께로 나아간다).
> 3) "내러티브 긴장"을 발전시키고 있는가?
> (내러티브 긴장은 다음과 같은 이유들로 인해 발생(발전)하게 된다: 하나님께서 복잡하게 혹은 보이지 않게 일하시는 가운데 예언, 약속, 축복 혹은 인간의 갈망이 성취되기에는 불가능하게 보이기에, 하나님의 명령에 순종하는 위대한 본보기를 따르는 것이 불가능하게 보이기에, 하나님의 심판 혹은 죄의 결과로 인해, 어디에서 말씀을 행할 수 있는 믿음과 능력을 어디에서 얻을 수 있는가에 대한 의문으로 인해).
> 4) 구약을 신약에서 사용(인용)하고 있는가?

5. 그리스도중심 렌즈를 통과하는 신학화 과정 분석

1) 신학적 정의(definition)를 통한 신학화

켈러는 예수 그리스도 중심적 렌즈를 통과한 다양한 신학적 개념들을 설교 가운데 명쾌한 정의를 통해 제시한다.

❶ 예: 탕자들 ("The Prodigal Sons") 설교에서
하나님에 대한 재정의(redefine), 죄에 대한 재정의, 구원에 대한 재정의로 정의하면서, 켈러는 정의 형식으로 설교 대지를 구성하기도 한다.
❷ 켈러는 특히 죄와 교만에 대한 정의를 자주 하는 편이다.
  • 예: 켈러는 '죄는 하나님을 무시'하는 것으로 정의한다.[252]
  • 예: 켈러는 죄의 정의를 "하나님의 자리에 그 무언가 혹은 어떤 사람을 올

려놓는 것이며, 그 결과는 영혼의 중독"이라고 내린다.253
- 예: 켈러에 의하면, 죄는 궁극적인 권위자이신 하나님을 제거하고 하나님의 자리에 우리 자신을 왕으로 세우는 것이다.254
- 예: 켈러에 따르면, 죄는 '창조주 하나님께 대한 반역과 이로 인해 하나님과의 관계에서 멀어짐이며, 하나님의 계획을 거스르는 행동'이라고 정의한다.255
- 예: 켈러는 죄의 본질은 인간의 하나님의 통치에서 벗어남으로 하나님과의 관계가 단절되고 두려움에 지배당하며, 인생을 자신이 주관할 때 행복할 수 있다는 마귀(뱀)의 거짓말을 받아들이는 것이라고 말한다.256
- 예: 교만은 자아를 향해 자신을 집중하여 쏟아붓는 것으로 정의하며, 또한 교만은 모든 죄악의 뿌리(어거스틴)라고 정의내린다.257

❸ 켈러는 "And Kissed Him" 설교에서 어거스틴이 고백록에서 제시한 개념을 빌려와서 우상을 '사랑의 우선순위가 뒤바뀜'(disorder of love)으로 정의한다. 즉 하나님을 마음과 뜻을 다해 가장 먼저 사랑하지 않고, 세상의 다른 것들을 우선적으로 사랑할 때 우상으로 변질된다는 것이다. 누가복음 15장의 작은 아들은 '쾌락'에 대한 사랑이 우상이 되었고, 큰 아들은 율법과 성공에 대한 사랑이 우상이 되었다. 켈러는 종종 우상과 죄의 관계를 설명하면서, 우상은 '죄들 아래의 그 죄'(The Sin Beneath Sins)라고 정의한다.258

❹ 켈러는 바울이 의도한 '두 본성'은 사람 안에 작동하는 '반쪽짜리 동기부여 체계'로 자기 구원을 위한 필요를 만들어내고, 그 필요를 채울 추진력을 만들어내고, 자기구원을 위한 우상으로 변질됨이라고 말한다.259

2) 그리스도를 드러내기 위한 주요 신학적 주제

켈러가 강조하는 모든 성경에서 그리스도를 드러내는 구속사적 원리화의 핵심 주제는 '하나님 나라, 언약, 본향과 해방, 하나님의 임재와 예배, 안식, 공의와 심판, 의와 옷입음' 등이다.260

❶ 예: 신명기 29장 모세언약 설교에서 언약의 주이시며 영원한 본향되신 그리스도를 드러냄

• 설교제목: 언약관계(A Covenant Relationship)

1. 언약의 독특성, 2. 언약의 신비성, 3. 언약의 영웅(그리스도)

❷ 예: 켈러는 둘째 아들이 아버지의 집에 대한 영적 향수를 가지고 돌아간 것처럼, 성도는 영적으로 항상 영원한 본향 집을 사모하는 자들이라고 본다.[261]

❸ 예: 켈러는 사사기 시대 비주류 인물의 연약함과 실패 속에서도 '미련한 자'와 '약한 자'를 부르셔서 세상의 '지혜롭고 강한 자들'을 부끄럽게 하시는 하나님(고전 1:26-27)의 '부르심의 원리화'를 거쳐 현대 청중들에게 적용을 제시함.[262]

❹ 예: 켈러는 여호와의 영이 삼손을 떠남으로 어떻게 그의 외적 삶과 내면이 황폐화되었는지를 강조한 다음 불신 결혼에 대한 적용 및 고린도후서 6장 14-16절과의 연결을 시도한다.[263]

켈러는 설교자가 다루기 어렵다 할지라도 설교 가운데 다음과 같은 개혁주의 교리를 종종 가르치고 선포해야 한다고 역설한다.[264]

켈러가 강조하는 개혁주의 신학적 교리

1) 예수님만이 하나님께로 가는 유일한 길(기독교 배타주의에 대한 변호)
2) 성경의 권위와 무오성
3) 삼위일체
4) 속죄(화해)와 대속
5) 전가
6) 오직 믿음으로만 의롭게 됨
7) 오직 믿음으로만 거룩하게 됨
8) 최후 심판과 지옥의 실재

9) 초월적인 윤리적 절대자의 실존
10) 전적 타락과 윤리적 절대 기준에 대한 무능함
11) 우상에게로 향하는 마음의 경향성
12) 성적 타락의 죄악성
13) 고통과 고난을 포함한 모든 환경을 통치하시는 하나님의 절대주권

예를 들어, 켈러는 『고통에 답하다』에서 성경의 창조, 타락, 구속, 종말에 기초한 '고난 신학'을 제시한다.[265]

1) 켈러는 인간의 고통은 하나님의 형상으로 창조된 첫 인간(아담)의 원죄에서 시작된 것임을 창조와 타락의 교리를 통하여 분명히 증거함. 켈러는 동시에 인간이 겪는 역경들 하나하나가 모두 특정한 죄의 결과는 아님을 동일하게 강조함(예: 욥과 예수님).

2) 켈러는 고난과 역경을 이겨내기 위한 고난신학을 '최후의 심판과 세상의 회복'(최후의 심판과 회복의 교리)에 기초하여 증거함. 모든 부정과 불의를 공의롭게 하나님께서 심판하시는 마지막 최후 심판이 없다면 소망을 온전히 상실하거나 복수에 나서는 선택 밖에 없다고 강조함.

3) 켈러는 '그리스도 중심의 고난신학'(성육신과 대속의 교리)을 증거함. 모든 고통과 악의 근원을 제거하시고 악을 심판하실 뿐 아니라 악이 피조물에 입힌 손상을 온전히 회복시키실 수 있는 분은 오로지 죽임당한 어린양 그리스도뿐이시기 때문에, 우리가 고통 중에 있을 때 온전히 그 분을 신뢰할 수 있음.

3) 시리즈 설교를 통한 그리스도중심적 교리형 강해설교

켈러의 설교에는 하나의 교리에 대한 시리즈 설교와 한 설교를 통해 신학적 교리와 교리적 적용을 깊이 있게 다루는 경우가 있다. 다음은 교리형 강해설교 시리즈의 예이다.

> **Who is God 시리즈(신론 교리 시리즈 설교)**
> - 하나님의 정의(The Justice of God, 시 146:1-10)와 정의로운 사람으로 살아가기[266]
> - 창조의 교리와 창조주 하나님(시 8:1-9)[267]
> - 하나님의 속성 시리즈 설교 가운데 질투하시는 하나님 교리 설교(출 20:1-6)[268]
> - 하나님의 법을 통해 나타난 하나님의 성품(신 5:6-21, 24-29)
> - 하나님의 고요한 주권(에스더)[269]
> - 하나님의 통치와 우리의 자유의지[270]
> - 하나님의 위대한 사랑 (시 107:31-43)[271]
> - 하나님의 사랑을 바라보기(요일 3:1-3)[272]
> - 하나님 아버지 알아가기(요 14:5-15)[273]
> - 하나님의 거룩과 인간의 죄성(다윗과 법궤) (삼하 6:1-23)[274]
> - 위험하신 분, 하나님(벧후 3:1-13)-최후 심판자 하나님[275]
> - 공의로운 심판자 하나님(마 11:20-30)[276]

켈러는 다음과 같은 죄에 대한 시리즈 설교를 3번 이상 진행하였다. 다른 어떤 교리보다 죄에 대한 교리(인죄론)에 대해 켈러가 치밀하게 분석하면서 포스트 모던 사회의 청중들에게 죄에 대해 얼마나 과감하게 선포하고자 했는지를 단적으로 알게 해 주는 예이다. 이러한 접근을 통해 왜 그리스도가 필요한지를 제시하면서 복음중심적 설교를 선포한다.

(1) **죄의 본성(Nature of Sin) 시리즈**[277]
- 진짜 기독교(Authentic Christianity)(마 7:13-27)
- 거짓의 사람들(People of the Lie)(창 3:1-9)
- 사명과 의미(Mission and Meaning)(창 3:1-15)
- 벌거벗음과 하나님의 거룩(Nakedness and the Holiness of God)(창 3:7-24)
- 하나님의 질문들(Questions of God)(창 3:7-24)
- 새로운 시작(New Beginning)(종려주일)(고전 15:1-11)

- 삼일 째 되던 날(On The Third Day)(부활절)(고전 15:1-14)
- 은혜로 말미암아(By The Grace)(고전 15:1-14)
- 매 시간의 위험(Danger Every Hour)(고전 15:12-20; 30-32)
- 용서(Forgiveness)(고전 15:12-19; 54-57)
- 새 창조(New Creation)(고전 15:20-26; 45-49)
- 죽음의 죽음(Death of Death)(고전 15:35-41; 50-55)

(2) 7가지 치명적인 죄 시리즈(The Seven Deadly Sins)278

- 죄에 대한 해부 1(Anatomy of Sin)(렘 2:2-13, 19),
- 죄에 대한 해부 2(Anatomy of Sin)(렘 2:19-32)
- 죄의 심판(The Judgment on Sin)(출 17:1-7)
- 교만: 느부갓네살 예(단 4:24-37)
- 이중성: 베드로의 예(마 26:69-75)
- 질투: 이스라엘의 예(민 11:4-6)
- 탐욕: 아간의 예(사 7:19-26: 호 2:13-15)
- 욕망: 요셉의 예(창 39:4-21)
- 탐심: 젊은 부자의 예(마 19:16-25)
- 진노: 에서의 예(히 12:14-17)
- 죄의 심판(출 17:1-7)

(3) 죄의 얼굴들(The Faces of Sin) 시리즈

- 약탈자로서 죄(Sin as Predator)(창 :3-15)
- 자기속임으로서 죄(Sin as Self-Deceit)(삼상 15:12-23)
- 누룩으로서 죄(Sin as Leaven)(막 7:25-30; 8:11-17)
- 불신으로서 죄(Sin as Unbelief)(렘 7:5-13)
- 건물로서의 죄(Sin as Building)(창 11:1-9)
- 자기 의로서 죄(Sin as Self-ighteousness)(욘 2:7-3:5; 3:10-4:11)

- 한센병으로서 죄(Sin as Leprosy)(왕하 5:5-17)
- 노예로서 죄(Sin as Slavery)(민 11:4-6,10-20)
- 죄의 치유(Healing of Sin)(시 51)

(4) 예수님을 이해하기(Understanding Jesus) 시리즈(기독론)279

- 왕이신 예수님: 하나님의 궁극적 계획(Jesus as King; God's Ultimate Plan) (엡 1:9-12)
- 왕이신 예수님: 마음의 왕(Jesus as King; The King of Hearts)(고후 10:1-6)
- 선지자이신 예수님(Jesus as Prophet)(눅 24:44-53)
- 선지자이신 예수님(Jesus as Prophet)(행 3:17-26)
- 우리의 왕이신 예수님(Jesus our King)(시편 2)
- 우리의 하나님이신 예수님(Jesus our God)(마 1:20-23)
- 우리의 선물이신 예수님(롬 8:32)
- 우리의 종이신 예수님(시 69)
- 이 외에도 켈러는 다음과 같이 그리스도에 대한 시리즈를 가장 비중을 두고 진행한 것을 알 수 있다.

- 그리스도를 알기(Knowing Christ)(신년에 3회 특별설교)
- 예수님을 알기(Knowing Jesus)(7회 설교)
- 예수님을 보기(Seeing Jesus)(요한복음 1-11장까지 9회 설교)
- 예수님을 이해하기(The Meaning of Jesus Part 1; Understanding Him)(*누가복음 1-9장까지 11회)
- 진짜 예수님 1부 그 분의 가르침(The Real Jesus Part 1; His Teaching)(*마태복음 5, 11장 중심으로 8회 설교)
- 진짜 예수님 2부: 그 분의 삶(The Real Jesus Part 2: His Life)(*주로 공관복음 본문으로 20회)
- 진짜 예수님 3부: 왕(5회 설교)(The Real Jesus Part 3; The King)
- 진짜 예수님 4부: 주님(9회 설교)(The Real Jesus Part 4; The Lord)

- 그리스도: 우리의 보물(Christ: Our Treasury)(*히브리서를 통해 그리스도에 대한 14회 설교)

(5) 구원론: 믿음(Faith) 시리즈

- 성령으로 거듭남(Converted by The Spirit)(행 10:27-47)
- 여인, 종, 이방인((A Woman, a Slave and a Gentile)(행 16:13-34)
- 도시의 의미(The Meaning of the City)(렘 29:4-14)
- 죽도록 고통스러울 때(렘 9:21-26)
- 믿음의 필요성(The Necessity of Belief)(렘 17:5-17)
- 부활로 인해 회심하다(Converted by the Resurrection)(행 9:1-19)
- 십자가로 인해 회심하다(Converted by the Cross)(행 8:26-40)
- 배와 함께 머무르다(Stay with the Ship)(행 27:15-32)
- 다른 이름은 없다(No Other Name)(행 4:8-14, 31-37)
- 알지 못하는 신에게(행 17:16-34)
- 확실한 많은 증거들(Many Convincing Proofs)(행 1:1-11)
- 본향을 향한 갈망(The Longing for Home)(렘 31:10-17; 31-34)
- 진정한 사랑의 자유(The Freedom of True Love)(렘 2:31-36; 3:12-16)

(6) 교회론 시리즈

- 심령이 가난한 자는 복이 있다(Blessed are the Poor)(눅 6:20-26)
- 우상의 세계(A World of Idols)(행 17:16-34)
- 영적인 우정(Spiritual Friendship)(행 20:36-21:8)
- 교회(그리스도인으로 어떻게 믿어야 하는가)(The Church: How to Believe Despite Christians)
- 변화된 삶(Changed Lives)(행 16:13-34)
- 교회의 빛(The Church's Lightning)(눅 9:28-36)
- 도시를 향한 사랑(Love for the City)(행 11:19-30)

- 섬김을 위한 능력(Power to Serve)(눅 10:16-20)
- 새로운 세대(A New Generation)(행 2:40-47)

(7) 종말론 시리즈(*종말에 관한 주제 설교가 비교적 비중이 적다)

- 데살로니가: 복음과 마지막 때(Thessalonians; The Gospel and the End of Time)
- 어떻게 복음은 그리스도인을 만드는가(How the Gospel Makes Christians) (살전 1:1-10)
- 어떻게 사역자들은 교회를 섬기는가(How Ministers Serve the Church)(살전 2:17-3:13)
- 성(Sex)(살전 4:3-8)
- 일(Work)(살전 4:9-12)
- 예수님께 놀람(Marveling at Jesus)(살후 1:1-12)
- 비밀스러운 능력(The Secret Power)(살후 2:1-8)

(8) 성령(The Holy Spirit) 시리즈(공동 설교)

- 성령님은 누구신가(Who is the Spirit?)(요 14:16-26)
- 진리의 성령(The Spirit of Truth)(요 15:17-27)
- 성령의 사역(The Work of the Spirit)(요 16:5-15)
- 성령으로 거듭남(Born of the Spirit)(딛 3:3-7)
- 양자의 영(The Spirit of Sonship)(갈 3:26-4:7)
- 거룩의 영(The Spirit of Holiness)(롬 8:1-11)
- 성령과 교회(The Spirit and the Church)(행 2:1-13)
- 성령 안에 있는 생명(Life in the Spirit)(엡 5:15-21)
- 성령의 선물(엡 4:1-13)
- 성령 안에서 기도하기(Praying in the Spirit)(롬 8:12-16, 26-27)
- 우주를 다스리시는 성령(The Cosmic Spirit)(롬 8:17-25)

4) 4단계 플롯/율법 프리즘을 통한 신학화

켈러는 하나님, 죄, 그리스도에 대한 교리적 시리즈 설교 뿐만 아니라 4단계 플롯과 율법프리즘을 통한 신학화를 통해서도 그리스도중심적 신학 원리를 제시한다.[280]

1) "당신이 반드시 해야만 하는 것"
 - 예를 들어 하나님의 성품에서 기인한 율법의 전체를 지켜야 하는 의무(신론)
2) "왜 당신은 그것을 할 수 없는가"
 - 청중들이 스스로 다 지킬 수 없는 율법과 죄성 문제(인죄론)
3) "어떻게 예수님께서 모든 율법을 완성하시고 구속사역을 성취하셨는가"
 - 복음 세계관에 기초한 근본적인 해결책(*기독론/구원론)
4) 청중들의 삶과 문화를 변혁시키기 위한 적용적 단계
 - "어떻게 그분을 통해서 당신이 그것을 할 수 있는가"(*성화/견인/영화)

켈러는 창세기 22장의 설교를 통해 이러한 4단계 그리스도 중심적 변증 설교의 패러다임을 잘 보여준다: 1) 아브라함이 그랬던 것처럼, 우리도 삶의 모든 영역에서 하나님을 가장 최우선 순위로 두어야 합니다; 2) 그러나 우리는 그렇게 할 수가 없습니다. 우리는 그렇게 하지 않을 것입니다. 그래서 우리는 정죄 받게 됩니다; 3) 그러나 예수님은 십자가에서 하나님을 가장 최우선으로 모셨습니다(완벽한 순종의 유일한 모델); 4) 예수님께서 아브라함처럼 순종하셨다는 것을 믿음으로 바라볼 때만이 우리도 아브라함처럼 살아갈 수 있습니다.

그러나 설교자는 본문에서 예수님을 드러냄에도 불구하고 진정한 복음이 없는 설교와 본문에 대한 충실한 주해 없이 그리스도를 전하는 설교의 위험성을 피해야 한다.[281]

키워드 3. P(Presuppositional Apologetic Preaching)
켈러 설교의 비장의 무기, 마음속 전제주의 변증 설교

1. 하나님에 대한 변증(The Reason for God)으로써 설교 커뮤니케이션

최근 켈러는 뉴욕타임즈 베스트셀러인 『하나님에 대한 변증』(*The Reason for God*)이라는 책을 통해 전형적인 뉴욕시민들과 같이 불신과 회의 가운데 살아가는 사람들을 신앙으로 인도하기 위한 복음 중심적인 이유들을 설득적으로 증거한다. 리디머장로교회의 홈페이지에는 회의주의자들을 환영한다는 글귀가 적혀 있다.("Skeptics Welcome") 이는 그리스도를 모르는 영혼들에 대한 관심과 켈러의 메시지의 내용이나 목회의 철학과 방향에 있어서 복음의 핵심적인 내용을 전혀 희석하지 않고 성경 그대로 전하고 있다는 점을 보여주는 좋은 글귀이다.[282]

기본적으로 켈러는 사람은 누구나 하나님을 향한 세 가지 기본적인 이유, 즉 지성적인 이유들, 개인적인(실존적이고 경험적인 사실을 근거로 한) 이유, 사회적인 이유를 가지고 있으며 신앙이든 불신앙이든 간에 이 세 가지 이유들의 혼합으로 생겨난 결과라고 말한다.[283] 이런 전제 위에서 켈러는 회의주의자들이 어떻게 신앙인으로 회심할 수 있는지에 대한 첫 번째 단계는 불신이 신앙만큼이나 믿음을 요구한다는 것을 증명하는 것이다. 회의주의자들이 가진 '대안적인 의심들'을 근본적으로 해체하기 위하여 '실패자들의 신념'을 네 가지로 철저히 해부한다.[284]

회의주의자 곧 실패자들의 신념	켈러의 변증(회의주의자들의 전제 해체)
기독교의 배타적인 주장들에 관한 것이다	이런 입장은 기껏해야 자신의 모순을 드러내는 것이며 잘해야 위선적인 태도를 인정하는 것만 된다
하나님의 본성과 고통과 관련된 것	이러한 현대 철학자들의 영향을 받은 철학적 반대는 포스트모던 시대에 완전히 붕괴된 것임을 인식해야 한다

기독교가 윤리적 종교라는 가정	기독교 복음은 윤리에 한정되지 않고 모든 궁극적인 의미에 대한 답변을 줄 수 있는 유일한 진리임을 알아야 한다
크리스천들이 가진 불의와 악행	진정한 불의에 대한 해결책은, 진정한 기독교뿐임

이와 같이 켈러의 설교는 포스트모던 세대의 특징 중의 하나인 '회의주의'(skepticism)에 대한 복음 중심적 변증이 중요한 특징이다. 그는 설교자들에게 실제적인 충고를 한다.

"설교를 작성할 때 당신의 설교를 들을 사람 중에 회의주의적인 불신자가 앉아 있다고 상상하라. 그를 위해 특정한, 검증된, 적절한 설명을 미리 준비하는 것이 필요하다. 예배 가운데 신앙에 대해 의심이나 불편함을 갖고 있는 누군가의 귀에 들려질 모든 것들에 대해 주의를 기울이라."285

그는 포스트에브리팅 세대 가운데 있는 회의주의자들을 향해 참된 기독교만이 진정으로 신뢰할 만하며, 개인적(인격적)으로 만족할 만하며, 사회적으로 변혁을 이끌어 낼 수 있는 유일한 종교이기에 불신의 세계에서 신앙의 세계로 회심할 것을 도전하는 것이 설교자의 "하나님을 향한 변증"이 되어야 한다고 믿는다.286

그렇다면 포스트에브리팅 세대의 세계관을 변혁시키기 위한 변증적 설교의 방향은 어떠해야 하는가? 밀라드 에릭슨(Millard J. Erickson)의 메타포를 빌려서 말하자면, 변증적 설교는 포스트모던 세대를 상징하는 탈진(해체)된 말(deconstructed horse)을 위해 강물을 말에게 가져가는 방향(절대적 진리를 상대화시켜 설교하는)이나 반대로 강제로 말을 물가로 억지로 데려가는(해체하는) 방향을 지양하고, 해체된 밧줄을 활용하여(절대 진리와 메타내러티브를 견지하면서 전제주의 변증적 설교를 상징하는) 궁극적으로 그들의 포스트모던 해체주의(세계관)를 '해체하는'(de-deconstruct) 것을 지향해야 한다.287 비도덕적 시대(amoral age)에 살아가는 포스트에브리팅 세대는 '자기 눈에 옳은 대로' 생각하고 행동하는 경향이 강한데, 이는 무엇이 옳고 그른지에 대한 보편적(절대적) 기준이 없기 때문이다.288 현대 설교자에게 상대주의적이며 혼합주의적 세계관을 해체하는 '밧줄'이 필요한 이유이다.

그러므로 켈러는 오늘날 '밧줄'로서 변증학적 설교(apologetic preaching)가 필요하며, 그 설교의 방향은 전제주의적 변증이어야 한다고 확신하면서,289 이러한 전제주의 변증 설교를 통해 도덕적인 변화를 넘어 진정한 세계관 변혁을 목적으로 삼는다.290 이런 점에서 켈러는 포스트모더니즘 세계관에 의해 메타내러티브와 절대적(배타적)인 진리를 거부하는 포스트에브리팅 세대를 향하여 복음이라는 절대 진리의 세계관으로 변증적 설교(밧줄)를 추구한다. 즉, 켈러는 포스트에브리팅 문화에 물든 다음 세대의 세계관을 변혁시키기 위한 복음(세계관)에 기초한 전제주의적 변증 설교를 추구해야만 '소망에 관한 이유'를 그들에게 줄 수 있다고 본다.291

2. 복음의 변증적 기능의 균형화(Balancing Apologetic Functions of the Gospel): 증명, 변호, 비판(공격)

켈러의 복음중심적 변증 설교의 핵심 열쇠는 '균형화' 라고 할 수 있다. 즉 개혁주의 변증학의 균형화, 종교와 비종교를 넘어 복음중심적 변증 설교의 균형화, 삼중적 기능의 균형화, 적용의 균형화, 성경적인 상황화와 문화 변혁의 균형화가 켈러의 복음 중심적 전제주의 변증 설교의 요체라고 할 수 있다.

1) 종교와 비종교가 아닌 제3의 길로써 복음중심적 변증 설교: 복음의 증명 차원

절대적 복음의 증명을 위한 켈러의 전제주의적 변증설교에 가장 두드러진 특징이라고 할 수 있는 복음 세계관의 핵심 원리는 무엇인가? 켈러에게 있어서 복음중심적 설교의 본질은 종교와 복음을 구별하고, 하나님의 거룩과 사랑을 균형 있게 전하며, 진리를 분명하게 전할 뿐 아니라 실제적으로 전달하는 것이며, 모든 본문에서 그리스도를 드러내며, '기독교인과 비기독교인 모두에게' 그리스도를 전파되는 것에 정초하고 있다.292

첫째, 켈러의 따르면, 복음의 두 가지 적(enemies)은 종교(religion)와 비종교(irreligion)로서 "같은 모태에서 태어난 이란성 쌍둥이"라고 비유될 수 있다.293 신학적인 용어로는 율법주의(legalism)와 반율법주의(antinomianism)라고 보며 다르게 표현하자면 도덕주의(moralism)와 상대주의(relativism)라 할 수 있다. 로마서에 나타난 것처럼, 반율법주의는 "나는 하나님의 법을 순종할 필요가 없다"(롬 1:18-32)는 입장인 반면 율법주의는 "나는 나의 선한 행위를 통해 구원 받을 수 있다"는 입장이다(롬 2:1-3:20).

종교와 도덕주의는 은혜보다 진리를 강조하고, 비종교와 상대주의는 진리보다 은혜를 강조하지만, 복음은 종교와 비종교를 모두 거부하면서(마 21:31; 22:10) 예수님 안에서 진리와 은혜를 균형 있게 강조한다.294

이런 관점에서 볼 때, 인간이 하나님에 대하여 반응하는 세 가지 방식은 비종교와 종교 그리고 복음이라고 할 수 있다. 즉, 구약적인 표현으로 하자면 무할례자, 할례자(육신적으로만 할례받은), 마음에 할례를 받은 자로 신약적으로는 이방인(비윤리적인 이방인들: 롬 1:18-32), 하나님으로부터 떠난 유대인들(롬 2:1-3:20), 그리스도에 대한 믿음으로 의롭게 된 자들(롬 3:20-4:25)로 구별될 수 있다.295 켈러가 가장 기본적으로 강조하는 오직 그리스도의 대속적 구원을 통해(through) 믿음으로(by) 의롭게 된다는 진리는 복음중심적 변증 설교로 세계관을 변혁시키기 위한 열쇠 역할을 한다.296

예를 들어 켈러가 누가복음 15장 비유를 기초로 한 시리즈 설교인 "The Fellowship of Grace"는 복음중심적 변증 설교의 정수가 들어있는 매우 중요한 7편의 설교라 할 수 있다(2008년 9월 28일부터 11월 9일까지 연속설교).

1. 그 분은 죄인들을 영접하신다("He Welcomes Sinners,") (15:3–7)

1) 양의 본성적 특징
2) 새로운 형태의 공동체
3) 왜 목자를 신뢰해야 하는가?

- 설교 핵심 요약: 잃어버린 양의 비유는 본성적으로 양이 자신의 목자로부터 멀리 떠났을 때 스스로 돌아올 수 없는 것처럼, 인간도 죄성 때문에 전적으로 잃어버린 존재가 되어 선한 목자이신 예수님의 구원을 통해서만 돌아올 수 있다. 그러나 우리의 죄에서 우리를 구원하실 때 예수님은 개인적인 구속을 위한 은혜의 능력을 보여주신다. 이뿐 아니라 그분의 구속사역을 통해 모든 종류의 사람을 하나되게 하고, 죄를 자유롭게 고백하며, 치유를 경험하며, 그리스도 은혜로 서로를 용납하는 새로운 차원의 공동체를 형성하는 은혜의 능력을 보여주신다.

2. 복음과 자기 우상 초점("Give me Mine,") (15:11–14)

- 설교 핵심 요약: 작은 아들의 비유는 어떻게 우상이 공동체를 무너뜨리는지를 보여주는 이야기이다. 큰 형의 마음속 우상은 동생보다 더 견고함. 둘 다 아버지의 것 중에 '내 것'을 자기방식대로 요구함. 아버지의 사랑은 관심이 없다는 증거. 가족 공동체 파괴의 원인은 '노예화'. 큰 아들은 동생이 돌아온 뒤 잔치가 벌어졌을 때 아버지에게 분노하면서 자기의 의를 주장하며 '염소새끼'(아버지의 것) 주지 않음을 불평함. 우리는 하나님보다 그분으로부터 무언가를 얻어내려고 하는 궁극적인 욕망이 우리 안에 자리잡고 있을 때 종종 우상에 대한 죄책감을 느낌. 복음의 아름다움에 의해 사로잡힐 때에만 우리는 복음에 의해 변화되어 하나님을 사랑하고 우리 자신보다 다른 사람을 소중하게 여기게 됨.

3. "He Came to Himself," (15:11-20) • 참된 복음적 회개와 자유 초점

• 설교 핵심 요약: 마틴 루터는 우리 삶의 전체가 회개이어야 한다고 말했다. 진정한 회개는 우리가 우리의 죄성을 깨달고, 죄의 결과로 인한 부정적 결과 자체로서가 아닌 죄 자체를 슬퍼하며, 하나님으로부터 용서를 먼저 구한 다음 우리가 상처를 준 자들을 용서를 구하는 것이다. 회개는 우리의 힘이 우리 자신의 도덕적 성취가 아닌 예수 그리스도의 사역에서 나온다는 진리에 보다 깊이 들어가게 해 주기 때문에 그리스도인의 삶에 필수적인 것이다.

4. "And Kissed Him," (15:21-24) • 복음적 용서 초점

• 설교 핵심 요약: 하나님은 우리를 양자로 삼아 그분의 가족이 되게 하심으로 우리의 영적 신분이 견고한 안전함을 하시고, 그분과의 친밀한 관계로 들어가며 새 하늘과 새 땅에서 기업을 누리게 하신다. 그리스도인들은 하나님 나라 한 가족이기 때문에 온전한 헌신, 위대한 투명함, 자유로운 나눔, 서로의 삶을 향한 결정적인 영향력을 주는 삶으로 나타나게 된다. 우리를 하나님의 자녀로 삼아주시기 위해 하나님의 독생자로서 신분과 특권을 다 내려놓으신 예수 그리스도의 희생적 사람에 의해 그분의 가족이 되었다.

5. "To be Called Your Son," (15:11-24) • 복음적 양자됨 초점

• 설교 핵심 요약: 하나님께서 우리의 죄를 용서하실 때 그분은 우리가 용서를 구하기도 전에 화해의 역사를 주도하신다. 하나님의 용서의 본질은 우리의 도덕적인 노력을 통해 죄의 빚을 갚도록 요구하시지 않고 예수 그리스도께서 우리의 죄악의 빚을 모두 대신 담당하도록 하신 것에 있다. 하나님께서는 죄인들로서 우리가 아닌, 예수님 안에 있는 우리를 보시기 때문에 원한을 품거나, 상처를 준 자를 모욕하지 않으며, 과거의 죄악들을 그들이 담당하도록 내몰지 않는 공동체를 만들어가는데 헌신하게 된다.

6. "We Had to Celebrate," (15:17-32) • 종말론적 본향 초점

- **설교 핵심 요약**: 우리의 죄악이 에덴동산에서 경험했던 하나님과의 친밀한 관계를 파괴시켰기 때문에 추방(Exile)은 인간상태 안에 있는 지속적인 감정이다. 하나님은 우리의 진정한 큰 형인 예수님을 보내주셔서 우리 죄로 인해 추방된 상태에서 구원하시고, 하나님과의 온전한 교제를 회복시켜 주셨다. 우리가 주님의 성만찬에 참여할 때, 모든 성도들을 위해 예비된 종말론적 하나님 나라 잔치를 미리 경험하게 되며, 하나님과의 온전한 친밀함이 회복된 축제를 미리 맛보게 된다.

7. "The True Old Brother," (15:17-32) • 진정한 큰 형 그리스도 초점

- **설교 핵심 요약**: 예수님은 아버지 집에 있던 형의 관점에서 우리를 새로운 유형으로서 영적인 잃어버린 자로 소개하신다. 형은 그의 도덕적 노력과 아버지가 정한 원칙을 따랐으므로 아버지가 자신에게 빚을 졌다고 믿고 있다. 그러나 십자가에 죽으신 예수님은 하나님께서 어떤 것도 우리에게 빚지지 않으셨고, 오히려 우리가 하나님께 모든 것을 빚지고 있음을 가르쳐 주신다. 그러므로 복음적 공동체로서 우리는 가난한 자들과 깨어진 자들을 무시하지 않아야 하며, 우리가 그리스도를 떠나서는 그들과 같이 가난하고 깨어진 자임을 알아야 한다.

누가복음 15장 탕자 비유 시리즈 설교를 통해서 제 3의 길로서 복음의 본질을 탁월하게 제시한다.

필자가 7편의 설교를 듣고 켈러가 나눈 종교, 비종교, 복음을 정리해 보면 다음과 같다.

구분		종교(religion) - 첫째 아들	복음(Gospel) - 진정한 큰 형	비종교(irreligion) - 둘째 아들
신학적 용어		율법주의(legalism)	•종교와 비종교의 공통점은 인본주의적이며 그리스도의 복음을 거부	반율법주의 (antinomianism)
		도덕주의(moralism)		상대주의(relativism)

	결과지향적	하나님 사랑과 이웃사랑	자유분방 파괴적인 자기중심성
	은혜보다 진리 강조	그리스도 안에서 진리와 은혜를 균형 있게 강조	진리보다 은혜 강조
상징	바리새인과 율법학자들 상징	예수 그리스도 하나님이 그 집의 아버지	세리와 죄인들 상징
	도덕적 순응의 방식	복음(예수 그리스도) 중심적 방식 둘 다 복음 필요	자기발견의 방식 (자아실현추구,개인적성취, 자기발견철학추구)
	윤리적인 길 (영적으로 막다른 길)	대안적인 길(the third way), 절대적인 대안 문제의 근원적 해결(온전한 샬롬)	감각적인 길 (영적으로 막다른 길)
구원자	모든 도덕률을 다 지키고 지극히 선한 삶을 사는 것 (자기자신)	오직 예수 그리스도 ☞ 다른 방법 없음	모든 도덕률을 깨뜨리고 스스로의 길을 정함(자기자신)
세계관	"나는 복종한다. 그러므로 나를 받아들이셨다."	"나는 받아들여졌다. 그러므로 나는 순종한다."	"나의 선행으로 구원받은 게 아니면 나는 내 맘대로 살 수 있다"
사랑 용서	선하고 윤리적	하나님의 값없는 은혜 하나님의 값비싼 은혜	상관 안 함
행함	독선적	사회적 정의 실현	이기적
신구약 표현	할례자(육신) 하나님으로부터 떠난 유대인들(롬 2:1-3:20)	마음에 할례 그리스도에 대한 믿음으로 의롭게 된 자들(롬 3:20-4:25)	무할례자 이방인(롬 1:18-22, 비윤리적 이방인)

켈러는 바리새인을 상징하는 첫째 아들은 종교의 길을 걷는 자들을, 세리와 죄인들을 상징하는 둘째 아들은 비종교의 길을 걷는 자들을 대변하고 있다.[297] 큰 아들의 종교적인 관점은 "도덕적 순응의 방식"(the way of moral conformity)을, 작은 아들의 비종교적 관점은 "자기발견의 방식"(the way of self-discovery)을 상징하고, 이 둘은 모두 기독교에 대한 오해와 이로 인한 공통된 과오 때문이다.[298]

켈러는 아버지로부터 분리된 두 아들은 모두는 하나님 아버지의 무조건적인 은혜를 통해 복음의 길로 돌아가야 한다는 변증적 설교를 통해 종교의 길과 비종교의 길을 걷는 자들의 세계관을 변혁시키고자 한다.[299] 이러한 복음 중심적 변증 설교를 통해서 율법주의와 상대주의를 '해체'할 때 진정한 삶의 변화가 일어난다.[300]

다시 말해, 예수님이 가르치신 복음은 종교적이지도 비종교적이지도 않고, 도덕적이지도 비도덕적이지도 않으며, 윤리주의 혹은 상대주의도 아니며, 보수주의 혹은 자유주의도 아니다. 또한 이 두 극단의 중간에 자리매김 되지도 않는다.[301] 켈러의 주장에 따르면, 종교는 도덕적인 성취에 기반을 둔 것이며, 비종교는 어떤 다른 세속적인 추구함에 기초한 관점을 말하며, 두 가지 관점의 공통점은 인본주의적이며 그리스도의 복음을 거부하는 데 있다.[302] 종교와 복음의 핵심적 차이는 공로와 은혜 즉 자기 공로를 통한 자기 구원(종교)이냐 그리스도의 구원을 통해 은혜로 얻는 구원(복음)인가에 있다.[303] 또한 켈러는 세상의 문제들에 대해 종교는 근본적인 해결책을 주는 데 실패하는 것에 공격적 변증을 하면서, 복음은 문제의 근원적 해결(온전한 샬롬)을 제시한다고 확신한다.[304]

그러므로 켈러는 전제주의 변증 설교의 기초로써 기독교 복음 세계관은 종교의 패러다임도 비종교의 패러다임도 아닌 대안적인 제 3의 길이요 절대적인 대안임을 강조한다.

켈러의 종교 세계관과 복음 세계관을 구별하는 열쇠인 동기(motive)에 대해 정리하면 다음과 같다.[305]

종교 세계관	복음 세계관
나는 순종한다. 그러므로 나는 받아들여졌다	나는 받아들여졌다. 그러므로 나는 순종한다
두려움과 불안이 동기(motive)	놀라운 기쁨과 감사가 동기
하나님으로부터 무언가를 얻기 위하여 순종한다	그분을 기쁘게 하고 닮아가기 위하여, 하나님을 얻기 위하여 하나님께 순종한다

❶ 예: 큰 아들과 같은 노예근성에 근거한 '두려움'의 동기(공허감, 원한, 경멸, 무시) 적용: 정직하지 않음(사회적 적용), 교회 분쟁(교회 공동체 적용), 사회분열, 전쟁, 폭력의 주요 원인.[306]

❷ 예: 복음의 증명 통한 첫째 아들 유형의 전제 해체
- 켈러는 비유 속 첫째 아들 유형의 사람들이 가진 인식의 틀이 일관성 있게 성립될 수 없다는 변증을 통해 그들의 전제를 해체시킴. 큰 아들 부류의 사람들은 자신의 선행에 보상이 따르기를 바라며, 선행과 반듯한 삶을 공로로 내세워 하나님께 행복한 삶을 얻어내려 함.
- 켈러는 첫째 아들 유형이 보여준 태도의 원인은 다른 사람의 형통한 삶이 아닌 자신의 행동을 통해 삶을 통제하려 했기 때문이라는 논리를 통해 전제를 무너뜨려 나감.[307]
- 종교에 등을 돌린 사람들은 대개 기독교도 또 하나의 종교일 뿐이라고 주장함. 그러나 예수님은 이 비유를 통해 예수님은 진정한 기독교는 세상의 종교들과는 전혀 다르다고 말씀하심으로 첫째 아들 유형의 전제를 해체시키시고 마음 열고 예수님을 영접해야 한다는 복음을 제시하심.[308]

❸ 예: 미가 내러티브를 통한 종교와 복음 비교[309]
켈러는 미가 내러티브를 통해 종교와 복음을 극명하게 비교한다. "레위인이 내 제사장이 되었으니 이제 여호와께서 내게 복 주실 줄을 아노라."(삿 17:13)에 근거한 미가의 종교 생활의 목적은 하나님께 접근해 그가 원하는 것을 하나님이 해 주시게 하는 데 있다고 분석한다. 그러나 켈러는 진정한 복음적 신앙의 목적은 하나님이 당신의 마음에 다가오시도록 하고, 하나님이 원하시는 것을 하는 것이라고 강조한다. 즉, 종교와 복음을 비교하면서 하나님이 변하여 나를 섬기는 것은 종교이며 내가 변하여 하나님을 섬기는 것이 복음이며 참 신앙인 것이다.

❹ 예: 켈러는 로마서 8:1-2에 기초한 청중의 전제를 간파하면서 복음 중심적 주해와 적용을 통해 복음을 '증명'하는 예를 보여준다.

복음 변증(증명)	초점	기대 효과
1. 복음중심적 주해	'정죄함이 없나니'에 대한 설명 → 그리스도 안에서 더 이상 어떤 정죄함도 받지 않는다.	청중의 전제를 객관화하고 그 결과를 제시하기 전에 복음의 중요한 측면을 객관적으로 설명함으로 변증함.
2. 청중의 전제 분석 (청중 상태의 객관화)	'정죄함이 없나니'에 대한 오해 → 다시 죄를 지을 경우, 그 죄를 고백하고 회개하기 전까지는 여전히 정죄함 가운데 있다.	청중 스스로 인식하지 못할 수 있는 자신의 상태를 객관적으로 바라보게 함으로써 객관화된 자신의 상태를 직면하여 복음 변증에 설득되게 함.
3. 잘못된 전제로 인한 부정적 결과 분석 (IF~ 설명)	'정죄함이 없나니'를 오해함으로 나타나는 죄의식과 무가치함의 증상들 → 자기방어, 자신감 결여, 기쁨과 확신 상실, 중독 등이 나타날 수 있음.	자신의 잘못된 전제의 결과가 얼마나 심각한 것인지를 직면하게 함으로써 동기부여가 된 상태에서 복음 변증에 집중하게 함.
4. 복음중심적 적용	복음 변증(증명)에 근거한 적용 제시 → 믿는 사람에게는 죄에 대한 정죄함이 없으며(1절), 더 이상 죄의 노예가 아니다.(2절) → 구원은 우리의 법적인 죄(1절)와 우리 내면의 부패(2절)를 궁극적으로 해결한다.	증명된 복음에 기초한 실천적이며 구체적인 믿음의 삶을 성령 안에서 갱신되도록 함.

바울은 유대인의 택하심에 따른 하나님의 인도하심에 대한 복음 변증(증명)을 위해 상상력을 활용한 내러티브 기법을 활용하기도 한다.[310]

"바울, 잠깐만요! 하나님이 누군가를 부르시면 항상 천국에까지 인도하신다고 했잖아요. 하지만 유대인들은 어떻게 된 일입니까?"

그런 다음, 바울의 관점에서 본문("미리 정하신 그들을 또한 부르시고, 부르신 그들을 또한 의롭다 하시고, 의롭다 하신 그들을 또한 영화롭게 하셨느니라.")을 풀어서 설명함으로 하나님께서 실패하시거나, 불의하신 것이 아님(이율배반적)을 증명하고, 하나님께서 놀라운 반전을 통해 언약을 지키시는 분이심을 증명한다.

"여러분은 하나님의 복을 받을 자격이 있다고 주제넘게 생각한 사람들은 하나님이 늘 물리치셨다는 것을 잘 알 것입니다. 그런데 유대인들이 그리스도와 그분의 사람들을 거부했다니 이야말로 놀라운 일이 아닙니까?"

복음의 증명의 한 예로써 켈러는 로마서 9장 설교에서 우연과 결정론이 아니라, 모순되지 않는 인간의 행위와 하나님의 주권 개념을 성경을 통해 들려주기 시작한다. 인간의 행위와 하나님의 주권에 관한 균형을 유다의 예(행 2:23), 야곱의 예(창 27:1-28:5), 바울의 예(행 27:22)를 통해 보여준다. 켈러는 3가지 예를 통해 성경의 주장이 모순되는 것이 아니라, 하나님의 주권과 인간의 행위 속에서의 독특한 균형이 성경 전체에 있음을 보여주면서 그 독특한 균형을 통해서 기독교의 구원이 어떠한지를 가르친다.[311]

❺ 예: 기독교 진리 변증으로써 '증명' 다른 유형: 전제주의 신존재 증명

- 세속주의자들의 주장(논리)[312]
- 종교란 믿음의 문제이며, 세속주의가 종교보다 더 이성적, 과학적 관점일 뿐 아니라 신의 존재를 증명할 책임이 신앙인에게 있음.
- 켈러는 기독교 진리를 변증하기 위하여 신 존재 증명이라는 이성적인 논증을 통해 기독교가 정서적, 문화적으로 가장 타당하며, 현 시대의 회의주의자와 세속주의자들에게 하나님을 믿지 않을 때보다 믿는 것이 가장 세상과 삶을 잘 이해할 수 있는 합리적인 선택이며 미로의 출구를 찾는 방법이라는 점을 강조한다.

- 켈러는 세속주의자들의 신념처럼 종교는 현대에 이르기까지 쇠퇴하지 않았으며, 종교도 세속주의도 모두 신념체계이기 때문에 둘 다 명백하게 증명될 수는 없다는 점을 강조한다. 또한 켈러는 세속주의는 신앙의 부재 때문이 아니라 일련의 신념 문제이기 때문이라고 지적하고, 만유가 존재하는 근본이신 하나님을 경험적으로 입증할 수 없지만, 여러 종교 철학자의 주장처럼 논리적으로 신 존재를 추론할 수는 있다고 주장한다.
- 이런 차원에서 켈러는 6가지 신존재 '증명'을 통해 세속주의자들에게 기독교 진리를 증명함으로 하나님의 존재를 믿는 신앙이 이성적으로 타당함을 변호할 뿐 아니라 그들의 관념을 해체하고자 시도하면서 이성적, 논리적 논증에 그치지 않고, 궁극적인 답으로 복음의 핵심인 예수를 제시한다.

• 켈러의 대표적인 여섯 가지 논증:[313]
①존재, ②미세조정, ③도덕의 실재, ④의식, ⑤이성, ⑥아름다움

① 존재 자체로부터 하나님의 존재를 추론하는 것이다.
켈러에 의하면, 어떤 존재도 무에서 유가 나올 수 없기 때문에, 모든 자연 만물은 이미 존재하는 그 무엇으로부터 비롯되어야 함. 그렇다면 원인 없이 존재하는 초자연적 존재, 즉 자신의 존재자체가 원인이 되는 어떤 독특한 존재가 있어야만 함. 그 존재는 만유가 존재하는 근원이시며, 존재 자체이신 하나님이심. 이러한 존재추론에 의한 신존재 증명에 대해 '최초 원인이 없이 원인의 무한한 소급만 있을 뿐이다'는 주장과 '모든 일에 원인이 있다면 신을 존재하게 한 원인은 무엇인가'라는 주장은 모두 하나님의 존재를 부정하고자 하지만 역설적으로 어떤 존재가 무에서 비롯되거나 존재의 시발점이 없다면 그것은 과학이 아니고 초자연적인 무엇(존재)을 신앙하라는 논리가 되어 버린다. 그러나 켈러는 이러한 신존재 증명이 결정적인 증거가 아니며, 성경이 계시하는 인격적인 하나님의 존재는 논리로 입증되지 않는다고 강조함.

② 세상의 명백한 미세조정 및 설계와 관련한 신존재 증명
켈러에 의하면, 최근 기독교 사상가들이 지적한 물리학의 여러 상수 값들(빛의 속도, 중력, 핵력의 세기 등), 우주의 모든 상수가 정확히 현재와 같이 생명을 허용하도록 조정될 확률이 동일해야만 유기적 생명체가 존재할 수 있음. 즉 창조자와 설계자가 존재하는 우주이어야만 가능한 조정상태가 무한대임에도 불구하고 우주의 모든 상수가 생명체가 출현할 수 있는 상태로 조정(미세조정)되는 것이 합리적인 결론임. 이러한 창조 설계와 미세조정을 통한 신존재 증명은 결

정적 증거가 될 수 없지만, 신의 존재하지 않을 가능성보다 더욱 강력한 논증임. 이에 대한 무신론자들의 반박인 다중 우주론은 논리적 설득력이 없으며, 믿음의 도약을 통해 우주와 생명을 설계한 신이 존재한다고 믿든지, 아니면 그런 신이 없다고 믿든지 둘 중 하나를 선택해야 함.

③ 도덕 논증을 통한 신존재 증명
켈러의 의하면, 많은 사람은 도덕적 감정뿐만 아니라 세상에는 객관적인 도덕적 의무가 존재한다고 믿고 있음. 도덕적 감정이라는 실재를 설명하는데 있어서 굳이 신은 필요하지 않지만, 감정과 상관없이 행동에 옳고 나쁨을 판단하는 도덕적 의무를 믿는 경향이 있음. 인간이 직관적으로 느끼는 도덕적 의무는 신이 창조한 우주에서 더 논리적으로 타당함. 이러한 증명도 인격적인 하나님의 존재를 입증하지는 못하나 세상 너머 무언가를 생생하게 가리켜 보여줌으로 성경에 계시된 하나님을 만날 수 있는 변증적 다리놓기가 될 수 있음.

④ 인간의 두뇌 활동과 사고의 연관성을 통한 신존재 증명
켈러에 의하면, 인간의 의식 속 개념형성과 자의식의 요소에 대한 억지 설명을 받아들인다고 해도, 어떤 과학으로도 인간의 두뇌의 움직임과 사고의 연결성을 설명할 수 없음. 만약 이와 관련한 진화론적 논증이 반드시 필요하다고 주장하기 위해서는 물질이 아닌 초월적 실재는 있을 수 없다는 철학적 전제(가설이 아닌)를 논리의 기초로 삼아야 함. 결국 인간 의식은 자연 세계 너머를 가리키게 되며, 화학 작용에 불과하다고 믿기도 어려움. 인간의 의식과 개념 형성은 창조주 하나님의 존재를 전제로 할 때 더 논리적으로 타당함.

⑤ 인간의 이성 능력과 아름다움을 통한 신존재 증명
알빈 플랑팅가가 주창한 '이성에 기초한 논증'. 진화론적 자연주의, 심리학자들은 인간의 유전자가 객관적 도덕적 의무가 존재하도록 인간을 이끌어가며, 신이 있다고 믿는 것 또한 자신의 생존에 유리하도록 유전자가 착각하게 했다고 주장함. 그러나 켈러는 진화론적 회의주의의 칼을 종교와 도덕뿐만이 아닌 이성의 능력에도 공정하게 적용해야 한다고 지적함.

⑥ 인간의 아름다움에 기초한 논리를 통해 신의 존재를 증명
켈러에 의하면, 하나님 증명하는 논증 중 정확하고 세밀한 논리가 부족한 논증임. 모든 인간은 다양한 예술과 사상에서 아름다움과 깊은 감동을 느끼는 것은 단순한 생물의 생식과 번성의 적합성과는 상관이 없으며, 인간의 눈에 보이는 세상은 창조주의 아름다움을 반영함.

켈러는 이러한 신존재 증명을 통해, 첫째, 세속주의나 회의주의자들처럼 하나님을 믿지 않는 것도 논리적으로 '믿음'의 행위임을 지적(전제 해체, 공격적 변증 차원)하며, 둘째, 신존재 증명의 논증들은 기독교 신앙에 대한 결정적 증거가 될 것만큼 강력하지는 않지만, 기독교 신앙이 불신자의 논리보다 더 타당하고 철저히 합리적인 것임을 강조한다. 셋째, 켈러는 신존재 증명을 통해 세속주의자들의 논리와 주장을 일방적으로 배격하는데 변증을 시작하기 보다는, 먼저 지성적인 연결과 그들의 주장을 이해함으로 신뢰를 형성한 다음, 그들의 논리와 전제를 해체하며 성경적인 신앙과 하나님(예수님)을 궁극적으로 드러내고자 한다.

- 켈러에게 있어서 신존재 증명은 세속주의, 회의주의자들과의 지성적 연결, 이해와 신뢰형성이 목적이며, 철학적인 추론과 논증의 한계를 넘어, 참된 기독교는 세속주의와 회의주의에 대해 궁극적이며 합리적 답을 줄 수 있으며, 성경적 하나님(신론)과 예수 그리스도 자체를 논증의 핵심으로 제시한다.[314]

켈러는 아무리 신존재 증명을 논리적으로 잘 논증한다고 할지라도, 청중들은 성경의 하나님을 이해하고 믿는데까지 나아가지 못하고, 막연하고 추상적인 타자로서 신존재를 인식할 수 있다는 점을 경계한다. 따라서 세속적 자연주의 논리적 허점과 전제를 해체하고 기독교의 합리성을 드러내기 위한 신존재 증명의 목적과 한계를 분명히 하는 것이 중요하다. 나아가 하나님을 구체적으로 아는 주된 방법은 우리로부터 시작하는 철학적 추론이 아닌, 그분의 자기계시를 통해서이며 우리의 사고가 먼저가 아니라 그분이 해주시는 말씀을 통해서임을 켈러는 강조한다. 그는 기독교를 믿어야 하는 주된 논증은 예수님 그분 자체임을 상세히 논증한다.

- 예수님에 대한 정보가 나오는 출처인 사복음서는 목격담이요 역사임.
- 예수님의 삶은 진리와 사랑이 조합된 성품
- 예수님은 온전한 융통성과 완전한 지혜를 가지신 분, 최고의 자유인
- 신성의 주장과 아름다운 삶의 조화

2) 포스트에브리팅 세대의 회의주의에 대한 전제주의 변증 설교: 복음의 변호

켈러의 균형잡힌 복음 세계관 '증명' 뿐만이 아니라, 포스트에브리팅 세대가 가진 회의주의에 대한 '변호'(defense) 차원의 전제주의 변증 설교를 추구한다. 기독교를 도덕, 윤리적 종교라고 규정하면서 회의적인 시각과 반대들을 쏟아내는 포스트모던 세계관에 직면하면서, 켈러는 도덕(율법)주의적 혹은 상대(실용)주의적 설교가 아닌 은혜의 복음에 기초

한 타협 없는 절대적 기준을 제시해야 한다고 주장한다.[315]

회의주의자들과 세속주의자들의 전제를 해체한 후, 켈러는 그들이 기독교 진리 곧 복음으로 돌아올 수 있는 변증학적 다리(apologetic bridge)를 놓아주는 변증을 추구한다. 다원주의와 혼합주의에 응전하여 다른 종교의 세계관보다 기독교가 가진 탁월한 우월성과 배타성을 '변호'한다. 실제로 켈러는 설교 가운데 복음의 샌드위치 구조를 전략적으로 활용한다.

복음 내러티브⇒[회의주의자들의 의심(논리)의 해체]⇒상세한 복음 중심적 변호

《변증 패턴 1: 인식—모순 발견—증명》

일반적인 인식 →→ 인식 안에 내재된 지식의 모순 찾기 →→ 증명

이러한 변증패턴을 활용한 논증을 강화하고, 회의주의자들의 인식과 세계관 기저에 있는 모순을 드러내기 위해 기독교 학자만 아니라 일반 사회학자들과 무신론자까지 포함하여 '존경받는 권위자들의 견해'를 빌려와서 '지성적 연결'을 시도한다. 이를 통해 켈러가 의도하는 바는 합리적인 '의심과 반대들'을 설교자가 중립적으로 먼저 이해하고 있다는 점에 대한 신뢰를 주고, 복음중심 전제주의로 나아가는 디딤돌을 놓는 것이다.

예를 들어, 켈러는 기독교의 배타성, 악과 고통의 문제, 절대주의, 불의, 하나님의 본성과 지옥, 성경에 대한 의심 등에 대한 회의주의자들의 도전에 대항하여 기독교 신앙을 변호하는 것을 볼 수 있다.[316]

켈러가 변증적 설교를 통해 변호하고자 하는 기독교는 역사 속에 분열로 인해 생겨난 특정 교단 혹은 교파가 아니라, 삼위일체 하나님과 예수 그리스도의 완전한 신성과 인성을 인정하는(니케아 신경, 칼케돈 신경, 아

타나시우스 신조 등) 보편적 의미에서의 정통 기독교임을 분명히 한다.[317] 켈러는 신이 존재한다고 말할 충분한 이유가 없다고 주장하는 이들(리차드 도킨스, 대니얼 데닛, 샘 해리스, 크리스토퍼 히친스 등)의 접근 방식은 소위 "강력한 합리주의"라는 것이며, 그들은 기독교를 일종의 "검증의 원리(verification principle)"를 통해 평가한다고 비판한다.

왜냐하면 검증의 원리는 "증명 혹은 증거를 제시하여 논리 기능이 제대로 작동하는 사람이라면 어느 누구도 믿을 수밖에 없는 그런 논증"인지의 여부를 따라 해당 명제의 진위여부를 파악하고자 하는 원리이지만, 그들이 기독교를 비평하기 위해 적용한 기준을 그들조차도 충족시킬 수 없기 때문이다. 결국 켈러는 무신론 철학자인 토머스 네이글의 "종교에 대한 겸허한 고백", 마르크스주의자들의 도킨스에 대한 비판 등을 인용하며 강력한 합리주의자들 역시 하나의 믿음일 뿐이라는 것을 입증했다고 지적한다. 바로 이러한 점에서, 켈러는 '검증의 원리'라는 비현실적인 방식이 아니라 비판적 합리(Critical Rationality)라는 접근법을 따를 것을 제안한다. 즉, '대부분의 합리적인 사람들이 그럴듯한 주장을 내세울 수 있다는 가정을 갖되, 이에 대해 결론적인 증거를 기대해선 안 되며 그것은 부당하다는 것'이다. 왜냐하면 심지어 과학자들조차 그러한 행동은 하지 않기 때문이다(도킨스조차 다윈의 이론이 결정적으로 증명될 수 없음을 인정함). 따라서 켈러는 어느 이론이 체계적으로 증거를 제시하고 생각할 수 있는 다른 어떤 이론보다도 현상을 더 훌륭하게 설명해준다면, 그 이론은 경험적으로 입증 가능한 걸로 간주하자는 "비판적 합리"의 태도를 견지하도록 요청한다. 그러므로 켈러는 우리는 그 누구도 "결정적인 증거로 신의 존재를 증명할 수 없다."는 사실을 인정하고, 씨에스 루이스의 말과 같이 우리가 태양의 존재를 인식하는 방식은 태양을 똑바로 들여다보는 것이 아니라, 오히려 "태양이 우리에게 보여주는 만물"에 주목해야 한다는 것이다.

그렇다면 켈러는 구체적으로 회의주의의 의심과 공격에 맞서 어떻게 복음중심적 전제주의 변증 설교로 기독교 신앙을 변호하고 있는가?

• 다음은 기독교 진리에 대한 회의주의자들의 비판과 공격의 핵심 질문에 대해 변호하고 기독교적 답을 주기 위한 시리즈 설교이다.

> • *The Reason for God:The Trouble with Christianity...*
> • Exclusivity: How an there be just one true religion?[318]
> • Suffering: If God is good, why is there so much evil in the world?[319]
> • Absolutism: Don't we all have to find truth for ourselves[320]
> • Injustice: Hasn't Christianity been an instrument for oppression?[321]
> • Hell: Isn't the God of Christianity an angry Judge?[322]
> • Doubt: What should I do with my doubts?[323]
> • Literalism: Isn't the Bible historically unreliable and regressive?[324]

각각의 설교의 핵심을 정리해 보면 다음과 같다.

(1) 이슈 1 기독교의 배타성: 절대적이고, 유일한 진리의 문제

첫째, 기독교의 배타성(exclusivity)에 대한 회의주의자들의 질문("어떻게 당신의 종교가 유일하게 진정한 진리를 가진 종교라고 주장하는 것이 가능한가?")에 대한 전제주의 변증(증명)과 변증설교의 패턴을 보여준다. 켈러의 변증에 의하면, 이런 입장은 논리적으로 자신의 모순을 드러낼 수밖에 없으며, 스스로 회의적 상대주의를 절대화하게 되는 위선을 인정하는 것이 된다고 역설함으로써 그들의 전제를 해체시킨다. 켈러에 따르면, 종교들이 가진 독특한 차이에 대해 회의주의자들이 다루는 주요 방식은 종교를 통제 혹은 금지시키거나, 종교를 정죄하거나, 종교를 사적인 영역으로 축소화시키는 것으로 볼 수 있다. 켈러는 이러한 세 가지 주요 반대를 해체시키기 위하여 전제주의적 변호를 제시한다. 켈러는 기독교의 배타적인 우월성(종교적 차별성)을 수용하기 위해서는 복음에 기초한 기독교가 가진 근본적인 신앙을 이해하고, 그리스도의 복음만이 문제투성이 세상 가운데 평화가 회복되는 길임을 확신해야 한다고 본다.325

켈러의 전제주의 변증 설교의 패턴의 몇 가지 예를 도식화해서 분석해 보면 다음과 같다(*변증의 내용은 각 변증 프레임에 해당되는 켈러의 설교를 거의 요약 정리한 것임을 밝힌다. 더 상세한 내용은 켈러의 책을 직접 정독하길 바란다).

❶ 예: 모든 종교가 똑같이 정당하고 동일한 것을 믿는다는 인식에 대한 복음 변증326

일반적인 인식		세상의 모든 종교들은 똑같이 타당하며, 동일한 진리를 믿는 것으로 가르침.
인식 안에 내재된 지식의 모순 찾기	질문	Q. 믿고, 가르치는 신이 누구냐?　A. 우주의 영
		교리는 중요한 것이 아니라고 하지만, 신의 속성에 관해서는 모든 주류 신앙의 믿음과 다투고 있는 교리적 신념을 택함.
	예시	동일한 신을 믿고 있다는 것에 대한 반대되는 예: 불교는 신의 존재를 인정하지 않는다. 유대교, 기독교, 이슬람은 신앙과 실천에 대한 책임을 지게 하는 신을 믿지만, 신의 속성이 하나로 묶일 수 없다. 각 종교들은 '신의 존재'를 믿느냐/믿지 않느냐, '신의 속성'으로 무엇을 이야기하느냐에 따라 '명확한 차이'가 존재.
증명		→ 종교에 대한 비방 (종교의 절대성에 대한 회의론자들) ▶ 그들의 주장 자체가 이미 '종교적, 절대적 신념') 기독교의 교리가 중요하지 않다는 신념과 주장 자체가 하나의 교리임. 자신들이 주장하는 신념 깊은 곳에서 자기모순적 전제가 작동하고 있었고, 오히려 자신이 가진 교리의 우월성을 역설적으로 강조하는 상황. 종교의 절대성에 대한 회의론자들의 인식과 주장 자체가 이미 '종교적, 절대적 신념'을 내재적으로 함유하고 있으며, 이러한 치명적인 모순(위선)으로 인해 궁극적으로 성공하진 못함.

❷ 예: 어떤 종교도 진리 전체를 볼 수 없다는 '절대적' 상대론자들에 대한 변증[327]

일반적인 인식	세상의 종교는 각각 영적 진리의 일부분을 보는 것일 뿐, 그 어떤 종교도 진리 전체를 볼 수 없음. 이 주장은 '주류 종교'를 염두해둔 것임.
인식 안에 내재된 지식의 모순 찾기	질문: 맹인이 각각 코끼리의 한 부분만을 보는 경우, 맹인이 아닌 코끼리와 맹인을 다 볼 수 있는 그 사람은 누군가?('맹인'을 바라보는 또 다른 인물의 존재)
증명	회의주의자들은 어떤 종교도(기독교) 결코 진리의 모든 측면을 이해할 수 없다고 주장하지만, 이러한 인식 안에 숨겨진 논리의 전제는 어떤 존재는 더욱 우월하고 통전적인 지식을 가지고 있다는 모순이 발생함. 그 이유는 자신들의 주장 자체도 진리의 전체를 다 볼 수 있어야만 기독교가 진리의 전체를 이해할 수 없다고 판단할 수 있기 때문.

❸ 예: 상대주의의 한계[328]

일반적인 인식	우리가 모두 역사적, 문화적 공간에 갇혀 있으므로 서로 경쟁하는 신념들의 옳고 그름을 판단하는 것은 불가능함.
인식 안에 내재된 지식의 모순 찾기	→ 권위자들의 합리적 비판을 통한 변증: 사회학자 피터 버거(Peter L. Berger)에 의하면, 상대론은 스스로를 상대적인 것으로 만들기 때문에 우리는 끝까지 완전하게 상대주의를 견지할 수 없음.
비판을 통한 변증 증명	신념이 사회적으로 길들여진다는 것은 사실이지만, 모든 진리가 완전히 상대적이라는 주장을 위해 이 명제가 사용될 수는 없다. 그 이유는 이러한 논증 자체도 특정한 역사, 사회, 문화적 영향 속에서 나온 것이기 때문에 자기모순에 빠지기 때문임. 결국, 우리의 삶의 초석은 우리의 이러한 제한을 인정하고, "신/인간/영적 실재에 대한 어떤 주장이 참이며, 거짓인가"라는 질문에 대한 대답으로 삼아야 하며, "이러한 주장 자체를 부정해선 안 됨"(그것 외엔 대안이 없으므로). 권위자(예일 대학 스티븐 카터)의 견해를 통해 종교를 사적인 것으로 제한시키면서 공적인 영역에서의 종교성 제거를 외치는 실용주의자들에 대한 변증을 통해 세상 모든 일들은 '개인이 지닌 신념'에 따라 바라보게 되어 있으며, 이는 사적/공적이라는 측면으로 분리하는 것이 불가능하다고 지적함.

상대주의자들의 논리의 토대를 무너뜨림(해체)	→ "한 종교만이 옳다고 주장하는 것은 오만하다"라는 주장 자체야 말로, "오만하며, 틀린 것" 즉, "종교는 다른 종교의 기초 위에서만 비로소 판단될 수 있다"는 존 소머빌의 주장처럼, 우리는 우리 자신의 종교적인 입장이 되는 "윤리적 기준"에 근거를 두지 않는 이상 평가할 수 없는 것. → 결국, 우리는 종교적 신념에 있어 모두 배타적이며, 다만 각각 다른 방식으로 배타적인 것 뿐임. 따라서 인간은 누구나 증명할 수 없는 신앙/믿음을 소유하고 있기에 어떤 불가피하게 배타적일 수밖에 없는 근본주의를 품고 겸손과 평화의 삶을 살아갈 것인가가 중요함.
절대적 기독교의 차이점 제시	그리스 로마의 근본주의적인 종교관은 개방적인 세계관을 가지고 있었으나 잔혹한 특성을 가진 것과 대조적으로, 신약시대 초기 기독교는 오직 '구세주 예수 그리스도가 참된 하나님'이라는 배타적인 근본주의를 추구하는 것처럼 인식되었으나 당시 세상에 대해 놀랍도록 포용적이었음. 이처럼 정통 기독교는 배타적인 근본주의와 신앙 체계를 추구하지만 그리스도 안에서 주신 복음 안에서 그 어떤 종교나 근본주의적 세계관과 비교할 수 없는 세상을 향한 겸손과 평화, 관용적인 특성을 가지고 있음.

(2) **이슈 2** 고통의 문제: 하나님의 선하심과 고통의 문제 (하나님이 선하다면 고통을 허락할 리 없어.)

켈러는 고통(suffering)의 문제 즉 '어떻게 사랑의 하나님께서 악과 고통을 존재하게 하시는가'에 대한 회의주의자들의 공격에 대항하여 복음에 기초한 전제주의 변호를 제시한다.[329]

이러한 회의주의자의 공격에 대해 고통을 극복하기 위해서는 악과 고통이 하나님을 적대하는 증거가 아니며 하나님을 향한 증거가 될 수 있다고 켈러는 논증한다. 즉 현대 철학자들의 영향을 받은 철학적 반대는 그 전제가 붕괴된 것임을 논증하는 것이다. 궁극적으로 예수님께서 인류의 구원을 위해 모든 영적, 육체적 고통을 담당하셨을 뿐만 아니라 죽음에서 부활하심으로 악과 고통을 궁극적으로 정복하셨다는 복음적 세계관에 기초한 변증을 통해 회의주의자들의 세계관을 궁극적으로 해체시킨다.

켈러의 설교들에 나타난 4단계 변증 흐름을 정리해 보면 다음과 같다:

《변증 패턴 2: 4단계 변증》

1단계: 회의주의자의 주장
→ 2단계: 회의주의자의 근거
→ 3단계: 회의주의자들의 주장 이해, 인정
→ 4단계: 기독교의 대답(철학적 답변+ 성경을 통한 답변)

• 변증패턴 2는 4단계 변증 패턴과 유사성을 가지고 있다.

1. 회의주의자들의 주장 → 지성적 연결
2. 회의주의자들의 근거 → 논리적 타당성 연결
3. 회의주의자들과의 다리놓기 → 신뢰 단계
4. 기독교의 대답 → 복음과의 친밀한 단계

❶ 변증 패턴 2의 예: 고통의 문제[330]

회의주의자의 핵심 주장/질문	악과 고통이 있는데 신은 존재하는가? • 하나님의 선하심과 고통의 문제(하나님이 선하다면 고통을 허락할 리 없어.)
회의주의자들 주장의 근거	1) 인도양의 쓰나미 사건으로 25만 명이 죽었을 때, 신은 어디에 있었는가? 2) 철학자 매커는 "세상에는 악이 넘쳐나기 때문에 전통적인 신이란 있을 수 없다."
다리놓기 회의주의자들의 주장에 대한 객관적 이해와 인정	• 신이 왜 그런 일이 일어나도록 내버려두는지에 대해 타당한 이유를 알 수 없거나 설명할 수 없다고 해서 신이 있을 수 없다는 뜻은 아님 • 비극이나 고통이나 불의라는 문제는 우리 모두의 문제라는 것이며, 이는 유신론뿐 아니라 무신론에게도 중차대한 문제임. • 따라서 신에 대한 믿음을 버리면 자동적으로 악과 고통의 문제가 다루기 쉬워질 거라고 생각하는 것은 하나의 실수임.

기독교의 대답 1 철학적 답변 2 성경을 통한 답변	철학적 답변: 1) 엘빈 플란팅카의 진드기 비유: "진드기를 찾는답시고 작은 텐트 안을 들여다봤는데 진드기가 보이지 않는다면 그 안에 진드기가 없다고 가정하는 것은 합리적이지 않다." → 신이 존재하지 않는다는 가정과 인간이 단순히 진화한 존재라는 신념('자연도태의 진화론적 매커니즘')이 직면하게 될 끔찍한 결과를 인식해야 하며, 약육강식의 세계 속에서 악과 불의를 보고 분노할 타당한 근거가 없음. 2) 켈러는 루이스(C.S Lewis)의 통찰력을 근거로, 신을 부정하는 주장은 이 우주가 너무도 잔인하며 부당하게 인식되도록 한다는 점을 지적함. 그런 다음, 진화론적 세계관의 기초를 해체하기 위한 질문을 던진 다음 기독교적 답변을 제시함. • 질문: '이 정당하다든가 부당하다는 개념을 가지게 되었을까?' • 답변: 우리는 우리 판단 근거가 되는 무언가 자연을 넘어선 기준이 있음을 가정하는 것이다. • 성경의 예: 요셉은 악에 의해 억울한 고난을 당했지만, 이를 통해 성숙한 인격자가 되었고, 하나님이 악을 선으로 바꾸시는 섭리로 애굽의 총리에 올라 자신의 형제들과 많은 이의 생명을 구함(창 50:20). 오늘날 삶의 현장에서도 억울한 고난을 통해 인생의 가치를 발견하는 경우가 있음. 시간이 흐르고 시야가 넓어지면 대부분의 사람들은 삶에서 일어나는 악과 고통에 대해 적어도 어느 정도의 합당한 이유를 깨달을 수 있게 됨.
기독교적 대답- 복음과의 친밀함	• 기독교적 대답: 세상의 악과 고통을 멈추지 않았다고 해서 당신이 분노할 만큼 위대하고 초월적인 신(악과 고통을 허락하지 않는 초월적 신)이 있다면, 그러한 악과 고통이 계속되도록 허락하기에 합당한 이유를 가질 만큼 위대하고 초월적인 신도 있다는 것을 인식해야 함. • 복음과의 친밀함: 회의주의자들은 기독교의 신은 인간의 고통이란 짐을 일부로 떠안기 위해서 이 땅에 성육신했지만, 신은 고통에 대한 책임을 면제할 수 없다고 주장함. 이러한 공격에 대하여 그리스도 중심적 복음(전제)을 제시함으로 궁극적인 답변 제시함. 1) 그리스도의 죽음(삼위 안에서 누리던 사랑으로부터의 단절의 고통)에 대한 복음 변증: 기독교가 믿는 예수님은 고통 속에서도 어느 순교자들보다 더 담대한 믿음과 침착함으로 맞서셨고, 예수님의 죽음은 삼위일체의 연합 속에서 영원히 누려오셨던 아버지의 사랑을 잃는다는

> 어마어마한 고통을 견딘 사건임("나의 하나님, 나의 하나님, 어찌하여 나를 버리셨나이까?"). 예수님은 인간을 대신하여 이러한 배척과 고통을 감내하심.
> 2) 그리스도의 성육신 (우리가 겪는 모든 고통을 경험한 그리스도): 예수 그리스도는 독특하게도, 악과 고통을 종식시키기 위한, '대가'를 지불하고자 이 땅에 육신으로 오심. 기독교는 신이 절망/거절/고독/가난/비통/고문/구속 등의 감정을 알고 있다고 말하는 점에서 독특한 종교임. 그리스도의 성육신과 십자가가 고난/고통의 이유에 대한 답을 알 수 없지만, 적어도 신이 우리를 사랑하시는 분임을 알게 하며, 그리스도의 십자가와 부활을 믿으면 이 땅의 어떠한 고통에도 직면할 수 있는 깊은 힘과 위로를 얻게 되며, 종말에 악과 고통이 궁극적으로 정복되며 영원한 나라에서 기쁨과 평안을 누리는 삶을 소망할 수 있게 됨.

❷ **회의주의자들뿐 아니라 '세속주의자들'향한 변증 설교 4단계 예**[331]

1단계: 회의주의자들의 주장-지성적 연결
- 고통에 무심한 세속적 현대 문화-문화 내러티브 읽기(파악하기) 예
- 권위주의자들 인용-사회 이론가 Max Scheler, 인류학자 Richard Shweder, 사회학자 Peter Berger
- 문화는 문화 안에서 살아가는 자들이 직면하는 고통에 적절하게 대처할 수 있도록 도와주어야 하지만, 현대 서구 문화는 고통에 이러한 역할을 못하고 있으며, 다른 문화권 사람들보다 고통을 극복하는 힘이 약하고, 고통을 인생의 불필요한 장애물로 여기게 됨.
- 고난(고통)에 대한 4가지 관점: 비서구 문화가운데 전통적인 문화는 구성원들에게 고난을 바라보는 관점을 윤리적 관점, 자기초월적 관점, 숙명론적 관점, 이원론적 관점으로 제시한다. 이와 같은 고대 문화의 관점은 문화 구성원들로 하여금 고통을 받아들이고 이는 삶의 유익함을 도모하는 과정으로 받아들이게 하였다.

〈비서구 전통적인 문화의 관점들〉

	윤리적 관점	자기초월적 관점	숙명론적 관점	이원론적 관점	세속적 관점
고난의 원인	그릇된 행동	망상	운명	우주적인 갈등	우연
적절한 반응	선행	해탈	인내	끊임없는 정화	테크닉
결과	영원한 축복	깨달음	영광과 명예	빛에 승리	더 나은 사회

2단계: 주장의 근거-논리적 타당성 연결
- 고통에 대한 서구문화들의 시각
  - 서구인들은 삶의 의미를 개인의 자유를 추구하는데 두며, 세속적 관점에서 고난은 개인의 자유를 추구하는데 방해가 될 뿐임. 고난은 도움이 되지 않기 때문에 피하거나 최소화해야 하는 대상으로 여겨짐.
  - 권위자를 통한 비판: 리처드 슈웨더는 이러한 전통적인 문화 내러티브에서 각각 고통을 해석하는 서구 문화는 상이하다고 지적하면서, 도킨스의 접근(고난에는 아무런 의미와 목적이 없고 삶은 공허함)은 부적절하고 실현 불가능한 것으로 비판함.
  - Paul Brand이 the Gift of Pain에서 지적한 대로, 서구인들이 고통이 충격적이 이유는 삶의 의미를 쾌락과 개인의 자유에 기반하고 있기 때문임.
  - 이전 시대와 서구 이외의 문화들에서 고난은 '문화적인 내러티브' 가운데 바른 결론에 이르기 위한 주요한 도구, 통로가 되며, 한 영혼의 성장의 도구임.
  - 고난에 대한 세속적 시각의 문제 중 하나는 고난에 대한 책임 회피(전통적 관점은 책임을 당사자에게 둠), 둘째는 전문가에게 고난의 해결을 맡기는 흐름, 셋째는 고통을 관리하고 줄이거나 고통의 원인(분노, 구조, 환경 등)을 찾아 제거하는 방향임.

3단계: 회의주의자들과의 다리놓기-신뢰 단계
- 고난을 운명을 받아들임으로 극도의 인내로 반응하여 영광과 명예를 추구하라는 숙명론과 달리, 기독교는 십자가 안에서 고통에 대한 눈물과 괴로움 표현 허용(장려)됨.
- 자기초월적 관점(예: 불교)과 달리 기독교에서 고통은 망상(환상)이 아닌 현실로 받아들이고, 고난은 불평하지만 평안가운데 고통을 견디게 함.
- 이원론적 관점과 달리, 기독교는 고통을 인내하고 덕을 쌓아 죄의 짐을 제거할 수 있다고 믿지 않음.
- 고난을 우연으로 치부해 버리고, 의미없는 고난을 피하려는(전문가의 몫으로 맡기고 내면적 환경적 요인을 제거하려는) 세속주의와 달리, 기독교는 고난에 의미와 목적이 있다고 믿음.
- 전통적 시각 비판
- 이러한 문화적 답변(입장)들은 어느 정도 진리의 파편적인 요소가 들어있음(이해, 인정) (예: 고난을 당하는 자들이 세속의 물질과 풍요를 지나치게 추구해서는 안 되며 고통을 주는 실체들을 무조건 받아들이지 말고 변화시켜야 한다는 경고를 줌). 그러나 이러한 접근 방식들은 서로 다른 관점을 취하고 있지만, 모두 너무 단순한 논리와 환원주의적인 접근으로 고통에 대한 바른 진리를 찾을 수 없음.
- 서구사회 시각 비판(양비론)
- 기독교 신앙은 고난에 대한 전통적 관점, 서구적 관점, 종교와 문화의 가르침과 대조됨(해체)

4단계: 기독교의 대답-복음과의 친밀한 단계
- 기독교에서 고난을 이해하는 열쇠는 그리스도를 통해 용서와 사랑을 받고 하나님의 가족이 되는 '은혜' 개념임
- 그리스도인들은 고통을 필연적인 것으로 여기고 수용하며, 고난을

통해서 하나님의 '은혜'를 더 깊이 경험케 될 것을 소망함. 예수님께서 친히 대속적 고난을 통해 하나님 아버지께 순종하며 기쁨을 소망하는 삶의 모범을 보여주심.

(3) 이슈 3 속박과 자유: 기독교는 가혹한 속박

'기독교만이 절대적 진리를 가지고 있다'는 기독교 절대주의에 대한 회의주의자들의 도전 즉 '자유를 제한하지 말고 진리를 자유롭게 결정하도록 해야 한다'에 직면하여, 켈러는 복음중심적 전제주의 변증을 제시한다.332 켈러는 예수님이 청중을 구원하여 온전한 자유를 주시기 위해 자신의 자유를 제한하셨고 하나님의 아들로서 십자가에 죽으셨다는 복음을 역으로 변증한다. 이를 통해 그리스도를 통해서만이 주어지는 절대적 진리의 자유를 얻기 위해서는 상대적인 자유를 제한하도록 청중들에게 도전한다.

❶ 예: 기독교가 가혹한 속박의 종교라는 주장에 대한 변증333

회의주의자의 주장	• 기독교는 때로 어떤 믿음을 가리켜 '이단', 어떤 행위에 대해 '비도덕적'이라고 이야기함.
주장의 근거	• 현대인들에게 이러한 '절대적 기준'을 지닌 기독교는 '분열'을 초래하게 하고, '문화적으로 편협하고, 사람들에게서 자유를 빼앗고 '어떠한 기준에 사람들을 가두는 제한과 속박'의 종교임.
주장에 대한 이해 및 내재된 모순 제기	1) 진리라는 범주 자체를 부정하면서도 스스로가 '만든 진리'를 강요하는 모순: 푸코, 프로이드 2) 모든 것에 완벽히 포괄적이 된다는 것은 불가능함: 완전히 포괄적인 공동체라는 생각은 하나의 환상일 뿐이며, 인간의 공동체는 불가피하게 경계를 설정함으로써, 혹자는 포용/혹자는 배제함.' 3) 기독교는 문화적으로 경직되어 있지 않음(기독교 신앙에는 문화적 다양성이 존재): 기독교는 어느 세계관보다도 훨씬 더 여러 문화에 잘 적응했는데, 이는 기독교는 다른 종교들이 어떤 배타적인 지리적 배경에 확장에 기점을 두고 있는 것과 대조적으로, 특별한 기점이 없이 확장한다는 점에서 발견할 수 있음.

기독교적 답변과 복음 제시	• 구속이나 제약은 실제로 우릴 자유롭게 하는 수단인 경우가 많음. 다시 말해 삶의 많은 영역에서 자유란 바른 방향으로 우리를 자유롭게 하는 제약을 찾는 것에 있음. 우리가 진정한 자유를 위해 추구해야 하는 영적 실체로서 올바른 제약은 바로 '사랑'임. 즉, 우리는 사랑의 기쁨을 경험하기 위해서 우리의 '자유'를 포기해야만 함. • 결론적으로 켈러는 기독교는 자유를 제한하지 않으며, 그리스도의 구속을 통해 진정한 자유, 사랑으로 종노릇하는 자유를 경험하게 된다는 복음을 제시함.

켈러는 자유를 최고의 가치라고 주장하는 세속주의의 관점을 비판한다. 켈러는 사람에게 있는 자유가 단수가 아닌 복수라는 점을 일깨워 주면서, 참된 자유는 특정 제약을 선택하고 다른 자유를 잃어버림으로 얻을 수 있기에 세속주의가 말하는 제약이 없는 자유는 허상임을 공격한다. 인간은 자유를 추구하지만, 인간은 삶마다 실존하는 필연적 한계에 놓여 있는 존재이며, 켈러는 이런 현실을 외면하고, 커다란 자유만을 추구한다면 오히려 자유를 잃게 됨을 경고한다. 켈러는 결국 자유의 문제란 지배의 문제임을 분별한다. 즉 켈러는 자신을 지배하는 주체는 무엇인가에 따라, 어떤 자유를 누릴 수 있는지가 결정된다는 것이며, 인간이 지배 받는 일을 피할 수 없다면, 어떤 대상에게 지배를 받는 것이 가장 탁월한 선택인가를 질문한다. 이러한 질문에 대해 기독교의 하나님을 제시하면서 진정한 자유의 가장 탁월한 제약은 하나님 안에 거하는 것임을 논증한다.[334]

(4) 이슈 4 교회와 성도의 불의

켈러는 역사 가운데 기독교(인)이 범했던 불의(injustice)에 초점을 맞춘 회의주의자들의 공격에 대해 어떻게 기독교 신앙을 예수그리스도 중심적으로 변호하는지를 보여준다.[335] 켈러는 예수님께서 비판하신 자기의(self-righteousness)에 가득 찬 종교는 사회 정의에 대해 무관심하지만, 예수 그리스도의 복음을 믿는 기독교는 예수님의 이름으로 정의에 대한 책임을 다하려고 했다는 것을 설득적으로 변증한다. 켈러는 기독교 국가들이 기독교 신앙과 가치를 가지고 노예제도와 노예무역 폐지, 미국 인권 운동, 20세기 동유럽의 교회의 공산주의에 대한 반발 등의 역사적 예들을 통해 회의주의자들의 주장에 대한 변증을 시도한다.

❶ 변증 예: 기독교 공동체의 결함에 대한 변증336

회의주의자의 주장	교회 참여해 본 자는 누구나 기독교인임을 자처하는 대부분 사람들의 성격에 많은 결함을 쉽게 발견함. 동시에 공식적으로 종교를 믿지 않는 사람들 중에는 도덕적으로 모범이 되는 사람들이 아주 많음.
회의주의자의 근거	기독교가 주장하는 모든 주장들이 사실이라면 기독교인들이야말로 전반적으로 다른 이들보다 훨씬 더 윤리적으로 삶이 모범이 되어야하지 하는가?
다리놓기 회의주의자들의 주장 인정	기독교 신학에서도 진정한 교인들 안에 존재하는 심각한 성격상의 결함에 대해서 켈러는 인정하고 있음.
기독교의 대답 1 철학적 답변 2 성경을 통한 답변	• 성경을 통한 답변: "모든 좋은 은사와 온전한 선물이 다 위로부터 빛들의 아버지로부터 내려온다." 선하고 지혜롭고 정의로운 행동은 신이 그 능력을 준다는 의미임. (일반은총) • 우리 삶을 말끔히 정리해야만 신의 존재를 누릴 자격이 있다는 잘못된 믿음은 결코 기독교 신앙이 아님. 소위 교회는 죄인들을 위한 병원이지 성자들을 모신 박물관이 아님. 훌륭한 인격이란 대체로 사랑이 넘치고 안전하고 견고한 가정환경과 사회 공동체의 소산임.

❷ 변증 예: 기독교의 불의와 폭력에 대한 변증337

회의주의자의 주장	정통 종교는 불가피하게 폭력의 길로 나아가지 않는가?
회의주의자의 근거	기독교가 주장하는 모든 주장들이 사실이라면 기독교인들이야말로 전반적으로 다른 이들보다 훨씬 더 윤리적으로 삶이 모범이 되어야하지 하는가?

다리놓기 회의주의자들의 주장 인정	히친스의 논점은 정당함. 종교는 보통의 문화적 차이들을 이상주의적으로 표현함으로써 관련된 사람들은 마치 선과 악이 벌이는 우주전쟁의 한 가운데 있다고 느끼는 것임.
기독교의 대답 1 철학적 답변 2 성경을 통한 답변	• 20세기 공산주의 러시아, 중국, 캄보디아 정권들은 모든 종교와 신에 대한 신앙을 거부함. 인본주의 정신으로 종교를 거부한 프랑스 혁명이 시작점. • 기독교의 이름으로 범해진 불의와 폭력은 참혹한 진실이며 우리는 변명의 여지없이 이에 대한 통렬한 반성과 시정을 해야 함. • 그러나 20세기 들어 세속주의가 야기하는 폭력은 도덕적 절대론이 가져오는 폭력만큼이나 많았다는 점을 알아야 함. 종교를 모두 말살해 버린 사회들도 종교에 푹 빠진 사회나 다름없이 억압적이었음. • 그러므로 우리는 인간 안에 폭력성이 너무나 깊이 내재하고 있어서 어떤 사회가 무슨 신념을 갖느냐에 상관없이 그 모습을 드러낸다고 결론을 도출. 따라서 한 사회 안에 폭력이 존재한다고 해서 반드시 그 사회를 움직이는 신앙(종교)을 무조건 일방적으로 비판, 부정하는 것은 타당하지 않음.

(5) **이슈 5** 사랑의 하나님과 지옥

켈러는 '어떻게 사랑의 하나님이 사람들을 지옥에 보낼 수 있는가'에 대한 회의주의자들의 의심(심판의 하나님은 존재할 수 없으며, 사랑의 하나님이 될 수 없다는 논리)에 대하여 '하나님은 사랑이시다'는 사상의 근거는 성경 자체가 명백히 증거하고 있으며(순환논리), 또한 사랑의 하나님은 곧 세상의 모든 것을 결국에는 바로 세우시는 공의의 하나님이심을 말하고 있다고 논증한다. 켈러는 기독교 신앙을 변호하기 위해 어떤 종교도 신을 단순히 사랑만 가진 존재로 신앙하지는 않으며, 회의주의자들의 사랑의 하나님에 대한 단순한 신앙은 논리적으로 모순이며 기독교 외 종교에서도 어떤 역사적, 종교적 근거를 찾을 수 없다는 점을 강조한다.[338]

켈러는 윤리적 절대성에 대한 인식이 거의 없는 포스트모던 세대들을 향해 기독교의 지옥에 대한 관점은 "다른 관점보다 더욱 인격적"이며, "하나님의 진노(지옥)에 대한 개념 없이는 그분의 사랑도 존재할 수 없다는 것"을 분명히 한다. 하나님의 심판과 지옥에 대한 성경의 교리 때문

에 예수님이 선포한 하나님 나라의 복음과 사랑이 위대한 것이 된다고 역설한다.339

❶ 예: 사랑의 하나님이 어떻게 인간을 지옥에 보내실 수 있는가에 대한 주장에 대한 변증340

회의주의자의 주장	많은 이들은 사랑의 하나님께서 어떤 인간들에겐 "영원한 형벌(지옥)"을 내리실 것에 대한 부정적 반응을 통해 이 교리에 대한 일종의 '혐오감'을 지니고 있음. 이들의 혐오감을 형성하고 있는 몇 가지 믿음을 발견할 수 있다.
회의주의자의 근거	[혐오감의 원인 1] 개인의 권리에 대한 확고한 믿음 [혐오감의 원인 2] 분노(심판)와 사랑의 조화의 문제 [혐오감의 원인 3] 영원한 징벌(지옥)과 사랑의 조화의 문제 켈러는 지옥에 대한 회의주의자의 주장을 하나의 문화 담론으로 분석함. 그는 뉴욕 시민들의 삶의 방식을 통해 지옥을 설명함. 즉 "돈, 명예, 권력, 건강 등을 인생 최고의 선으로 추구하며 만족과 행복을 얻고자 하지만, 이것은 지속적 만족과 행복을 주지 못하며 행복을 유지하기 위해서 더 강도 높은 권력, 더 많은 돈, 더 자극적인 쾌락이 요구되기 때문임. 이러한 중독 과정이 영원히 지속될 경우 성경에서 말하는 지옥이 발생함. 인간의 이기심과 자기 중심성이 영원히 지속될 경우 인간은 바로 지옥에 직면하게 됨. 지옥에 떨어진 인간들은 예외 없이 스스로 지옥을 택한 것"임.
다리놓기 회의주의자들의 주장 인정	지옥이란 루이스의 말과 같이 "인간의 자유에 대한 가장 커다란 기념비"이며, 로마서 1장 24절을 따르자면 "그들이 … 그들을 자신의 욕망에 맡겨버리는 것"임. 죄악의 결과의 "지속성"의 문제가 그 주장의 편협성을 결정할 순 없다: → 해체(더 많은 만족 필요) → 고립(자신의 행동의 정당화를 위한 책임 전가) → 자기 몰두, 망상 (현실과 동떨어짐)
기독교의 대답 1 철학적 답변 2 성경을 통한 답변	켈러는 하나님이 '사랑의 하나님'이라는 생각의 원천은 전통이나 문화에 의해서가 아니라 성경임을 기억할 것을 강조함. 기독교가 지닌 하나님의 사랑과 그분과의 친밀함의 교리는 그 어떤 종교도 공유하지 못한다. 따라서 우리는 성경에서 말하는 하나님의 성품에 집중해야 하며, 성경은 모든 것을 바로잡는 "심판의 신"임을 증명함.

> [복음으로 문화의 압박점들을 제압] 켈러는 지옥은 하나님을 떠난 인간의 삶에서 나타나는 현상임을 설명한다. 하나님이 인간을 지옥으로 보내는 것이 아니라 하나님을 떠난 인간이 스스로 지옥의 삶을 자처하는 것이라는 변증을 제시함.

(6) 이슈 6 기독교와 과학

회의주의자들의 일반적인 인식에 따르면 진화론에 기초한 과학은 자연질서에 하나님이 개입하셔서 기적을 일으키심을 믿는 기독교를 반박한다고 본다. 이러한 회의주의의 공격에 대항하여, 켈러는 과학적 사고와 종교적 믿음은 양립이 가능하다고 본다. 성경의 기적은 단순히 인식론적 증거나 신앙이 목적이 아니라 하나님을 예배하고 경외하기 위한 것이며, 예수님께서 이미 세상의 잘못된 모든 것을 구속하셨고, 종말에 얼마나 놀라운 하나님 나라가 임할 것인지를 보여주기 위한 약속의 차원으로 이해해야 한다고 변증한다.[341]

켈러는 도킨스의 기독교에 대한 공격을 다른 권위자들을 통해 비판함으로 철학적 답변을 먼저 제시한다. 예를 들어, 프랜시스 콜린스, 이언 비버(Ian Barbour), 앨리스터 맥그라스, 스티븐 제이 굴드, 토마스 네이글 등의 학자들의 도킨스에 대한 비판을 변증의 다리놓기로 활용한다. 그런 다음 기독교 신앙과 과학이 충돌한다고 주장하는 회의주의자들의 주장은 비합리적이며, 오히려 과학자들 중 스스로 종교적이라고 생각하는 숫자가 증가해 왔다는 사실을 통해 기독교 믿음과 과학이 반드시 충돌한다고만 인식할 필요가 없다.

진화론은 성경에 대한 문제 (가설에 머무는 진화론은 기독교와 충돌하지 않는다)이며 기독교 학자들은 바버의 네 가지 모델, 곧 충돌, 대화, 통합, 그리고 독립을 모두 적절히 활용한다.[342]

	충돌 모델	대화 모델	통합 모델	독립 모델
명칭	창조과학 운동	중도적 입장		이신론 모델
내용	몇 천 년 전 / 하나님에 의한 6일 간의 / 창조	혹자(1) : 생명 창조 후 자연도태 통한 진화 / 신 = 모든 것 통괄 혹자(2) : 종 = 느닷없이 나타남 / 오랜 기간 / 대규모 창조		하나님 = 동인 이후 자연적 인과관계

(7) 이슈 7 성경의 권위

켈러는 성경을 그대로 수용하는 것은 과학적으로 불가능하고 역사적으로 의심스러우며 문화적으로 퇴보하는 것이라는 회의주의자들의 주장에 대해서 전제주의 변증과 순환논리를 통해 기독교와 성경의 권위를 증명하고 변호한다. 첫째로, 역사적 관점에서 성경의 조망을 통해 성경의 권위를 증명한다: a) 복음서 기록 당시 생존해 있던 수많은 예수의 삶의 목격자들, b) 영지주의의 기록들보다 훨씬 이전에 기록된 사복음서는 명확한 증인들의 목격담을 담고 있음, c) 사복음서 그 어디에서도 권력투쟁을 위해 작성했음을 나타내는 흔적이 나타나지 않음, d) 복음서의 문학적 형식은 전설이라 치부하기에는 너무나도 세밀하게 그 당시의 사건들을 진술함. 둘째로, 켈러는 문화적 관점에서 성경의 권위를 증명한다: a) 마음을 불편하게 하는 성경 내용이 겉으로 보이는 것과 다른 것을 가르칠지도 모름, b) 성경을 받아들이는 것이 문화적 퇴보라는 주장은 퇴보와 진보를 판단하는 기준점인 궁극적인 역사적 시점을 자신이 사는 현재가 다른 어떤 시기보다 우월하다는 편협된 가정과 신념에서 기인한 것일 수도 있음, c) 성경의 교훈을 적절한 우선순위에 비추어 분별해야 함. 그런 다음 켈러는 성경의 권위를 인정하는 것은 신과의 친밀한 관계를 나누기 위한 전제조건임을 강조한다.[343]

3) 4단계 전제주의 변증 설교(지성 연결-상황화-신뢰-복음 친밀함) 패턴

이와 같이 켈러의 설교는 회의주의자(켈러가 실패주의자들이라 부른)들이 제기하는 의문과 공격에 대하여 균형 잡힌 복음 중심적 변증 설교를 통해 어떻게 기독교 신앙을 변호할 수 있는지를 잘 보여준다. 기본적인 전제주의 변증을 위한 변증(변호 차원)의 패턴은 다음과 같다.

→ 1단계: 지성적 연결 단계
→ 2단계: 상황화 단계
→ 3단계: 신뢰의 단계
→ 4단계: 전제 해체를 위한 복음변증과 친밀한 단계

• 회의주의자들의 핵심 주장과 근거 → 다리놓기(이해와 존중) → 철학적 답변(전제 무너뜨리기) → 기독교적 답변과 유사한 흐름

켈러는 신이 있다는 단서들에 대한 <u>전제주의 변증 설교를 위한 4단계 패러다임</u>을 통해 제시한다. 켈러는 전제주의적 변증 설교를 통한 세계관 변혁을 위해서 청중들의 언어를 사용해 그들의 문화(영화들, 책들, 시사저널들 등)를 주해하고 연결시키면서 청중들의 세계관 속으로 들어가서 (지성적 연결 intelligibility 단계), 논리의 타당성을 이끌어 낸다(상황화 단계, plausibility). 청중들에 대한 존중과 배려로 신뢰를 얻은 다음(신뢰의 단계, credibility), 그들이 가진 인식의 틀 혹은 신념이 일관성 있게 성립(유지)될 수 없다는 변증을 통해 그들의 세계관과 전제를 무너뜨리는 변증을 시작하고, 그리스도를 드러냄으로써(복음과 친밀함 단계, intimacy) 그들의 세계관을 복음이라는 세계관적 기초 위에 다시 세워가는 변증 설교를 추구한다.[344]

지성적 연결 단계 (intelligibility)	전제주의적 변증 설교를 통한 세계관 변혁을 위해서 청중 들의 언어를 사용해 그들의 문화(영화들, 책들, 시사저널들 등)를 주해하고 연결시키면서 청중들의 세계관 속으로 들어감.
상황화 단계 (plausibility)	논리의 타당성을 이끌어 냄.
신뢰의 단계 (credibility)	청중들에 대한 존중과 배려로 신뢰를 얻음.
복음과 친밀함 단계(intimacy)	켈러는 그들이 가진 인식의 틀 혹은 신념이 일관성 있게 성립(유지)될 수 없다는 변증을 통해 그들의 세계관과 전제를 무너뜨리는 변증을 시작하고, 그리스도를 드러냄으로써 그들의 세계관을 복음이라는 세계관적 기초 위에 다시 세워가는 변증 설교를 추구함.

그렇다면 켈러의 실제 전제주의 변증 설교를 위한 4단계 패턴 예를 들어보자.[345]

❶ 예: 정의에 대한 4단계 전제주의 변증 설교

지성적 연결 단계	철학자 알래스데어 매킨타이더 '누구의 정의? 어떤 합리적 근거로?' 아리스토텔레스, 아퀴나스, 흄 사상가로부터 현대사회의 정의 탐색.
상황화 단계	마이클 샌델 교수의 '정의란 무엇인가'를 중심으로 한 현대 사회의 정의관(모든 사회 정의관 전제에는 종교적인 추론이 깔려있다는 점)을 살펴본 다음, 여러 학자들의 인간 존엄성과 사회 정의에 대한 주장을 샌델 교수의 주장을 근거로 객관적으로 비판함.
신뢰의 단계	샌델 교수의 정의관에서 인정할 점을 인정하고, 객관적 입장에서 존중함으로 청중의 신뢰를 얻음. 사회 정의론들의 비판에 공감하면서 부분적으로 정당한 내용을 인정함. 성경의 정의관에서 말하는 부분과 연결/공유되는 부분 있음. 그러나 충분치 않고 온전하지 않은 부분도 인정하도록 설득함.
복음과 친밀함 단계	그들이 가진 인식의 틀 혹은 신념이 일관성 있게 성립(유지)될 수 없다는 변증을 통해 그들의 세계관과 전제를 무너뜨리는 변증을 시작하고, 그리스도를 드러냄으로써 하나님의 성품, 본질에 기초한 정의, 성경적 복음적 정의를 제시함. 그들의 세계관을 복음이라는 세계관적 기초 위에 다시 세워가는 변증 설교를 추구함.

❷ 예: 4단계 전제주의 변증 설교346

지성적 연결 단계	아서 밀러의 희곡 〈세일즈맨의 죽음〉을 통하여 모든 사람들이 피할 수 없는 심판에 대한 의식을 가지고 있음을 지적함.
상황화 단계	인간은 모두 어떤 기준에 따라 심판을 받게 됨 "그 심판대 앞에 설 자신이 있는가?"라는 질문으로 사람들의 마음을 집중시킨다.
신뢰의 단계	• 정의의 궁극적 기준이 없을 때 세상에 희망이 없는 반면, 그 기준이 있다해도 희망이 없다는 논리로 신뢰형성 • 정의의 신적 기준, 황금률, 양심도 지킬 수 없는 존재임을 설득시킨 다음, 대언자의 절대적 필요성에 대한 신뢰를 심어줌 • 정의의 기준이 세상에 존재함을 알고 있고 그 기준 앞에 홀로 설 수 없는 상태임도 알고 있음.
복음과 친밀함 단계	법정에 출두했을 때, 우리는 단순히 좋은 변호사가 필요한 것이 아니라, 하나님 아버지 앞에 우리를 위해 나아갈 수 있는 완벽한 대언자가 필요함. -예수님이 당신의 대언자라면, 하나님의 법은 전적으로 당신 편임. 켈러는 하나님의 최후의 심판대 앞에서 우리를 대언해주실 예수님과 성령님께서 행하실 사역들을 설명하며 복음과의 친밀감을 누릴 수 있는 삶으로 청중들을 초대함.

켈러의 분석에 의하면, 인간이 신앙 혹은 불신앙을 가지게 되는 세 가지 이유는 '지성적, 개인적, 사회적' 이유라고 할 수 있는데, 전형적인 포스트모던 사람들이 말하는 신앙의 이유는 사회 공동체에 의해 영향을 받게 되는 문화적인 이유가 강하다. 따라서 지나치게 개인적인 이유에 초점을 맞추기 보다는 회의주의자들을 위해 지성적인 변증(의문에 대한 논리적 답변을 주는)과 사회-문화적인 이슈에 대한 변증 설교가 균형 있게 제공되어야 한다.347

예를 들어 켈러는 불신앙의 세 가지 이유를 다음과 같이 분석한다.348

복음의 변호차원	죄악의 영향
개인적 차원	죄악의 영향으로 개인에게 미치는 결과, 정체성의 불안, 두려움, 원망.
사회적 차원	죄악이 사회에 미치는 영향, 사회 조직의 분열, 전쟁, 사회윤리의 부패, 국수주의, 민족주의.
우주적 차원	죄악이 우주에 미치는 영향, 샬롬의 상실, 피조물들의 불완전함, 질병, 기아, 자연재해, 노쇠, 죽음.

❸ 예: 실증주의에 대한 4단계 전제주의 변증 설교349

지성적 연결 단계	톨스토이〈참회록〉를 인용하여 대중 문학적 접근을 통해 청중들에게 피할 수 없는 삶과 죽음의 근본적 질문을 던짐. '나는 왜 사는가?', '내 인생의 결과는?', '나를 기다리는 저 죽음도 파괴할 수 없는 무언가가 있을까?'등의 질문은 그 자체에 앞으로 이어질 실증주의, 현대지상주의에 대한 강력한 비판이 내포됨.
상황화 단계 변증적 다리 (apologetic bridge)	"Deconstructing Defeater Beliefs" 1 실증주의의 전제: 기적은 일어날 수 없다. • 지성적 연결 대중들의 기독교를 믿지 않는 이유를 나열하며 이러한 의심이 타당한 것임을 밝힌다. 1. 기적이란 절대 일어날 수 없는 것 2. 기독교는 부활이라는 기적을 주장 3. 기독교는 절대 믿을 수 없는 것 • 상황화 단계 부활을 믿지 않는다면, 애초에 기독교의 탄생을 인정하지 못한다. 그리고 부활을 믿지 못하는 사람들은 잘못된 전제에서 기인한다. 팀 켈러는 청중의 이러한 관점을 파악하고 이를 해체하는 논증을 펼쳐나간다. 1. 바울서신 • 바울서신이 예수가 죽고 15~20년 후에 쓰였다는 건 역사적 사실 • 바울서신이 기록될 당시는 예수의 부활을 목격한 사람이 살아 있는 시기 • 얼마든지 부활을 목격한 사람으로부터 검증 받을 수 있는 문서 2. 첫 번째 목격자 '여자' • 당시 유대 사회에서 '여자는 목격자로 채택될 수 없다'라는 역사적, 사실적 접근

	• 만약 성경이 사실이 아니라면 부활의 첫 목격자가 여자라는 것을 빼려는 시도나 유혹이 있었을 거라는 의문을 제기함. • 부활의 첫 목격자가 여자였다는 사실 그대로를 기록했다는 결론 3. 신속하고 강력한 새로운 세계관 • 세계관 수준의 사고 변화는 오랜 시간에 걸쳐 각양각색의 저술자들의 토의, 논쟁이 동반 된다는 점을 지적함. • 부활이 이미 도래했다는 것을 믿을 수 없는 상황 속에서 수백 명의 기독교인들이 하룻밤 사이에 강력하고 새로운 세계관을 채택함. • 파스칼의 단순한 지적 믿음이 아니라 죽기까지의 믿음
신뢰의 단계	불신자들을 향해 실증주의를 무너뜨리는 강력한 질문을 던진다. 물질계가 우연에 의해 생겨나고 우리가 무슨 짓을 하든 아무런 차이가 없다면 무엇 때문에 타인들의 욕구를 위해 내가 희생하겠는가?
복음과 친밀함 단계	기적, 부활의 존재는 정의와 구제, 인권 등 수많은 부분에서 세상이 갈구하는 바를 위해 우리의 모든 것을 쏟아 부을 무한한 희망과 확실한 이유를 제공함.

나아가 켈러는 오늘날 설교자들은 청중 가운데 이러한 회의주의자가 의심을 가지고 자신의 설교를 듣고 있을 수 있다는 점을 인식하고 전제주의적 변증 설교를 준비하는 과정에서 설교 가운데 그들에게 필요한 설명을 준비하는 존중과 배려가 필요하다고 충고한다.[350]

구체적으로 켈러는 이들을 기독교 신앙으로 이끌어 가기 위한 전제주의적 변증 설교의 과정을 제시한다.[351]

첫째, 회의주의자들의 의심을 해체하라.
둘째, 하나님께서 계시다는 것을 인식하라.
셋째, 당신의 가장 큰 문제를 인식하라.
넷째, 종교와 복음의 근본적 차이를 구별하라.
다섯째, 십자가를 이해하고 경험하라.
여섯째, 예수그리스도의 부활을 끌어안으라.

그러므로 켈러는 회의주의자들의 의심과 공격에 대항하여 참된 기독교만이 이성적으로 신뢰할 수 있는 절대적이고 유일한 진리를 가진 종교이며, 개인적(인격적)으로 진정한 자유와 만족을 경험할 수 있다고 확신한다. 나아가 켈러는 세상의 문제들과 고통과 불의 문제 등을 근본적으로 해결하고 변혁시킬 수 있는 유일한 종교가 기독교임을 복음중심적 전제주의 변증 설교를 통해 변호하고, 회의주의자들의 전제를 해체하며 나아가 불신의 세계에서 신앙의 세계로 회심할 것을 도전하는 복음세계관에 기초한 전제주의 변증으로서 설교를 추구해야 한다고 믿는다.

❹ 예: 세속주의자들을 향한 4단계 변증[352]

지성적 연결 단계	'사람의 삶에 참된 의미는 과연 존재하는가?'라는 질문을 통해 지성적 연결을 시도함. 켈러는 앞서 밝힌 이성의 한계를 다시금 지적하며, 본래부터 인간의 삶에 의미가 없었다는 세속주의자들의 주장을 반박한다. 삶의 의미가 없다고 말하는 이들은 무기력함 속에 삶의 의미에 집착으로부터 벗어나야 참 자유를 경험하며, 우주적 관점에서 개개인은 아무것도 아닌 존재라고 주장함.
상황화 단계 변증적 다리	• 켈러는 그들의 주장에 일관성이 없음을 지적함. 켈러는 일상적이고 평범한 삶 속에 속속히 드러나는 사랑하는 이를 위한 희생, 용기, 심지어는 목숨까지 내놓는 일들의 동기가 어디에 있는지를 묻는다. • 이러한 논박을 통해, 켈러는 삶의 의미란 존재하는 것이 합당하다는 결론을 유도함.
신뢰의 단계	• 켈러는 삶의 의미는 분명히 존재하며, 다만 해결되어야할 의문은 그 의미의 기원이 어디인지 인식하는데 있음. • 켈러에 의하면 우리가 삶의 모든 영역에 의미를 부여할 정도로 능력도 없고 세상 법칙 앞에 완전한 자유로운 존재도 아니며, 다만 삶의 의미는 삶의 현장에서 발견되는 것이다.
복음과 친밀함 단계	• 기독교인은 그리스인이 우주의 배후 의미이자 삶의 이유라고 직관했던 로고스가 곧 우리에게 삶의 의미를 찾을 수 있도록 친히 세상에 오신 하나님의 아들 예수님이심을 믿음. • 우리가 스스로 삶의 의미를 찾아야 하는 게 아니라 궁극적인 삶의 의미이신 그리스도께서 친히 우리를 찾으러 세상에 오셨고, 우리를 위해 대신 십자가에서 죽으신(하나님없는 삶의 무의미를 경험하신) 그분을 믿음으로 받아들이면 삶의 의미와 영생을 얻을 수 있음.

4) 포스트모던 우상을 '해체'하기 위한 변증 설교: 복음의 비판(공격) 차원

앞서 논의한 대로, 켈러의 변증 설교는 전제주의 변증 증명과 변호의 프레임을 통해서도 회의주의자들과 세속주의자들의 전제가 가진 모순과 한계를 지적할 뿐 아니라 복음적 세계관을 제시함으로 그들의 논리와 전제를 궁극적으로 '해체'하고자 한다. 그렇다면 켈러는 전제주의 변증 설교의 비판과 공격의 차원을 전개할 때 청중의 어떤 부분을 궁극적으로 해체하고자 하는가? 한 마디로 우상이다. 이번 파트에서는 켈러가 어떻게 우상을 해체함으로 전제주의 복음 변증 설교를 추구하는지 면밀히 분석해 보고자 한다.

(1) 우상을 해체하기 위한 우상의 실체 파악

켈러는 복음에 뿌리박은 전제주의 변증의 증명과 변호의 기능을 넘어 포스트에브리팅 세대 가운데 있는 우상을 해체하기 위한 비판적이며 공격적인 변증을 시도한다. 켈러는 오늘날 '우상이 난무하는 문화'에서 현대인들이 인식하지 못하고 있는 시대적 우상들을 다음과 같이 드러내며 도전한다.

우상숭배라고 하면 현대인들은 신상 앞에 꿇어 앉아 있는 원시인들을 떠올린다. 신약성경의 사도행전은 고대 그리스 로마 시대의 문화를 생생하게 묘사하고 있는데, 이 시대에는 도시마다 숭배하는 신이 달랐고, 성상을 모셔놓은 사당이 들어서 있었다. 예컨대 바울이 아테네를 찾았을 때 이 도시는 우상으로 넘쳐흘렀다. (중략) 근본적으로 우리의 현대사회도 고대사회와 별반 다르지 않다. 문화마다 그 문화를 지배하는 자체적인 우상이 있고, 우상을 섬기는 성직자, 성상, 의식이 있다. 뿐만 아니라 사당이 있어서 풍족한 삶을 기원하고 재앙을 막기 위해 그곳에 제물을 바쳐야 한다. 여기서 사당이란 고층 건물이나 스파, 체육관, 스튜디오 혹은 경기장이 될 수 있다. 개인의 삶과 우리 사회에서 신화 속의 미와 권력, 돈, 성경의 신들에 해당하는 것들은 무엇일까? 오늘날 많은 젊은 여성들이 아프로디테의 신상 앞에서 실제로 무릎을 꿇은 것은 아니지만 그들은 외모에 지나치게 집착하는 바람에 우울증과 섭식 장애로 고통 받는다. 또한 아르테미스 신상 앞에서 향을 피우는 일은 없다 하더라도, 엄청난 돈과 경력이 달려 있을 때는 더 높은 지위를 얻고 훨씬 많은 부와 특권을 쟁취하기 위해 자식들을 희생시키고 가족과 공동체를 소홀히 한다.[353]

켈러는 우상을 "하나님보다 당신의 마음과 상상력을 더욱 차지하고 있는 그 어떤 것, 하나님만이 줄 수 있는 것을 당신에게 주려는 어떤 것"이라 정의한다. 켈러는 포스트에브리팅 세대의 삶의 복잡한 관계적 패턴을 이해하고 변혁시키기 위해서는 그들 가운데 있는 '우상의 실체'를 간파하는 것이 중요한 의미를 갖고 있다는 점을 강조한다.[354]

한 예로, 켈러의 실제 설교 가운데 어거스틴을 인용하면서 우상은 '사랑의 무질서'(disorder of love)라고 정의한다. 즉 우상은 하나님에 대한 사랑, 이웃에 대한 사랑(대계명)의 우선순위가 바뀌는 것이라고 본다. (눅 15장 설교 중, "Give me Mine")

켈러는 인간이 "어떻게 신을 만들어내는가?"라는 변증적 질문을 통해 간과하기 쉬운 우상의 실체를 청중들에게 다음과 같이 하나씩 규명하기 시작한다.

"우상이란 무엇인가? 하나님보다 더 중요한 것, 당신의 마음과 공상의 세계를 하나님보다 더 많이 차지하고 있는 것, 하나님만이 줄 수 있는 것을 주려고 하는 것 그것이 우상이다. 자기 인생의 중심이자 핵심이 되어 그것을 잃으면 인생을 살아갈 가치가 없어지는 것 같다고 느낄 때 바로 그것이 짝퉁 하나님이다. 우상은 사람의 마음을 통제하기 때문에 우상을 숭배하는 자는 두 번 생각하지 않고 열정과 에너지, 감정과 재산의 대부분을 우상에 쏟아붓는다. 이와 같은 우상이 될 수 있는 것은 수없이 많다 … 성경에서 말하는

> 우상숭배는 극히 복잡한 개념으로 지적 범주와 심리적 범주, 사회적 범주, 문화적 범주, 정신적 범주를 모두 통합한 것이다."[355]

켈러에 의하면, 성경은 세 가지 은유를 통해 우상의 본질을 설명한다. 첫째는 부부관계 은유를 통해 우상을 설명하면서, 진정한 남편(배우자)이신 하나님 외에 다른 배우자를 선택하는 영적 간음을 범하면 이는 우상이 된다. 둘째, 종교적 은유이다. 진정한 구원자되신 하나님 외에 다른 수단(군사, 권력, 돈 등)을 의지하면 이는 곧 우상이 된다. 셋째, 정치적 은유로서 하나님만을 왕과 주인으로 모셔야 함에도 불구하고 다른 것을 섬기면 우상의 노예가 된다. 이러한 결국 우상들은 우리의 삶을 지배하고자 한다.[356]

(2) 현대의 거짓 신들(counterfeit gods), 영적 우상을 해체하는 설교

그렇다면 구체적으로 켈러는 포스트에브리팅 세대의 영적 우상을 해체시키기 위한 복음 세계관에 기초한 전제주의적 변증 설교를 어떻게 전개해 나가는가?

첫째, 켈러는 전제주의 변증 설교를 통해 윤리(도덕)적인 기준이 아닌 그리스도의 복음에 기초한 빛을 비추어 표면적인 죄 아래 숨어 있는 영적 우상을 '분별'하고자 한다. 켈러는 십계명의 첫 두 계명과 율법의 많은 부분이 우상에 대한 말씀이라고 전제한 다음, 우상은 수많은 죄들 가운데 하나가 아니라 죄 아래 있는 죄의 원인(뿌리)인 욕망이라고 통찰한다. 그런 다음 켈러는 우상에 대한 성경적 가르침과 전제주의적 변증은 회의주의와 상대주의적 세계관을 가진 포스트에브리팅 세대들 가운데 매우 필요하다고 강조한다.[357]

켈러는 포스트모던 현대인들의 마음속의 우상을 드러내기 위해 먼저 시대적 상황을 분별함으로부터 시작한 다음 성경의 교훈과 연결하고자 한다. 그리고 다시 성경과 문화 속에 살아가는 청중들의 일상을 연결함으로 공감대를 형성하고 질문적 적용을 제시함으로 우상 해체를 시도한다. 예를 들어, 켈러는 2008-2009년 경제위기를 통해 드러난 시대와 청중의 탐욕문화를 분별하면서, 바울이 당시 청중들의 우상의 실체를 지적하면서 '탐욕이 곧 우상숭배'(골 3:5)라는 말한 것을 연결시킴으로 현대인의 탐욕의 우상을 해체하고자 한다.[358]

또한 그는 자신의 질문을 성경을 통해 답변한 후, 반대로 청중들의 입장이 되어 다시 한번 자문자답한다. 그리고 켈러는 자신의 손에 넣지 않고는 살아갈 수 없는 우상의 실체를 소설『반지의 제왕』에 등장하는 어둠의 군주 사우론의 절대반지에 비유하며 다음과 같이 도전한다.

"성경은 인간의 마음이 '우상을 만드는 공장'이기 때문이라고 한다. 사람들은 대부분 우상하면 말 그대로 조각상들을 떠올린다. 전통적인 우상숭배도 여전히 세계의 여러 장소에서 성행하고 있지만, 내적인 우상숭배, 다시 말해서 마음속 우상을 숭배하는 행위는 우주적이고 보편적이다 …『반지의 제왕』을 이끌어가는 핵심요소는 어둠의 군주 사우론의 반지의 힘이다. 그 반지의 힘을 사용하려는 사람은 제 아무리 좋은 의도를 갖고 있을지라도 누구할 것 없이 모두 타락의 나락으로 떨어진다."[359]

빙산의 일각과 같은 그들의 외적인 죄들을 향해 윤리적인 기준을 가지고 직접적으로 공격하기 보다는 수면 밑에 있는 진정한 죄(우상)가 무엇인지를 분별하고 우상을 해체할 수 있도록 절대적인 복음에 기초한 전제주의적 변증을 통해 접근해야 한다고 확신한다.[360]

나아가 켈러는 청중들이 포스트모던 우상을 분별할 수 있도록 심층적이며 유용한 질문들을 제시한다.[361]

(3) 켈러의 영적 우상의 분류[362]

켈러는 포스트모던 우상을 분별하고 해체하기 위해 다음과 같이 매우 치밀하게 우상의 종류와 우상의 실체를 분석하고 있다.

우상의 종류	우상의 실체	
신학적 우상	하나님에 대한 왜곡된 견해를 낳아 거짓 신을 숭배하게 만드는 교리상의 과실.	
성적 우상	친밀과 수용을 약속하지만, 그 약속을 지키지 않는 포르노와 페티시즘과 같은 중독성 행위, 자신이나 배우자의 외적 아름다움, 낭만적 이상주의.	
주술적/의식적 우상	마법과 비술. 모든 우상숭배는 사랑과 지혜로 초월적 실재에 복종하기보다 초월적 실재의 순리에 도전하려는 마법의 형태를 띠는 경향.	
정치적/경제적 우상, 이데올로기 우상	정치적 질서의 몇몇 측면을 절대화하고 해결책으로는 삼은 좌파와 우파, 자유주의자들의 이념, 예컨대 자유시장을 신성시하거나 악으로 규정하는 것. 나의 정치적 이상이나 소속된 정당은 진보를 거듭해서 영향력 증가하고 있음.	
인종적/국가적 우상	냉소적이거나 억압적으로 변하는 인종주의, 군국주의, 국수주의 혹은 민족적 자부심: "나의 인종과 문화는 탁월하며 우월하다."	
소속의 우상	사회와 직업의 특정한 단체들은 나를 받아준다.	
관계적 우상 혹은 가족의 우상	상호 의존하는 역기능적 가족 체계, '치명적인 매력', 자녀들 혹은 부모님을 중심으로 삼는 삶.	
종교적 우상	도덕주의와 율법주의, 성공과 재능을 우상으로 숭배하는 것, 권력 남용의 구실이 되는 종교. 내가 믿는 종교의 도덕에 관한 규정들을 엄격하게 지킴.	
무종교의 우상	나는 정식 종교로부터 완전히 독립했다고 느끼며, 내가 만든 도덕 관념이 있다.	
철학적 우상	죄악이 아니라 어떤 피조물을 인생의 문제로 삼고, 하나님의 은혜가 아닌 몇몇 인간 행동이나 사업을 그 문제의 해결책으로 여기는 사상체계.	
문화적 우상	서구 사회에서처럼, 개인적 행복을 우상으로 섬겨 공동체를 희생시키는 인종적 개인주의. 가족과 친족을 우상으로 삼아 개인적 권리를 희생시키는 수치 문화.	
심층적/내면적 우상	권력, 능력의 우상/도움의 우상	남을 지배하는 힘과 영향력을 지녀야만 내 삶이 의미 있다/내가 가치 있는 사람이 됨. 나는 능력있고 다른 이들에게 영향력을 미친다/사람들은 나에게 의존하고 나의 도움을 필요로 함.

	인정의 우상	누구의 사랑과 존경을 받아야만 내 삶이 의미 있다/내가 가치 있는 사람이 된다. 나는 사람들에게 존경받고 사랑받는다.
	안락함의 우상	이 정도의 즐거움, 특정한 삶의 질을 누려야 내 삶이 의미 있다/내가 가치 있는 사람이 된다. 나는 이런 종류의 즐거움과 특별한 상류 사회의 생활, 특권을 누린다.
	외모의 우상	나는 멋지고 특별한 외모나 몸을 가졌다.
	통제력, 지배의 우상	어떤 분야에서 내 삶을 통제할 수 있어야 내 삶이 의미 있다/내가 가치 있는 사람이 된다. 나는 내 삶의 영역을 장악할 수 있다.
	의존의 우상	나를 보호하고 안전하게 지켜 줄 누군가가 있다.
	독립의 우상	나는 누군가를 도와줄 의무와 책임에서 완전히 면제되었다.
	일의 우상	나는 매우 생산적이어서 많은 일을 해낸다.
	성취의 우상	나는 내가 이룬 성과들과 뛰어난 경력때문에 인정받는다.
	물질주의 우상	나에게는 어느 정도의 부와 재정적 자유, 멋진 물건들이 있다.
	한 사람의 우상/행복의 우상	내 인생에 어떤 한 사람이 있다는 것이 나를 행복하게 한다.
	고통의 우상	나는 아프거나 문제에 빠졌기에 이제서야 내가 귀하고, 사랑받을 만하고, 죄책감을 극복할 만하다고 느낀다.
감정의 우상 통제되지 않는 갈망들, 죄책감, 쓴뿌리, 공허감	화/분노가 났을 때	나에게 정말 무엇이 너무나 소중한가? 내가 반드시 가져야만 하는 것이라고 나 자신에게 말하고 있는 것은 무엇인가? 지금은 없지만 꼭 필요하다고 생각하는 어떤 것을 가지지 못해서 화를 낸 것인가? • 예: 로마서 6장 설교에서 영적 노예됨을 인식하라는 포인트를 제시한 다음, 켈러는 자신의 마음 속에서 통제되지 않는 분노와 두려움, 슬픔 등의 감정이 우상을 점검할 것을 적용한다.
	불안과 걱정이 생길 때	나에게 정말 중요한 것이 없는가?
	낙심(우울)하거나 자신이 싫을 때	나에게 정말 중요한 것이 없는가? 반드시 가져야만 하는 것은 없는 것인가? 지금은 없지만 꼭 필요하다고 생각하는 어떤 것을 놓치거나 잘못했기 때문에 우울한 것일까?

청중들이 추구하는 감추어진 우상(인정, 평안, 통제, 의존, 일, 성취, 물질, 종교, 개인, 비종교, 인종/문화적, 가족, 관계, 고통, 사상, 이미지의 우상 등)의 실체와 지불해야 할 대가, 최악의 경험, 겪게 되는 감정과 감정적인 문제가 무엇인지 복음중심적 변증 설교의 논리와 질문을 통해 해체하는 탁월함을 보여준다.

이러한 우상의 분류와 함께 켈러는 기능적인 우상을 분별하기 위한 실제적인 질문을 제시한다.363

기능적 우상을 분별하기 위한 질문들	나의 상상력이 주로 어디에 가 있는가? 무엇에 대해 가장 쉽게 생각하며, 내가 자유로울 때 생각은 어디로 가는가?
	무엇이 나의 삶을 가장 행복하게 하는가? 돈을 주로 어디에 쓰는가?
	삶 가운데 진정한 믿음의 고백(실천)이 있는가?; 감정이 어디에 집중되는가?
	나에게 큰 공포와 걱정은 무엇이며, 무엇이 가장 불안한가?
	내가 만약 실패한다면 나의 삶을 계속 살아가도록 하는 것은 무엇인가? 내가 실패하거나 놓치면 살고 싶지 않을 정도로 싫은 것은 무엇인가?
	일이 잘못되거나 어려울 때, 나 자신이 의존하거나 자기 위안으로 삼는 것은 무엇인가?
	내가 가장 쉽게 생각하는 것은 무엇인가?
	내가 편히 쉴 때 내 마음은 어디로 가는가?
	기도가 응답되지 않을 때, 어떤 기도가 나를 심각하게 하나님으로부터 떠나도록 심각하게 고민하게 만드는가?
	무엇이 내 존재를 가장 가치 있도록 느끼게 하는가? 나는 무엇을 가장 자랑스러워하는가?
	내가 진정으로 삶으로부터 기대하는 것은 무엇인가? 나를 진정으로 행복하게 해주는 것은 무엇인가?

(4) 영적 우상 제거 방법

그렇다면, 켈러는 이러한 다양한 우상들을 영적으로 제거하는 방법은 어떻게 제시하는가? 복잡한 우상을 제거하기 위해서는 도덕적이거나 심리적인 접근이 아닌 '복음적 접근'이 필요하다.

우상제거 방법	도덕적인 접근
	심리적인 접근
	복음적 접근

켈러는 이러한 영적 우상을 분별할 뿐 아니라, 제거하기 위해서는 '도덕적인 접근'(문제가 당신이 계속 죄를 짓는 것이기에 회개하고 죄를 멈추라는 접근)이나 '심리적인 접근'(문제는 하나님이 있는 그대로 사랑하고 용납하신다는 것을 인식하지 못하기 때문이라는 접근)을 지양하고, '복음적 접근'(문제는 당신의 행복을 위해 그리스도 외에 다른 것을 의지하고 바라보기 때문)을 통해 '우상의 가면을 벗기고', 죄 자체를 미워하고 예수님이 이미 이루신 구원 사역을 통한 은혜 안에서 즐거워해야 한다고 강조한다.364

켈러는 영적 우상을 제거하기 위해 우상을 숭배할 때 나타날 다양한 '결과'들을 제시함으로 청중들 마음 안에 우상을 버리고자 하는 적극적인 '동기'를 부여한다. 예를 들어, 교만이란 자기본위의 우상이 얼마나 치명적이라는 것을 강조한 다음, 바로 교만의 우상을 버리라고 권면하지 않고, 교만의 우상이 가져올 결과들을 다음과 같이 제시한다. 1) 당신을 어리석게 만들 것임, 2) 당신을 사악하게 만들 것임, 3) 가장 찾기 힘든 숨겨진 죄악들이 자라게 할 것임, 4) 종교적 교만을 더욱 악화시킬 것임을 실감나게 제시함으로 교만의 우상을 버리도록 동기를 부여한다.365

켈러는 복음을 믿는데 실패한 자들 가운데 있는 우상을 '해체'하기 위해서 복음 갱신을 통한 공격적인 변증 설교를 추구한다. 복음을 믿는데 실패하는 자들을 돕기 위해서는 다른 죄들의 뿌리가 되는 우상의 본질에 대해 설교해야 하며, 복음의 갱신을 통해 무엇보다 적용이 살아있는 복음 중심적 설교가 필요하다. 특히 켈러는 성경의 매타내러티브를 통해 포스트 에브리팅 세대의 마음에 있는 거짓 우상들을 무너뜨리기 위한 복음적 변증(공격)을 추구한다. 그들의 '마음에 있는 우상들'을 향한 그리스도의 복음에 기초한 공격적인 변증 설교를 추구한다.³⁶⁶

예를 들어, 켈러는 포스트에브리팅 세대 가운데 있는 성(性, sexuality)의 우상을 야곱의 내러티브를 통해 심층적으로 분석하고 있다.³⁶⁷

내면적 공허함으로 인해, 인간은 종종 진정한 사랑을 소망한다. 야곱과 레아는 그들의 삶의 실패로 인해 그러한 사랑을 간절히 소망했으나 그들의 꿈이 이루어졌을 때, 그들의 소망은 산산조각 나 버린다. 레아는 궁극적으로 유일한 구원자이신 하나님께 소망을 둠으로 내적 평안을 얻게 된다.³⁶⁸

켈러는 야곱의 파괴적인 우상숭배의 원인이 자신의 마음의 공허함을 메우기 위해 진정한 사랑을 갈구함으로 사랑의 노예가 되어버린데 있다고 본다. 켈러는 또한 현대에도 이런 야곱같이 사랑의 우상에 지배당하고 있는 사람들이 많다고 분석한다. 켈러는 사랑이 우상이 되어 버리고 성에 중독되어 버릴 때 마음 안에 생겨나는 두려움과 내면의 황폐함은 어리석고 파괴적인 선택을 하게 된다고 본다. 야곱에게 라헬은 단순히 아내가 아닌 구세주가 되어 버렸고, 이로 인해 야곱뿐 아니라 레아와 그의 자녀들을 비롯한 가족 전체가 피해자가 되어 불행하게 된다. 켈러는 이러한 사랑과 성의 우상이 가져올 파괴적인 결과를 보여줌으로 우상을 버리고자 하는 동기를 부여한다. 나아가 켈러는 구속사적으로 사랑 받지 못한 레아가 낳은 유다를 통해 진정한 메시아가 오셔서 사랑과 성의 우상을 회개하게 하시고 참된 사랑으로 만족시켜 주실 것을 강조한다.³⁶⁹

(5) 영적 우상 해체하는 전제주의 변증 설교의 예들
❶ 예: 돈의 우상 해체하는 전제주의 변증 설교

켈러는 삭개오 내러티브를 통해 돈의 우상을 실체를 심층적을 분석한다.³⁷⁰

설교자의 텍스트	켈러는 '어떻게 하면 우리의 두 눈을 멀게 만드는 돈의 힘을 알아차리고 그 힘에서 자유로워 질 수 있을까?' 질문함.
원 저자의 메시지	• 삭개오가 당시 마을 사람들에게 변절자(죄인)로 불린 세금 징수 조직을 책임지는 관리(세리장)이 되어 지배계층인 로마인들과 가혹한 세금을 거두기 위해 협력하는 자가 된 이유는 로마가 세리에게 주는 엄청난 보상 즉 돈 때문이었음. 세리들은 당시 사회에서 가장 부유한 사람들이었고, 동시에 가장 지독한 혐오의 대상이었음. 그러나 삭개오는 다른 사람의 시선과 평가를 무시하고 오직 돈을 벌기 위해 그 외에 다른 모든 것을 희생함. • 이미 멸시받고있던 삭개오가 모든 명예를 내려놓고 절박한 마음으로 당시 뽕나무 위로 올라가서 예수님을 만나게 됨. 예수님은 당시 종교적인 자들(창녀와 세리보다 낫다고 생각하는 사람들)에게 다가가시지 않고 무리 중에서 가장 악명 높은 죄인인 세리에게 다가가실 뿐만 아니라 식사까지 함께 하자고 하심.
그리스도 안에서 성취된 주제	• 삭개오가 예수님 주위에 모여든 사람 중에서 가장 의가 없는 자신을 예수님이 선택했다는 걸 알았을 때, 그의 영적 세계관은 변화가 일어남. 즉 삭개오는 하나님의 구원이 도덕적 성취나 의를 통해서가 아니라 예수님의 은혜를 통해 이루어진다는 복음을 깨닫기 시작함. • 복음으로 인해 마음이 변화된 삭개오는 율법이 정한 금액(10%)보다 훨씬 많은 자기 수입의 50%를 가난한 사람들에게 주겠다는 놀라운 약속을 함. 이에 "구원이 이 집에 이르렀도다"고 예수님은 말씀하심. 대가 없는 선물로 베풀어주는 하나님의 은혜의 구원에 반응함으로 삶이 변화됨. 삭개오가 자신의 정체성과 안전을 제공해 준다고 믿었던 돈이라는 우상을 예수님이 제거해 주셨기 때문에, 삭개오의 돈은 선행의 도구로 역전 된다.
어떻게 우리에게 영향을 주는가	• 켈러는 그리스도의 복음을 통해 '돈의 우상'이 제거될 수 있음과 구체적인 삶의 변화의 예를 삭개오 속에서 제시하고 있다. 켈러는 돈은 그 자체로는 선한 것이지만, 인간의 마음 아래 있는 돈의 우상을 분별하기 위한 적용적 질문을 던진다: '우리는 돈을 왜 얻고자 하는가?' '안정을 찾기 위해서?' '우월감을 얻기 위해서?' '특정계층에 들어가거나 외모를 아름답게 꾸미고 싶기 위해서?' '강력한 권력을 행사하고 싶어서?' • 돈이라는 우상은 동일하나 개개인의 심층에 깔린 우상은 다양하기에, 돈이라는 우상의 심층 분석을 위한 예화와 적용을 제시함.

> - 켈러는 그리스도의 복음이 인간 마음 심층에 존재하는 돈의 우상을 제거하는 유일한 방법임을 강조함. 하나님이시며 동시에 인간인 예수님은 무한한 부를 가지신 분이지만, 부요한 자로 우리를 부요하게 하시고 보물로 삼으시기 위해 가난을 선택하시고 죽음을 당하심.
> - 이러한 그리스도의 복음을 이해하는 만큼, 돈의 우상에 지배받지 않게 되며, 아낌없이 베푸는 사람으로 변화될 때까지 예수님의 값비싼 은혜를 생각해야 함.

팀 켈러는 기드온이 승리한 뒤에 하나님께 영광을 돌리지 않고 그 승리가 주는 영광(에봇 우상)에 대한 욕구를 드러낸다고 말한다. 그것은 전투의 승리가 준 최악의 일이라고 주장한다.

켈러는 누가복음 14장 7-24절 설교에서도 돈의 우상에 대한 설교를 선포한다.[371]

켈러는 우리가 영적으로 그리스도 안에서 부요하다는 것을 깨달을 때에만 부와 안전으로서 돈을 의지하는 것을 멈출 수 있으며, 우리가 확신하는 부활을 바라볼 때에만, 오는 세상에서 우리가 누리게 될 기쁨을 바라볼 때에만 돈의 우상을 의지하지 않을 수 있다고 적용한다. 또한 마태복음 6장 설교에서 오늘날 교회가 돈과 맘몬에 대한 설교와 적용을 해야 한다고 강조한다.

❷ 예: 성공의 우상을 해체하는 변증설교

나아만 장군의 내러티브를 통해 성공의 우상을 분석하고, 다니엘 내러티브를 통해 권력과 영광의 우상을 해체하고자 한다.[372]

켈러는 나아만 장군의 내러티브를 통해 성공의 우상을 해체하는 변증을 보여준다.[373]

변증 4단계를 통해 켈러의 변증을 분석해보자.

지성적 연결 단계	- 덧없이 사라지는 만족감(팝의 전설 [마돈나], 영화 [불의 전차]) - 성취감을 얻는다고 해도 풀리지 않는 질문들 Q.나는 누구인가? Q.나의 진정한 가치는 무엇인가? Q.어떻게 죽음을 맞이할까?
상황화 연결 단계	- 개인적 차원에서 성공을 우상으로 숭배하는 자들 - 우상 숭배 징후1: 성공과 성취가 안정을 가져온다는 생각 - 징후 2: 스스로를 바라보는 왜곡된 시각과 성취가 자신의 가치척도의 기준 - 징후 3: 자신이 선택한 분야에서 정상의 자리를 지키지 못하면 자신감을 잃어버리는 모습. - 징후 4: 사회적 차원에서 경쟁을 부추기는 문화
신뢰의 연결 단계	• 〈연결 질문〉 이처럼 우리의 문화가 온통 거짓 신을 섬기라고 강력하게 부추긴다면 어떻게 거기서 벗어날 수 있을까? 성공과 돈, 권력으로 할 수 없는 것들이 있음. • 성공하고도 죽은 자, 나아만: 열왕기하 5장의 나아만은 부유하고 용맹한 군인, 가장 높은 명예 얻은 자. 성공을 부추기는 주된 동기는 성공한 자들의 자리에 들어가고자하는 욕망임. 아웃사이더가 되었다는 불안정을 이겨내는 방편으로 성공을 추구함. 성공이 우리가 갈구하는 만족감을 가져다 줄 수 없다는 현실을 대변하는 이야기. • 나아만의 종교적 세계관: 사마리아의 선지자대신 이스라엘 왕을 찾게 함 (왕하 5:2~3). 나아만은 병을 고치기 위해, 이전처럼 어떤 대단한 성공과 성취를 거둬 대가를 받으려고 함(왕하 5:10-13). 나아만의 세계관을 깨뜨리지 못하면, 계속해서 성공과 성취의 우상의 노예로 살 수밖에 없다. - 하나님의 세계관: 은혜의 하나님, 구원은 우리 노력으로 얻을 수 없다. 부족함 가운데 오직 하나님만 바라보고 그냥 몸을 씻기만 하면 됨.
복음과 친밀함 단계	• 하나님의 은혜와 용서는 거저 받지만, 베푸는 자에게는 항상 대가가 있다. 용서는 언제나 값비싼 대가를 동반한다. • 노예 소녀: 시리아 사회구조의 가장 밑바닥 계층. 소외받는 자였던 노예 소녀는 하나님이 자신의 희생을 얼마나 유용하게 쓸지도 모른 채 고통을 감내하고 용서를 베푼 것. • 용서는 언제나 시련을 감내하는 종을 필요로 한다는 이 성경의 주제는 예수의 이야기에서 절정에 달한다. 예수님은 고통 받는 종이 나타나 세상을 구할 것이라는 예언을 성취하신 분(사 53). • 〈적용질문〉 자신이 무능하다는 생각을 고치고 삶의 의미를 찾기 위해서 뭔가 대단한 일을 해야 한다는 우리 마음의 집착을 어떻게 깨뜨릴 수 있을까?

> • 구원에 관한 나아만 이야기는 성공을 떠받드는 우리 태도를 철저하게 공격함(왕하 5:14~16). 나아만은 당시 천한 노예의 말에 귀를 기울여야 했다. 이 주제의 가장 궁극적으로 보여주신 분이 마구간의 구유에서 나신 예수 그리스도이심.

위에서 분석한 켈러의 변증 설교를 또 다른 그의 해석학적 설교 패러다임을 통해 정리해 보자.

첫째, 켈러는 설교자의 텍스트를 통해 유명 스타들(마돈나, 폴락 등)의 고백에 담긴 성공이 가진 덧없는 만족감을 제시한다. 켈러는 성공을 우상으로 숭배하는 자는 성공의 우상이 다른 어떤 우상보다 경쟁을 부추기는 문화 속에서 살아가는 우리에게 가치와 안전을 제공하는 강력한 신이라는 느낌을 갖게 만든다고 분석한 다음, 성공을 우상으로 섬기고 있는 징후를 세 가지로 제시한다. 첫째는 그것이 안정을 가져온다는 잘못된 생각을 하는 것, 둘째는 스스로를 왜곡된 시선으로 바라보게 된다는 것(인생의 한정된 한 분야에서 성공했을 뿐인데도 모든 분야의 전문가가 됐다는 착각에 빠지는 것 등), 셋째는(가장 주된 징후) 자신이 선택한 분야에서 정상의 자리를 지키지 못하면 자신감을 잃어버리는 모습이다. 켈러는 성공의 우상을 숭배하다가 돈, 권력을 다 얻고도 나병환자(죽은 자)가 되어버린 나아만 장군을 소개한다.

둘째, 켈러는 원 저자의 메시지 패턴을 제시한다. 나아만은 병을 고치기 위해 엄청난 재물을 끌어 모으고 최고 권력자의 편지를 통해서 이스라엘의 최고 통치자인 왕을 찾아갔으나 왕은 불쾌감을 드러내며 나아만에게 자신이 하나님이 아님을, 사람을 죽이고 살릴 수 있는 능력을 갖고 있지 않음을 이야기한다. 켈러는 이미 성공의 우상을 섬기던 나아만은 성공과 권력을 가진 사람들에게 가면 모든 문제를 해결할 수 있다는 생각의 오류를 가지고 있다고 간파한다. 또한 이스라엘 왕은 나아만을 엘리사에게 보내고, 나아만은 자신의 이미지와 세계관에 맞는 기대를 가진다. 즉 엘리사가 어떤 주술적인 의식을 행해 자신의 병을 치유할 거라는 기대와 달리 요단강에 가서 몸을 일곱 번 담그라고 이야기하는 것을 듣고 분노한다.

셋째, 현대 청중을 위한 적용을 제시한다. 켈러는 하나님의 은혜와 용서는 아무런 대가 없이 받을 수 있지만, 이것을 베푸는 자는 항상 값비싼 대가를 치른다고 말하면서, 나아만의 나병이 치유 받을 수 있도록 대가를 치룬 자는 다름 아닌 나아만의 아내를 모시는 노예 소녀였다고 본다. 그 소녀는 모진 고통을 당하였지만 나아만을 불쌍히 여기는 마음을 가지고 나아만의 고통을 덜어주기 위해 나아만에게 예언자 엘리사에 대한 얘기를 해주었던 것이다.

넷째, 켈러는 그리스도 안에서 성취된 주제를 제시한다. 켈러는 '성공을 위해 자신이 추구하고 생각하는 어떠한 높은 기준을 우리는 어떻게 바꿀 수 있을까?'라고 질문한 다음, 바로 우리를 치유하시고 구원하시기 위해 친히 위대한 종으로 오셔서 십자가에 대신 모든 대가를 치루신 예수 그리스도만이 성공의 우상에서 자유롭게 하실 수 있는 분이심을 제시한다. 켈러는 다음과 같은 그리스도 중심적 적용을 제시한다.

> 예수님의 구속 사역으로 말미암아 우리는 우리의 존재가 의로움을 알게 되며 예수가 우리를 위해 했던 일에 마음으로 감명 받을 때 '성공 중독증' 즉 어떤 희생을 치러서라도 성공을 얻고자 하는 욕구는 사라진다. 예수 그리스도가 하나님의 구원을 받을 수 있도록 대신 죽음을 당하셨기 때문에 우리는 그냥 '몸을 씻기만' 하면 된다. 나아만은 겸허한 태도로 요단강에 가서 시키는 대로 행동하였다. 하나님의 답은 궁전이 아니라 노예들의 숙소에서 나왔다(성공이 자기 기준과 노력, 현실의 위대함이 아닌 미천하고 나약해보이나 하나님의 말씀으로 비롯된 것에서 나온 것). 예수님의 구원은 힘으로 얻을 수 있는 것이 아니라 약하고 부족함을 인정했을 때 얻을 수 있는 것이다(힘이 아닌 복종과 섬김).

❸ 예: 권력의 우상을 해체하는 변증설교

켈러는 느부갓네살 이야기(단 2:1-3)를 통해 '권력의 우상'이 무엇인지, 그리고 권력의 우상에서 어떻게 자유롭게 될 수 있는지 제시한다.[374]

지성적 연결 단계	• 요한 하위징아: "우리는 뭔가에 홀린 세계에 살고 있다." 막시밀리앙 로베스피에르(프랑스 혁명의 주도자): "정치 이념의 우상화, 그 비참한 최후." • 자기 민족을 사랑하는 마음이 절대적으로 변하면 인종주의라는 우상숭배가 됨. 정치를 우상으로 숭배하는 징조 중 첫째는 공포가 인생의 주된 특징이 된다는 것임. 둘째는 반대자들을 단순하게 잘못된 생각을 가진 사람이 아니라 사악한 사람으로 간주하는 것임. 셋째, 정치지도자를 구세주로, 정치 철학을 구원의 믿음으로, 정치가 이념적으로 변할 때 정치활동을 일종의 종교로 볼 수도 있음. 정치 이념의 우상화 예(공산주의와 타락한 자본주의)를 제시함.
원저자의 메시지	• 기원전 6세기 바빌론 제국의 왕으로 지구상에서 가장 강력한 권력을 지녔던 느부갓네살도 이유를 알 수 없는 꿈 때문에 괴로워함. 권력이 가지고 있는 특징은 사람을 불안감과 두려움에 사로잡히게 함. 그러므로 권력은 두려움에서 태어나고, 다시 더욱 깊은 두려움을 낳는다. 결국 그러한 것들을 이기기 위해 권력을 더욱 추구하나 그러한 행위로는 온전한 안식을 누릴 수 없게 된다. • 느부갓네살은 처음 꾼 꿈의 해석을 들었음에도 불구하고 여전히 독재자였고 여전히 특정 인종과 계층, 가난한 사람들을 억압함. 이에 하나님께서는 성공한 사람은 누구나 하나님으로부터 분에 넘치는 은혜를 받은 자에 불과하다는 것을 깨닫게 하심. • 죄악의 가장 큰 아이러니 가운데 하나는, 인간이 인간 이상의 존재, 즉 신이 되려고 할 때 오히려 인간보다 못한 존재가 되는 것임. 스스로 신이 되어 자신의 영광과 권력을 추구하며 살면 가장 잔인하고 짐승 같은 행동을 저지르게 되는 것. 느부갓네살처럼 교만함은 사람을 인간이 아닌 포식자로 둔갑시킴. 결국 느부갓네살은 하나님께 의지하기 위해 하늘을 우러러보았고 그로 인해 이전보다 더 큰 영예를 받게 됨.
그리스도 안에서 성취된 주제	• 하나님이 보내신 돌(단 2:31-35): 바벨론 신상은 이 지구상의 모든 왕국을 뜻함. 거대한 우상으로 나타난 것은 인간의 권력과 성취를 우상화하는 행동을 뜻함. 이 우상을 무너뜨린 것은 하나님이 보낸 돌, 인간의 손으로 잘라내지 않은 돌이었음. 신상의 다른 금속 성분보다 그 가치가 떨어지지만, 궁극적으로는 가장 강력한 요소며, 이 지상에 들어설 하나님의 나라임. 느부갓네살은 이제 가장 높으신 유일한 하나님이 계신다는 것, 그분이 절대 주권자요 심판자라는 것을 알게 됨.

	• 모든 권세를 내려놓고 낮아지신 그리스도. 하나님의 메시지를 받고서 느부갓네살은 겸손해졌고 다른 행동을 보임(단 2:46-47). 수많은 권력을 쥐고 있어도, 심지어 세계를 지배하고 있는 가운데에도 여전히 불안과 두려움이 존재함. 궁극적으로 이를 해결할 수 있는 길은 우리를 구하기 위해 모든 권력을 내려놓고 섬기는 자가 되신 예수 그리스도 안에서 더 큰 권력욕을 지니는 것을 포기하고 낮아져 섬기는 것임. 역설적으로 예수 그리스도의 낮아짐과 섬김이 가장 큰 영향력을 발휘한 것을 기억해야 함.
어떻게 우리에게 영향을 주는가?	• 우리의 죄와 부족함, 무력함을 인정하고 우리 자신을 예수님께 맡길 때 그의 사랑 안에서 안정을 찾고 남을 억압하지 않고도 힘을 얻게 됨을 깨달아야 함. • 우리가 가진 것은 우리의 '노동'이나 노력의 결과물이 아니라 은혜의 결과물이라는 개념이 복음의 기본적인 형태임. 권력을 버리고 섬기는 자로 본(빌 2:4-10)이 되어주시는 예수님의 삶과 은혜는 권력에의 의지를 치유함. 오직 복음을 통해서만이, 권력과 영광이라는 우상숭배에서 벗어날 수 있음.

❹ 예: 영적 우상을 해체하는 변증설교(요나서 설교)

켈러는 요나서 이야기를 통해 우상에 대한 분별과 해체를 위한 변증적 설교를 보여준다.[375]

설교자의 텍스트	• 이윤을 절대적인 가치로 바라봄으로 도덕의 붕괴와 사회의 분열을 초래했기에 하버드 경영대학원 MBA선서의 서명자들은 개인적 이윤이라는 우상과 맞서고자 함. • 앤드류 델방코는 이러한 시대 안에 깃든 우상의 문화를 정확하게 진단함. 이 시대의 인간은 공동체의 제약에서 벗어나 개인적 자유를 극대화함. 이러한 시대를 '자아의 시대'라고 부르는데, 이 시대에 많은 가짜 하나님이 존재함. • 문화라는 우상과 물질주의, 경력지상주의, 이윤의 우상들이 세상 곳곳에 존재하고 심지어 종교에까지 이러한 우상은 침투해 들어감.
원저자의 메시지	• 요나서 4:1-11절의 말씀을 통해 요나 안에 자리 잡은 인종 차별주의 우상과 애국심이라는 우상, 자신의 도덕적 독선이라는 우상을 드러냄. 요나서는 우리가 싸워야 할 복합적인 우상을 보여줌. • 요나는 1장 1-2절에서 원수의 나라, 거대한 도시 느느웨로 가서 복음을 전하라는 도저히 순종하기 어려운 사명을 하나님께 받음. 그러나 요나는 모든 노력을 다해 이를 피하려 함. 바로 복잡한 우상숭배가 요나를 불순종의 길로 이끈 것임.

	• 이로 인해 요나는 하나님의 징계를 당하면서 하나님의 헤세드는 마땅히 받을 대상에게 주어지는 것이 아니라 자격 없음에도 불구하고 일방적으로 주어지는 은혜라는 사실을 깨닫게 됨. 요나는 하나님의 은혜와 자비가 필요한 니느웨로 가서 하나님의 목소리를 선포하게 됨. 하나님의 자비를 잃어버린 자들에게 전하였을 때 니느웨 가운데 회개의 역사가 일어남. • 사역에 성공하였음에도 불구하고 요나는 하나님을 원망하며 스스로 죽여주시길 요청함. 하나님의 은혜에 대해 단순한 지적 동의에 머물렀던 요나는 여전히 우상숭배에 좌지우지 되는 인생을 살아갈 뿐이었음. 요나는 애국심과 자신의 도덕적 독선을 우상으로 숭배하는 바람에 세상의 도시나 국가들에 대한 하나님의 긍휼을 잃어버린 것임. 요나가 하지 못한 일, 곧 사악한 도시를 사랑하는 일을 바로 하나님이 행하심.
그리스도 안에서 성취된 주제	• 요나 선지자 시대에서 몇 세기 흐른 후 자신을 '최후의 요나'라고 부르는 예수님이 등장함. 그는 자신에게 해를 가하기로 작정한 사람들을 사랑하여 구원하기 위해 안전지대를 떠남. 최초의 요나는 그 일로 실제로 죽지는 않았지만, '요나보다 더 크신 이'이신 예수그리스도는 죽었다가 살아나심. 요나가 예수그리스도를 상기시키는 것은 성경 곳곳에 나타나 있음(예: 풍랑가운데 배속에 깊은 잠에 들어 계신 모습과 배속에서 잠든 요나).
어떻게 우리에게 영향을 주는가?	• 요나서는 하나님의 질문에 대한 요나의 대답이 등장하지 않고 마치 독자에게 대답할 기회를 주는 것 같은 뉘앙스를 주고 있음. 이 질문을 우리에게 던지고 있는데 우리는 오직 예수 그리스도의 죽음과 부활에 의지할 때 사랑하기 어려운 이들을 사랑할 수 있음을 깨닫게 함.

켈러는 복음중심적 변증 설교는 포스트모던 청중들의 우상을 분별하는 것이 목적이 아니라, 거짓 우상들을 삶 가운데 '해체'하는데 그 목적을 두고 있다. 이를 위해 켈러는 다음과 같은 설교 전략을 제시한다.

1) 먼저 복음의 은혜 안에서 구체적으로 우상의 이름과 실체를 고백하며 회개해야 한다(삿 10:10-16; 롬 8:13).

2) 우상을 버리고 예수님이 마음에 오신 것을 기뻐해야 한다(눅 10:20; 골 3:1-4). 예를 들어, 만약 시험 가운데 위로/안정의 우상에 빠져있었다면, 예수님께서 자신의 생명으로 이끌어 가심을 구체적으로 기뻐해야 한다.[376]

3) 포스트모던 우상들을 해체하기 위해서는 궁극적으로 예수 그리스도 중심

적, 복음 지향적 변증 설교가 필요하다는 것이다.

켈러는 우리가 아브라함처럼 가장 소중한 영적 이삭과 같은 것(우상)을 하나님께 드리기 위해서는 하나님께서 예비하신 양, 그리스도의 대속을 온전히 의지해야 한다고 역설한다.

창세기 29장의 야곱 내러티브를 통해, 켈러는 세속적인 사랑이라는 우상을 근본적으로 해체하기 위해서는 아무도 원하지 않았던 여인(레아)의 혈통 아래 아무도 원하지 않는 사람으로 오셔서 우릴 위해 대신 죽으신 예수 그리스도의 사랑을 믿고 바라보아야 한다고 강조한다.[377] 또한 켈러는 얍복강에서 야곱(우상으로 인해 패배했던)이 하나님의 약함으로 구원(승리)과 축복을 받은 것처럼, 우리를 구원하시고 승리케 하기 위하여 십자가에서 약한 자로서 죽으신 예수 그리스도를 통해 성령으로 주어지는 진정한 축복을 경험할 때 복음의 치료제를 통해 우상을 해체해 버릴 수 있다고 확신한다.[378] 켈러는 사도행전 17장 설교('우상의 세계')에서도 우상의 본질을 변증한 다음, 어떤 종교에도 없는 예수 그리스도의 십자가 부활의 복음을 통해서만 우상을 무너뜨릴 수 있다고 강조한다.[379]

키워드 4. Preaching to the Heart
청중의 마음을 향한 설교

1. 청중의 마음을 향한 복음 설교

1) 전인적 호소, 청중의 마음(Heart)를 움직이는 설교

켈러는 오늘날 후기 모던 청중들에게 효과적인 설교의 반응과 변화가 일어나도록 하기 위해서는 "전인의 경향성"(the inclination of the whole person)으로서 '청중들의 마음을 향한 설교'를 지향해야 한다고 강조하면서, 이에 대한 모델로 에드워즈의 '종교적 감정'(Religious affection)을 제시한다. 청중들의 변화를 일으키는 설교의 적용은 그들의 생각, 감정, 의지의 중심에 있는 '마음'을 향해 연결되어야 한다. 켈러는 전인적 호소, 하트(Heart)를 움직이는 설교를 지향한다.

청중들의 변화를 일으키는 설교의 적용은 그들의 생각, 감정, 의지의 중심에 있는 '마음'을 향해 연결되어야 한다. 이를 위해서는 세 가지 텍스트인 성경 텍스트, 청중이 직면하고 있는 정황의 컨텍스트, 청중의 마음의 하위텍스트(subtext)의 균형을 추구해야 한다.

| 성경 텍스트 | 청중 컨텍스트 | 마음 하위텍스트 | ⇒ 청중의 변화 |

		내부강화	
		자기과시	
		교회 내 훈련	
		예배 서브텍스트	

켈러에 의하면, 깊이 있는 설교를 위해서는 세가지 '텍스트'라는 틀을 통하는 것이다. 마음의 하위텍스트는 표면적인 언어의 의미보다 더 깊은 설교자의 설교의 기저에 흐르는 본문이 의도한 진정한 의미를 말한다. 켈러에 의하면, 첫 번째 종류의 서브텍스트는 '내부강화 서브텍스트'로 설교자가 공동체의 연대를 강화하고 소속감과 안정감을 주는 형태로서, 이것이 주된 목표로 작용한다면 그리스도중심적 설교를 통한 설교의 능력에 역기능적 작용을 하게 된다고 본다. 두 번째 종류의 서브텍스트는 '자기 과시의 서브텍스트'로서 설교자가 자신의 대단한 능력과 기술을 드러내고 교회의 생산성을 확장시키는 형태로서, 일종의 비즈니스(판매) 행위이다. 세 번째 종류의 서브텍스트는 진리의 능력에 초점을 맞추어 교회 내부에 초점을 맞춘 청중의 훈련과 가르침을 위한 형태이다.

네 번째 종류의 서브텍스트는 '예배의 서브텍스트'로서 '그리스도가 정말 위대하시지 않아요?'라는데 초점을 맞춘다. 켈러는 위에서 제시한 다른 모든 서브텍스트 중에서 가장 온전한 형태로서 모든 교회가 지향하고 헌신해야 할 서브텍스트로 본다. 이는 설교자에게 철저한 기도와 묵상을 통한 연구와 수사학적인 전달 능력, 상상력, 상황화 능력까지 요구한다. 교회의 내부인과 외부인 모두를 향한 균형있는 목표를 추구하는 '예배 서브텍스트'는 설교자가 추구해야 할 진정한 '설교'의 심장으로서 모든 청중을 그리스도 안에서 굳게 세우기 위한 근본 동기를 견지한다.[380]

켈러는 설교자가 청중들의 마음(HEART)을 움직이기 위한 7가지 원칙을 제시한다.

첫째, 설교자는 단순한 감정을 흥분시키고 영적인 말투와 스타일로 청중들의 마음을 인위적으로 조정하는 것(heart-manipulating)을 피하고, 자연스러운 투명함(transparency)을 가지고 마음을 움직이며(heart-moving), 진심을 다해(affectionately) 정감있게 전해야 한다.

둘째, 주해와 교리에 근거한 명제만이 아닌 이미지를 활용한 예화와 거룩한 상상력을 통해(imaginatively) 진리를 보고, 듣고, 만지고, 맛보는 '경험'을 할 수 있도록 해야 한다.

셋째, 하나님의 영광스러운 복음을 심오하게 전파하여 청중들의 마음 안에 있는 '놀라움'(wondrously)을 불러일으켜야 한다.

넷째, 삶의 구체적인 변화를 위한 적용점들을 지속적으로 기억할 수 있도록 (memorably) 도와주어야 한다.

다섯째, 설교의 주해, 원리화, 적용이 그리스도 중심적으로(Christocentrically) 나아가도록 방향성을 정해야 한다.

여섯째, 설교자를 신뢰할 수 있는 '진정성'을 가지고(authentically), 대화 상대를 다양화하고, 청중의 상황을 심층적, 입체적으로 분석해야 한다.

일곱째, 설교 전체를 적용중심적으로 구조화하고 적용의 형태를 다양화함(diversify)으로 실제적으로(practically) 설교해야 한다는 것을 강조한다. 설교를 다양화하기 위한 켈러의 전략을 다음과 같다:

> 1) 대화 상대를 다양화하라. 2) 설교를 준비할 때 떠올리는 사람을 다양화하라. 3) 설교전체에 걸쳐 적용을 직조하라. 4) 다양성을 활용하라(직접 질문을 사용하라, 자기 성찰의 기회를 제공하라, 다양한 형태의 적용을 균형 있게 활용하라. 5) 감정적으로 깨어 있으라, 말랑말랑한 순간을 그냥 지나치지 마라, 강력하면서도 정감 있게 하라. 또한 켈러의 설교의 적용을 경고와 훈계, 격려와 새롭게 함, 위로와 안정시킴, 촉구, 호소, 용기를 북돋움 등으로 다양화하라고 조언한다.³⁸¹

2. 마음을 움직이는 설교의 밸런스

청중의 마음을 향한 켈러의 설교도 탁월한 프레임과 균형을 통한 전략을 추구한다. 후기 모던 시대 청중의 마음을 향한 효과적인 설교의 핵심열쇠 중의 하나인 '세 가지 적용 스펙트럼(교리-경건-문화변혁)'을 강조하면서도 동시에 이와 관련하여 그는 포스트모던 설교자가 주의해야 할 세 가지 설교 패턴을 균형 있게 강조한다.

첫 번째로 켈러는 율법(교리)적인 적용을 중요하게 강조하면서도 '율법주의적'(legalistic) 혹은 '상대주의적'(relativistic)인 요소를 제거하고 후기 모던 시대 청중의 마음을 향해 전달되는 복음 중심적 설교를 해야 한다고 주장한다. 즉 켈러는 진정한 성경적 설교는 도덕주의(moralism)에 근거한 적용을 지양하고 그리스도의 복음에 근거한 적용을 지향한다.³⁸²

예를 들어, 켈러는 누가복음 15장 탕자 이야기를 바탕으로 한 『아버지의 낭비하는 사랑』(The Prodgal God) 시리즈 설교를 통해서 켈러는 진정한 복음과 믿음의 진수를 보여 주고 있다.³⁸³ 2011년 초 출간된 『왕의 십자가』(King's Cross)를 통해 그가 얼마나 예수님의 정체성(왕)과 목적(십자가)으로 요약되는 원색적인 복음(마가복음)을 통해 청중들의 마음을 움직이고 있는지 보여준다.

그는 설교의 목적을 "진리를 분명(clear)하게 전달하는 것뿐만 아니라 동시에 진리를 실제적으로(real) 전달하는 데 있다."라고 강조한다.[384] 켈러는 종교와 복음을 극명하게 대조시키면서[385] 진정한 기독교 복음은 종교도 비종교도 아닌 영원한 생명을 위한 제 3의 길임을 강조한다.[386]

종교(Religion)	복음(Gospel)
"나는 순종한다. -그래서 나는 받아들여졌다."	"나는 받아들여졌다. -그러므로 나는 순종한다."
"동기부여(motivation)는 두려움과 불안에 기초한다."	"동기부여는 놀라운 기쁨에 기초한다."
"나는 하나님으로부터 무언가를 얻기 위하여 하나님께 순종한다."	"그분을 기쁘게 하고 닮아가기 위하여- 나는 하나님을 얻기 위하여 하나님께 순종한다."

두 번째로 켈러는 경건의 삶에 구체적으로 적용되는 설교를 강조하면서도 '경건주의적'(pietistic) 혹은 '행동주의적'(behavioristic) 설교는 지양해야 한다고 주장한다.[387] 특별히 켈러는 후기 모던 시대 청중의 각 사람의 '마음에 있는 우상들'(idols)을 향해 과감히 고발하고 도전하는 설교를 강조한다.[388] 이들 가운데 있는 우상들을 정확하게 간파하기 위해서는 '감정적 문제들'(통제되지 않는 갈망들)을 활용하거나, '동기부여적 도전'을 활용할 것을 주문한다. 켈러는 포스트모던 세대들의 삶 가운데 드러나는 외적인 죄들은 빙산의 일각과 같으며 수면 밑에 있는 진정한 죄(우상)가 무엇인지를 분별해야 한다고 말한다.[389] 특별히 켈러는 최근『가짜 우상들』(Counterfeit Gods)이라는 책을 통해 포스트에브리팅 세대의 대표적인 우상이 돈, 섹스, 권력이라고 지적하면서 이러한 우상에 대해 어떻게 접근해야 할 것인지를 심층적으로 보여 준다.[390]

우리가 추구하는 것	지불해야 하는 대가	최악의 경험	종종 겪게 되는 감정	감정적 문제
평안 (개인적 스트레스에서의 자유)	생산력이 감소됨	스트레스	상처	지루함
인정받고 싶어함	독립적으로 서지 못함	거부감	혼란	비겁함
자기통제	고독; 즉흥성	불확실함	정죄받음	걱정
능력 (성공과 승리)	부담감과 책임감	굴욕감	탈진	분노

세 번째로 켈러는 포스트모던 문화의 개인주의적이며 소비자 중심주의에 물든 청중을 향해 '개인주의적'(individualistic) 혹은 '소비자 중심주의적인'(consumeristic) 요소를 배제한 복음을 마음에 전하는 설교를 추구할 것을 도전한다.[391] 이를 위해서는 설교자가 청중의 마음을 향해 어떤 메시지를 전할 때에도 그리스도 중심적 설교가 자연스럽게 흘러나올 수 있도록 해야 한다.

3. 청중의 영적 상태에 대한 분석 표

켈러의 청중 영적 분석은 청교도 설교의 아버지라 불리우는 윌리엄 퍼킨즈의 청중 상태 분석보다 더 상세하고 체계적이다.[392]

청중의 영적 상태 분석	해당 유형
의식적인 불신자들(자신이 크리스천이 아님을 인식하는 자들)	1) 비도덕적 불신자 2) 지성적 불신자 3) 세련된 회의주의자(심오하진 않음) 4) 진지하게 생각하는 자 5) 종교적 불신자들

교회를 다니지 않는 명목상 크리스천	기독교 기본 교리에 대한 믿음은 있으나 교회에 대한 연결이 되어 있지 않은 자들
교회를 다니는 명목상 크리스천	1) 적당한 도덕주의자(종교적 확신은 없으나 종교적 의무로서 도덕을 지킴) 2) 자기 의로 가득찬 사람: 매우 헌신되어 있고 교회에 열심히 참여하지만 행위에 근거한 구원관을 가지고 있는 자
복음적 평안을 아직 누리고 있지는 못하지만, 죄에 대한 인식과 영적인 각성이 있는자	1) 지적인 방식으로 많은 질문과 연구에 열심을 가진 자 2) 거짓된 평안에 의해 확신을 가진 자(복음을 이해하지 못함) 3) 평안이 없는 자: 죄에 대한 자각을 가지고 있지만 복음의 평안을 받고 누리지 못함
배교자	교회에 한 때 다녔으나 거의 후회없이 믿음을 거부하는 자
새로운 신자	1) 최근에 거듭난 자 2) 새로운 믿음에 대해 많은 두려움과 주저함이 있는 자 3) 기쁨과 확신, 열심으로 신앙생활을 시작해서 배우고 섬기는 자 4) 열심은 있으나 다소 교만하고 다른 사람들을 판단하거나 자신의 능력에 지나치게 자신감
성숙하고 성장하는 크리스천	기본적인 어려움을 통과하고 목회적 돌봄과 영적 배움과 성장을 통해 자라고 있는 자
영적인 성장 가운데 삶의 부담 혹은 어려움을 당한 자	1) 육적으로 어려움을 당한 자 2) 죽어가는 자 3) 사랑하는 사람을 잃은 자 4) 외로운 자 5) 박해 혹은 학대를 당하는 자 6) 가난한 자, 경제적으로 어려운 자 7) 영적으로 메말라 버린 자
죄와 죄의 유혹에 의해 시험을 당하고 있는 자	1) 죄의 유혹에 의해 생각과 갈망의 대부분의 영역에서 시험을 받는 자 2) 죄를 반복해서 지어 중독에 빠진 자

비성숙한 자(영적인 아이)	1) 영적훈련이 안 되어 있는 자 2) 자기만족에 빠진 자 3) 균형이 없는 자(지성, 감정, 의지 한 쪽으로 기울어짐으로) 4) 잘못된 교리에 빠진 자
침체에 빠진 자(크리스쳔의 의무를 멀리하고 불순종에 빠진 자)	1) 염려와 두려움으로 침체에 빠진 자 2) 무력감에 빠진 자 3) 분노에 의해 침체에 빠진 자 4) 반복된 실패에 의해 침체에 빠진 자 5) 죄책감에 의해 침체에 빠진 자
영적으로 이전의 상태로 되돌아간 자(backslid)	1) 자신의 죄를 쉽게 인정하고 회개를 수용하는 자 2) 비관적, 조롱적인 태도를 가진 강퍅한 자

목회자로서 오랜 기간 설교하고 청중들을 목양하고 돌보면서 얻은 영적 분석을 통해 켈러는 더욱 청중의 마음을 꿰뚫는 적용과 더욱 폐부를 파고드는 적용을 추구하고 있다고 볼 수 있다. 켈러처럼 청중의 영적 상태를 12가지 종류로 분석하고 각 영적상태의 특징을 분석함으로서 청중들의 마음을 변화시키는 설교를 추구할 필요가 있다.

4. 청중의 그리스도 안 만족을 위한 설교

그러므로 켈러의 설교전략은 그리스도 중심적 설교와 함께 포스트모던 청중의 필요 중심적인 설교를 균형있게 추구하는 데 있다.

① 예수 그리스도/기독교의 탁월성과 배타성.
② 근본 복음주의 교리를 수호하면서도 문화에 민감한 설교.
③ 포스트모던 문화 세계관의 논리적 약점을 공격하는 설교-문화적 적용.
④ 이머징 세대의 도덕적 윤리적 문제, 선지자적 지적-윤리적 적용.
⑤ 회의주의자들을 향한 복음적 대안.

켈러는 청중들의 세계관을 변화시키기 위해 복음중심적 전제주의 설교의 프로세스를 체계적으로 활용한다. 설교 명제 안에서 제시된 청중들의 필요가 그리스도 안에서 어떻게 만족되었는지를 감안한 설교 과정을 제시한다.[393]

그리스도 안에서 만족	1) 어떻게 그 필요를 만족시켰는가를 보여주라. 2) 어떻게 그 만족이 일어났는지 본보기를 보여주라. 3) 만족을 시각화 하라. 4) 만족을 향한 행동을 격려하라.

이러한 청중의 마음속 만족을 향한 켈러의 설교 프레임의 예를 들어보자.

첫째, 켈러는 눅 15장 탕자 비유 설교에서, 탕자는 세상 가운데 만족을 얻을 수 없었지만, 회개하고 아버지의 집으로 돌아왔을 때 그 필요가 만족되고, 아버지의 용서, 반지, 옷, 잔치를 통해 탕자가 어떤 만족을 얻었는지 시각화한 다음, 청중들에게 하나님 아버지 안에서만 얻을 수 있는 만족을 경험할 수 있도록 참된 회개를 격려한다.[394]

둘째, 사마리아 여인(요 4)에 관해서만 11번의 설교를 했을 정도로, 켈러는 이 본문을 중요하게 생각하였다고 볼 수 있다. 사마리아 여인 설교를 통해 청중들의 마음을 향한 설교로서 만족 프레임 설교의 예를 볼 수 있다.[395]

> 1) 어떻게 그 필요를 만족시켰는가를 보여주라
> 사마리아 여인이 사마리아종교와 부도덕한 삶(다섯 남편)을 통해 자신의 육적인 필요를 만족시키고자 했지만, 오히려 소외된 사회 안에서 소외된 자로 정오에 물 길러 나옴. 버림받은 아웃사이더인 이 여인에게 예수님은 '나는 네가 육체적으로 물이 필요한 것과 마찬가지로 너에게 영적으로 필요한 어떤 것을 가지고 있다'고 말씀하심.

2) 어떻게 그 만족이 일어났는지 본보기를 보여주라
사마리아 여인처럼, 영혼의 진정한 만족을 얻기 위해서는 영적 목마름을 인정하고, 세상에 어떤 것으로도 이를 충족시킬 수 없음을 인식해야 함.
3) 만족을 시각화 하라
영혼의 갈증이라는 진정한 필요를 만족시키기 위해서는 생수되신 예수님이 필요하고, 그 생수를 얻기 위해서는 예수님의 말씀을 받아들이고 거듭나야만 함. 이것이 모든 사람에게 적용되는(영혼의 필요를 만족시키는) 복음이다. 예수님께서 십자가에서 우주적 갈증('내가 목마르다')을 겪음으로써 우리의 영적 갈증을 영원히 해결하시고 영혼의 갈증이라는 필요를 만족시켜 주심.
4) 만족을 향한 행동을 격려하라.
사마리아 여인이 생수되신 예수님을 통해 영혼의 만족을 얻은 다음, 버림받은 아웃사이더임에도 불구하고 마을 사람들에게 자신이 메시아를 만난 사실을 증언한 것처럼, 영혼의 생수를 통해 만족을 얻은 사람은 변화를 경험할 뿐 아니라 다른 사람에게 알리는 행동을 하게 되어 있음.

셋째, 켈러는 결혼에 대한 시리즈 설교 중 '자기 중심성을 성령 충만으로 극복하라'는 설교 명제 안에서 청중들의 필요가 그리스도 안에서 어떻게 만족되는지를 설교를 통해 제시한다.[396]

1) 어떻게 그 필요를 만족시켰는가
결혼 생활에 있어서 자기중심성으로 인해서 배우자와의 관계에서 얻지 못하는 감정적 만족을 복음과 성령 충만으로 만족시킬 것을 제시함.
2) 어떻게 그 만족이 일어났는지 본보기를 보여주라
30대 후반 노처녀의 자존감 회복의 예와 알콜중독자 루이스 잠페르니의 예화를 통해 만족의 본보기를 보여줌.
3) 만족을 시각화하라
"사랑의 경제학"이라고 이름 붙인 '마음의 은행 잔고'의 비유를 통해 사랑과 의미를 찾는 근원이 배우자뿐이라면 그 배우자가 입금을 해주지 않으면 내 잔고가 텅 비어버린다고 지적함. 반면에 성령이 우리 삶 가운데서 역사하시는 것을

> 안다면 '은행'에 사랑의 잔고가 넉넉해서 애정어린 대접을 되돌려 받지 못한다 할지라도 아낌없이 베풀 수 있음. 은행의 잔고를 성령 충만과 비유하여, 청중들 마음 안에 그려지는 이미지를 통해 만족을 시각화하여 그런 부요한 삶을 살고 싶다는 동기부여를 해줌.
> 4) 만족을 향한 행동을 격려하라
> C. S. 루이스 책을 많이 읽다보면, 그처럼 생각하게 되고 말하게 된다. 예수님의 가르침에 깊이 빠져들어 예수님의 마음과 생각을 무의식적으로, 거의 본능적으로 알아차린다면 어떤 만족스러운 삶을 살게 될까? 구체적으로 성경 공부와 예배 참여 등을 통해 행동함으로 변화될 것을 격려함.

키워드 5. Proculture
사회, 세대와 문화를 변혁시키는 설교

1. 후기 모던 사회(late Modern society) 포스트에브리팅(post-everythings) 세대를 읽는 혜안

켈러는 후기 모던(late Modern) 시대정신의 요체를 세속주의, 후기 모던 정신의 내러티브들, 주권적 자아(정체성), 절대적으로 부정적인 자유(사회 내러티브), 자아 권위(윤리/정의 내러티브), 세속적 소망으로써 과학(역사와 합리성 내러티브)으로 통찰력있게 분석한다.[397] 켈러는 이러한 후기 모던 시대의 토양에서 자란 세대를 포스트에브리팅 세대라고 부른다.[398] 이러한 후기 모던 토양에서 자라난 포스트에브리팅 세대들(post-everything generation)의 세계관에 강하게 작용하고 있는 것 중에 하나는 절대 진리에 대한 회의(skepticism), 메타내러티브(metanarrative) 거부(해체), 인식론적 상대주의(relativism)와 주관주의(subjectivism)로 인한 반전제주의(nonpropositionalism)로 분석할 수 있다.[399]

이러한 포스트모던 세계관의 거센 조류에 휩쓸려 표류하고 있는 포스트에브리팅 세대들을 건져낼 밧줄이 있어야 한다. 즉 성경적 세계관의 쇠퇴와 세속적 세계관의 부상으로 인해 '소망에 관한 이유'를 상실한 포스트 에브리팅 세대의 '세계관'을 변혁시키기 위해서는 무엇보다 성경적 세계관을 전제로 하는 복음중심적 변증 설교가 필요하다. 이를 위해 설교자들은 전제주의적 변증적 설교(presuppositional apologetic preaching)를 통해 반전제주의에 물든 포스트모던 청중들의 세계관과 도시와 문화를 변화시켜 나가는 중차대한 사명을 회복해야 할 때이다.[400]

카슨은 이머징 교회 운동을 넘어선 이상적인 복음주의 교회와 설교 모델로서 팀 켈러를 지목하면서 다음과 같이 의미심장한 말을 던진다.

"의심의 여지없이 모든 전통적인 강해설교가 포스트모던 문화 가운데 살아가는 회중들과 단절된 것으로 인식되어서는 안 된다. 그 이유는 전통적인 스타일의 교회와 설교자도 이머징 교회 운동이 가진 대부분의 단점들을 피하면서도 이 운동이 가진 거의 모든 장점들을 보여 주는 대안적 모델을 보여 줄 수 있기 때문이다."[401]

제임스 사이어(James W. Sires)가 지적한 대로 "포스트모더니즘은 다른 이야기보다 어느 하나의 이야기가 결코 절대적인 권위를 지닐 수가 없다. 모든 이야기들은 모두 동일하고 가치 있게 여겨진다."[402] 포스트모더니즘의 영향으로 인해 모든 메타내러티브(metanarrative: 하나의 거대한 이야기 혹은 포괄적인 세계관을 의미하는 말)로서 삶의 철학적인 질문에 대하여 절대적(배타적)인 진리를 주장한다는 종언을 고한 상황 속에 켈러는 자신의 회중(뉴욕의 청중들)이 메타내러티브를 거부하는 것에 대항하여 복음의 절대 진리를 선포하려고 한다.

우선 켈러는 수사학적 관점에서 볼 때 탁월한 에토스적인 장점을 가지고 있다. 그는 뉴욕의 지성인들에게 깊은 신뢰를 받을 정도로 학자적인 분석력과 깊고 넓은 문화적 이해력과 민감함, 나아가 절대적인 교리에 추호의 타협을 허락지 않으면서도 기독교 복음에 대한 회의주의적 마인드를 가진 사람들을 설득시킬 수 있는 감화력을 갖추고 있다.

켈러는 후기 모던 세대 문화에 주목하면서 이 세대를 "포스트에브리팅"세대라고 부르는데 그 이유는 그들의 특징을 다음과 같이 제시한다.

① 반드시 기독교만이 아닌 종교와 영성 그리고 초자연적 영역에 대하여 더욱 열려 있는 '후기 세속주의'(post-secular) 세대이다.
② 한편으로는 '보수주의'적인 입장과 달리 사회 정의의 이슈에 관하여 지나친 관심을 보이는 '후기 이데올로기'(post-ideological) 세대이다.
③ 또 다른 한편으로는 지나친 현대 문화에 대한 자기 의를 강조하는 예전의 자유주의와 달리 공동체에 대한 관심을 보이는 '후기 자유주의'(post-liberal) 세대이다.
④ 과학적 세속주의의 이성적이고 합리적인 접근보다는 경험을 중시하는 '포스트모던'(post-modern) 세대이다.[403]

켈러는 기존의 전통적 복음주의 교회들이 이러한 '포스트에브리팅'으로 특징 지워질 수 있는 세대를 향한 효과적인 복음사역을 현재 제대로 감당하지 못하고 있는 현실을 냉철하게 직시하면서도 이와 동시에 개혁주의 신학을 기초로 대안을 제시하고자 한다면 소망이 있다고 예견한다.[404] 즉, 포스트에브리팅 세대를 향한 복음 중심적 설교대안을 마련해야만 미래 교회와 다음 세대에 소망이 있다고 본다.[405]

신학적인 관점에서 볼 때 켈러는 칼빈주의적인 웨스트민스터 전통을 따라 칼빈의 5대 교리와 정통기독교 고백서(교리)들을 철저히 수호하고 적극적으로 활용할 정도로 매우 보수적이며 근본주의적인 이론으로 철저히 무장되어 있다. 성경과 함께 정통(orthodoxy) 기독교의 신학, 교리/고백서, 전통 등을 거부하는 성향이 강한 포스트모던 세대를 향해 오히려 이러한 정통교리를 커뮤니케이션의 근거로 활용하는 지혜를 보여 준다. 예를 들어 켈러는 '웨스트 민스터 신앙고백서'를 설교 가운데 적절히 활용할 뿐만 아니라 거짓말의 원인으로 자기사랑과 정죄에 대한 두려움을 지적하면서 '벨직 고백서'(Belgic Confession 1561)를 인용한다.[406]

그럼에도 불구하고 그의 사역과 설교는 가장 최첨단 포스트모던문화의 컨텍스트라고 할 수 있는 뉴욕에 사는 청중들과 해석학적 다리를 튼튼하게 연결할 수 있는 탁월한 균형감각으로 무장되어 있다. 그의 사역은 한마디로 '복음 중심적 사역'(Gospel-centered ministry)이다. 켈러가 포스트모던 세대들을 향해 원색적인 복음 중심적 사역에 승부를 걸 수 있었던 비결이 과연 무엇일까? 다름 아닌 모든 능력과 충족성을 가지고 있는 하나님 나라의 복음이 반드시 모든 것에 적용되어야 하며, "단순히 기독교의 기초일 뿐만 아니라 기독교의 처음과 끝"이라고 할 수 있는 복음은 구원의 모든 측면, 즉 중생, 칭의, 성화, 영화의 전 과정 가운데 강력한 능력과 충분한 은혜를 담고 있다는 그의 심오한 확신에서 비롯되었다.[407]

이러한 복음의 충족성에 대한 확신은 켈러의 설교를 통해서 구체적으로 나타나고 있는 것을 쉽게 발견할 수 있다. 심지어 그는 모든 설교 가운데 예수그리스도 중심적인 복음을 적용하려는 구속사적 메시지를 추구하면서 동시에 포스트에브리팅 세대의 문화와 삶에 실제적으로 적용되는 설교 철학을 지향하고 있다.

켈러는 포스트에브리팅 세대를 향해 교회가 분리되거나 혹은 지나치게 적응하는 양극단적 태도를 지양한다. 그는 철저한 말씀과 복음 중심적 접근을 하면서 동시에 이머징 세대의 문화에 효과적으로 접근하기 위한 전략적인 거점을 하나님께서 오늘날 교회와 설교자들에게 은혜로 허락하신 개혁주의 전통의 소중한 유산에 두려고 한다. 그의 '포스트 에브리팅' 세대를 향한 핵심 전략 노하우를 정리해 보면 다음과 같다.

① '포스드에브리팅'세대는 내러티브와 스토리를 좋아한다는 것을 기억하라.
② '포스트에브리팅'세대는 본능적으로 '경험 지향적'이라는 것을 기억하라. 조나단 에드워즈의 설교는 견고한 진리와 함께 깊은 경험이 연결되는 모델이다.
③ '포스트에브리팅'세대는 도덕주의와 자기 의에 대하여 매우 적대감을 가지고 있다는 것을 기억하라.
④ '포스트에브리팅'세대는 사회 정의에 대하여 관심을 가지고 있다는 것을 기억하라.
⑤ '포스트에브리팅'세대는 물질적 세상(가치)을 사랑하기 때문에 예술(art)적인 요소를 좋아한다는 것을 기억하라.
⑥ '포스트에브리팅'세대는 피상적인 증거와 근거에 의해 강하게 흔들리지 않는다는 것을 기억하라.

즉 조쉬 맥도웰(Josh McDowell)과 같은 '증거적 변증학'(evidential apologetics)이 아닌 코넬리우스 반틸(Cornelius Van Til)과 같은 '전제주의적 변증학'(presuppositional apologetics) 접근을 활용하면 이 세대를 더욱 강하게 흔들 수 있다는 것을 기억하라.[408]

따라서 켈러는 성경적이며 개혁주의 전통에 뿌리를 둔 설교에 대하여 '포스트에브리팅'세대들이 시대에 뒤떨어진 것으로 생각할 것이라고 설교자들이 미리 두려워할 필요가 없다는 점을 강조한다.

2. 포스트에브리팅(Post-Everything) 세대를 변혁시키기 위한 복음중심 설교

켈러의 설교는 단순한 전통적 강해설교의 패러다임 안에서만 이해하기 어렵다. 그 이유는 그의 설교가 상대주의가 만연한 후기 모던 시대의 도시, 포스트 에브리팅 세대와 문화라는 시대적 컨텍스트 속에서 절대 진리를 변증하기 위한 해석학의 용광로에서 나온 전제주의 변증 설교의 성격이 강하기 때문이다. 그렇다면 반전제주의적인 포스트 에브리팅 세대의 세계관을 변혁시키기 위해서 왜 절대적인 진리에 기초한 전제주의적 변증 설교가 필요한가?

첫째, 포스트모던 토양에서 형성된 그들의 상대주의적 세계관을 근본적으로 변혁시키기 위해서는 절대적인 복음에 뿌리박은 기독교 세계관적 혹은 전제주의적 변증 설교가 필요하다. 여러 학자들의 정의를 종합해 보면, 세계관(Weltanschauung)이란 세상의 사물을 인식하는 포괄적인 틀(방식)로써 세상과 삶에 대한 시각(조망)이라고 볼 수 있다.[409] 기독교는 단순한 교리 혹은 도덕적 교훈이 아닌 삶과 세상을 포괄적으로 인식하며, 나아가 삶의 기초와 방향을 제시하는 세계관적 차원으로서 이해할 필요가 있다.[410] 아브라함 카이퍼(Abraham Kuyper)는 모든 기독교인의 생각이 하나의 고정된 원리 혹은 세계관으로부터 기인한다고 말한다.[411] 나아가 몰러는 메타내러티브를 거부하고 상대주의와 주관주의에 빠진 포스트모던 세대를 변혁시키기 위해서는 성경의 메타내러티브와 절대적 진리에 기초한 성경적 세계관을 선포하는 것이 중요하다고 강조한다.[412]

이런 맥락에서 켈러는 하나님 나라 은혜의 복음을 카이퍼가 말한 '하나의 고정된 세계관'으로 삼고 균형 잡힌 전제주의적 변증 설교를 통해 포스트 에브리팅 세대의 세계관을 변혁시키고자 한다. 개인의 마음(세계관)과 동기, 세상을 보는 관점을 근본적인 방향을 변혁시키고 있는 복음의 본질을 세계관과 등가개념으로 인식한 것이다.[413] 복음에 기초한 세계관의 주요 축은 창조, 타락, 구속, 회복이며, 예수 그리스도의 부활의 복음은 포스트모던 문화와 세계관을 변화시키는 변증 설교의 역동성을 근원적으로 제공해준다.[414] 포스트에브리팅의 세계관을 변혁시키기 위한 복음 중심적 전제주의 변증설교는 복음중심적 세계관과 동전의 양면과 같다.

둘째, 후기 기독교 시대(the Post-Christendom Age)에 자라난 포스트에브리팅 세대는 기독교 세계관에 대해 무지한 세대이기 때문에 복음 세계관에 기초한 전제주의적 변증 설교의 회복이 필요하다고 할 수 있다. 켈러는 오늘날 포스트모던 컨텍스트 가운데 복음과 기독교 세계관에 대하여 거의 알지 못하는 포스트에브리팅 세대들에게 더욱 그리스도의 복음에 철저하고, 발전적이며, 과정중심적 설교를 통해 세계관 변혁을 추구해야 한다고 본다.[415]

켈러는 성경적 세계관에 대하여 이해가 없는 청중들을 향한 변증적 설교(대화)를 6단계로 추구하면서(인식, 접촉, 신뢰, 복음 세계관 제시, 헌신, 강화), 기독교화된 문화 속에서는 이 단계가 간결해 질 수 있지만 세속적인 문화의 세계관이 자리잡고 있는 사람들에게는 더욱 세분화된 단계들이 필요하고 본다.[416] 켈러는 현대 설교자들은 청중들이 이미 기독교적 세계관을 가지고 있다고 미리 가정하고 설교를 일방적으로 전달하는 경향으로 인해 발생할 수 있는 불균형을 예리하게 지적하면서, 설교의 기저를 이루는 기초적인 단계(그리스도와 복음에 대한)를 생략하지 않고 전제주의적 변증 설교를 통해 견실히 함께 밟아나가는 것이 필요하다고 본다.[417]

셋째, 복음 세계관이라는 전제에 기반한 변증 설교가 포스트에브리팅이 선호하는 경향들을 효과적으로 활용할 수 있기 때문이다. 개혁주의 변증적 설교를 위해서는 오늘날 포스트에브리팅 세대를 연구하고 분석해야 한다. 포스트에브리팅 세대가 가진 세계관을 해체하기 이전에 그 특성을 이해해야 한다. 켈러의 전제주의적 변증은 이러한 포스트모던 청중의 세계관에 대한 깊은 통찰력과 긴밀히 연결되어 있다. 예를 들어 포스트에브리팅 세대가 내러티브를 선호하며 경험지향적이라는 경향성과 그들의 근본적인 문제들을 간파하여 그리스도의 인격과 사역에 집약된 복음의 세계관을 내러티브 형식을 통해 효과적으로 변증한다.[418] 도덕주의에 대한 반감을 가지고 있기 때문에 켈러는 도덕주의가 아닌 복음 안에서 윤리를 변증하며, 사회 정의에 대하여 그들의 관심을 반영하여 은혜의 복음에 기초한 성경적 정의(generous justice)를 변증한다.[419]

넷째, 포스트에브리팅 세대의 변혁을 위해 복음적 전제주의 변증 설교는 개혁주의 변증 전통을 발전적으로 계승할 수 있기 때문이다. 켈러는 조쉬 맥도웰(Josh McDowell) 혹은 리 스트로벨(Lee Strobel) 등이 추구하는 험증적(증거적) 변증학(evidential apologetics)이 아닌 반틸의 전통을 이어받은 전제주의적 변증학 전통을 발전적으로 활용하는 것이 포스트 에브리팅 세대의 세계관과 문화를 변혁시키는데 더욱 효과적인 전략 임을 강조한다.[420]

켈러의 설교 가운데서도 험증적 변증과 전제주의 변증 '균형'의 예를 찾을 수 있으며, 한 예를 들어 부활의 실제성에 대하여 변증(변호)할 때, 험증주의적 변증 방식(역사적, 고고학적 증거 등의 증거에 기초한 변증)을 적절히 활용하면서도[421] 기본적으로 전제주의적 변증 방식(성경 자체의 부활의 증거에 기초한 변증)을 사용하고 있다.[422]

> • 실제 설교 예
> 마가복음 설교에서 켈러는 예수님의 '빈 무덤, 무수한 증인의 증언, 제자들의 놀라운 변화'와 같은 성경 자체의 증거와 공관복음과 바울서신에 나타난 부활의 복음을 통해 부활의 사실을 증명하고 있다.[423]

이러한 켈러의 성경자체 증거를 통한 부활(복음)을 변호하는 전제주의적 변증은 '순환론적 증거'가 가능하다는 것을 보여준다.[424] 프레임은 순환론적 증거를 활용하는 전제주의적 변증 설교는 성경적 근거와 상식적(철학적) 차원에서도 적법한 것일 뿐 아니라 불신자와의 대화(접촉) 가능성을 부정하는 것이 아니며 '성령의 사역을 전제'한 것이라고 주장한다. 실제로 모든 사람과 철학이 순환론적 논증을 사용하고 있기 때문에 회의주의자들의 비판은 논리적 일관성이 없으며(회의/상대주의에 대하여 회의(상대)주의적이 되어야 하기에), 만일 그런 비판은 자신의 주장과 모든 사람들이 순환 논리의 오류를 범하고 있다는 자기 모순적 결론에 이르게 된다. 이러한 프레임의 입장은 켈러와 매우 유사하다고 볼 수 있다.

주목할 점은 이러한 전제주의적 변증 설교가 부활을 믿지 않는 불신자들을 향해서도 대안적인 변증이 될 수 있도록 '역사적, 문화적 논증(혐증적 변증)'을 균형 있게 활용할 필요가 있다는 점을 보여준다.[425] 그러나 성경 이외의 외부적인 증거, 의학적, 과학적, 환경적, 심리적, 기록적, 역사적 증거 등을 통해 부활의 사실을 변증하는 혐증주의적 변증학과는 기본적인 전제가 다르다고 할 수 있다.[426]

따라서, 켈러는 복음중심 전제주의적 변증 설교를 통해 가장 효과적으로 포스트모던 세대들의 세계관을 성경적 세계관으로 변혁시킬 수 있다고 본 것이다.[427] 이와 같이 켈러는 복음적 세계관에 기초한 전제주의 변증을 통해 포스트모던의 세계관의 내적 모순과 왜곡된 전제들을 '해체'(deconstruct)한 후 철저히 성경적인 세계관을 통해 참된 기독교의 탁월성과 진리의 절대적인 본질을 '구축'(reconstruct)하려고 한다.

다섯째, 켈러는 청중 주해와 수사학적 적응(rhetorical adaptation)을 통한 상황화를 추구한다. 켈러에 의하면 모던적 세계관을 가진 청중과 포스트모던적 세계관을 가진 청중이 섞여 있을 수 있고, 세속적(비종교적) 청중과 전통적(종교적) 청중 그리고 복음을 믿는 청중이 혼재되어 있을 수가 있기 때문에, 복음 중심적 전제주의 설교는 청중 주해와 수사학적 적응이 필요하다는 것이다. 그러나 다양한 청중들이지만 모든 사람이 공통적으로 중심을 가지고 있으며, 무언가에 종이 되어 있으며, 모두가 대속자가 필요하기에 그리스도께로 나아가면(회개와 믿음) 세계관과 삶의 변혁을 경험할 수 있다는 것을 설교자는 기억해야 한다.[428]

프레임이 말한 개혁주의 변증의 원리에 충실하면서, 켈러의 변증적 설교의 강점은 변증과 방어적인 기능을 넘어 공격적인 변증을 추구할 때도 '온유와 두려움'으로 청중들에게 접근한다는 점이다.[429] 켈러는 바울의 아레오바고 설교 모델을 따라 포스트에브리팅 세대를 향한 존중과 동정과 배려와 관용을 가지고 전제주의적 변증 설교를 추구한다. 실제로 그는 포스트모던 세계관을 복음의 변증을 통해 해체하는 목적에 타협하지 않으면서도 불신자들 혹은 회의주의자들이 제기하는 의문들과 질문들을 향해 그리스도 중심적 복음을 증명하고 변호하는 태도를 견지하며 절대적인 기독교 진리를 믿는데 어려움을 가지고 있는 사람들을 향해서도 존중과 긍휼히 여기는 마음으로 복음을 변증하라고 충고한다.430 이러한 켈러의 포스트에브리팅 세대의 분석과 적응을 통해 복음 중심적 전제주의 변증을 더욱 효과적으로 상황화하는 것을 볼 수 있다.

3. 균형잡힌 상황화를 통한 문화 변혁(Cultural Transformation) 설교

켈러는 그리스도와 문화의 '변혁 모델'을 넘어서 모든 모델의 단점을 극복하고 장점을 살린 균형 잡힌 문화변혁(balancing cultural transformation) 설교 모델을 보여준다.

"건전한 상황화는 특정 문화에 대한 복음의 소통과 사역이 복음 자체의 본질과 독특성을 타협하지 않으면서 번역되고 적응되는 것이다. 위대한 선교는 복음을 새로운 문화에서, 그 메시지가 해당 문화에 불필요하게 외래적인 것이 되지 않도록 하고, 동시에 성경적 진리의 도전성이나 공격성이 없어지거나 흐려지지 않도록 하는 것이다. 상황화된 복음은 명료하면서도 매력적인 모습을 지닌다. 동시에 죄인들의 자기의존에 대항하여 회개하도록 요청한다."431

프레임의 영향을 따라 켈러는 일방적인 전제주의 변증이 아닌 청중의 구체적 상황을 고려하는 복음중심적 전제주의 변증 설교를 추구한다.432 켈러는 상황화를 "특정 시기와 장소에서 사람들이 가진 삶에 대한 질문에 대해 그들이 듣기 싫어한다 할지라도 이해할 수 있는 언어와 형태와 강력한 호소와 논증을 통해서 성경의 해답을 주는 것"으로 정의하면서 도시를 향한 상황화의 성경적인 기초를 강조한다.433 켈러는 성경적 상황화를 추구하면서 고린도전서 9:19-23에 나타난 문화와 청중에 대한 바울의 유연성(flexibility)에 기초한 상황화의 동기(motive)를 견지하려고 한다. 또한 사도행전에서(13:13-43; 14:6-16; 17:16-34; 20:16-38; 21:27-22:22, 24-26) 다양한 배경에서 온 다양한 청중들에게 수사학적 적응을 보여준 바울의 상황화적 공식(formula)을 추구한다.[434]

켈러는 개인과 교회, 세상의 모든 영역을 통치하는 하나님 나라의 복음의 상황화를 통한 다차원적 적실성 범주의 회복을 위해서는 의도적인(intentional) 상황화, 균형 잡힌(balanced) 상황화, 성경적인(biblical) 상황화, 역동적인(dynamic) 상황화가 통전적으로 필요하다고 본다.[435] 나아가 켈러는 바울의 모델을 따라 세상의 문화 속으로 들어가며(entering), 그 문화에 적극적으로 도전하며(challenging), 문화 속에서 살아가는 자들에게 복음을 호소하는(appealing) '적극적인 상황화'가 필요하다고 강조한다.[436] 이처럼 켈러는 옛 문화의 우상과 타협할 가능성이 있는 '부족한 상황화'와 포스트모던 현대 우상과 타협하게 될 위험성이 있는 '지나친 상황화'라는 양 극단을 지양하고 균형 잡힌 상황화를 추구한다.[437]

포스트모던 세계관에 타협하게 될 때, 다음 세대는 세속적 세계관에 기초한 문화에 순응하게 되어 언약 공동체의 구별된 정체성을 상실하고 세상을 변혁시키는 영향력을 상실해 가게 된다.[438] 이런 맥락에서 켈러는 도시를 향한 비전을 가지고 하나님 나라 복음을 포스트모던 문화에 상황화하고 적용하는 "문화적 변혁(자)"(cultural-transformationist) 모델을 보여준다.[439] 즉 켈러는 도시 변혁의 비전을 품고 복음중심적 변증 설교를 통해 포스트에브리팅 청중들에게 복음을 증명하고, 변호하고, 도전한다.[440]

포스트모던 도시 사람들의 세계관을 변혁시키기 위한 켈러의 전제주의적 변증 설교는 다음과 같은 원리들을 내포하고 있다.[441]

1) 윤리적 적용을 그리스도 안에 기초해서 전해야 한다.
2) 청중들의 전제들을 신중하게 생각해야 한다.
3) 설교의 핵심 포인트 가운데 불신자들의 의심과 관심과 연결된 포인트를 하나 정도 만들어 변증적인 설교를 시도해야 한다.
4) 각기 다른 그룹들을 직접 표현하면서, 그들과 함께 대화하고 있다는 것을 보여주어야 한다.
5) 친절하고 부드러운 태도로 변증해야 한다.
6) 청중들이 알고 있는 문화를 함께 깊이 공유하고 있다는 것을 보여주어야 한다.

켈러의 균형잡힌 상황화를 통한 도시(문화) 변혁적 설교 예를 들어보자.442

Ⅰ. 서론
하나님의 형상으로 창조된 인간은 창조자 하나님을 반영하는 존재임. 문화명령('생육하고 번성하여 다스리라')을 따라 창조적인 재생산을 통해 문화창조의 대리자 역할을 해야 하는 존재임. 문화는 '하나님께서 만드신 1차적 원료를 가지고 창조적인 무언가를 만들어 인류의 삶과 번성을 위한 것'이라고 정의함.

Ⅱ. 본론
1. 인간의 도시
가인은 최초의 도시를 건설(창 4:17)함.
가인의 후손들은 죄를 회개하지 않고 '자기중심의 문화'로 죽음의 문화를 만듦 (창 4:20)
인간의 교만에 기인하는 억압과 폭력의 '문화'(예술과 기술을 도구로)로 가득 찬 가나안 도시의 유래가 됨.
도시는 '성으로 보호된 강화된 정착지'로서, 성경에서 도시 자체를 정죄하지는 않지만 도시는 죄의 결과로 생겨난 측면이 있음을 인식해야 함.

2. 하나님의 도시
성경 역사 가운데 도시는 중요함. 예: 하나님은 요나를 통해 니느웨라는 당시 대도시에 회개 선포하도록 하심.
도시변혁을 위한 상황화: 하나님의 도시 비전을 뉴욕 도시에 연결(상황화)함. 가인의 후손들이 건설한 성곽도시는 안전을 위한 성, 서로 죽이고 복수하고 경쟁하여 문화를 발전시킴.
죄로 물든 도시 문화 속에서 도시 사람들은 모두 무언가를 만들고 일함.
질문 적용(도시 변혁을 위한 적용): 자신의 이름과 영광을 위해 도시 문화 속에 무언가를 만들고 있는가 아니면 타인을 섬기기 위해서 만들고 있는가?

Ⅲ. 결론
적용 후 도시 변혁 비전 제시: 뉴욕이라는 도시와 문화를 변혁시키기 위해서는 도시 안에서 도시의 죄악된 문화에 물들지 않아야 하며, 영적인 힘과 복음의 능력이 필요. 그리스도 중심적 적용: 죽음의 도시 문화 속에서 자기 이름을 드러내는 바벨탑 문화를 버리고, 도시를 향한 복음적 소명을 가지고 그리스도의 이름을 위해 모든 것을 변혁시키는 비전을 품어야 함. 성, 돈, 권력, 관계, 가정, 직장 모든 도시 문화를 변혁시키는 능력은 그리스도의 복음에서 나옴.

켈러는 선교적 교회가 어떻게 사명적 삶을 통해 복음중심적 도시 변혁을 위한 상황화 모델을 추구할 것인지를 보여주고자 한다. 오늘날 현대교회가 직면하고 있는 포스트모던 문화적 도전에 교회의 반응에 대한 냉철한 성찰을 통해 켈러는 어떻게 '선교적 혹은 사명적 교회'(missional church)가 '선교적인 혹은 사명적 삶'(missional living)을 통해 도시에 대한 하나님 나라 비전을 가지고 문화적으로 적실한 적용을 향해 나아가야 하는가에 대한 이론적, 실천적 방향을 잘 제시해 준다.[443] 켈러는 문화를 변혁시키는 두 가지 성경적 질문 즉 "문화 변화는 회의적인가, 낙관적인가?"와 문화는 "구속가능한 것(redeemable)인가? 아니면 근본적으로 타락한 것인가?"를 통해 변증을 이끌어간다.[444]

나아가 켈러는 문화에 대한 각 모델이 가지고 있는 장점과 단점을 분석한 다음, 균형 잡힌 문화 변혁 모델을 통해(변혁 모델을 따르면서) 포스트모던 청중들의 세계관을 복음으로 변혁시키고자 한다.[445] 켈러는 두 왕국이론(the two kingdoms: 루터교), 적실성 이론(the relevance model: 자유주의 신학, 이머징 교회, 구도자 교회), 반문화 이론(the counterculturalist model: 재세례파, 신 재세례파, 아미쉬)을 지양하고 카이퍼를 통해 제시된 신칼빈주의(Neo-Calvinism)[446] 문화변혁이론(the transformationist model)의 장점과 '두 왕국 모델'의 장점을 기본 밑그림으로 삼는다. 그러면서도 켈러는 이 두 모델이 가진 불균형과 위험성을 인식하고 다양한 모델이 보여주는 통찰력을 수용하고 강점과 비판으로부터 배움을 통해 문화에 대한 통합적인 합의점을 찾으려고 한다.[447]

그러나 켈러는 복음의 상황화를 통한 문화 변혁의 성경적 기초를 통해 네 가지 모델 모두가 장점이 있으면서 동시에 단점이 있을 수 있다고 본다. 즉 변혁모델도 장점과 단점이 있으며, 적절성 모델도 장단점이 있고, 반문화주의도 단점뿐 아니라 장점도 있으며, 두 왕국 모델도 단점과 함께 장점도 있다고 입체적으로 분석한다.[448] 그런 다음 각 모델의 극단적인 면을 모두 제거하고 각 모델들의 모든 최상의 통찰력을 결합해서 우리 모두가 따라야만 하는 균형 잡힌 이상적인 모델을 추구해야 한다고 본다.[449] 다양한 모델들을 통합적으로 통찰한 다음, 켈러는 1) 중심을 추구하며, 2) 계절(시기)을 알며, 3) 조직적 유기체를 구축하며, 4) 대응이 아닌 행동을 하라는 실제적인 방향을 제시한다.[450]

4. 후기모던 내러티브와 기독교적 답변을 담은 설교

켈러는 후기모던 문화/사회의 기저에 흐르는 시대정신이 담긴 '내러티브'(late modern narrative)를 시대정신을 분별하고 세대와 문화의 본질을 간파하는 것이 사명적 교회가 균형 잡힌 상황화를 추구하기 위한 전제조건으로 본다. 켈러에 의하면 후기현대의 저변을 흐르는 대표적인 다섯 가지 내러티브는 다음과 같다.[451]

첫째, 문화 내러티브는 '합리성 내러티브'(rationality narrative)이다. 켈러는 합리적이고 인격적인 하나님에 의해 세상이 창조되었다는 세계관과 달리, 후기 현대주의는 모든 일에는 물리적인 원인이 있으며, 유일한 실재는 자연 세계뿐이라는 세계관 위에서 물질적 번영과 소비, 기술 문화를 추구하는 합리성 내러티브를 형성하게 되었다고 본다.

둘째, 켈러에 의하면, 후기 현대주의 내러티브는 '역사 내러티브'(history narrative)이다. 하나님께서 모든 역사를 목적을 가지고 주관하신다는 기독교 세계관과 달리, 역사 내러티브는 하나님의 통제의 개념을 부정하고 역사의 각 단계는 자율적으로 진보한다는 역사관을 가진다.

셋째, 켈러에 의하면, 후기 현대주의 내러티브는 '사회 내러티브'(society narrative)이다. 하나님의 형상대로 인간이 창조됨으로 존귀한 존재라는 기독교 세계관과 달리, 사회 내러티브는 급진적인 개인주의에 함몰되어 개인의 자유로운 선택적 행동이 가장 귀한 가치로 여겨진다.

넷째, 켈러에 의하면, 후기 현대주의 내러티브는 '도덕/정의 내러티브'(morality/justice narrative)이다. 전능하시며 인격적인 하나님께서 인간을 도덕적인 존재로 창조하시고 관심을 가지신다는 기독교 세계관과 달리, 후기 현대주의는 성경적 윤리 규범을 따르지 않고 사회정의, 보편적인 정의와 인간의 권리를 강조한다.

다섯째, 켈러에 의하면, 후기 현대주의 내러티브는 '정체성 내러티브'(identity narrative)이다. 개인의 감정과 생각의 고유한 가치를 인정하면서 하나님을 향한 사랑과 충성을 강조하는 기독교 세계관과 달리, 후기 현대주의는 개인적인 욕망과 꿈과 같은 내면 안에서 정체성이 발견될 수 있기에 그 욕망을 표출하고 꿈과 성공을 성취함으로 각 개인의 가치와 존엄성이 확보된다는 점을 강조한다.

나아가 켈러는 후기모던 내러티브로서 정체성 내러티브에 대한 기독교적 답변을 담아내는 설교의 상황화를 추구한다.[452]

첫째, 켈러는 후기 현대 내러티브의 뿌리라고 할 수 있는 '정체성 내러티브'(the Identity Narrative)에 대한 기독교적 답변을 설교를 통해 제시하고자 한다. 즉 후기 현대주의의 기저에 흐르는 소위 '주권적 자아'(sovereign self)는 인간이 원하는 내면적의 가장 깊은 욕망을 찾아서 이를 성취하라는 메시지를 문화를 통해 발산하고 있다. 그러나 내면의 욕망들이 상호 충돌하고, 지속적으로 변화하며, 외부의 목소리를 무시하는 주권적 자아 토대 위에 형성한 정체성은 환상에 불과하다. 따라서 켈러는 설교를 통해 진정한 정체성은 인간의 공로, 성공, 지위, 도덕을 통해 얻어지는 것이 아니라 하나님의 형상으로 지으심을 받은 의존적이며 내재적인 존재로서 예수 그리스도 안에서(믿음으로) 하나님께서 인정하심으로 주어지는 성경적인 정체성을 답변으로 제시하고자 한다.

둘째, 켈러는 '절대적인 부정적 자유'(Absolute negative freedom)에 대한 기독교적 답변을 설교를 통해 제시하고자 한다. 켈러는 성경적 자유를 넘어서 한계가 없는 개인의 선택의 자유를 최고의 가치로 추구하는 후기 현대주의의 자유 내러티브는 공동체를 무너뜨리고 삶의 궁극적인 의미를 약화시킨다는 점을 비판하면서, 하나님께 자신을 드릴 때 진정한 하나님 나라의 진정한 자유를 경험할 수 있다는 것을 강조한다.[453]

셋째, 켈러는 후기현대주의의 '자기승인적 도덕'(self-authorizing morality)에 대한 기독교적 답변을 설교를 통해 제시하고자 한다. 켈러는 후기 현대주의의 정의와 도덕에 관한 세속적 내러티브는 도덕적 동기와 도덕적 의무에 대한 심각한 난제를 양산한다고 비판하면서, 하나님의 성품과 그리스도의 십자가부활의 복음에서 기인하는 기독교 도덕만이 도덕의 동기와 의무에 대한 근본적인 답변을 줄 수 있다는 점을 강조한다.[454]

넷째, 켈러는 '세속의 희망인 과학'(science as the secular people)에 대한 기독교적 답변을 설교를 통해 제시하고자 한다. 켈러는 후기 현대주의의 역사의 진보를 기초로 한 과학과 기술의 낙관론적인 내러티브의 문제점을 지적하면서, 기독교 부활사상에 근거한 비관론적 낙관주의와 성경적 지혜를 강조한다.[455]

5. 문화적 상황화를 위한 설교 전략

이러한 균형잡힌 상황화 신학으로 무장한 다음, 켈러가 제시하는 문화를 변혁시키며 파고들어가는 설교를 위한 구체적인 6가지 전략은 다음과 같다.[456]

전략 1) 신학적이며 관념적인 단어(vocabulary)를 피하고 청중들이 이해하기 쉽고, 잘 설명될 수 있는 단어를 사용하라.

켈러는 설교자는 하늘시민으로서 '이 땅'에서 살아가는 백성들에게 설교하기 때문에 형이상학적, 상투적인 언어를 피할 것을 권면한다. 또한 사회 공동체의 일원으로서 이웃, 도시, 지역에 관심과 필요를 언급하고 가난하고 소외된 자들의 필요를 담아내는 단어를 사용하라고 조언한다. 알리스터 맥그래스도 청중의 마음과 눈을 열기 위한 변증학의 한 가지 목적은 "기독교 신앙의 핵심을 세상이 이해하는 말로 번역하는 것"이라고 강조한다.[457] 그러나 켈러의 설교 속에 종종 어려운 신학적인 단어나 히브리어, 헬라어 단어 등이 등장한다.

전략 2) 설교의 논리적 근거를 강화하기 위해 존경받는 권위자들 혹은 학자들의 견해를 활용하라.

켈러는 문화의 심장부를 향한 성경적 논리를 강화하기 위해 다른 사상가들의 이론과 통찰력을 연결하여 청중들의 신뢰를 얻으라고 조언한다. 예를 들어, 켈러는 종종 니체의 초인사상을 통해 세속 휴머니즘을 비판하거나, 키에르케고르의 인간의 공통된 갈망으로서 고향에 대한 통찰을 통해 성경의 본향을 제시한다. 최근에는 하버드대학의 마이클 샌델 교수의 정의에 대한 통찰을 연결한 다음, 성경적 정의를 제시한다.

전략 3) 청중들의 의심들과 반대들을 이해하고 있음을 증명하라.

켈러는 이러한 청중의 회의주의적 비판을 읽어내기 위해서는 비기독교인들과 꾸준히 접촉하고 공감능력을 높여야 하며, 그들의 주장과 핵심 논지를 공부해야 한다고 조언한다. 그들이 가지고 있는 기독교 진리에 대한 의심 혹은 반대에 대한 이해를 통해 그들의 신뢰를 얻는 것이 필요하고 강조한다. 한 예로 계시록 21장의 '영원한 천국'에 대한 설교 중, 존 레논의 노래 'Imagine'의 가사를 조목조목 반박하면서 문화 내러티브 설교 예를 보여준다.

전략 4) 문화적 내러티브들의 기저에 흐르는 세계관, 사상, 논리들을 도전하기 위한 확고한 전제주의 변증을 시도하라.

켈러는 '각 사회가 속한 공동체구성원들의 정체성과 전제들을 형성하는 세계관이난 세계관적 역사'를 문화 내러티브로 정의한다. 켈러는 세상의 문화 내러티브와 세계관, 논리를 도전하기 위해서는 먼저 문화 내러티브를 먼저 열린마음으로 공감하고 존중하면서 그들의 관점에서 다가가야 한다고 조언한다. 그런 다음 켈러는 문화적 내러티브가 내세우는 미디어와 슬로건 배후에 있는 전제를 비판하고, 문화 내러티브의 실패를 분석하여 그 전제를 해체한 다음 성경적 복음을 제시해야 한다고 강조한다. 문화 내러티브 가운데 현대인들이 갈망하는 행복과 정의는 오직 그리스도 안에서만 성취되고 만족할 수 있음을 설교자는 전해야 한다. 예를 들어, 켈러는 고통에 대한 문화 내러티브를 윤리적 시각, 자기초월적 시각, 숙명론적 시각, 이원론적 시각, 세속주의 시각으로 분석하면서, 전통적인 문화 내러티브의 시각들은 문화 구성원들로 하여금 고통을 대하는 자세를 형성하게 만든다.[458]

전략 5) 문화가 압박을 가하는 지점들에 복음중심 변증의 논리를 펴라.

즉 켈러는 문화적 내러티브를 향한 논리적 변증으로는 부족하며, 오늘날 문화 속에서 청중들이 찾기 어려운 가치들 즉 복음이 제공하는 용서, 공동체, 의미, 정체성, 자유, 소망, 소명 등을 설교를 통해 소통하라고 조언한다. 켈러는 세상 사람들이 느끼는 삶의 긴장과 부조리를 통해 복음의 접촉점을 찾고, 문화 내러티브를 통해 세상 사람들이 찾을 수 없는 복음적 가치를 제시해야 한다고 조언한다. 예를 들어, 누가복음 15장 설교를 통해 현대 문화 내러티브 속에서 용서는 불가능한 것이지만(사회학자 인용), 그리스도의 복음 안에서 용서가 가능하다는 점을 제시한다.

전략 6) 설교의 메시지(적용)을 청중들의 마음과 연결시키고, 복음에 근거한 동기부여를 제공하라.

켈러는 설교자가 삶에 관한 복음의 확실성을 이해하고 활용해야 한다고 조언한다. 신자와 비신자 모두를 동시에 설득하고자 노력해야 하며, 복음이라는 동기로 초대하라고 권면한다. 즉 당신은 이렇게 살아야 하지만, 그렇게 살 능력이 없으며, 그리스도께서 성취하신 복음 안에서 오직 성령께서 그렇게 살아가게 하실 수 있다는 복음적 동기부여를 제시해야 한다.

키워드 6. Professional Application
복음중심적 균형 잡힌 적용(Gospel-centered Balancing Application)

1. 칼빈주의 신학과 그리스도에 근거한 적용

켈러의 적용의 특징은 한 마디로 신학화를 통한 적용이라고 할 수 있다. 첫째, 하나님의 성품에 근거한 적용을 제시한다. 켈러는 창조질서(창 1-2)에 근거한 소명, 일과 영성에 대한 적용을 잘 제시하는 것을 볼 수 있다. 에스더 설교를 통해, 교만했던 하만이 낮아지고, 겸손했던 모르드개는 높아진 것은 하나님의 성품에 기인한 것임을 강조한다. 그런 다음 성도들에게 교만과 자기정죄를 버리고 겸손을 추구해야 함을 적용한다.⁴⁵⁹

둘째, 그리스도 중심적 적용을 보여준다. 예를 들어 켈러는 로마서 설교에서 "그러므로 죄를 지을 때마다 우리는 예수 그리스도의 공생애와 죽으심, 그리고 사역의 목표와 목적을 헛되게 만드는 것이다! 만약 이것으로도 거룩하게 살려는 동기가 생기지 않는다면 다른 어떤 것으로도 불가능하다"는 그리스도 중심적 적용을 제시한다.⁴⁶⁰ 구체적으로 켈러의 그리스도 중심적 적용의 세부적인 특징으로는 다음과 같다: 1) 자기중심주의 적용,⁴⁶¹ 2) 타종교와의 차이 종교 적용, 종교와 복음의 차이,⁴⁶² 3) 문학작품과 영화를 통한 적용점 연결.⁴⁶³

셋째, 켈러는 그리스도 중심적 적용과 모범적 적용의 '균형화'의 모델을 보여준다. 한 예로, 켈러는 사사기 설교에서 십자가를 중심으로 한 변혁적 적용과 기드온 실수에 대한 모범적 적용을 함께 제시하고 있다.⁴⁶⁴

넷째, 켈러는 그리스도 중심적 삶의 변화를 위한 '성화'(sanctification) 차원의 적용을 제시한다. 켈러의 적용신학의 신학적 기초는 성경적인 칭의론과 성화론에 뿌리박고 있다. 도덕주의와 성화를 구분하면서, 조나단 에드워즈의 관점에 기초하여 도덕주의와 복음적 가치(미덕)를 대비시키고 나아가 도덕주의적 적용이 아닌 그리스도 중심적 주해를 지향한다.⁴⁶⁵ 하나님 나라 복음은 포스트에브리팅 세대에게 성화의 근거(적용)를 제공함으로써 하나님, 자신, 세상, 일, 죄, 아름다움에 대한 관계를 변화시키며, 수치, 근심, 불의, 폭력, 인종차별, 죽음, 돈, 가난, 결혼, 가족, 자기통제, 경건, 회개, 교만, 무관심, 교회 공동체 등과 같은 삶의 구체적인 영역의 이슈를 어떻게 다루어야 할지를 배우게 한다.⁴⁶⁶

다섯째, 켈러의 그리스도 중심적 적용은 청중과 삶에 실제적인 영역들에 있어서 도덕주의와 상대주의 적용을 지양하고 복음에 기초한 균형 잡힌 적용을 제시한다.⁴⁶⁷

	도덕주의(moralism)/보주주의(conservative) 적용	상대주의(relativism)/실용주의(pragmatism) 적용	복음중심적 적용
낙심과 침체 (개인의 영역)	원칙을 깨뜨렸기 때문에 회개해야 한다는 적용.	당신 자신을 사랑하고 용납하기만 하면 된다는 적용.	그리스도보다 더 중요한 것이 있다면 그것이 삶의 거짓 구원자, 자기 의가 되기에 회개해야 함.
사랑과 관계 (공동체 영역)	사랑을 구원얻기 위한, 자신을 가치있는 사람으로 확신케하는 방편으로 적용.	상호 이익을 위해 협상적인 파트너십을 추구하라는 적용.	무조건적인 희생의 사랑을 보여주신 그리스도 안에서 겸손히 다른 사람을 섬기고 희생함.
고통	하나님이 고통당하는 자들에게 빚을 지고 있으며, 하나님께 화를 내거나 자신에게 화를 낸다.	하나님은 불의하시거나 무능력하신 분으로 주장하면서 항상 분노함.	십자가를 통해 우리를 위해 고통당하신 하나님 안에서 고통을 이해함.
성(sexuality)	성을 더럽거나 적어도 죄악으로 이끄는 위험한 충동으로 이해.	단순한 생리적, 육체적 욕구로 이해.	성은 아무런 조건없이 우리를 위해 자신을 내어주신 그리스도를 반영함. 온전히 서로 헌신되고 영속적인 결혼 관계 안에서만 누려야 함.
가정	부모의 기대들에 노예가 되도록 만듦.	가족들이 자신의 필요를 만족시켜 주지 않는다면, 그들에게 충성하거나 약속을 지킬 필요가 없음.	부모의 인정을 절대적이거나 심리적인 구원으로 삼는 것에서 자유롭게 함.
자기통제	율법, 원칙을 스스로 지켜야 함.	절대적인 원칙에 따라 자기를 통제할 필요가 없음.	그리스도 안에서, 성령을 따라 자신의 통제를 할 수 있음.
인종과 문화	문화들에 대한 평가에 진리가 있다고 믿음.	모든 문화들을 상대화시킴.	모든 문화들에 대해 다소 비판적이지만, 우리는 누구보다 도덕적으로 우월하지 않으며 오직 은혜로만 구원얻었다.

복음증거	바리새인적 태도(우리는 옳고 불신자들은 틀렸다).	복음전도의 정당성을 거부함.	관대함과 사랑으로 복음을 전하는 사명을 받았고, 다른 사람들로부터 조롱받거나 상처받는 것으로부터 자유함.
인간의 권위	인간의 권위에 지나치게 순종하는 경향.	인간 권위에 지나치게 순종하거나, 혹은 너무 적게 순종하는 극단적 경향.	인간의 권위를 반대하고, 한편으로는 하나님이 세우신 공적 권위들에 순복함.
죄책감과 자아상	자신이 중심이 된 기준에 의해 나는 내 자신을 용서할 수 없다. 진정한 하나님을 보는데 실패함으로 죄책감의 노예가 됨. 하나님은 거룩하고 완전을 요구하시는 분으로 인식함으로 진정한 자아상을 가지는데 실패함.	하나님에 대한 잘못된 이미지 위에 자아상을 기초함. 거짓 우상의 실체는 성공과 관계임.	복음이 없으면, 여러 기준들에 의해 자아상을 세우기 때문에, 그 기준에 부합하면 확신은 있지만 겸손이 없고, 그렇지 못하면 겸손해지지만 확신은 없게 됨. 복음은 온전한 의인이면서 죄인이라는 자아상을 통해 확신과 겸손을 가짐.
올바른 삶	천국, 구원을 얻기 위해 바른 행동과 삶을 추구함.	보다 나은 자기 존중과 자아 성취를 위해 올바른 삶을 추구함.	하나님을 위해 하나님께 순종함.
사회계층을 향한 태도	가난한 자들을 실패자요 무능력한 자로 간주함.	가난한 자들의 종교를 조롱하고 무능력한 피해자들로 간주함.	도덕적 우월감없이 겸손함, 은혜로만 구원받았다는 의식, 가난한 그리스도인들을 형제와 자매로 존중함.

2. 마음(동기)과 우상을 향한 적용

주목할 중요한 점은 켈러의 설교에는 구체적인 행동을 향한 적용도 있지만, 마음과 내면의 동기를 향한 적용이 상당히 중요한 패턴이다. 즉 켈러의 적용은 모든 적용이 반드시 구체적이고 행동지향적이어야 한다고 보지 않는 설교철학이 작용하고 있다고 볼 수 있다.

첫째, 그리스도와 복음중심적 '동기'(motive)를 향한 적용을 보여준다. 한 예로, 켈러는 로마서 12장 설교의 서두에서 그리스도인이 삶의 본질(essence)로서 자신을 하나님께 드리는 순종의 '동기'가 접속사 '그러므로'(로마서 1-11장의 복음에 기초한 순종의 동기)와 '하나님의 모든 자비하심으로'(하나님의 성품과 은혜에 기초한 순종의 동기)에 있다고 역설한다. 반대로 두려움이 순종의 동기가 될 때는 동기가 점점 쇠약해지고, 회개의 문제와 환난을 견디지 못하는 결과로 이어질 것이라고 마음의 '동기'에 기초한 적용을 제시한다.468 켈러는 누가복음 15장 설교에서 예수 그리스도의 십자가 중심적 동기의 변화 즉 두려움이 아닌 기쁨과 감사의 동기로 변화되어야 한다는 적용을 제시한다.469

- 예: 롬 14장 설교에서 개인의 '양심'에 대한 적용470
- 예: '동기'(두려움에 대한 동기, 순종의 동기)에 대한 적용471

둘째, 켈러의 설교는 청중의 '생각'을 향한 적용을 보여준다. 켈러는 청중에게 생각의 기억을 치유하기 위한 구체적인 적용을 제시하기도 한다.472 다른 예로, 로마서 8장 설교에서 켈러는 성령을 통해 하나님과 원수가 되는 육신의 생각을 죽여야 몸의 행실에 대한 죽임(mortification)이 가능하며 영의 일을 '생각'하게 된다(롬 8:7, 13)고 강조하면서 '생각이 삶의 행동으로 나타난다는 점을 기억하라고 적용한다.473 또한 로마서 8장 마지막 결론부분에 이렇게 '생각' 키워드를 정리하면서 저자가 의도한 적용을 살려 다음과 같이 도전한다. 로마서 12장 1-2절 설교에서 자신의 몸을 거룩한 산 제사로 드리는 합리적인 예배자로 변화되기 위해서는 하나님의 뜻을 분별하는 '생각'이 중요함을 강조하는 적용을 제시한다.474

"바울은 우리에게 다음과 같이 도전한다. "생각해 보라! 두려운가? 그렇다면 생각하고 있지 않은 것이다! 염려하고 있는가? 그렇다면 생각하고 있지 않은 것이다! 죄책감을 느끼는가? 그렇다면 생각하고 있지 않은 것이다! 그저 받은 은혜와 의롭다 하시는 진리를 생각해 보라."[475]

셋째, 켈러의 적용에 드러나는 독특한 특징 중 하나는 바로 '우상'(idol)에 대한 적용이다. 이미 살펴본 것처럼, 켈러는 청중과 사회의 우상의 실체를 깊이 분석하면서 상세하게 우상을 분류하여 청중들에 적용한다. 켈러 설교에서 우상에 대한 적용은 한 영역에 국한되지 않고, 개인, 가정, 교회, 공동체, 사회, 국가, 정치, 종교, 세계관 등의 포괄적인 영역가운데 숨어있는 우상들에 대한 적용을 제시하는 것을 볼 수 있다. 켈러는 포스트모던 세대 각 개인의 외적인 죄의 수면 밑에 감추어진 우상들(idols)을 향해 적용한다.[476] 켈러는 청중들의 영적 우상들을 정확하게 간파하기 위해서는 '감정적 문제들'(통제되지 않는 갈망들), 각 개인의 마음의 동기(motive)를 향한 적용을 제시한다.

예를 들어 켈러는 예레미야 2장 설교에서 '터진 웅덩이'로서 '중독'의 우상 적용("How sin make us addicts" 설교에서)을 제시한다.[477]

또 다른 예로, 켈러는 로마서 설교에서 죄는 하나님의 자리에 어떤 대상을 두는 것으로 정의한 다음, 켈러는 하나님이 아닌 우상은 삶의 의미와 근본적인 인생의 근원적 만족을 줄 수 없다는 우상 분별 적용을 제시한다.[478]

3. 다양한 형태와 유형의 적용

켈러는 전통적인 설교자보다 설교의 적용에 강조점과 다양한 적실성을 추구한다고 볼 수 있다. 그렇다면 형태적인 측면에서 켈러의 설교들에서 나타나는 적용형태(application form)의 주요 특징들은 무엇인가?

첫째, 많은 설교자들이 설교 결론부분에 두는 경향이 강하지만, 켈러는 적용을 설교 전반에 고루 분포시키는 경향이 두드러진다. 또한 적용으로 설교를 마무리하는 패턴도 드러나지만, 확장형 적용으로 펼쳐나갔다가 그리스도와 복음으로 수렴하는 설교를 지향한다.

둘째, 켈러의 적용형태 중 두드러진 특징 중 하나는 리스트 제시형 적용이다.

- 예: 삼손(삼손의 함정: 교만, 정욕, 분노, 복수심)과 예수 그리스도의 대조와 유비를 통해 복음 조각을 드러낸 다음, 그리스도인의 삶의 패턴도 은혜속에서 약함 가운데 강해야 한다는 적용을 리스트형으로 제시한다.⁴⁷⁹
- 예: 로마서 15장의 1절을 통해, "경제적이든 문화적이든 사회적이든 힘을 가진 사람은 자신의 영역에서 "약한"사람들을 돕고 세워주는 일에 자신의 힘을 사용해야한다"고 설교한다. 그리고 2절에서 그 대상이 "이웃"으로 확대된다고 말한다. 그 확대로 인해 그리스도인뿐 아니라 모든이들에게 약한 사람들을 돕는 힘을 사용해야한다고 설교한다. 그런 다음 리스트형 적용을 제시한다: 1) 재정적 적용, 2) 소외된 자들을 향한 교회 지도자들의 사역(적용), 3) 관계적 적용, 4) 이웃을 돕기 위한 집과 거주지 선택에 대한 사회적 적용, 5) 교회 공동체 안 관계적 적용.⁴⁸⁰

셋째, 켈러는 분별형, 오류 수정형 적용을 보여준다.

❶ 예: 켈러는 "그리스도인의 행복(Christian Happiness),"(롬 8장 28-30) 설교에서 그리스도인에게 '보다 나은 삶의 환경'이 아닌 '보다 나은 삶'을 약속하셨다고 강조함으로 분별형 적용을 보여준다.
❷ 예: 켈러는 사사기 설교에서 참된 회개를 분별하기 위해 후회와 참된 회개를 비교하는 적용(변화와 하나님 초점)을 제시한다.⁴⁸¹
❸ 예: 켈러는 사사기 설교에서 양털 이야기를 하나님의 뜻을 분별하는 좋은 사례로 제시하는 것을 적용 오류라고 보면서 '교정적' 적용을 제시한다.⁴⁸²
❹ 예: 켈러는 로마서 6장 설교에서 '죄에 대해 죽었다'에 대한 부적절한 적용을 5가지 유형별로 제시함으로 오류 수정형 적용을 보여준다.⁴⁸³

❺ 예: 로마서 15장 7절 강해에서 우리는 그리스도께 이미 받아들여졌기 때문에 이제는 그리스도께 받아들여지기 위해 사는 것이 아님을 설교한다.[484]

넷째, 켈러의 설교는 카테고리화(categorization) 혹은 유형별 적용의 모델을 보여준다.

❶ 예: 사사기 설교에서 삼손을 통한 유형화된 적용을 제시한다: 1) 은사와 열매 구분, 2) 종교생활이 아닌 영적건강 척도로서 기도, 3) 친밀한 교제(외적, 내적)와 참된 영성.[485]
❷ 예: 탕자 비유설교에서 인물 유형별 적용을 보여준다. 설교 마무리 부분에서 많은 뉴욕인들이 작은 아들 유형과 같다는 적용을 시도함(유머와 함께). 미국의 다른 여러 주에서 자유와 쾌락을 위해 뉴욕으로 떠나왔다는 점(뉴욕이라는 도시의 특성과 연결).
또한 교회 안에 '큰 아들 유형'이 많다는 점을 가감없이 지적한다. 자유분방한 삶보다 치명적인 선함, 율법적인 자기 의와 교만 때문에 행복하지 않다.

다섯째, 켈러는 하나의 핵심 키워드(keyword)를 설교 처음부터 끝까지 적용하는 촌철살인의 대가이다.

❶ 예: 로마서 8장 1-13절 설교에서 켈러는 신자가 '어떻게(how) 죄를 극복할 수 있는가?'라는 질문을 설교의 나침반으로 삼은 다음, '생각'이라는 키워드를 설교 전체의 적용을 여는 마스터키로 활용하고 있다. 즉 켈러는 그리스도 안에서 영의 일을 '생각'하는 사람만이 영을 따라 살 수 있으며, '생각'이 성품과 삶의 행동 방식을 만들어가며, 무엇이든 사람의 '생각'을 가득 채우고 있는 것이 그 사람의 삶을 지배한다고 적용한다.[486]
❷ 예: 켈러는 로마서 8장 15절의 '입양'이라는 비유를 통해 그리스도인이 어떤 사람이며, 그것이 왜 놀라운 영적 특권인지를 설명한다.[487]

❸ 예: 로마서 12장 1-2절 설교에서는 '산 제물'이라는 키워드를 통해 촌철살인 적용의 좋은 예시를 보여준다.[488]

여섯째, 총천연색 예화라는 창문을 통해 적용의 세계를 청중들에게 펼쳐 보여준다. 우선 켈러는 역사, 철학, 문학 등을 폭 넓게 아우르는 인문학적 예화에 탁월하다(켈러의 설교에 등장하는 주요 인문학 책과 저자에 대해서는 본서의 부록을 참조하라). 이뿐 아니라, 성경의 예화를 탁월하게 활용함, 성경의 특정 이야기를 자주 예화로 사용한다. 인문학적 예화뿐 아니라 찬송 예화를 통한 감정적 호소와 마무리하는 형태를 요한복음 11장 나사로 설교를 통해 보여준다.[489]

4. 다양한 청중/공동체에 적합한 구체적 적용

켈러는 다양한 적용의 씨줄과 다양한 청중의 날줄을 정교하게 엮어서 프락시스가 있는 설교를 직조해 내는 설교장인이다.

예를 들어, 로마서 15장 설교에서 15장 1절의 말씀처럼 우리가 이웃들을 '어떻게 감당해야 하는가?'에 대한 여러 가지 적용점들을 다양한 청중에 적응하여 적용한다.[490]

청중	적용 포인트
개인	재정적 능력이 있는 사람은 가난한 사람들을 일으키고 부요하게 하라고 돈을 주심.
교회의 지도자들	교인들의 행복과 편안함을 위해 사역하는 것 뿐만 아니라 소외된 사람들과 회의론자들까지 염두에 두고 일해야 한다.
사회 공동체	그리스도인은 우리의 마음에 맞는 사람만 맞는 게 아니라 기진맥진하게 만드는 사람과도 만나야 한다. 또한 '이 사람들을 어떻게 돕고 세워줄 수 있을까? 내가 도울 수 있는 사람이 있을까?'라고 질문해야 한다.

마을과 도시 공동체	'어디에 살면 가장 편안할까'가 아니라 '하나님과 다른 사람들에게 가장 도움이 되려면 어디에 살아야 하는가?' 하고 질문해야 한다.
교회 공동체	교회에서 자신과 다른 견해를 가진 그리스도인들을 이기려고 해서는 안 되고 도리어 존중하면서 자신의 입장을 재고할 수 있어야 한다.

둘째, 켈러는 복음에 기초한 설교를 실제적으로 교회 공동체를 향해 적용함으로 하나님 나라 총체적 사역의 균형화를 추구한다. 켈러의 공동체적 적용은 네 가지 차원의 균형 잡힌 '연결'(connecting)의 사역으로 구체화된다.[491]

❶ 전도와 예배: 하나님과 연결시킴

켈러는 사람들을 예배를 통해 하나님과 연결시키기 위해서는 규범적 관점에서 예배의 성경적, 역사적 전통을 살펴야 하며, 상황적 관점에서 문화적, 교회적 환경을 고려하며, 실존적 관점에서 개인의 기질과 친화성을 생각해야 한다고 강조한다. 나아가 켈러는 '전도적 예배'(evangelistic worship)를 위해서는 비신자들을 예배에 포함시켜서 그들이 이해할 수 있는 예배(일상 언어로 예배, 예배 흐름을 따라 설명 제공, 비신자들을 환영함, 수준있는 예술을 활용함, 자비와 정의의 실천을 권면함, 복음적 성례를 시행함, 은혜를 설교함)를 통해 그들이 결신할 수 있도록 해야 한다고 강조한다.[492]

❷ 공동체와 제자도: 사람들을 서로 연결시킴

켈러는 복음으로 형성된 공동체가 가진 기능 즉 전도, 성품형성, 윤리적 행동 등을 통하여 서로를 더 잘 알아가면서 하나님을 더 알아가고 성장하도록 하는 참된 영성을 추구해야 한다고 강조한다.[493]

❸ 자비와 정의 사역: 도시와 연결시킴

자비와 정의 사역에 대한 성경적 근거 위에서 구제, 개발, 개혁 등을 통하여 교회는 지역 사회와 연결되어야 한다.[494]

❹ 믿음과 행함의 통합: 사람들을 문화와 연결시킴

켈러는 복음이 문화와 직장의 영역에 영향을 끼친다고 강조하면서, 교회가 직장문화 속에서 책임을 갖고 일할 수 있는 영적 성장, 구별됨을 가지고 일할 수 있도록 기독교 세계관 훈련, 전문 영역에 탁월하게 일할 수 있도록 멘토링과 문화 갱신을 추구해야 한다고 강조한다.[495]

5. 적용의 목적, 지향점: 변혁을 향해 나아가는 적용

첫째, 켈러는 말씀의 구체적 실천을 통해 변화를 실존적으로 '경험'해야 함을 강조하는 적용을 추구한다.

- 예: 켈러는 에베소 교회를 향한 바울의 기도에 대해 강해하면서 그리스도인들이 지식적으로 하나님의 사랑의 깊이에 대해 깨달을 뿐 아니라 말씀의 교리들이 마음에 실재적으로 경험되도록 기도해야 한다고 적용한다.[496]

둘째, 켈러는 설교 마지막 부분에서 적용에 이어 개혁주의 전통을 따라 '시와 찬송'으로 설교를 마무리함으로 청중의 지성뿐 아니라 감정에 호소하여 의지적인 행동을 불러일으키는 변혁적 설교를 추구한다.

❶ 예: 토플래디 '만세 반석 열리니'[497]
❷ 예: 존 뉴턴 시/찬송[498]
❸ 예: 윌리엄 카우퍼 찬송시[499]

셋째, 켈러는 청중의 변화를 위한 상상력을 활용한 적용을 시도한다.

❶ 예: 과거를 회상하는 상상력을 활용한 적용[500]
켈러는 과거 사사기 시대 이스라엘 백성들의 질문을 상상한다. "왜 이런 문제가 생겼지? 하나님이 우리 안의 어떤 영적 결점을 드러내시는 것일까? 그리

고 우리에게 어떤 영적 갱신이 필요한 것일까?"

❷ 예: 현재 상상력을 활용한 적용[501]

"하지만 부활이 '지금' 당신의 삶과는 무슨 상관이 있는가? … 이 미래를 진정으로 믿는다면 현재의 삶이 완전히 변할 수 밖에 없다. 예를 들어, 고난이 왜 그리 힘든가? … 돈이 당신이 가진 유일한 부라고 생각하는가? 이 육신이 당신이 가질 수 있는 유일한 육체라고 생각하는가? 그렇지 않다."

❸ 예: 미래 상상력을 활용한 적용[502]

켈러는 부활에 대한 믿음으로 현재적 상상력을 활용해 적용을 제시한다. "춤을 출 수 없지만 너무도 춤을 추고 싶은가? 부활한 몸으로 완벽한 춤을 추게 되리라. 외로운가? 부활 안에서 완벽한 사랑을 얻게 되리라. 공허한가? 부활 안에서 온전한 만족을 얻으리라 … 그런 미래가 우리를 기다린다."

"하나님이 세상만사를 바로잡으실 날, 모든 슬픔이 사라질 날 바로 주의 날 우리의 상처도 영광스러워 질 것이다 … 그날, 모든 것이 역전되고 측량할 수 없는 기쁨이 밀려 올 것이다. 영광의 기쁨이 우리가 겪은 모든 상처보다 훨씬 더 커질 것이다."

켈러는 종종 현대 청중을 과거 이스라엘 시대로 데려가려는 듯한 시도를 하면서, 과거 출애굽 때 유월절을 지키는 상황을 상상력을 가지고 본문에 들어가려고 하며, 상상력을 통해 종말론적 미래의 세계로 청중들을 데려가고자 하는 시도를 하기도 한다.[503]

넷째, 켈러는 적용을 통한 변혁의 과정에서 성령의 역할을 강조한다. 켈러는 고린도전서 2장 4-5절과 골로새서 1장 24-29절을 기초로 설교자가 "지혜와 설득하는 말"이 아닌 "성령의 나타나심과 능력"(a demonstration of the Spirit's power)을 의지해야 한다고 강조한다. 이러한 성령의 능력을 의지하는 설교자로서 바울과 조지 휫필드(George Whitefield)를 모델로 소개한다. 그러나 성령의 결정적인 역할을 강조하면서도, 동시에 개혁주의 설교자가 성령 충만함으로 열정과 능력(warmth and force),

영적인 은혜와 성품을 함께 균형 있게 갖추는 것이 얼마나 중요한지 강조한다.[504]

이런 맥락에서 켈러는 자신의 설교학책 마지막 장을 설교와 성령에 대해 논하면서, 결국 설교가 청중들에게 들리게 하시고 적용되어 변화되도록 하시는 주체는 성령이심을 강조한다. 켈러는 초대교회 가운데 성령께서 설교를 통해 역사하신 것은 설교자들이 그리스도를 높이고 그분의 영광을 나타내는 삶의 행동과 성령충만함으로 얻는 인격의 열매로서 영적인 은혜와 성품 때문이었다고 강조하면서, 설교자들이 설교(말)보다 설교자로서의 삶에 더욱 힘써야 한다고 역설한다. 또한 성령에 충만하여 설교할 때 설교자의 힘과 권위와 따뜻함과 온유함이 균형있게 하나를 이룰 수 있음을 설교자가 기억해야 한다고 강조한다.[505] 켈러는 실제 설교 가운데 그리스도인의 성장과 내면적인 변화는 성령의 역사와 열매맺게 하심을 통해 비로소 이루어질 수 있으며, 이를 통해 깊은 기쁨과 지속적인 변화를 경험할 수 있다고 적용한다.[506]

6. 다차원적 영역의 변혁을 향한 적용

켈러의 복음중심적 설교는 다양한 적용 영역의 균형화를 추구함으로써 포스트 에브리팅 세대를 향한 하나님 나라 전 영역의 변혁을 추구한다. 이는 저자가 의도한 의미(적용)와 신학적 원리에 기초한 다차원적 적실성 범주(multi-dimensional relevance category)의 변혁으로 나아가는 개혁주의 설교 적용의 전통과 맥을 같이 한다고 볼 수 있다. 켈러는 기독교 세계관의 렌즈 역할을 하는 그리스도 중심적, 은혜의 복음을 통해 하나님 나라의 전 영역에 대한 적용을 추구한다. 이러한 전제주의에 기초한 다차원적 적실성 범주의 구체적인 적용은 칼빈의 설교철학과 아브라함 카이퍼의 '영역 주권'(sphere sovereignty) 세계관에 영향을 받았다는 것을 알 수 있다.[507] 켈러는 카이퍼의 변혁적 문화관이 끼친 공헌을 인정하면서, 자신을 광의적으로는 문화변혁가(Transformationist)로 분류될 수 있다고 말한다. 프레임도 반틸의 영역 주권 세계관을 공유하면서 변증과 설교에 있어서 하나님의 주권 사상이 기본적인 전제로서 매우 중요함을 강조한다.508

켈러는 하나님 나라 총체적 영역을 변혁시키기 위해 <u>다양한 적실성 범주</u>를 추구하는 개혁주의 설교를 보여준다. 켈러는 하나님 나라 복음이 모든 영역에 영향을 미치고 변혁시켜야 한다는 복음신학에 기초한 설교를 목회적, 사회적 상황에 더욱 발전시켜서 다양한 적실성 범주를 향해 나아간다.509

켈러는 경건주의적, 행동주의적이 아닌 복음에 기초한 '개인적 경건'을 향한 적용을 추구하고 있다.510 그러나 하나님 나라 복음에 기초한 적용은 개인적 영역에 머무르지 않고 전쟁, 폭력, 테러, 인권, 복지 등과 같은 사회적 영역에 이르기까지 폭 넓게 전개된다.511 그러므로 켈러의 하나님 나라 복음 세계관에 기초한 설교의 적용은 개인, 공동체, 직장과 학교, 정치, 경제, 종교 영역에 이르기까지 다차원적 적실성 범주의 균형을 보여주고 있다.

이러한 하나님 나라 복음 중심적 설교의 '적용신학'(Application Theology)은 그로 하여금 다음과 같은 다양한 적실성 범주의 영역까지 복음으로 변혁되는 것을 추구하도록 이끌어간다.512

1) 개인 차원의 적용

켈러는 청중들의 내면세계와 경건생활의 필요를 연결시키기 위하여 경건주의적, 행동주의적이 아닌 삶의 체계로써 거룩한 삶으로 개인적 '경건'을 향한 적용을 추구한다.513

켈러의 실제 설교 가운데 개인의 마음, 양심, 동기, 감정, 실망과 침체, 자기통제, 죄책감과 자아상, 기쁨 등 다양한 개인 영역의 적용이 제시되는 것을 볼 수 있다. 다음은 개인의 다양한 영역에 대한 켈러의 실제 설교의 예들이다.

① 예: 복음적 동기에 대한 적용
켈러는 갈라디아서 5장에서 도덕적 명령 적용이 아닌 복음동기에 근거한 적용의 예를 보여줌.[514]
- 복음적 자유 안에서 '사랑으로 종 노릇 하라'는 적용의 구체적 예로 '왜 거짓말을 했는지 스스로 물어봄으로 거짓말을 하게되는 동기(인정, 권력, 안위, 성공의 우상)를 분별하여 거짓말을 버리도록 적용함.
- 5장의 자유의 복음에 근거하여 어떤 변화, 관계의 변화를 위한 실천적인 원리와 적용을 제시함(갈 5:26-6:5): 1) 복음에 근거한 자아상, 2) 부모와의 관계, 3) 성적 관계, 4) 결혼 부부 적용
- 공동체, 형제 자매들과의 관계에 대해 적용함.

② 예: 기도에 대한 적용[515]
켈러는 고통은 피할 수 없지만 우리는 눈물을 항상 기대해야 하며, 우리가 눈물로 기도할 때, 하나님의 은혜를 기억하고, 십자가를 붙잡고 영원한 영광 안에서 확신을 발견하게 된다는 적용을 제시함.

③ 예: 내면에 관한 적용
- 염려에 대한 적용[516]
켈러는 염려는 우리 자신에 대한 감각을 위협하는 깊은 두려움이지만, 어려움 가운데 우리는 그리스도께 순종해야만 하며 우리 자신을 대신하여 희생제물이 되신 그리스도 안에서 소망을 가져야 한다는 개인적 적용을 제시함.
- 상처와 갈망에 대한 적용[517]
우리는 동료들의 사랑과 지지가 필요한 관계적인 존재임. 우리는 우리의 죄의 무게에 짓눌릴 수 있는 도덕적 존재임. 우리는 삶의 궁극적인 의미를 찾는 실존적인 존재임. 우리는 항상 우리의 소망을 무언가에 두고자 하는 믿음에 근거한 존재임. 따라서 우리의 믿음과 소망을 하나님께 두지 않으면 우리 마음 가장 깊은 곳에 있는 갈망을 결코 만족시킬 수 없음.

④ 예: 세상을 보는 새로운 방식 적용[518]
켈러는 중생은 세상을 보는 새로운 방식으로, 그리스도인의 성장의 엔진이며, 세상의 우상보다 하나님 안에서 소망을 가지도록 돕는 새 마음을 가져야 한다는 개인적 적용을 제시함.

⑤ 예: 평안에 대한 개인적 적용[519]

그리스도인의 평안은 문제가 없는 상태가 아니며, 오히려 문제가운데서도 흔들림없는 내면의 평화이다. 그리스도인은 어려움 가운데서도 하나님을 사랑하는 자들에게 모든 것이 합력하여 선을 이루신다는 것을 기억하도록 부르심을 받은 자들이다. 만약 우리의 '마음'을 하나님 외에 다른 것에 고정하면 평안을 잃지만, 우리의 마음과 사랑을 변함없는 하나님께 고정하면 마음의 평화는 결코 빼앗기지 않는다.

⑥ 예: 개인의 영적 전쟁에 대한 적용[520]

모든 사람들 내면 안에 전쟁을 경험함. 높은 도덕적 기준을 따라 살기 원하지만 아무도 그럴 수 없음. 아무도 내면의 싸움에서 이길 자가 없음. 이 전쟁에서 승리하는 유일한 길은 그리스도인이 되는 길밖에 없음. 우리 자신의 깊은 내면은 하나님 법을 즐거워하는 존재가 될 때 변화됨. 따라서 우리는 우리가 이길 수 없는 싸움에서 우리가 지지않는 싸움으로 옮겨가야 함.

⑦ 예: 자아 집착에 대한 적용[521]

우리 자신에 집착하는 경향을 치유하는 길은 하나님을 경험하는 것임. 하나님을 경험할 때 우리의 신앙과 우선순위가 변화되고, 한번 변화되면 하나님을 위한 새로운 삶을 살 수 있게 됨.

⑧ 예: 가난한 심령에 대한 적용[522]

산상수훈에서 예수님은 심령이 가난한 자만이 즉 자신이 아닌 예수님만을 의지하는 자만이 하나님 나라에 들어갈 수 있는 궁극적인 테스트를 통과할 수 있음.

⑨ 예: 축복에 대한 적용[523]

모든 사람은 특별히 가치있는 사람의 축복을 갈망하며, 이를 위해 자기 자신을 가장하고 숨긴다. 그러나 진정한 축복은 그리스도로부터 오는 하나님의 지속적인 축복임.

⑩ 예: 자기중심주의에 대한 적용[524]

모든 승리는 자기중심의 교만과 자랑으로 우리를 끌고갈 가능성이 있음. 그러나 본문은 다른 방식을 제시함. 즉 다른 사람들이 무엇을 생각하는지에 대해 잊어버릴 뿐 아니라 우리 자신에 대한 생각을 멈추는 것임. 그 대신에 우리는 그리스도 안에서 우리를 생각해주시는 하나님의 생각 안에서 안식하고 즐거워할 수 있음.

⑪ 예: 교만과 자기중심주의에 대한 적용525
페르시아의 유대인을 죽이려고 했던 하만은 교만과 멸망의 본보기임. 교만은 자기중심적, 실수로부터 배우지 못하고 더 심각한 악으로 발전함, 자신의 교만에 대한 무지 등으로 특징지워짐. 교만은 자신을 잊어버리고 그리스도를 통해 아버지를 향한 압도적인 찬양으로 옷입는 것으로 정복할 수 있음.

⑫ 예: 성경적 행복에 대한 적용526
하나님의 부르심을 입은 자들을 향해 성경은 비그리스도인보다 더 좋은 환경을 약속하지 않음. 이 세상에서 보다 나은 삶의 환경이 아닌 장차 올 하나님의 나라에서 보다 나은 삶을 약속함.

⑬ 예: 고통을 이겨내는 산 소망에 대한 적용527
삶의 어려움을 이겨내고 고통을 참아내게 하는 산 소망이 필요함. 그리스도를 통해 얻게 된 유업으로서 산 소망은 슬픔과 기쁨을 모두 가질 수 있게 함.

⑭ 예: 종말론적 소망에 대한 적용528
우리는 희망을 갈구할 수 밖에 없는 피조물임. 그리스도인은 그리스도를 통한 하나님의 사랑의 확실성 안에서 소망을 발견함. 그리스도인은 모든 피조세계는 고통과 죽음이 없는 완전한 세상으로 새롭게 될 것을 아는 것에서 발견하는 소망 안에서 살아가야 함.

⑮ 예: 믿음에 대한 적용529
하나님은 아브라함을 부르사 믿음의 삶을 살아가라고 하셨지만, 그의 믿음은 약하고 부족했음. 그는 하나님을 신뢰할 수 있는 방법을 간구했음. 하나님은 언약을 통해 분명히 제시되는 구약의 복음을 통해 분명하게 그 방법을 제시하시고, 아브라함이 믿음의 삶을 진정으로 살아가도록 도우심.

⑯ 예: 안전에 대한 적용530
하나님은 아브함을 부르사 진정한 자아를 찾을 수 있는 기회를 주시고 그 분을 신뢰할 때 생겨나는 궁극적인 안전을 의지할 수 있게 하심.

⑰ 예: 마음의 우상에 대한 적용531
그리스도인 마음의 본질적인 변화는 진정한 회개와 믿음을 통해 일어남. 회개는 그리스도가 아닌 것에 정체성과 행동의 동기로 삼는 마음의 우상들을 깨뜨리는 것이며, 그것들을 십자가로 가져가는 것임. 믿음은 우리의 죄의 깊이와 그리스도의 희생의 가치를 이해하면서 그리스도의 용서를 신뢰하는 것임.

⑱ 예: 자유에 대한 적용

오직 하나님의 은혜를 통해 우리 삶에 그리스도를 영접할 때 우리는 진정한 자유와 자아를 발견할 수 있음.532
거짓교사들의 말을 듣고 진리를 순종하지 못하게 된 상황 속에서 갈라디아 원 청중들에게 두 가지 자유에 대한 적용 제시함: 1) 복음의 자유를 잃어버리지 말라(갈 5:1-12), 2) 복음의 자유를 남용하지 말라(갈 5:13-15).533

⑲ 예: 돈과 탐욕에 대한 적용534

돈 자체는 악이 아니지만 그것은 우리가 영적 실체를 보지 못하도록 하는 힘을 가지고 있기 때문에 매우 위험한 것임. 종종 사람이 경제적으로 성공할 때 모든 영역에서 자신이 성공했다고 느끼기 시작하고, 자신의 죄에 대해 쉽게 눈멀게 됨. 자신 안에 있는 탐욕을 볼 수 있는 사람을 거의 없기에 돈을 사랑함은 매우 독특한 죄악이 됨. 또한 돈은 우리에게 안전함을 가져다준다는 거짓을 통해 우리를 속임. 우리가 그리스도 안에서 가진 진정한 안전을 볼 때 우리는 돈이 제공하는 거짓된 안전을 거부할 수 있음.

• 이뿐 아니라 켈러는 다음과 같은 돈과 안전함에 대한 적용을 자주 제시한다:
- 예시 1: 예수님은 항상 자신을 따르는 자들의 '마음'에 관해 관심이 많으셨고, 돈에 대한 태도가 마음의 창문 역할을 하기 때문에 늘 돈에 대하여 가르치심. 우리는 하나님을 의지하는 대신 돈을 의지하는 경향이 있음. 하나님만이 제공하실 수 있는 안전함을 얻기 위해 돈을 의지함. 그러나 예수님께서 우리를 구원하시기 위해 어떻게 하늘의 부요함을 포기하셨는지를 깨닫게 되면 그분께 가까이 가기 위해 이 땅의 부요함을 포기할 수 있게 됨.535
- 예시 2: 어떠한 사람들에게는 돈은 안전을 제공하기 때문에 돈은 우리를 지배할 수 있는 엄청난 힘을 가지고 있음. 우리를 궁극적인 보물로 삼으시기 위해 자신의 목숨을 주신 예수님을 보배로 삼을 때 우리는 돈의 노예에서 자유를 얻을 수 있음(*그리스도 중심적 적용 예)536
- 예시 3: 하나님을 만남으로 돈, 소유, 경력과의 관계가 변화됨. 구원은 우리의 열심으로 얻을 수 없다는 것을 깨달을 때, 우리는 부의 우상으로부터 자유함을 얻을 수 있음. 이러한 자유함을 경험할 때, 우리는 기쁨을 가지고 소유를 기꺼이 드릴 수 있음.537

- 예시 4: 돈은 항상 우리가 진정으로 무엇을 예배하는 지를 드러내줌. 하나님은 우리를 돈의 청지기로 부르사, 우리에게 주신 소유를 나누게 하심. 우리의 부를 나누기 위해서는 그리스도께서 십자가를 통해 보여주신 급진적인 관대함을 묵상해야 하며, 그럴 때 그분이 우리 마음의 보물이 될 것임.[538]

⑳ 예: 계획과 통제에 대한 적용[539]
우리를 향한 하나님의 계획들을 이해하기는 유일한 길은 그리스도를 진정으로, 충분히 바라보는 것임. 하나님의 우리를 향한 계획은 우리의 선택들을 무시하는 것이 아니며, 그분의 뜻에 우리가 온전히 헌신할 때 그분의 인도하심을 겸손하고 담대히 받을 수 있음.

2) 부모, 결혼, 가족, 성(性), 남성과 여성상 등에 대한 적용[540]

가정의 영역 적용의 전체적인 특징은 복음에 근거한 결혼, 성, 부모, 자녀 등에 대한 적용을 추구한다는 점이다. 에베소서 5장을 기초로 한 결혼 주제 설교 시리즈를 통해 그리스도 중심, 복음중심적 결혼 적용을 매우 넓고 깊게 제시하고 있다. 다음은 가정 영역에 대한 켈러의 적용의 예들이다.

① 예: 그리스도중심적, 복음에 기초한 결혼 적용[541]
앞서 논의한 바 있는 '종교와 비종교가 아닌 제 삼의 길'로서 복음중심적 적용(복음 증명)을 결혼에 대한 적용 프레임을 활용하고 있는 것을 볼 수 있다.
- 결혼은 상대방을 위해 무조건 희생해야 하는 것이라는 도덕주의(율법주의)적 결혼관을 이용해 자신의 성취를 이루라는 상대주의, 반율법주의, 비종교주의의 가르침을 경계해야 한다. 그리스도의 가르침은 결혼은 성취와 희생 사이에서 어느 한쪽만을 선택하라고 말하지 않음. 제 3의 길로써 "상호희생을 통해 상호성취하는 길"로 인도함. 사랑이 빠진 진실만을 배우자에게 말하는 것은 복음의 적인 율법주의, 도덕주의임. 진실이 결여된 사랑만을 말하는 것은 복음의 적인 무율법주의, 상대주의임. 제 3의 길은 예수님의 은혜, 용서와 회개에 근거한 진실과 사랑의 결합임.

- 켈러는 율법주의와 무율법주의적 적용을 지양하고 그리스도 중심적 결혼 적용을 보여줌. 켈러는 단순히 "당신이 결혼 생활에서 잘못 행동하고 있기 때문에 회개해야 한다."라는 도덕주의적 접근과 "당신의 문제는 당신과 배우자의 모습 그대로를 사랑하시는 하나님을 보지 못하기 때문이므로 기뻐하라"는 심리주의적 접근을 지양하고, "당신의 결혼에서의 문제는 당신의 행복을 위해 그리스도 외에 다른 무언가를 바라보기 때문이므로 회개하고 하나님만을 기뻐해야 한다"는 복음중심적 적용을 제시함. 그리스도의 신부로서 그리스도와의 영적인 연합(결혼)을 통해서만 진정한 영적 만족을 누릴 수 있음.

② 예: 성에 대한 적용
켈러는 "Love and Lust"(마 5:27-30) 설교에서 문화적 성(sex)의 개념은 성경적 성의 개념과 다르며, 문화적 성은 소비주의(consumerism)적 접근임을 성경적으로 비판함. 사마리아 여인처럼, 이러한 세상문화의 세계관에 기초한 성은 성중독과 같은 '우상'이 될 수 있다는 점을 적용함.

③ 예: 동성애에 대한 적용
로마서 1장 24-28절 설교에서 켈러는 동성애에 대한 성경적 관점과 이에 근거한 적용을 제시함.[542]

④ 예: 결혼에 대한 적용
- 켈러는 창세기 2:18-25("First Wedding day") 설교에서 창조질서에 근거한 결혼 적용을 제시함.
- 사사기 설교에서 불신 결혼에 대한 적용을 제시함.[543] 또한 사사기 2장 설교에서 하나님을 알지 못하는 여호수아 이후 세대(2:10)가 복음을 망각한 결과 하나님의 목전에서 죄악을 행하고 우상숭배를 하였다(2:11)는 점을 강조하면서, 믿음의 부모들이 다음 세대에 신앙을 어떻게 전수(신 6:4-9)해야 하는 것에 대한 적용을 제시함. 또한 마노아의 이야기를 통해 하나님께서 맡겨주신 자녀들의 양육에 대한 적용을 제시함.[544]
- 결혼관계에서의 성적관계에 대한 적용을 제시함.[545]
켈러는 고린도전서 6-7장을 근거로 성경적인 성은 성을 더러운 것으로 보는 전통적인 문화들의 관점을 거부함. 성경은 성을 마음대로 다른 사람과 나눌 수 없는 것으로, 남자와 여자가 함께 맺은 언약을 새롭게 하는 것임을 적용함.[546]

⑤ 예: 욕망과 성(sexuality)[547]
욕망은 실존하고 강력한 것이며, 우리는 그것을 경계해야만 함. 성경은 성에 대해서는 긍정적으로 말하지만, 욕망은 비인격적이며 종속적이며, 우상숭배적이라고 봄. 우리가 예수님을 신랑과 영혼의 사랑으로 존중할 때 욕망은 극복할 수 있음.

⑥ 예: 성과 그리스도인의 소망[548]
기독교는 성, 독신, 결혼에 대하여 전통적이며 현대적인 관점을 거부하고 혁명적인 관점을 제공함. 궁극적으로 미래의 가족 안에, 우리의 진정한 사랑의 대상이신 예수님 안에 소망을 둘 때 성, 독신, 결혼에 대한 우리의 태도를 성경적으로 정립할 수 있음.

⑦ 예: 부모님에 대한 적용[549]
성경은 우리가 누구인가 그리고 부모들의 허물이 어떤가에 상관없이 부모님을 공경하라고 명령함. 이 명령에 순종하기 위해서는, 우리는 부모님을 용서하고 존경하기 위해 그들의 인정을 받으려는 우상으로부터 우리자신이 자유함을 얻어야 함.

⑧ 예: 자녀들에 대한 적용[550]
바울은 부모들에게 구체적으로 분노와 쓴뿌리가 없이 주의 교훈으로 자녀들을 양육하라고 명령함. 이를 위해서 부모들은 양육과 징계의 균형을 추구해야 하며, 자녀들을 독립적인 존재로 성장하게 하며, 특히 주님을 인격적으로 알아가도록 길러야 함.

⑨ 예: 결혼에 대한 적용[551]
켈러는 우리 자신들과 결혼을 변화시키는 열쇠는 성령에 충만해지는 것임을 강조하면서 성령에 근거한 결혼 적용을 제시함.

⑩ 예: 설교 사역과는 별도로 세미나와 강의를 통해 켈러는 아내와 함께 가정과 결혼에 대한 구체적인 질문과 적용을 나눈다:[552]
건강한 결혼관계의 핵심은 서로가 성령충만하여, 아내는 남편의 리더십을 세워주고, 남편은 그 리더십을 자신의 욕망이 아닌 아내를 희생적으로 섬기기 위해 사용해야 함. 그리스도인의 결혼은 그 자체가 목적이라기보다는 우리를 결코 실망시키지 않으시는 궁극적인 배우자되신 예수 그리스도를 가리키려는 것이 목적임(*그리스도중심적 결혼 적용).

3) 교회 공동체 적용

켈러는 선교적 공동체 사역과 연결된 적용에도 탁월한 설교자이다.[553] 다음은 켈러의 선교적(사명적) 교회론에 기초한 교회 공동체 영역의 적용의 예들이다.

① 예: 이웃(인종, 정치, 계급, 종교와 상관없는)에 대한 헤세드에 기초한 정의의 실천으로 '이삭줍기' 운동(개인과 기업 경영에서 이윤을 이웃들에게 배분하는 정책)과 같은 매우 구체적인 적용을 제시함.[554]

② 예: 새로운 공동체로서 교회 비전[555]
켈러는 사도행전 2장 설교를 통해 성령충만을 받은 초대교회 공동체 모델을 본받아 오늘날 교회가 어떻게 새로운 공동체로 세워져야 하는지 적용을 제시함.

③ 예: 공동체 관계에 대한 적용[556]
그리스도와의 사랑의 관계를 통해서 발견되는 영적인 우정은 모든 사람들이 필요로 하는 것임. 영적인 우정관계는 믿음, 기도, 소유, 감정, 결정을 통해서 만들어짐.

④ 예: 새로운 공동체에 연결되는 적용[557]
예수님은 우리를 죄에서 구원하셨을 뿐 아니라 새로운 인간 공동체로 우리를 연결시켜 주심. 새 공동체는 가치의 역전으로 특징지워짐. 우리가 죄인이자 동시에 은혜로 구원받은 자임을 깨달을 때 이전에 우리를 정의했던 가치들로부터 자유함을 얻고 우리의 가치들을 공유하지 못하는 사람들을 향한 사랑을 가지게 됨.

⑤ 예: 십자가 중심의 공동체에 대한 적용[558]
예수님은 유월절 만찬을 통해 그의 삶과 죽음의 의미가 가진 통찰을 나누심. 예수님의 십자가는 역사의 중심이자 새로운 공동체의 기초이며 신비를 열어주는 열쇠임.

⑥ 예: 교회 공동체의 사명과 소망에 대한 적용[559]
너무나 종종 사람들은 교회를 영적인 성장에 필요한 연료로 보기 보다는 장애물로 보고 있음. 성경적 교회는 외인들을 환영하고, 어려운 때 서로를 격려하며, 그리스도 안에서 모든 멤버가 성장하도록 돕는 공동체임.

⑦ 예: 교회 공동체의 이웃사랑560

예수님은 교회가 하나님과 교제할 뿐 아니라 이웃과 교제하며 서로 섬기고 사랑하는 공동체가 되라고 명령하심. 우리의 가장 깊은 필요들을 예수님께서 채워주실 때 다른 사람들을 섬기는데 필요한 자원들을 발견할 수 있음.

⑧ 예: 교회 공동체의 환대561

성경에서 환대는 적극적으로 소외된 자들을 환영하고 따뜻한 거처를 제공해 주는 것임. 하나님은 애굽에서 종살이하던 이스라엘 백성들에게 집을 제공해 주심으로 환대의 모범이 되어주심. 무엇보다 하나님 아버지는 우리를 하나님의 집으로 인도하시기 위해 예수님을 아끼지 않고 내어주심.

⑨ 예: 교회 공동체의 하나됨562

교회는 깊이 서로 연결된 공동체를 상징하는 '산 돌'로 묘사됨. 우리는 세상 문화에 동화되어서도, 문화와 단절되어서도 안 되며 세상과 연결되어 섬기기 위해 우리의 신앙을 유지해야 함. 이러한 균형을 유지하는 능력은 그리스도 안에서 안전함과 그분을 모퉁이돌로 하는 하나된 교회공동체로부터 나옴.

⑩ 예: 교회의 부흥563

이단, 죽은 정통, 감정주의와 같은 부흥에 대한 왜곡된 견해들이 성령의 부어주시는 역사에 장애요소가 됨. 교회가 하나님의 사랑을 확신하고, 신학적 균형을 반영하며, 기름부음이 있는 예배와 사회를 향한 긍휼과 전도를 실천할 때, 이는 영적으로 역동적인 부흥의 촉매제가 될 수 있음.

켈러가 보는 건강한 교회 부흥의 5가지 열쇠: 생동력있는 예배, 교리적 가르침, 신학적 깊이, 헌신된 교제, 전도임.

⑪ 예: 교회 공동체의 사명564

하나님을 실제적으로 만날 때 당신은 사명의 사람으로 변화됨. 즉 다른 사람을 섬기고 축복하기 위한 위험을 감수할 때, 필요한 은사와 자원들을 받을 뿐 아니라 삶 가운데 하나님의 임재라는 최고의 축복을 누리게 됨.

⑫ 예: 교회의 은사와 열매565

고전 13장은 문맥상 복음으로부터 멀어지는 것에 대한 신중한 경고임. 은사를 받은 사람이라면, 그들의 영적 열매를 점검해야 함. 교회 안에서 지체들을 섬길 때 예수님을 섬기는가 아니면 우리가 다른 사람들을 섬기는가? (적용질문)

⑬ 예: 교회의 소명[566]
모든 그리스도인은 하나님께 예비해 놓으신 구체적인 소명을 반드시 따라가야 하며, 불가피하게 하나님께서 우리를 부르신 사명을 다하지 못할 때 하나님의 은혜를 의지해야만 함.

⑭ 예: 도움이 필요한 이웃들을 향한 교회의 사명[567]
선한 사마리아 비유를 통해 우리는 다른 이웃을 돕기 위해 기억해야 할 네 가지 필수 요소를 발견함: 하나님의 명령, 광대하심, 적절한 동기부여, 전략(방법)

⑮ 예: 교회의 관대한 나눔[568]
우리가 가진 것 모두 하나님의 선물이라는 것을 깨달을 때 우리는 급진적인 방식으로 소유한 것을 나눌 수 있음. 예수님과 같은 관대함을 추구할 때 우리는 육체적이며 영적인 영역에서 급진적인 나눔을 실천할 수 있음.

⑯ 예: 교회의 나눔[569]
나눔에는 세 가지 원리가 있음. 즉 희생적일 것, 기쁨으로 할 것, 은혜롭게 할 것. 모든 것이 하나님께로부터 온 선물이며 우리도 그분의 선물을 돌려드려야 함.

4) 직장과 일에 대한 적용

켈러의 설교에서 특별한 점은 뉴욕의 맨해튼에서 일하는 직장인과 전문인들에 대한 구체적인 예와 적용이 종종 등장한다. 이는 청중에 대한 분석과 '직장(일)'에 대한 적용의 멋진 컴비네이션의 예라고 할 수 있다.

① 예: 동기 부여를 통한 복음적 직장 적용
로마서 8:28-30에 기초한 설교에서("Christian Happiness") 사회와 직장 가운데 받는 고난 속에서도 선을 이루시는 하나님에 기초하여 다른 환경(예: 직장의 연봉)이 목표가 아닌 궁극적으로 고난 통해 그리스도를 닮아가는 것이어야 한다는 그리스도중심적 적용을 제시함.

② 예: 켈러는 이기적인 바벨탑 정신이 노동의 동기가 되어서는 안 된다는 적용을 제시한다.[570]

창세기 11장의 '바벨탑 사건' 이후 노동의 동기는 바뀌지 않음. 권력과 영예, 만사를 제 뜻대로 통제할 권한을 극대화하려는 의도가 분명함. 모든 사람의 마음 깊은 곳에 이기적인 DNA와 경쟁을 추구하는 교만이 꿈틀거리고 있음. 하나님께서 도시를 심판하러 내려오심. 도덕적으로, 문화적으로, 영적으로 애매모호한 상황에서도 하나님은 여전히 우리와 더불어, 그리고 우리를 통해서 일하심. 영원한 중보자 되신 예수 그리스도를 믿으면 누구든지 주님이 먼저 누리신 은총을 덧입을 수 있음. 언어가 혼잡하게 되었음. 하나님께서는 선지자나 제사장, 장로, 교사만 사용하시는 게 아니라 우리가 어느 곳에서 어떤 일을 하며 살아가든지 그분의 역사를 위해 사용하실 수 있음. 예수 그리스도가 영원한 궁궐을 버리면서까지 행하신 일들을 제대로 헤아린다면, 우리는 그 궁전에서 제각기 차지하는 자리를 지키며 하나님과 이웃을 섬기기 시작할 것임(그리스도 중심적 적용).

③ 예: 켈러의 직업관은 종말론적 혹은 그리스도 중심적 노동관. 이러한 관점에 기초한 일/직업 적용을 보여준다.

인간이 타락으로 인해서 노동의 고통을 경험하지만 일 자체가 저주가 아니며, 그리스도 안에서 회복된 하나님의 형상을 입은 인간에게 문화창조를 통해 하나님을 영화롭게 하고 인간을 섬기도록 일(노동)을 맡기시고 안식케 하심. 이러한 종말론적 노동관은 직업에 대한 선택에서 복음적 자유를 경험하며 평범한 직장인들이 사명과 비전을 발견할 수 있음. 또한 켈러는 이러한 직업과 노동에 대한 성경적 관점을 리디머 교회 공동체에 실천적으로 적용함.[571]

④ 예: 켈러는 그리스도중심적 직업윤리 적용을 제시한다.

개인 이윤추구가 아닌 공공의 유익의 차원에서 자신의 직업이 사회에 올바른 공헌을 하는지에 대한 물음을 가져야 함. 기독교는 크리스천에게 희생이 따르더라도 불의한 일을 하지 않는 의인의 삶을 살아가도록 윤리적 기반을 제공함.[572]

⑤ 예: 켈러는 하나님의 형상에 기초한 인권 의식과 관련된 적용을 제시한다.[573]

하나님의 사랑에 기초한(원수까지 사랑) 기독교 신앙에 기초한 일의 방식. 이 두 가지의 관점은 다른 종교나 고대 문화에서는 찾아 볼 수 없는 새로운 가치 질서임.

⑥ 예: 켈러는 성경의 지혜에 기초한 일(노동)을 강조한다.
일하는 방식에서 마땅히 행할 바가 무엇인지를 알기 위해서, 성령 안에서 올바른 결정을 위해 성경은 우리에게 지혜를 가져야 한다고 말씀함.[574] 이에 대해 바울은 에베소서의 말씀을 통하여 자신의 신분(고용주와 고용인)에 관계없이 우리가 의식해야 할 대상은 단 한 분 예수 그리스도라고 말함.[575]

⑦ 예: 켈러는 크리스천은 직장/일의 영역에서 '변화'를 일으켜야 할 소명이 있다고 강조한다.
기독교의 사랑이라는 가치, 하나님의 형상으로서 인간, 성경의 지혜를 추구하면서 의식해야 할 유일한 대상이 그리스도라는 것을 인정하고 받아들인다면 일을 하는 자의 행동 양식은 변화하게 되고, 바른 방향(헌신, 너그러움, 평온, 침착)을 알게 됨.[576] 하나님께서 언젠가 문을 열어 주시리라는 소망을 가지고 다가오는 기회를 포착해 변화를 일으키기 위해 준비하고 있어야 함.[577]

⑧ 예: 총체적인 사역과 연결된 적용
사회와 직장에 대한 적용이 더욱 강력하고 실제적인 이유 중의 하나는 켈러는 설교를 통한 적용이 리디머 교회의 총체적인 사역과 연결되도록 전체적인 그림을 그려준다는데 있다.
- 그의 청중은 주로 대도시의 전문직 종사자들로, 미국 문화 전반과 그 아이디어에 막강한 영향을 미치는 젊은 층으로 이루어져 있다. 팀켈러는 25년 동안 학생, 직장인, 임원급 리더들에게 일과 소명에 관한 문제들을 가르치고 상담했다. 그는 신자유주의로 인해 무한경쟁사회인 미국에서 "왜 일해야 하는지, 어떻게 일해야 하는지"를 고민하는 이들과 함께 이 문제를 성경적인 관점에서 재조명하며 도왔던 것이다. 켈러는 자신 한명이 잘 먹고 잘살기 위해서 일을 하는 차원이 아니라, 다른 이들을 돕는 길이자 몸으로 드리는 예배가 삶으로 이어져야 한다고 말한다.

⑨ 예: 켈러의 직장(일) 적용은 실제적인 열매로 나아간다.
예를 들어, 교회 안에 'Faith & Work' 센터를 만들어, 한 해에 2천여 명이 넘는 직장인들을 돕고 있다. 이밖에도 그의 사역은 풍부하다.[578]
- 이사야 60장을 중심으로 한 실제 설교-직장/일에 대한 시리즈 설교 예[579]

⑩ 예: 일의 목적(동기)에 대한 적용[580]
우리 하나님의 작품은 창조적이며 안식을 줌. 우리는 그분의 형상을 따라 지음 받았기에 이러한 속성을 반영하는 존재임. 어떻게 일할 것인지에 대한 바울의 권면처럼, 우리는 생존하기 위해 성공적으로 일해야 할 뿐 아니라 하나님을 기쁘시게 하기 위해 최고의 소명을 이루기 위해 일해야 함.

⑪ 예: 일과 청지기 사명[581]
하나님께서 세상을 창조하셨기에 우리도 일을 하도록 소명을 받음. 다른 사람들을 위한 우리의 은사를 활용함을 통해 하나님을 위해 일할 수 있음. 그리스도를 통해 하나님 안에서 안전함.

⑫ 예: 일과 안식[582]
그리스도인은 예수님께서 십자가에 죽으심으로 회복한 안식에 들어갈 수 있고 그분의 창조의 작품을 완성하시고 안식하신 것과 동일한 안식의 축복을 즐길 수 있음.

⑬ 예: 일과 소명[583]
그리스도인은 죄와 부정이 없는 세상이 올 것을 믿기 때문에, 하나님 나라를 미리 보게하기 위해 이 세상에서 열심히 일하게 됨. 이러한 종말론적 신앙은 우리의 일과 모든 일에 영향을 미치게 됨. 기독교인은 믿음과 일을 분리시키지 않고, 소명 안에서 도전에 직면하면서 하나님을 영화롭게 하려함.

⑭ 예: 일과 성품[584]
1세기 노예들은 복음을 통해 그들의 일 안에서 존엄성을 발견함. 복음은 우리가 일을 하게 되는 동기부여뿐 아니라 안식할 수 있는 능력도 제공함. 궁극적으로 일은 우리에게 달려있는 것이 아니라 이미 예수님께서 완성하신 것에 달려있기 때문임.

⑮ 예: 예술 영역 일에 대한 적용[585]
작가들이 이야기를 만들 때 거대한 세계관의 맥락에서 이야기를 만들게 됨. 그리스도인이 말하는 모든 이야기들은 창조의 선함, 타락, 구속의 세계관 안에서 이야기해야 함.

⑯ 예:법조계 일에 대한 적용[586]
그리스도인으로서 법 실행을 위해서는 문화적 형성에 대한 기독교적 관점을 발전시켜나가야 함. 어떻게 법이 문화적 행위에 결정적인가, 그리고 우리의 우상들을 주의깊게 분석해야 함. 온전한 법의 시행을 위해서 기독교인은 법의 세속화, 중립의 신화를 인식해야 함.

5) 문화와 도시에 관한 적용

성경의 메시지와 포스트모던 문화에 적실한 적용을 지향하는 "문화적 변혁(자)"(cultural-transformationist) 모델을 보여준다.587 오늘날 현대교회가 직면하고 있는 문화적 위기와 반응에 대한 냉철한 성찰을 통해 켈러는 어떻게 선교적 교회(missional church)가 선교적인 삶을 통해 도시에 대한 하나님 나라 비전을 가지고 문화적으로 적실한 적용을 향해 나아가야 하는가에 대한 이론적, 실천적 방향을 잘 제시해 준다.588

① 예: 사사기 설교에서 현대 문화 죄(일반 철학 관념 전제 무너뜨린다음 전제주의 변증)와 성경적 죄(자신의 눈으로 보기에 옳은대로 행함, '죄의 핵심은 우상숭배')를 비교하고 문화에 대한 변증적 적용을 제시함.
② 예: 21세기 성문화에 대한 문화변혁적 적용589
오늘날 성 중독(요 4 사마리아 여인과 연결)과 성의 우상화에 대한 분석 후, 성경적인 성과 결혼 적용을 제시함.
③ 예: 문화 갱신 설교590
켈러는 이사야 60장을 강해하면서, 교회가 죄악의 문화에 어두워진 세상을 향해 일어나 빛을 발하는 차원에서 문화를 갱신하고 변혁해 나가기 위한 적용을 제시함.
④ 예: 문화 변혁설교591
가인과 후손의 죄악에 물든 억압과 폭력문화, 자기 이름을 내려는 문화, 인간의 문화로 성을 쌓는 도시와 뉴욕 도시와 연결. 죄 가운데 회개하지 않고 안전과 행복 위해 자기 중심적 문화, 죽음의 문화를 계속 발전시켜 나가고 있음.
이러한 도시 문화 가운데 질문형 적용을 제시함: '자신의 이름의 영광을 위해 문화를 생성하느냐,' '나 자신을 섬기기 위해 문화를 발전시키고 있느냐' '아니면 타인을 섬기기 위해(문화의 의미와 목적) 문화를 창조하느냐' 등.
나아가 켈러는 이러한 죄와 죽음으로 물든 도시의 문화를 변혁시키기 위해서는 소극적 적용과 적극적 적용 모두가 필요하다고 강조한다.
1) 소극적 적용: 죽음의 도시 문화, 자기 이름, 자기 영광, 자기 중심적 문화에 물들지 않기 위해 영적인 힘과 회개가 필요함.

2) 적극적 적용: 죽음의 도시 문화를 변혁시키기 위해 부르심 받았다는 소명의 회복을 통해 자기의 이름이 아닌 그리스도의 이름을 위해 '변혁'의 비전을 가져야 함. 예를 들어 성의 문화, 돈의 문화, 권력의 문화를 변혁시킬 수 있음. 관계, 가정, 직장을 변화시키는 문화 변혁. 모든 것을 변화시킬 수 있음.

⑤ 예: 대중문화, 외모에 대한 적용[592]

⑥ 예: 세대(generation)분석과 문화적 적용 예[593]
사사기 2장 6절-3장 6절의 설교를 통해 영적 '우상'에 대한 다음 세대 적용을 제시함.

⑦ 예: 도시문화에 대한 적용
예레미야 29장 4-11절 설교의 끝 부분에서 복음의 뉴욕에 상황화하여 바울의 모델을 따라 도시 안에 살아가되, '자기중심적'인 도시 문화에 물들지 말라고 적용함. 어거스틴의 신국론을 인용하면서 바벨론 포로로 바벨론 도시에서 살아가면서도 구별된 삶을 살아간 다니엘을 '모범'으로 적용한다.

6) 사회정의에 관한 적용

켈러는 포스트 모던 세대가 점점 비도덕적인 세대(amoral age)가 되어가고 있다는 것을 인식하면서 다음과 같이 말한다.

"우리는 비도덕적 사회에 살고 있다. 이 사회에는 무엇이 '맞고' '틀린지'에 대한 보편적인 기준이 없기에 모든 사람은 자기 눈에 옳은대로 행한다"[594]

이런 맥락에서 켈러는 뉴욕 사회 속에서 살아가는 사람들이 정의를 위한 기초가 제대로 정립되어 있지 않다는 점을 다음과 같이 질문하며 도전한다.

"이곳 뉴욕시민들 중 많은 사람들은 '내가 기독교를 믿고 있는지, 심지어 하나님에 대하여 믿고 있는지는 잘 모르겠지만, 나는 정의(justice)는 믿는다'고 말합니다. 글쎄요, 오늘 성경본문은 우리에게 이러한 도전을 던집니다. 만약 하나님께서 세상을 만들지 않았다면, 만약 하나님이 없다면, 만약 지혜 안에서 샬롬(shalom)을 위해 세상을 조성하지 않으셨다면 세상은 그저 우연일 뿐이라면, 정의를 위한 그 어떤 근거가 없게 됩니다. 그런 종류의 정의를 존재할 수가 없습니다 … 만약 세상이 우연으로 여기까지 오게 되었다면 삶은 강자는 약자를 먹고, 자연적으로 선택되고, 적자생존, 진화론, 강한 유기체가 약한 유기체를 먹는 식으로 흘러가겠죠. 그렇다면 우리가 강한 사람 혹은 강한 나라가 약한 나라를 짓밟는 것이 잘못된 것으로 볼 수 있는 근거가 어디 있습니까? 아, 당신은 그것은 정당하지 못한 것이라고 말하겠지요! 당신이 말하려는 것은 본질적으로 비뚤어진 시각에서 비롯된 것입니다. 무언가가 잘못되었다고 말할 때는 그것이 원래부터 본질적으로 잘못되어 있다는 것을 전제한 것입니다. 그러나 만약 그 본질(하나님과 그 분의 창조)이 존재하지 않는다면 어떻게 당신이 무언가가 잘못되었다는 것을 그 본질에 근거하여 판단할 수 있습니까?"[595]

사회의 부정에 대한 책임이 교회에 있다는 것을 지적하면서, 켈러는 사회적 적용에 대한 패러다임을 보여준다.[596] 사회정의(social justice)에 대한 관심이 많은 포스트모던 세대를 간파한 후, 성경적인 정의를 기초로 정치 범주에 적실한 적용 모델을 보여준다.[597] 켈러의 설교는 사회적 불의, 폭력, 계층과 인종차별, 전쟁, 폭력, 테러, 인권, 복지, 돈, 경제, 빈부격차 등과 같은 사회 영역의 주요 주제에 대한 성경적 적용을 제시하는 특징을 가지고 있다. 켈러는 오늘날 성경적 공의를 실행하기 위한 원리의 기초를 카이퍼의 영역 주권에 두면서, 포스트모던 컨텍스트에 균형 있게 적용하여 교회 공동체를 넘어 사회 원조, 개발, 사회개혁 활동을 그리스도의 복음 안에서 전개해야 한다고 역설한다.[598]

① 예: 정의에 대한 성경적 정의에 기초한 사회적 적용

예를 들어, 켈러는 『정의란 무엇인가』에서 에드워즈의 영향을 받아 예수님의 선한 사마리아 비유(눅 10장)를 기초로 이 시대 어떠한 성경적(언약적) 정의가 이루어져야 하는지 강조한다.[599]

켈러는 미가서 6장 8절을 근거로 정의에 대한 성경적 정의의 핵심을 정리한다.[600]

- 인자는 히브리어로 헤세드로 하나님의 무조건적인 은혜와 동정을 의미함.
- 공의의 히브리어는 미쉬파트로 행동을 강조하고, 헤세드는 그 이면에 숨겨진 마음의 동기에 초점을 맞춤.
- 따라서 하나님과 동행하는 그리스도인은 반드시 헤세드와 미쉬파트를 삶으로 실천해야 함.
- 구약성경에서 공동체의 정의를 평가하는 척도로 4대 취약 계층인 과부와 고아, 나그네와 가난한 이들(슥 7:9-10)을 향한 미쉬파트의 실천을 강조함.
- 짜데카는 하나님과 관계를 바로 맺는 것을 기초로 하여 사회적인 관계들을 공정하고 공평하며 관대하게 이끌어 가는 의로운 삶의 열매를 의미함.

② 예: 요나 설교에서 교회가 사회가운데 실천해야 할 공공선에 대한 적용을 제시함.[601]

범죄나 건강위험요인에서 벗어난 안전한 환경, 일자리 부족과 빈곤이 없는 경제적 번영, 인간다운 일터, 개인, 종족, 집단, 국가 간의 폭력에서 벗어난 평화로운 상태, 힘없고 가난한 사람들을 옥죄는 부패한 사법 제도를 극복한 정의로운 사회 질서, 좋은 교육기관, 의료 시설, 오락 시설과 같은 공적자원들, 다양한 민족 문화 도덕적 틀을 가진 사람들이 서로 존중하며 어울릴 수 있는 사회적 조화와 예의, 노인 만성 질환자, 한부모와 고아, 이민자, 가난한 사람들과 약자들을 돌보는 데 열심을 내는 공동체, 부유하고 힘센 사람들뿐 아니라 모든 시민을 대표하여 일하는 정부에 대한 적용을 구체적으로 제시함.

③ 예: 그리스도 중심적 적용 패러다임을 통한 사회정의 적용[602]

선한 사마리아인(눅 10장) 비유 설교를 통해 다음과 같은 복음중심적 적용 패러다임으로 적용을 제시한다: 1) 율법이 요구하는 완전한 이웃사랑 실천해야 함, 2) 그러나 죄와 연약함으로 할 수 있는 능력이 없음, 3) 그리스도께서 이웃사랑 율법 완성하심, 4) 그리스도 안에서(성령 안) 이웃사랑 실천해야 함.

④ 예: 사회정의에 대한 세분화 적용 가운데 '재산, 소유'에 대한 적용[603]

- 켈러는 그리스도인은 재물을 자신의 소유로 인식하지 않고 가난한 이웃들의 삶을 깊이 돌아보고 아낌없이 나눠 주어야 한다고 적용을 제시함.

- 켈러는 재물에 관해서 잘 다루는 일은 누구에게나 허락하시는 게 아니라 특정한 인물들에게 베푸시는 은사이며, 그러한 시각을 갖지 못한 사람들에게 자신이 누리는 혜택을 나눠야 한다고 적용함.
- 켈러는 부지런한 생활 태도가 성공과 실패를 가름하는 필수 요소임을 인정하면서도 내 모든 소유(돈, 지위, 명예 등)는 결국 하나님의 선물임을 강조함.
- 야고보는 가난한 이들을 존중하는 마음과 사랑, 실질적인 관심을 품지 않는 믿음은 죽은 믿음임. 내 마음대로 물질을 사용하는 방종과 물질주의를 헌신적이고 희생적인 삶으로 대체하여 필요가 있는 사람들에게 실제적인 도움을 줌.
내 마음대로 물질을 사용하는 방종과 물질주의를 헌신적이고 희생적인 삶으로 대체하여 필요가 있는 사람들에게 실제적인 도움을 줌.

⑤ 예: 사회의 직장 속에서 비기독교인을 향한 적용[604]
켈러는 공격적으로 사회개혁을 열망하는 믿음을 가지지 않은 불신자들에게 의무감이나 이기심을 가지고 사회정의를 추구하는 것은 결국 실패하고 세상과 더 가까워지고 말 것이기에 이러한 일에 참여하지 말라고 충고한다.
켈러는 성경적 세계관의 렌즈를 통해 직장 생활과 관련된 다음과 같은 적용 질문을 제시한다.
- "지금 살고 있는 세상의 문화와 일하는 분야에서는 어떤 스토리라인이 주류를 이루는가? 무엇이 의미, 윤리, 기원, 숙명 같은 개념의 밑바닥에 깔려 있는가? 무엇이 우상 노릇을 하고 있는가? 현재 종사하는 직업 세계에서는 그 스토리 라인을 어떻게 다시 해석해 들려주는가? 이야기 속에 직업 자체는 어떤 역할인가? 지배적인 세계관 가운데 어떤 부분이 본질적으로 복음과 일치해서 기꺼이 동의하면 거기에 맞출 마음이 드는가? 지배적인 세계관 가운데 그리스도가 아니고는 해결할 수 없는 부분이 있는가? 문화에 도전해야 할 대목이 있는가? 그리스도라면 어떤 방식으로 그 스토리를 완성해 나갈 것 같은가? 개인적으로 이 스토리들을 일의 형식과 내용, 양면에 걸쳐 어떤 영향을 미치는가? 어떻게 하면 뛰어날 뿐 아니라 크리스천답게 구별된 모습으로 일할 수 있는가? 지금 하고 있는 일에서는 한 사람 한 사람을 섬기고, 넓게는 사회에 봉사하며, 직업 세계 자체에 도움을 주고, 능숙함과 탁월의 모범이 되며, 그리스도의 증인이 될 기회가 있는가?"[605]

⑥ 예: 사회 정의 실천을 위한 '잘못된 동기'(의무 혹은 이기심)와 선한 동기(아름다움)에 대한 분별 강조함(분별형 적용)[606]

⑦ 예: 가난한 자들을 돌보는 정의[607]

성경적 정의는 세상의 온전함이 회복되는 것을 강조함. 그러나 우리 자신을 우선시함으로 사회가 붕괴되는 데 일조해 왔음. 이사야는 하나님께서 가난한 자들을 돌보는 여러 방식을 제시함. 하나님은 자기중심적인 마음을 버리고 세상 가운데 샬롬이 회복되는데 헌신하길 원하심.

⑧ 예: 자비와 정의에 대한 적용[608]

어떤 교회는 전도에는 열심히나 가난한 자들에 관심이 없는 교회들이 있고, 또 다른 교회는 가난한 자들을 열심히 섬기지만 복음전도에는 관심이 없는 교회가 있음. 그러나 교회는 두 가지를 다 충실해야 함. 두 가지 사역을 연결되어 있음. 그리스도인들이 희생적으로 가난한 자들을 섬길 때 불신자들이 하나님의 아름다움을 볼 수 있게 되어 복음전도에 도움이 됨. 또한 이러한 사역을 통해 우리 자신이 진정한 하나님의 사랑을 경험하게 됨.

⑨ 인종화합(racial unity)에 대한 적용[609]

켈러는 룻 이야기는 리디머 교회의 이야기로 말한다. 룻은 기업무를자 보아스와 같은 사람과의 관계(우정)는 세상을 바꾼다는 것을 알려줌. 나아가 룻과 같이 우리도 영적인, 문화적인 장벽을 넘어서 또 다른 기업무를 자가 되어야 함. 보아스와 룻은 모두 우리의 기업 무를 자되신 그리스도를 가리킴. 이것을 깨달을 때 우리는 장벽들을 넘어 영적인 관계에 참여하고 진정한 예수님의 제자들이 될 수 있음.

⑩ 예: 인종에 대한 적용[610]

인종적, 문화적 차이가 존재함. 마음을 넓힘으로 간단히 해결될 수가 없고, 우리의 삶을 바꾸고 우리와 다른 사람들과 깊은 관계를 형성함으로 해결될 수 있음. 이러한 관계들은 결국 하나님 영광의 모든 측면들을 볼 수 있도록 함.

⑪ 예: 사회 윤리 적용

- 포스트모던 시대를 비윤리적 시대로 인식하고, 켈러는 윤리적인 분석(ethical analysis)을 통해 청중들의 삶의 다양한 윤리적 이슈(예: 동성애)와 관련된 다양한 적실성 범주와 적용의 필요성을 강조한다.[611]
- 윤리적 영역이라는 범주에 적절한 적용을 통해 변혁시키기 위해서는 도덕주의(moralism)적인 적용이 아닌 하나님 나라 복음에 기초한 구체적인 저자 의도적 적용과 보편적인 신학 원리의 렌즈를 통과한 윤리적 삶의 실천이라는 열매를 맺게 하는 적용이 살아 있어야 한다.[612]

7) 정치, 국가 영역에 대한 적용

켈러는 하나님 나라의 복음을 믿는 신자들은 '국가'에 대해 새로운 관계를 맺게 한다고 확신한다. 켈러는 극히 제한된 정부나 너무 강력한 정부, 자유지상주의나 전체주의 양 극단 모두 배제하고 균형 잡힌 국가관을 추구할 것을 강조하면서, 정치와 국가 영역에 대한 적용을 제시한다.

> ① 예: 정부와의 관계 적용(로마서 13장 설교)[613]
> - 로마서 13장 1-2절 근거로 그리스도인의 국가를 향한 복종이 기본 입장이며, 세금을 내야 한다는 적용(6-7절).
> - 국민으로서 의무 적용: 국가의 처벌을 무서워 복종하기보다 '양심을 따라 복종해야'(5절) 하며, 두려움과 존경의 자세로 복종해야 한다는 적용(7절).
> - 국가 권세는 절대적이지 않기에(예수님은 로마황제에게 세금 내는 것은 허락하심(마 22:21), 로마황제를 숭배(무조건적 복종하는 것은 반대 입장)하는 것은 반대하심.
> - 켈러는 '냉철한 조건부의 존중'을 강조하면서, 그리스도인과 다른 입장을 가진 통치자들도 존중하고, 다른 관점을 가진 통치자의 행위로 인해 염려하고 두려워하지 않아야 하며 왕되신 하나님께서 통치하시고 심판하심을 믿어야 함을 적용함.
> - 국가의 역할에 대한 과도한 이데올로기적 관점을 경계해야 할 것을 적용함.
> - 국가의 일에 적극 참여해야 하며, 국민으로서 국가와 정책들을 감시하고, 선으로 악을 이기는 행동(선행과 자선)을 하며, 사랑에 빚진 자로 도시 속에서 '고립과 타협의 양극단 모두 피하는' 균형과 세상 국가 국민이면서 동시에 영원한 하나님 나라의 시민의 균형을 추구해야 할 것을 적용함.
> - 국가의 의무, 통치자의 의무 적용: 3-4절 근거로, 통치자를 향한 적용을 제시함. 국가를 다스리는 자는 하나님의 종이기에 국가가 범죄 처벌(4절)과 선 베풀기(4절) 의무를 다해야 한다고 강조함.
> - 권세에 불복종한 예 적용: 복음전도를 금지하는 산헤드린 명령에 베드로와 사도들 불복종 예, 하나님께 불순종을 요구할 때 저항과 불복종한 다니엘과 그의 친구들, 애굽 바로의 영아 살해 명령에 불복종한 유대인 산파들의 예.

② 예: 정치 영역 가운데 세금에 관한 적용[614]
바리새인들은 그들이 로마정부에 세금을 내야하는지 여부에 대하여 논쟁적인 질문을 던짐. 이에 대한 대답으로, 예수님은 혁명적인 답을 제시하심. 즉 이스라엘 가운데 로마 황제와 정부를 향한 저항의 방식으로 세금을 거부한 극단적인 정치방향을 거부하심(혁명을 혁명하심). 또한 로마 황제와 정부에 순응하면서 세금을 바치는 다른 극단적인 정치 방향도 거부하셨으며, 저항도 순응도 아닌 정치적 단순화도 거부하심. 로마황제가 세금을 통해 로마제국의 자신의 권력을 쟁취하고 강화하려고 한 것과 달리, 예수님은 자신의 권리를 내려놓고 낮아지심을 통한 하나님 나라의 권세와 능력을 얻으시는 혁명적 방식을 자신을 따르는 자들에게 보여주심. 이러한 예수님의 모델이 정치의 방향성을 제시해야 한다고 적용한다.

③ 예: 2차 대전 이후, 영국의 정치 예를 통해 정치, 국가적 적용을 제시함[615]

④ 복음중심적 국가와의 관계에 대한 적용[616]

1) 설교자의 텍스트: 교회와 국가와의 관계는 수백 년 동안 지속된 문제이다. 그리스도인은 하나님 나라에 속한 시민이자, 국가에 속한 시민으로서 어떠한 태도를 가지고 살아야 하는가?

2) 원 저자의 메시지: 본문에서 바울은 명료하게 모든 그리스도인이 정부의 권위에 복종해야 한다고 말한다. 하나님께서 정하신 권위이며, 그 복종이 현명한 행위이며, 복종이 공평하기에 그렇다.

3) 그리스도 안의 성취된 주제: 그렇다고 무조건적인 복종을 이야기하는 것은 아니다. 국가가 하는 일에 복종하되, 하나님이 금하신 것에 반한다면 불복종하는 것이 그리스도인의 의무이다. 예수님께서도 마태복음 22장 21절("가이사의 것은 가이사에게, 하나님의 것은 하나님께 바치라")을 통해서 어떠한 태도를 가져야 하는지 보여주셨다.

4) 어떻게 우리에게 영향을 주는가: 그렇기에 그리스도인은 국가에 복종하되 양심에 따라 복종하고, 두려워하고 존중하는 자세로 복종해야 한다(하나님께서 허락하신 권위이기에). 그리스도인은 사랑에 빚진자로서 국가에 복종하고 섬길 필요가 있다. 또한 우리는 사회에 속한 자들로서 긍정적인 자세를 가지고, 타협은 하지 않되 도시와 조화되어 선으로 악을 이기는 삶을 살아내야 한다.

⑤ 예: 국가적 테러[617]
911테러가 일어난 후 첫 주일에 켈러는 요한복음 11장에서 예수님께서 인간의 고통에 직면하셔서 분노와 슬픔을 경험하셨다고 설교함. 그러나 예수님은 성경대로 부활하셨고 모든 나쁜 것들을 사라지게 만드심. 예수님은 우리를 위해 고통을 당하셔야만 할 때조차도 우리에게 은혜를 주시는 완전한 상담자이심.

8) 종교 영역의 적용

선지자들과 예수님의 모델을 따르면서 켈러의 설교는 혼합주의 가운데 종교적 적용을 어떻게 할 것인가에 대한 좋은 예를 보여준다.[618]

켈러에 따르면, 영적 우상에 대한 적용은 지성적, 심리적, 사회적, 문화적, 정신적 범주 등을 모두 포함하는 개념이다.[619]

① 예: 대안 신들에 대한 적용[620]
다양한 '대안 신들'(바알과 아세라는 원 청중들에게 농업, 상업, 성공의 대안 신들이었기에 하나님과 우상을 혼합한 종교로 변질됨)에 대한 현대적 적용.

② 예: 우상분별을 위한 적용[621]
우상을 분별할 수 있는 '질문/분별형' 적용(하나라도 아니오라면 다른 대안 신을 섬기고 있다는 증거): 1) "나는 이 영역에서 하나님이 무엇을 말씀하시는 그대로 순종하려고 하는가? 2) 하나님께서 이 영역 가운데 무엇을 보내시든 받아들이려고 하는가?

③ 예: 거짓 신들과 우상을 분별하기 위한 질문형 적용[622]
켈러는 영적 우상분별을 주요 질문형 적용을 통해 접근하는 특징을 보여준다. 빙산의 일각과 같은 외적인 죄들을 향해 윤리적인 기준을 가지고 직접적으로 공격하기 보다는 수면 밑에 있는 진정한 죄(우상)가 무엇인지를 분별하고 우상을 해체할 수 있도록 절대적인 복음에 기초한 전제주의적 변증을 통해 접근해야 한다고 확신한다.[623]

키워드 7. Pastoral Communication Strategy
켈러 설교의 시크릿: 탁월한 커뮤니케이션 10가지 전략

커뮤니케이션 전략
1. 레토릭이 아닌 레토리컬 어뎁테이션(청중주해와 수사학적 적응)

1) 켈러의 관용과 배려의 에토스(인격)

켈러의 개혁주의 설교는 포스트모던 세대를 향한 직접적이고 도전적인 메시지를 담고 있지만, 바울의 아덴 설교에서 보여 준 자세처럼(범사에 종교성이 많도다 …) 그는 권위주의적이지 않고 온유하고 부드러우면서도 다른 세계관을 가진 청중들을 존중하는 겸손한 배려가 함께 녹아져 있다. 그는 포스트모던 세계관을 날카롭게 비판하면서도 결코 비판을 위한 비판에 집착하는 설교 매너리즘에 빠지지 않기 위해서는 "불신자들이 요구하는 질문들에 기꺼이 설명해 주려는 태도를 계속해서 보여주고, 기독교에 대한 어려움을 가지고 있는 사람들을 향해서도 존중하는 마음과 동정어린 마음으로 메시지를 전하라."고 충고한다.[624]

실제적으로 켈러의 설교를 유심히 들어 보면 "여러분이 괜찮으시다면 이것을 한번 생각해 보시겠습니까" 혹은 "혹시 마음으로 이해해 주신다면 여러분에게 제가 질문을 하나 드려도 될까요?"와 같이 청중을 존중하고 배려하는 표현들을 쉽게 발견할 수 있다. 개혁주의 미셔널 처치가 추구하는 사명적 교회다움을 이루어 가기 위해서는 심지어 기독교에 적대적인 세계관을 가진 청중을 향하여서도 그리스도인의 '복음적인 관용'(tolerance)을 보여 주는 것이 중요하다고 말한다.[625]

그러나 켈러는 이러한 관용이 지나치게 관대한 것이 되지 않도록 창조적 긴장을 유지한다. 예를 들어 그는 포스트모던의 관용적 시대 가운데 가감 없이 하나님의 거룩한 질투와 심판, '지옥'(hell)에 관한 설교를 선포할 수 있는 절대진리에 대한 비타협성을 균형있게 보여준다. 예를 들어, 켈러는 지옥에 대한 그리스도인의 이해는 자신의 마음의 위험성에 대한 통찰력을 주며, 이는 세상 안에서 평안 속에서 살아가며 우리를 위해 지옥의 고통을 당하신 하나님의 사랑을 알아가도록 도움을 준다고 강조한다.[626] 켈러에 따르면, 거룩에 관한 모호한 인식과 절대적인 윤리에 대한 개념을 상실한 포스트모던 세대들을 향해 지옥은 "관용이라고 불리는 것보다 덜 배타적"이며 기독교의 지옥에 대한 관점은 "다른 관점보다 더욱 인격적"이며 "하나님의 진노(지옥)에 대한 개념 없이는 그분의 사랑도 존재할 수 없다는 것"을 분명히 하면서, 하나님의 심판과 지옥에 대한 교리 때문에 예수님이 선포한 하나님 나라의 복음과 사랑이 위대한 것이 된다고 선포한다.[627] 즉 켈러는 관대한 개혁주의가 얼마나 포스트모던 시대 설교자들에게 효과적인 커뮤니케이션 전략이 될 수 있는지 잘 보여준다.

이러한 켈러의 차원 높은 수사학적 전략이 그의 설교가 효과적으로 전달될 수밖에 없는 중요한 요인으로 작용하고 있다. 설교자의 에토스는 살아 있는 적용을 통해 청중을 변화시키기 위한 수사학적 근거가 되기에 켈러의 신뢰성과 긍휼의 마음은 청중들의 마음에 메시지가 전달될 수 있도록 하는 가교 역할을 한다.[628] 포스트모던 시대를 살아가는 세대를 위한 켈러가 제시하고 있는 대안적 설교 관점은 한국 교회 설교자들이 자신의 설교를 평가하고 발전시킬 수 있는 탁월한 잣대로 활용할 수 있다.

커뮤니케이션 전략

2. 입체적/객관적 설교 평가, 켈러 설교의 시크릿

켈러의 탁월한 목회적 전달 전략은 그의 철저한 자가 평가 시스템과 무관하지 않다. 켈러가 제시하는 그리스도(복음) 중심적이면서도 삼중적 관점을 통한 설교 평가 격자(Grid for Evaluation of Sermon)를 살펴보면 그

가 얼마나 철저하면서도 균형잡힌 설교 평가 시스템을 활용하는지 알 수 있다.[629]

진리(Truth) 차원의 평가	삶(Life) 차원의 평가	능력(Power) 차원의 평가
1) 그것은 성경적인가? -본문에 확고하게 뿌리내린 확신들이 있는가? -본문에서 일어나는 설득력이 있는가? -성경 전체에서 믿음의 유비를 통해 조화를 이루는가? 2) 그것은 분명한가? -설교하는 동안 설교자가 선명한 진리를 전달하는가? -설교 전체 흐름이 잘 연결되는가? -설교가 끝났을 때 중심 포인트를 기억할 수 있게 하는가? -청중들이 따라갈 수 있는 논증을 통해 설득을 시켰는가?	1) 그것은 통찰력이 있는가? -설교자가 청중들의 현실적으로 부딪히고 있는 소망, 두려움, 문제들, 관심사들에 대해 이해하고 있는가? -불신자들에 대한 깊은 이해를 가지고 설교하는가? -설교 내용들이 지루하고 진부적이지 않고 신선하고, 지혜롭고, 차별성이 있는가? 2) 그것은 실제적인가? -청중들이 구체적인 행동의 변화를 실천하기 위한 적용을 제시하는가? -그리스도와 그분이 완성하신 사역이 모든 문제의 실제인 해결책으로 적용되고 있는가? -복음과 구별되는 도덕적 혹은 심리적인 적용을 피하고 있는가?	1) 그것은 생생한가? -중심적인 메타포들이 구체적인 형태로 기본 개념을 담아내고 있는가? -오감에 어필하고 있는가? -상상력과 잘 연결시키고 있는가? -그리스도의 인격과 사역의 구체적인 측면들을 잘드러내는가? -그리스도를 드러내는 성경적인 메타포들을 잘 연결시키는가? 2) 초월적인 메시지를 담고 있는가? -단순히 지적으로 가르치려는 목적으로 설교했는가 아니면 하나님과 인격적으로 청중들이 만나도록 설교했는가? -설교자가 하나님을 깊이 인식하면서 설교하는가 아니면 설교와 청중만을 인식하면서 설교하는가? -따뜻함, 사랑, 겸손과 함께 열정, 힘, 권위를 균형있게 유지하면서 설교하는가?

이와같은 켈러의 철저한 개혁주의적 설교철학을 견지하면서도, 진리, 능력, 삶에 대한 설교 평가를 통해 볼 수 있는 탁월한 커뮤니케이션 기술의 추구는 한국 교회 목회자들과 다음 세대 설교자들에게 좋은 모델을 보여주고 있다. 설교자는 청중들의 설교 평가를 지혜와 겸손을 가지

고 수용할 수 있어야 할 뿐 아니라, 설교자 자신이 스스로 평가할 수 있는 철저한 자기 훈련과 객관적인 평가 시스템을 구축해야 한다.

또한 켈러가 말씀의 탁월성뿐만 아니라 설교를 준비하기 위해 매주 약 80시간 동안 연구와 사역에 열정적으로 헌신하고 있다[630]는 점은 한국교회 설교자들에게 크나큰 도전을 준다(물론 한국교회 목회 현실 속에서 한 설교를 준비하는데 충분한 시간을 확보하는데 어려움이 있다). 스톤은 켈러의 설교 스타일을 포스트모던 청중들을 변화시키기 위한 설교자의 탁월한 모델로 제시하면서 설교자 각자의 개성에 맞는 스타일을 새롭게 정립하기 위한 빛난 통찰력을 던져 준다.[631]

① 켈러의 스타일을 포스트모던 청중의 문을 열기 위해 사용하라.
② 항상 지적인 통찰력만을 전하려는 태도를 피하라.
③ 성경을 교과서적인 텍스트가 아닌 실제 삶의 영역에 대한 하나님의 지침서(편지)로 읽으라.
④ 포스트모던 세대를 향한 커뮤니케이션 공식을 기억하라. 연구+투명함= 커뮤니케이션
⑤ 다양한 관점들을 가지고 공격적으로 포스트모던 문화의 폭넓은 영역에 관한 책을 독서하라.
⑥ 설교 아웃라인(outline)을 설교를 제한하기 위해서가 아니라 청중을 자극하기 하기 위해 활용하라.
⑦ 청중이 진리에 대한 통합적이고 입체적인 이해에 도달하게 만들어 주는 목표를 분명하게 하라.
⑧ 청중을 신선하게, 흥미 있게 만들어 주는 방법들을 찾으라.
⑨ 당신의 지성이 지루함이 아닌 매력적으로 다가가도록 만들라.
⑩ 당신의 청중들에게 반응하라.

커뮤니케이션 전략

3. 청중에 민감한 설교 전달

켈러의 역동적인 복음을 통해 청중들의 삶을 실제적으로 변화시키기 위한 5가지 커뮤니케이션 전략에 주목할 충분한 가치가 있다.[632] 켈러는 청중들이 설교를 듣고 자신들의 삶 가운데 변화를 경험할 수 있도록 다음과 같은 자신의 커뮤니케이션 시크릿을 나눈다.

① 설교를 듣는 대상들을 다양화 하라.
본문에서 나오는 적용을 통해 청중을 변화시키기 위해 설교자는 설교를 듣는 대화 상대들을 다양하게 바꾸어 가면서 적용해 보라. 심지어 설교 시간에 불신자들도 앉아서 듣고 있다는 점을 인식하고 설교 내용 가운데 불신 영혼들의 삶과 연결되는 질문을 시도하라. 폭 넓은 독서와 최근 책들에 대한 전문가들의 책 서평을 통해 사회와 문화의 트렌드를 읽어내고, 다양한 정치적 스펙트럼을 넘나들 수 있는 정기간행물도 균형있게 읽으라(자유진영, 보수진영, 중도진영).

② 성경 본문을 주해할 뿐 아니라 청중도 주해가 필요하다.
설교 작성하는 동안 설교를 듣게 될 청중들의 다양한 영적 상태, 다양한 죄로 인한 문제들, 다양한 환경 등에 대해 생각하라. 구체적으로 청중의 대상과 상태를 본문의 상황과 연결시키고 상상력을 통해 그림을 그리면서 질문하라.
• '어떻게 이 본문을 이런 사람 혹은 저런 사람의 상황에 적용할 것인가'
- 실제 켈러의 설교 가운데 본문 저자가 의도한 의미와 적용을 '가상의 청중'에게 자연스럽게 풀어서 설명하는 예를 많이 볼 수 있다.

③ 설교 전반에 걸쳐 적용을 직조하도록 설교를 구성하라.
청교도 설교 방식과 전통적인 설교에서는 적용을 설교 끝부분에 배치하는 것과 달리, 설교를 진행하면서 중요한 성경적 원리를 제시한 후 여러 번에 걸쳐 유기적이고 구체적으로 적용을 제시할 필요가 있으며, 설교 마지막 부분에서 설교 전체에서 제시한 적용을 다시 정리하여 제시하거나 더 구체적인 실천적 적용을 집으로 가져갈 수 있도록 하라. 그러나 청중들이 '무언가를 해야 한다'는 행동지향적 적용보다는 '당신을 위해 그리스도께서 다 이루셨기에 하나님을 알아야만 한다'는데 강조점을 두어야 한다.

④ 다양한 커뮤니케이션 전략으로서 청중들에게 매우 직접적이며 인격적인 질문을 던지라. '자기 점검'(self-examination)과 내면의 동기를 분별하기 위한 테스트를 제공하라. 적용의 다양한 형태(forms)를 통해 균형잡힌 적용을 제시하라(경고와 훈계, 격려와 갱신, 위로와 소망, 권면과 힘을 북돋움 등).
⑤ 감정적으로 민감하라.
설교 가운데 성령의 역사로 말미암아 청중들이 진리를 경험하고 감동을 받으며 정숙함과 엄숙함이 흐르는 순간을 놓치지 말라. 멈춤 기법과 눈맞춤 등 '비언어적 커뮤니케이션'을 활용하라. 청중의 생각과 행동을 변화시키기 위해 강하게 적용하고 도전할 때 단호함과 함께 사랑과 긍휼의 마음을 함께 담아서 전하는 균형이 필요하다.

커뮤니케이션 전략

4. 치열한 8단계 설교 준비와 4단계 작성

켈러의 설교 준비 프로세스와 작성법 노하우는 무엇일까? 브라이언 채플(Bryan Chapell)은 포스트모던 세대를 향한 켈러의 구속사적이면서도 내러티브 전략을 적절히 활용하는 켈러의 설교를 강력한 모델로 칭찬하고 있다.[633] 청중을 변화시키기 위해 그리스도의 실재를 전하는 것이 켈러가 추구하는 설교의 궁극적인 목적이기에 설교자의 목표는 탁월한 주해(해석)에서 그치지 않고 실제적인 설교준비와 예배인도에까지 이르러야 한다.

다음은 효과적인 커뮤니케이션을 위해 켈러가 제시하는 8단계 설교 준비 프로세스이다.[634]

❶ **1단계: 본문의 흐름을 읽으라.**

켈러는 주석과 자료들을 연구하기 이전에 본문 자체에 집중하여 읽는 것을 강조한다. 또한 원어성경과 다양한 번역본으로 본문을 읽는 단계를 거치는 것으로 보인다.

❷ 2 단계: 본문의 각 부분들을 연구하라

- 설교준비 1-2단계를 통해 켈러는 본문의 흐름을 문맥을 먼저 파악함으로 본문이 내포하고 있는 '목적'(goal)을 분별할 것을 충고한다.
- 성경을 최소한 3-4번 읽고, 다시 2-3번 읽으면서 본문에서 반복, 접속사, 은유나 이미지 등에 주목하라
- 본문의 단락 전체를 다시 읽되, 가능한 주석과 도움이 되는 도구들을 활용해 히브리어, 헬라어 원어 성경으로 읽을 수 있게 하라. 특별히, 중요한 원어 단어의 의미, 반복하여 강조되는 점 찾기, 이해하기 어려운 의문에 대한 답변 찾기, 참고 자료를 통해 주요 이미지 연구, 성경의 다른 곳에서 인용과 암시 등을 파악해야 한다.
- 성경 본문이 말하는 모든 내용의 흐름을 통해 '목표질문'('반복과 그것이 서로 관련하는 방식'), '문맥 질문'(단락이 장과 권별 성경, 성경 전체와 어떻게 연결)을 파악한 다음, 본문의 모든 주요 핵심 내용들이 유기적으로 지지하고 있는 하나의 중심 사상을 발견할 때 본문의 목표를 구체화할 수 있다. 이러한 모든 본문 연구에서 가장 중요한 핵심을 뽑아내기 위해 목표 질문을 한문장으로 써 보고, 단락에 제목을 달아 볼 것을 권한다.

❸ 3단계: 본문의 핵심 아이디어를 선명하게 하라.

켈러는 설교 중심 주제를 선명하게 선택하기에 앞서 설교자는 다음 세 가지 질문을 제시한다.

1) 본문의 중심 사상(main text idea) 질문: 성경 본문은 무엇에 관해 이야기하고 있으며, 그것에 대해 본문은 무엇이라고 말하고 있는가?
2) 목회적인 목적(pastoral aim) 질문: 본문의 교훈은 원 독자들(author's readers)에게 어떤 실제적인 변화를 만들었을까, 그리고 우리에게는 어떤 변화를 만들어야 할까?

3) 그리스도 질문(Christ question): 본문은 어떻게 그리스도를 가리키는가, 그리고 그분의 구원은 어떻게 우리가 목회적 목적을 추구하면서 변화되도록 돕는가?

❹ 4단계: 설교의 중심명제(주요 주제)를 기록하라.

켈러는 이 단계에서 설교자는 설교의 '중심 주제'(main theme)를 분별하게 선명하게 기록해야 한다고 강조한다. 또한 켈러는 본문의 중심 명제를 밝히면서 목회하고 있는 청중과 조율된 주제를 선택해야 한다는 독특한 충고를 제시한다. 즉 성경 본문의 중심사상들을 충분히 드러내면서도, 본문의 중심사상을 드러낼 수 있는 여러 설교 주제 가운데 설교를 듣는 청중들의 상황과 가장 조화를 이룰 수 있는 설교 주제 하나를 선택하라는 것이다.

❺ 5단계: 설교중심명제에 대하여 질문(들)을 던지라.(What, Why, How, When, Who, Where)

켈러는 이 단계에서 논리적이고 체계적인 설교 중심명제와 이에 기초한 설교 구조화를 위해 육하원칙에 따른 질문을 제기하라고 조언한다(* 멜랑히톤의 영향을 받음). 이를 통해 켈러는 주로 각 질문들에 대한 각 답변을 중심축으로 삼아 설교 대지(주로 3대지로 형성함)를 구조화한다(켈러의 다양한 설교 대지 전략은 다음 장에서 커뮤니케이션 전략에서 상세한 실제 예를 들것이다). 켈러의 설교 커뮤니케이션 전략은 명제진술이 아닌 질문으로 소통하는 것이다.

❻ 6단계: 설교 중심명제에 대한 질문들(육하원칙에 따른)의 답변들을 중심축으로 삼아 설교 대지와 아웃라인으로 정리하라.

켈러는 5단계에서 진행한 설교중심명제에 대한 육하원칙에 대한 질문들에 대한 답변을 논리적으로 체계화하여, 6단계에서 설교 중심명제를 논리적으로 뒷받침하는 설교 주요 대지들과 아웃라인을 구조화하고자 한다.

이 단계에서 주목할 점은, 켈러가 단순히 설교 대지들을 논리적으로 구성하는 것에만 초점을 맞추지 않고, 본문과 본문의 중심사상에 유기적으로 부합하면서도 각 대지들이 역동적인 움직임을 통해 절정을 향해 나아가도록 조직화하는 것을 강조한다는 점이다. 예를 들어, 본문이 내러티브 장르일 경우, 본문의 흐름을 살려서 설교가 점점 절정으로 올라가는 '내러티브 긴장'(narrative tension) 혹은 문제에 대한 위기와 갈등의 요소를 살려낸 다음, 본문의 답변과 해결(만족)을 창출하는 설교 개요를 만들어낼 것을 켈러는 조언한다. 혹은 스토리텔링 형태의 개요 즉 삶의 평정을 흔드는 진술, 문제와 갈등을 바로잡기 위한 분투의 역사, 문제와 갈등이 해결되는 설교의 구조를 만들 수도 있다. 또 다른 예로, '법정 변론' 구조의 개요를 통해 '사실, 진술, 주장, 주장에 대한 논증'으로 이어지는 구조를 통해 설교의 움직임과 절정을 살려낼 수도 있다고 본다. 묘사로 구성된다.

❼ 7단계: 설교의 각 개요에 각 대지에 살을 붙이고 지지하는 자료들을 첨가하라.

켈러에 의하면, 6단계에서 조직화한 설교의 중심명제에 기초한 논리적이고 설교 대지와 아웃라인에 7단계에서는 설교의 발전하는 움직임과 긴장 등을 역동적으로 만들기 위한 크게 5가지 설교 파트에 살을 입혀야 한다.

① 도입: 문제가 무엇인가? 우리 시대의 문화적 맥락(우리가 직면한 현실)
② 초기 대지: 성경은 무엇이라고 말하는가? 원 청중의 문화적 맥락(우리가 반드시 행해야 하는 것)
③ 중간 대지: 우리를 막아서는 것은 무엇인가? 현대 청중의 내면의 맥락(왜 우리는 그렇게 할 수 없는가?)
④ 마지막 대지: 예수님은 어떻게 성경 주제를 완성하고 이 핵심 문제를 해결하시는가? (예수님은 어떻게 그것을 행하셨는가)
⑤ 적용: 예수님을 믿는 믿음을 통해 우리는 어떻게 행하고 살아야 하는가?
각 대지에 '살을 입히기(flesh out)': 논증과 예화, 예시, 이미지, 관련 본문들, 가장 중요하게는 실질적인 적용을 가지고 대지를 채우기.

이러한 5가지 구성의 예로, 다니엘 6장 설교에서 켈러는 전통적인 설교의 구조를 따라 도입부에서 문제제기를 하고 3가지 대지를 제시한 다음, 각 대지들(주로 3대지) 아래 해석(주석적 포인트), 교리(신학적 포인트), 적용적 포인트를 제시하고 질문과 결론을 구성하여 각 부분에 대한 살을 붙인다.[635]

다섯 영역으로 구성된 설교 아웃라인 예[636]

본문: 요한복음 11장 20-53절
제목: 진리, 눈물, 분노, 그리고 은혜

도입	문제가 무엇인가(이 시대의 문화적 맥락): 뉴욕 도시 가운데 일어난 911 테러의 비극적 상황.
초기대지	성경은 무엇이라고 말하는가(원 청중의 문화적 맥락): 나사로의 두 동생 마리아와 마르다가 겪고 있는 비극적 사건 (예수님께 도움을 요청했음에도 불구하고 그 분의 지체하심으로 인해 결국 오빠 나사로가 죽음/절망적 상황).
중간 대지	우리를 막아서는 것은 무엇인가(현대 청중의 내면의 맥락): 죽음과 절망에 빠진 자를 향한 눈물과 테러에 대한 분노의 마음. 켈러는 예수님의 눈물과 분노를 통한 하나님의 역사에 주목함.

말미 대지	예수님은 어떻게 성경 주제를 완성하고 이 핵심 문제를 해결하시는가(예수님의 진리): 죽은 지 나흘이나 지난 나사로를 다시 살리심으로 부활에 대한 믿음을 회복시키심. 나사로와 같은 우리를 죽음과 절망의 무덤에서 나올 수 있게 하는 유일한 길은 예수님께서 무덤으로 우리를 대신해서 들어가시고 무덤에서 부활하시는 은혜임을 강조함.
적용	예수님을 믿는 믿음을 통해 우리는 이제 어떻게 살아야 하는가: 켈러는 이러한 그리스도의 십자가와 부활을 통해서 죽음과 고통이 궁극적으로 종식될 수 있으며, 이러한 부활의 믿음을 가진 신자들이 뉴욕 도시 안에 있는 나사로와 같은 이들에게 필요한 이웃과 친구가 되어 줄 것을 적용함.

❽ 8단계: 설교와 함께 삶을 살아가라.

이러한 8단계 설교 준비 과정에서 설교자의 '묵상과 기도'에 대해 켈러는 강조한다. 즉 설교 준비의 모든 과정 가운데 설교자가 기도와 묵상을 통해 하나님과 교통하는 것이 중요하다는 점을 강조한다. 성령의 은사와 은혜를 간구해야 하며, 기도와 묵상을 통해서 성령께서 조명의 은혜를 주셔야 하며 설교과정에서의 말씀의 해석, 적용, 전달과 예배, 예배 이후의 삶의 모든 과정 가운데 성령의 역사가 필요하다고 본다.[637]

2) 켈러의 설교 작성 4단계 요약

8단계 설교 준비 단계에서 실제 설교를 만들어가는 과정과 관련된 기본적인 설교 작성 4단계는 다음과 같다.[638]

1단계	설교 메인 아이디어와 이를 보완하는 다른 보조 아이디어들을 찾고 내용들을 세분화함으로 본문의 목적을 분별하라.
2단계	본문의 중심 아이디어를 제시하고 구체적인 청중을 위한 설교적 주제를 선정하라.
3단계	본문의 흐름에 맞는 설교 주제를 중심으로 설교의 아웃라인을 만들라. 본문 자체로부터 얻은 통찰력들과 함께 설교의 클라이막스를 향한 움직임을 살려 아웃라인을 만들라.

| 4단계 | 논증, 예화, 본보기, 이미지, 성경 관주, 다른 중요한 내용, 실제적 적용으로 각 포인트에 살을 붙이라. |

커뮤니케이션 전략

5. 육하원칙에 근거한 명료한 설교구조

1) 3대지를 위한 5중 설교 구조

켈러는 설교의 움직임을 살린 3대지 설교를 통해 천편일률적인 3대지를 극복하기 위한 하나의 좋은 대안적 모델을 제시한다.[639] 켈러의 설교학에서 밝힌 설교 구성은 '비의도적 설교 패러다임'이라는 해석학적 패러다임의 설교학적 패턴화라고 볼 수 있다. 설교의 도입(Intro)과 끝 부분의 적용을 구분하고 나면 설교의 주요 뼈대는 초기 요점, 중간 요점, 마지막 요점으로 3대지 형식과 유사함을 알 수 있다. 실제적으로 이러한 켈러의 설교 움직임을 살린 3대지 형식은 아직도 상당수를 차지하는 것으로 보이는 한국교회 설교자들의 삼대지 설교 형식을 업그레이드하는 데 참고로 할 수 있는 좋은 모델이 될 수 있다.

① 설교 서두(Intro): 현 문화 상황 문제 직면.
  - 비의도적 설교 패러다임의 설교자의 텍스트(1단계)에 해당됨.
② 설교 본론 초반부(Early point): 원 저자 청중의 문화 상황.
  - 비의도적 설교 패러다임의 본문 저자의 메시지(2 단계)에 해당됨.
③ 설교 본론 중간부(Middle point): 무엇이 가로막고 있는가?
  - 비의도적 설교 패러다임의 현 청중의 상황(4단계)과 연결됨.
④ 설교 본론 종반부(Late Point): 어떻게 예수님이 해결하셨는가?
  - 비의도적 설교 패러다임의 그리스도 안에서 성취된 구속사적 주제(3 단계)에 해당됨.

⑤ 설교의 결론적 적용: 그리스도 안에서 어떻게 해결될 수 있는가?
- 비의도적 설교 패러다임의 '어떻게 포스트모던 청중들에게 영향을 미치는가?'(4단계)에 해당됨.

2) 논리적 설교 구조화를 위한 육하원칙

켈러는 본문의 해석과정과 적용 및 설교 구조화의 모든 과정에서 논리적인 육하원칙(What, Why, How, When, Who)을 모두 활용한다.[640]

- 예: "우리 모두 거듭나야 하리라" 설교 중에서

"새로운 탄생! 거듭나다! 기독교는 거듭나는 겁니다. 자, 여기서 우리는 새로운 탄생에 관해 네 가지를 배우겠습니다. 누구를 위한 것이냐? 무엇을 의미하는가? 왜 그런일이 생기는가? 어떤 모습을 띠는가? 반복할게요. 누구를 위한 것인가?(Who) 그 의미는 무엇인가?(What) 왜 그런 일이 생기는가?(why) 우리가 거듭나게 되면 그건 어떤 모습을 띠는가?(how)"

다음은 켈러의 육하원칙에 근거한 설교 구조화이다.

1) 주해적 서론	문제가 무엇인가(이 시대의 문화적 맥락): 뉴욕 도시 가운데 일어난 911 테러의 비극적 상황.
2) Who? 주요 해당 인물	성경은 무엇이라고 말하는가(원 청중의 문화적 맥락): 나사로의 두 동생 마리아와 마르다가 겪고 있는 비극적 사건 (예수님께 도움을 요청했음에도 불구하고 그 분의 지체하심으로 인해 결국 오빠 나사로가 죽음/절망적 상황).
3) what? 핵심 설명	우리의 선한 행위가 우리를 구원할 수 없는 이유가 무엇인가? 우리의 행위는 무엇을 의미하는가? 예, "의인은 없나니, 한 사람도 없다"(롬 3:10)

5) why?	우리의 선한 행위가 우리를 구원하지 못하는 궁극적인 이유가 무엇인가? 하나님의 거룩함이다. 예, "아무도 하나님의 눈 앞에서 의롭다함을 얻지 못한다"(롬 3:20)
6) 적용	이러한 본문의 의미가 우리에게 무엇을 의미하는가? 우리가 구원자가 필요하다는 것을 의미한다. 우리 자신의 선한 행위와 의로움을 통해 구원을 얻으려는 것을 회개하고 구원자를 믿어야 한다.

켈러의 베스트 3대지 설교를 위한 켈러의 비장의 카드 중 하나는 3W+1H 전략이다(Who, What, Why 질문과 How 질문). 즉 종교개혁자 멜랑히톤(Melanchton)이 아리스토텔레스(Aristotle)의 수사학, 키케로(Cicero)의 수사학, 세네카(Seneca), 퀸틸리안(Quintillian)의 고대 수사학을 당대 교회와 설교를 위한 고안한 방법을 켈러가 다시 창조적으로 설교 대지 구성에 활용한 것이다.[641]

이는 켈러가 간접적으로 수사학에 영향을 받았다는 증거이기도 하다.

커뮤니케이션 전략

6. 설교 point 다양화 전략
(천편일률 3대지가 아닌 촌철살인 3대지로 승부하라)

커뮤니케이션 전략 5와 연관하여, 전략 6은 다양한 설교 포인트(대지) 프레임 전략이다. 전통적 방식(주 3대지)의 큰 틀을 유지하면서도 다양한 대지 방식의 모델을 제시한다.

켈러의 설교를 분석해 볼 때, 그의 설교 구조와 대지 방식은 대부분 연역적 방식이라고 할 수 있다. 그러나 매우 드물게 귀납적 방식도 있다.[642]

혹은 드물게 이야기식, 내러티브형 방식도 나타난다(예: 눅 15장 설교에서 1막, 2막 형식으로 전개함).

켈러의 연역적인 설교 구조의 다양한 유형들을 아래와 같이 정리해 볼 수 있다. 유형 분류는 필자가 임의로 선정한 것임을 밝힌다.

1) 켈러의 전통적인, 선명한 설교 대지-청교도 전통

❶ 예: 높아지기를 기뻐하는 왕[643]

대지 1. 교만의 특성(교만의 본질)

대지 2. 교만의 치명성(교만의 형태)

대지 3. 교만을 고치심(교만의 역전)

❷ 예: 교회를 향한 소망(히 10:19-25)[644]

대지 1. 기독교 공동체의 비교할 수 없는 소중함

대지 2. 기독교 공동체의 특성

대지 3. 기독교 공동체의 비밀

❸ 예: 심령이 가난한 자는 복이 있나니[645]

대지 1. 심령의 가난함을 아는 것

대지 2. 심령이 가난한 존재됨

대지 3. 심령이 가난한 자 되기

2) 구속사적+ 모범적 대지[646]

❶ 예: "진정한 우정과 제사장을 간구함"

대지 1. 아브라함의 중보기도는 사람들의 죄와 의에 대한 공동의 책임을 지칭함

대지 2. 아브라함의 중보기도는 대제사장되신 그리스도의 행위를 지칭함

대지 3. 아브라함의 중보기도는 왕 같은 제사장인 우리의 역할을 지칭함

3) 교리적 대지형

켈러는 본문에서 드러난 신학적, 교리적 주제에 초점을 맞춘 3대지 형식도 보여준다. 예를 들어, 설교의 전체 신학적 주제를 "용서", "회개",

"양자됨" 등으로 포커스한다. 눅 15장 시리즈 설교에서 "아들에게 입맞춤을 하다", "그가 아버지집으로 돌아왔다", "당신의 아들로 불러지기 위해" 등의 여러 편의 주제설교를 통해 복음의 핵심 교리들을 깊이 있게 제시하는 것을 볼 수 있다.

❶ 예: "당신의 아들로 불러지기 위해"(눅 15장 시리즈 설교)
제목: 양자됨(자녀됨)
대지 1. 양자됨의 특성
대지 2. 양자됨의 실천
대지 3. 양자됨의 결과
❷ 예: 3대지(주로 제목): 하나님 사랑의 본질(the nature of God's love)

기본적으로 3대지가 주를 이루지만, 그리스도/복음중심적 움직임과 논리적 흐름이 탁월한 대지 구성이라고 볼 수 있다.

4) 정반합형

❶ 예: "우리는 축제를 열어야 합니다"(눅 15장 시리즈 설교)
대지 1. 인류의 상태(본향을 잃어버린) 〈정〉
대지 2. 거룩한 구원(본향을 다시 찾게하심) 〈반〉
대지 3. 새로운 교제(종말론적 잔치 공동체) 〈합〉
❷ 예: 누가복음의 돈과 소유 시리즈 중
돈과 예수님의 저주(눅 6:19-26, 30-35)[647]
대지 1. 세상의 나라(The world's kingdom) 〈정〉
대지 2. 예수님의 나라(Jesus' kingdom) 〈반〉
대지 3. (합) 어떻게 당신이 속한 나라가 어디인지를 알 수 있는가? 예수님의 나라에 속해 있다는 증거 〈합〉

5) 2대지+ 적용형 1대지(How 질문형) 혼합형

켈러의 설교의 3대지 형식 가운데 2가지 대지를 제시한 다음에 3번째 대지는 적용과 관련된 질문형식이나 실천적인 차원의 어떻게(HOW)로 시작되는 대지인 경우를 많이 찾아 볼 수 있다.

❶ 예: 단순한 2대지 설교[648]

대지 1. 기독교를 위해 당신이 가질 수 있는 동기부여가 있다.(17절)

대지 2. 기독교를 위해 당신이 가질 수 있는 능력이 있다.(18 절)

❷ 예: 이사야 58장 본문에 근거한 2대지+ HOW 유형[649]

대지 1. 정의의 놀라운 중요성

대지 2. 정의의 의미와 특성

대지 3. 어떻게(How) 정의를 행하는 사람이 될까?(적용/실천지향형 마지막 대지의 예)

❸ 예: 논리적 발전형 대지[650]

믿음의 필요 시리즈 중 도시의 의미

대지 1. 잘못된 길

대지 2. 하나님의 길

대지 3. 어떻게(How) 이것을 행할 수 있는 능력을 얻을 것인가

6) 의문형 대지

❶ 예: 영적 전쟁(엡 6:10-13)[651]

대지 1. 누구(who)와 싸워야 하는가(혈과 육이 아닌 어둠의 세상의 주관자)

대지 2. 무엇(what)에 대해 싸워야 하는가(사단의 궤계)

대지 3. 어떻게(how) 싸워야 하는가(전신갑주)

• 텍스트가 이끄는 질문과 대지

❷ 예: 질문형 대지("진짜 악에 대항하려면 세 가지 질문에 답해야 한다") (마태복음 3장)[652]

1) 누가 적인가?

2) 전선은 어디인가?

3) 이 싸움에서 가장 훌륭한 방어는 무엇인가?

7) 문제 원인-해결-해결의 방법 대지[653]

대지 1. 돈에 의해 생기는 문제, 탐욕 (문제와 그 원인)

대지 2. 문제를 해결하기 위한 열쇠, 공동체

대지 3. 문제해결 열쇠를 사용하기 위한 능력, 미래의 소망

8) 적용형/명령형 대지

• 논리적 발전형+ 적용(명령) 문장형

❶ 예: 3대지의 형태이지만, 1-2-3 대지로 논리적으로 연결, 발전시켜가는 형태

❷ 예: "그리스도인의 행복(Christian Happiness),"(롬 8:28-30)

대지 1. 그리스도인에게 일어나는 나쁜 일들은 선한 일로 바뀐다

대지 2. 그리스도인에게 일어나는 선한 일들은 결코 상실되지 않는다

대지 3. 그리스도인에게 일어날 최고의 일들은 아직 오지 않았다.

❸ 예: 로마서 6:1-7, 11-18. '완전한 자유'[654]

대지 1. 영적인 노예의 형태를 인식하라

대지 2. 예수님과의 우주적 연합의 영역을 깨달으라

대지 3. 당신의 새로운 정체성에 기초한 삶을 살라

❹ 예: 복음, 소망, 세상 시리즈 중 '사역을 위한 소망'(딛 2:11-3:9)[655]

대지 1. 소망의 열정

대지 2. 소망에 대한 사례 연구(The case study of hope)-리디머 교회

    A) 동기: 왜 당신은 일하려고 하고 지금 현재 일을 선택하려고 하는가?

    B) 비율: 과도한 열망들

    C) 위로: 이상주의나 냉소주의를 거부함

대지 3. 우리가 이 소망을 가질 수 있는 이유: 우리가 그리스도의 재림을 소

망으로 보는 것이 왜(why) 정당할 수 밖에 없는가?

❺ 예: 야고보서 시리즈 중 '피스메이커 공동체'(약 3:1-18)[656]

대지 1. 말의 힘(The Power of Words)

대지 2. 말의 독성(The Poison of Words)

대지 3. 말의 독성을 치유하기(Healing the Poison of Words)

9) 하나의 빅아이디어 아래 여러 포인트 연결형

• 가장 현대 강해설교(빅아이디어) 구조와 유사함.

❶ 예: 3대지가 아닌 4-5대지 예

기독교 삶의 실천: 예배 시리즈 중에서 "성찬"(고전 11:18-34)[657]

주의 만찬을 실천할 때 나타나는 연결되는 역사는

대지 1. 현재를 과거와 연결함

대지 2. 당신자신을 하나님과 연결함

대지 3. 개인을 공동체와 연결함

대지 4. 당신의 믿음을 당신의 실천들과 연결함

대지 5. 당신의 현재를 미래와 연결함

10) 키워드 나열형

❶ 예: 다윗의 삶 시리즈 "다윗은 그의 사람들을 준비시킨다"(역대상 29:1-20)[658]

대지 1. 문제

대지 2. 임재

대지 3. 실천

대지 4. 약속

❷ 예: 예수님과 논쟁 시리즈 중 "죽음 후의 삶에 대한 논쟁"(마 22:23-33)[659]

예수님은 사두개인의 논쟁에 답함

대지 1. 책망

대지 2. 논증

대지 3. 약속

11) 신약을 통한 구약 설교 대지형

켈러는 다니엘 6장 1-10, 16-23절 설교의 대지를 마태복음 5장 11-16절의 개념을 중심으로 대지를 형성한다.660

대지 1. 소금(1-4절)
대지 2. 상처(4-8절)
대지 3. 빛(9, 16-23절)

커뮤니케이션 전략

7. 범주화(categorization)/패턴화

켈러의 목회적 전달 전략 중 빼놓을 수 없는 것이 바로 패턴화를 통한 탁월한 개념 전달이다. 켈러가 종종 활용하는 범주화 수사법은 이론이나 추상적 개념들에 대한 유형별 분류를 통해 청중들이 성경의 중심사상과 설교의 주요 포인트를 보다 잘 이해하고 기억하도록 도와준다.

❶ 예: 누가복음 15장 탕자 비유 설교의 패턴화와 복음 중심적 초점화
- 눅 15장의 두 아들을 패턴화 및 유형화하여 복음중심적 변증을 전개함: 작은 아들(비종교 유형), 큰 아들(종교, 율법 유형) → 둘 다 틀렸고, 둘 다 스스로 주인이 되려고 함(죄의 근본이 되는 죄), 잃어버린 존재, 둘 다 회개(자신의 잘못된 행동이 아닌 스스로 주인이 되려는 것을 회개)와 복음이 필요함. 둘째 아들의 잃어버려짐, 첫째 아들도 잃어버려짐(도덕적, 우월감, 독선, 분노, 혐오). 그런 다음 유형화를 통한 적용 제시함(첫째 아들 부류의 사람들에게 변화 도전: '첫째 아들이 나가서 잃어버린 아들 찾아야 한다').661

❷ 예: 요 3장-4장 설교에서 매우 도덕적인 종교계의 지도자 인사이더 유형 (니고데모)과 사회적, 도덕적, 종교적 아웃사이더 유형(사마리아 여인)으로 패턴화 → 둘 다 복음 필요함.[662]

❸ 예: 켈러는 복음적 자유를 양심의 자유와 동기의 자유로 범주화함.

❹ 예: 에스더 3장, 6장 설교에서 교만의 본질을 설명한 다음, '자기중심적' 교만을 두 가지 형태로 범주화하여 분류함. 즉 교만은 자신을 다른 사람보다 우월하다고 생각하는 교만(superiority)과 항상 자신을 다른사람과 비교하여 열등하다고 생각하는 교만(inferiority)의 유형.

❺ 예: 오늘날 성 문화, 성 중독의 유형을 제시함(사마리아 여인과 연결하면서).[663]

❻ 예: 하나님의 심판의 3가지 유형(원리).[664]

1) 심판은 보이지 않게 다가옴, 2) 기다린 후 임한다, 3) 죄의 결과 통해

❼ 예: "목이 마르도다" 설교 중

1) 극단적 상황과 고통 앞에 자아의 유형화: 본능적이고 즉각적인 나, 진짜 나, 참된 나, 벌거벗은 나, 머리를 굴린 다음 남에게 보여주고 싶은 나

2) 무언가 보태는 사람의 두 유형: 1) 자학을 하는 타입, 2) 자신을 증명하려는 타입

❽ 예: "우리 모두 거듭나야 하리라" 설교 중

자신의 구세주가 되고 우주를 자기중심으로 보는 두 유형: 나쁘게 사는 것, 아주 선하고 착하게 사는 것.

❾ 예: "아무도 원하지 않았던 여인 설교" 중

모든 것이 실망을 안겨주고, 우리가 소망을 두는 모든 것 속에 낙심의 요소들이 깃들여 있다는 것을 깨달을 때 네 가지 반응 유형.

1) 환경을 탓하고 환경과의 관계를 단절하는 태도, 2) 스스로를 비난하고 자책하는 태도, 3) 세상을 비난해서 비판적이고 냉혹한 사람이 되는 태도, 4) 삶의 초점 전체를 바꾸는 태도 (아무도 원하지 않았던 여인 中)

커뮤니케이션 전략

8. 수사학적 질문의 창조적 활용

켈러의 탁월한 커뮤니케이션 전략 중 하나는 철학적인 변증 스타일의 설교를 주로 하면서도 명제적 진술과 논리적인 설명에만 의존하지 않고 6하 원칙을 활용한 '질문'을 적절하게 활용함으로 청중들을 향한 설득력을 배가시키고 있다.

켈러는 대지와 대지 사이의 '논리적 연결' 질문을 통한 전환, 적용적 혹은 수사학적 질문 등 어떤 설교를 들어도 '질문'이 적지않게 요소요소마다 배치되어 있다는 것을 알 수 있다. 예를 들어, 켈러의 설교 중("목이 마르도다", "우리 모두 거듭나야 하리라", "아무도 원하지 않은 여인") 세 편의 설교문의 평균 문장수는 290.5개이다.(A4로 8-9장) 이에 '질문'의 수는 평균 64개로 대략 22%를 차지할 정도로 대단히 많은 비중을 차지하고 있다는 것을 알 수 있다. 설교가 진행되는 동안 지속적으로 질문을 던짐으로써 청중으로 하여금 계속해서 생각하며 설교를 따라가게 만드는 수사학적 장치라고 할 수 있다.

- 예: "우리에겐 여러 경향들이 있습니다. 그러니까 일종의 '반의식적인 가정'이라 할까요? (중략) 그 시련에 맞설 힘을 대체 어디서 얻었을까요? (중략) 왜 그런지 아세요? (중략) 하나님의 아들이니까 그러니까 그 시련에도 충분히 견뎠겠지? 해버리고 마는 것이죠. (중략) 이것이 전하는 메시지가 무엇일까요?(목이 마르도다 中)
- 예: "그렇다면 누가 거듭나야 합니까? (중략) 이쪽은 기독교인, 저쪽은 망가진 타입의 인간이 있나요? (중략) 거듭난 교인과 그렇지 못한 부류? 그건 요 1:12절 말씀과 맞지 않습니다. (중략) 여러분은 거듭나야만 합니다."(우리 모두 거듭나야 하리라 中)

커뮤니케이션 전략

9. 성경 저자의 의도를 대화체로 풀어서 설명함

켈러의 목회적 전달 전략 가운데 성경 저자의 의도와 하나님(예수님)의 말씀을 깊은 묵상에서 나온 이야기체로 풀어서 설명하는 방식은 독특하고 신선한 시도라고 볼 수 있다. 첫째 켈러는 청중들로 하여금 성경의 문맥 흐름을 따라 저자의 의도를 파악할 수 있도록 친절한 안내자 역할을 한다.[665] 예를 들어, 켈러는 탕자 비유를 누가복음 15장의 문맥 숲을 통해 조망하면서, 3가지 연속 비유를 통한 맥락을 관통하여 저자의 의도를 밝혀낸다.[666]

둘째, 켈러는 저자의 의도를 쉽게 풀어서 상상력을 가미한 스토리 형식으로 설명하는 독특한 장기를 보여준다.

- 예: "마치 마태가 우리한테 이렇게 말하려는 것만 같다. 자, 들어봐 아무도 시험과 고난을 면제받는 사람은 없어. 아니, 사실 시험과 고난은 하나님이 매우 사랑하는 사람들에게 일어나기 십상이지. 왜냐하면 그건 우리를 무언가 위대한 존재로 변화시키고자 하시는, 신비스러울 때도 많지만 선한 하나님의 계획에 속하기 때문이야."[667]

이처럼 켈러는 성경의 저자 1인칭 관점 혹은 성경 인물의 '관점'에서 1인칭 내러티브 스타일로 이야기(대화) 형식으로 말씀의 의미를 풀어서 제시할 때도 있다.

- 예(바울의 고백): "복음이 내 자랑거리를 완전히 바꿨다. 복음이 내 정체성의 근본을 바꿨다 … 나는 전적으로 새로운 존재이자 피조물이 되어가고 있다."[668]

전지적 관점이라고 할 수 있는 하나님 혹은 예수님의 '관점'에서 대화적으로 핵심 메시지를 풀어서 제시하는 경우도 있다.[669]

- 예 1: "나는 잔치의 주인이다. 결국 나는 기쁨을 주기 위해 온 것이다. 내 명함, 혹은 나의 첫 기적이 모든 사람들에게 웃음을 선사하는 것이었던 이유가 바로 여기 있다."[670]
- 예 2: "나는 나사로를 살릴 수 있다. 난 초자연적인 능력을 사용할 수 있다"고 말하지 않은 것에 주목하라. 그는 말한다. "내가 부활이고 생명이다. 내가 모든 것에 생명을 주고 모든 것이 살아있게끔 하는 능력이다."[671]
- 예 3: "그래, 난 이 세상에 축제의 기쁨을 가져 올 수 있다. 나는 인류의 죄책과 수치를 씻어줄 수 있다. 나는 세상에 기쁨을 주기 위해 왔다. 하지만, 오, 어머니. 그것을 이루기 위해서는 내가 죽어야 합니다."[672]
- 예 4: "넌 죄인이다. 너는 이 사실 때문에 겸손하게 하나님을 의지하며 살고 있는가? 하지만 너는 또한 그리스도 안에서 의롭다 …"[673]

커뮤니케이션 전략

10. 커뮤니케이션 전략 서론의 명료함과 반복을 통한 강조의 힘

켈러의 목회적 수사기법은 명료함과 반복을 통한 강조의 효과를 극대화시키는 전략도 잘 보여준다. 첫째, 켈러는 설교의 서론에서 설교의 전체 방향성과 핵심 설교 포인트를 명확하게 보여주고, 설교 전체 흐름 속에서 반복하여 청중들에게 강조함으로 설교의 초점이 선명하게 남도록 유도한다. 예를 들어, "당신의 대언자 안에서 사라지고 없다"는 켈러는 설교의 메인 아이디어를 지나칠 정도로 반복하여 강조함으로 청중의 뇌리 속에 설교의 중심사상이 명확히 남도록 노력한다.

둘째, 켈러는 목회적 감각을 살려서 기계적인 연속 설교가 아닌 교회와 청중이 필요한 중요 주제에 대한 '연속 시리즈' 설교를 창조적으로 활용한다. 이를 통해 다양한 성경 본문을 통한 강해설교 시리즈를 진행함으로써 중요한 목회적 주제, 비전, 개념(아이디어), 전략 등이 반복하여 강조되고 구체화, 실현화되도록 하는 모델을 잘 보여준다.

예를 들어, 켈러는 설교의 도입부에서 설교 시리즈 방향성을 간략히 제시하고, 교회 사역의 비전과 설교의 연관성을 명확히 알려준다.

❶ 예(이사야 58장 설교의 도입부)[674]

리디머 교회의 사역 비전을 "예수 그리스도의 교회로서, 리디머 교회는 모든 사람들을 위한 훌륭한 도시를 구축하는데 돕는 교회이다. 이는 복음의 움직임으로 뉴욕시와 온 세계에 개인적의 구원, 지역사회 구성, 사회 정의 실현, 그리고 문화적 변화를 가져다줌으로 이루는 것"으로 제시한 다음 왜 이 가운데 '사회 정의'를 주제로 설교하는지 밝힌다.

1) 종려 주일이 가까워 지고 있다(예수님께서 예루살렘으로 입성해 왕으로 인정됨. 왕의 역할 중 하나는 정의를 행하는 것. 예수님이 어떻게 정의를 이루셨고 우리를 정의를 행하는 자로 만드시는지 볼 것이다).
2) 다음 주에는 부활절 특별 헌금을 할 것이다(이 헌금은 뉴욕시의 불이웃을 위한 헌금).
3) 우리 교회의 미래를 바라볼 때 앞으로 많은 교회를 세워나가겠지만, 단지 하나의 새로운 교회가 아니라 도시 안에서 정의와 자비를 행하는 교회가 되기를 원한다.

셋째, 설교의 서론에서 나눌 주제들에 대한 의문점을 던지고 그 주제들에 대한 논리적 진행 목차를 말한 후, 설교본론에 들어간다.

"불타는 불 앞에서 신발을 벗었듯이 우리도 맘속에 그 놀라운 거룩함을 느끼면서 이 본문을 대해야 합니다. 그러기 위해 최선의 방법은 단순해지는 것입니다. 예수는 우리의 구원을 몇 마디로 얻어냈습니다. 구원을 장황한 말로 설명할 필요가 없을 겁니다. 저도 간단히 말씀드리죠. 예수의 죽음에 대한 이 이야기에서 우리는 세 가지를 봅니다. 첫째, 그의 강인함 뒤에 숨은 비밀, 둘째, 그가 베푸는 것의 속성, 마지막으로, 그걸 실제 개인적으로 이용하는 방법입니다."(목이 마르도다 中)⁶⁷⁵

넷째, 결론부에서 설교의 핵심 아이디어가 잘 녹아있는 찬송가나 시를 나눔으로 청중의 마음(감정)을 움직이는 전달 전략이다. 또한 설교 중심사상을 담은 짧지만 강렬한 목회 기도를 통해 청중의 삶에 말씀의 핵심이 계속 울림이 있게 하는 전략도 종종 활용하고 있다.

다섯째, 켈러는 자신의 설교의 권위를 높이면서 효과적인 전달효과를 가져오기 위해 두 가지 중요한 전략을 활용한다. 첫째는 설교의 주요한 지점에 절묘한 성경 관주(reference)를 반복해서 활용하는 전략이다.⁶⁷⁶ 둘째는 설교의 변증적 기능을 중점적으로 활용할 때, 루이스(C. S. Lewis)를 비롯한 각 분야의 주요 권위자들을 반복해서 인용하는 전략이다.

3부
팀 켈러 설교 실제 분석

Chapter 3

　지금까지 논의한 켈러의 사역과 설교 철학, 7가지 키워드를 중심으로 살펴본 켈러의 설교 이론과 전략을 토대로 켈러의 설교샘플 몇 편을 분석해 보고자 한다. 켈러의 설교들을 분석함에 있어서 주석적, 신학적, 적용적 차원의 상세한 분석이 아닌 앞서 논의한 켈러의 핵심 이론과 방법론에 비추어 종합적인 차원의 분석을 진행하고자 한다. 켈러 자신의 설교 이론이 얼마나 실제 설교에 녹아있는가를 집중적으로 분석하여 그의 설교가 보여주는 함의와 장단점을 냉철하게 평가해 보고자 한다.

1) 본문형 설교 예: "목이 마르도다(I Thirst)" (요 19: 28)[677] (2008년 3월 9일 설교)

[켈러 설교 구조와 내용 요약]

Ⅰ. 서론
- 거룩한 땅에선 모세와 같은 준비로 이 본문을 대하자.[설교 인트로]
- 본문에서 그리스도의 죽으심의 의미를 세 가지로 살펴볼 수 있다. 예수님의 강인함 뒤에 숨은 비밀, 예수님이 베푸는 것의 특성, 그것을 개인적으로 이용하는 방법이 세 가지다.[설교 중심적 3대지 소개]

Ⅱ. 본론
1. 예수님이 가지신 힘의 비밀
- 예수가 가지고 있는 힘은 어디서 왔는가?[대지를 전개하기 위한 논리연결고리 질문]
  - 예수님은 이 땅에서 신성의 영광을 스스로 비우시고 사셨다(빌 2장).[기독론적/신학적 원리화]
  - 예수님도 성부와 성령을 의존하셔서 힘을 얻으셨다.
  - 예수님은 성경을 잘 알고 사용해서 성부와 성령께 나아갈 수 있으셨다. 특히 예수님은 무언가 일이 닥칠 때 성경말씀으로 대답하셨다.
- 예화 [변증]
- 예수님이 가진 힘의 비밀은 말씀이었다.[첫번째 대지 강조 및 전환]

2. 예수님이 베푸는 것의 특성
  - 고통 중에도 한 마디 없으셨던 분이 목마르다고 말씀하신 이유는 무엇인가?[대지를 전개하기 위한 논리연결고리 질문]
- 목이 마르다는 표현의 감각적 접근. 예수님의 목마름은 육신의 목마름 이상이었다.
- 왜 예수님은 목이 마르다고 말했는가?[논리연결고리 질문]
- [예화]에서 [성경으로 대답]
  - 사마리아 여인의 목마름 그리고 우리의 목마름은 하나님을 만나지 못해서이다.

- 다른 것으로 그 목마름을 채울 수 없다.(예: 남편, 세상의 힘)
- 영원히 마르지 않는 샘은 하나님과 만남이다.
• 우리가 정말 갈급한 것, 예수님이 정말 베푸시는 것 그것은 복음이다.[복음제시]

3. 예수님께서 이루신 구원을 실제적으로 적용하는 방법
• 불교와의 비교, 변증을 통해 기독교의 탁월함.[비교종교학적, 종교적 적용]
• [예화]에서 '다 이루었다'(테텔레스타이)의 의미를 대답.[원어의 활용/강조]
  - 십자가에서 가장 연약한 모습으로 말씀하심 "다 이루었다"
• [기독교 회의론자를 위한 결론]: 예수님께서 구원의 대가를 다 지불했고 성취하셨다. 너희가 더 이상 할 일은 없다.
• [잘못된 신앙을 가진 인사이더를 위한 결론]: 자학과 자만의 사람 모두 무엇을 더하려고 한다. 구원의 삶을 위해 무엇을 더하는 삶을 멈춰라.[적용]

III. 결론
영광스럽게 완성된 그 역사 위에 서십시오. 그 분이 다 이루셨습니다.

〈간략한 설교평가〉

첫째, 켈러는 수사학적 육하원칙을 활용한 논리적 전개 방식을 따라 설교를 구조화시켜 나간다. 켈러 특유의 스타일대로 설교 서두에서 분명한 설교 중심명제와 3대지를 제시함으로써 청중들에게 명확한 설교의 좌표를 알려준다. 또한 적절한 카테고리화를 통해 청중들이 설교 전체의 흐름을 명쾌하게 따라갈 수 있도록 도와주고 있다.

둘째, 켈러는 청중의 궁극적인 필요가 그리스도 안에서만 만족될 수 있다는 복음적 변증의 패러다임을 사용하고 있다. 이를 위해 켈러의 설교의 논리적 기초를 성경본문에서 가져오는 본문성을 살리는 강해설교의 본질적 특성을 잘 지키고 있다. 성경을 성경으로 해석하는 원칙을 잘 고수하면서 빌립보서 2장의 신학적 원리화를 통해 설교의 가장 중요한 첫 번째 포인트(대지)를 명확하게 제시하고 예수님의 삶이 힘이 어디서

왔는지 발견하게 하는 탁월한 논증을 보여준다. 특히 켈러는 예수님의 힘의 근원이 성경이었다는 점을 본문의 렌즈를 통해 강조한다. 즉 "성경을 응하게 하려 함이다."를 중심으로 예수님께서 언급하셨던 성경 구절들을 연결함으로 성경적 논증을 강화시킨다. 두 번째 설교대지(예수님께서 베푸시는 것의 특성) 전개 과정에서도 예수님이 목마르셨던 이유(질문)에 대한 답변을 요한복음 4장의 사마리아 여인 이야기를 통해 제시하는 탁월함을 보여준다. 나아가 본문을 무미건조하게 설명하는 방식이 아니라, 청중들을 예수님과 사마리아 여인과 만남(본문 세계) 속으로 데리고 들어가서 펼치는 스토리텔링 효과를 살려내는 장점을 보여준다.

셋째, 켈러는 신학적 다리놓기를 통해 조직신학적 관점으로 본문으로 들어가기 보다 본문을 통해 기독론적 교리와 교훈을 잘 끌어내고 있다. 켈러는 예수님께서 공생애 동안 신성의 특권을 사용하지 않으시고 성부 하나님과 성령 하나님을 전적으로 의지하고 순종함으로 능력을 얻으셨음을 강조한다. 또한 본문에서 기독론과 인간론에 기초한 신학적 원리를 주조하는 과정에서 성급히 조직신학적 교리를 연역적으로 청중들에게 전달하기 보다 논리적 질문과 본문에 대한 깊은 성찰을 통해 귀납적으로 함께 통찰할 수 있는 방식을 취하고 있다. 켈러가 설교 가운데 수사학적 '질문'을 얼마나 강력한 무기로 사용하고 있는지를 여실히 보여주는 설교이기도 하다. 특히 요한복음 19장과 같이 명확한 그리스도중심적 본문을 어떻게 강해적 교리 설교의 방식으로 잘 전달할 수 있는 예를 보여주고 있다. 나아가 예수님이 가지신 힘의 비밀과 예수님이 베푸시는 복음(진정한 갈급함을 만족시키는 십자가 복음)을 제시하는데 그치지 않고, 세 번째 대지에서 기독교 회의론자들과 잘못된 신앙을 가진 자들을 향한 변증과 함께 그리스도중심적 적용을 제시하는데까지 나아간다.

넷째, 그러나 몇 가지 면에서 켈러의 본문형 설교는 더 보완하고 발전시켜 나갈 부분이 있다고 볼 수 있다. 먼저, 한 절을 가지고 좁은 의미에서 강해설교의 빅아이디어와 대지들을 전개하는데는 구조적 한계가 있다. 또한 당시 요한복음 원 저자와 원 청중(원 적용)에 대한 접근이 더 입체적으로 이루어져야 할 필요가 있다. 설교의 적실성 영역에 대한 충분한 논의를 전개하지 않는 경향을 보여준다. 나아가 그리스도중심적 적용의 지평을 열어가고는 있으나, 더욱 다양한 그리스도중심적 적실성 영역의 지평을 열어나갈 필요가 있다.

다섯째, 켈러가 종종 사용하고 있는(자주는 아니라 할 지라도) 본문 강해설교에 대한 최근 현대강해설교학적 평가와 함의가 필요하다. 후기 모던 사회, 포스트에브리팅 시대 속에서 설교자는 성령의 검 곧 좌우에 날선 검, 하나님의 말씀의 검(엡 6:17)을 능수능란하게 사용하는 승부사가 되어야 한다. 역사적으로 위대한 설교자들이 비장의 무기로 활용했던 설교 방식 중 하나가 한 절 혹은 2-3절에 한정하여 설교하는 '강해적 본문 설교'(expository-textual sermons)이다. 현대 강해설교학에서는 주로 하나의 빅 아이디어를 담은 단락(passage) 강해설교를 더 이상적인 방식으로 무게를 두는 경향이 있지만, 청교도 전통의 탁월한 설교자들은 오히려 짧은 본문에 기초한 교리적 설교 방식을 날카롭고 예리한 검으로 사용하였다. 본문 설교형은 주로 1-2절 정도의 본문 단위 안에 담긴 저자가 의도한 의미에 기초한 신학적인 교리(주제)와 적용을 제시하면서, 설교의 논리적 순서와 구조뿐 아니라 중심 주제와 핵심 대지 및 소대지가 본문에서 추출되는 성경적 설교의 한 형태이다. 실제로 한 절로 이루어진 본문도 명확한 중심 아이디어와 온전한 메시지를 함의할 수 있으며(예: 시 27:1; 요 3:16; 갈 2:20; 빌 4:13), 교리적 설교의 통전성을 제시할 수 있다(예: 롬 3:23, 약 2:23; 히 13:5). 2-3절로 이루어진 본문의 경우, 하나의 온전한 중심 사상과 함께 더 다양한 교리를 내포할 수 있다(예: 롬 1:16-17, 마 28:19-20; 엡 2:8-10).

일반적으로 본문형 설교의 장점은 설교자가 가장 쉬운 설교 형태를 조직화할 수 있으며 3대지 설교에 익숙한 설교자에게 매우 익숙한 패턴으로 설교 준비가 가능하다는 점이다. 이뿐 아니라, 설교자가 목회 일정에서 제한된 시간 안에 효과적으로 설교준비를 할 수 있다는 점, 성경에 아직 덜 익숙한 회중들의 편에서 설교를 이해하고 따라가기가 더 용이할 수 있다는 점, 성경의 여러 관련된 구절들을 통해 더 입체적으로 교리 이해를 도모할 수 있다는 점, 성경의 여러 관주들을 통해 더 다양한 교리들을 집중적으로 습득할 수 있다는 점 등이다. 또한 본문의 구조에서 설교의 기본 구조를 주조하는 자연스러운 프레임을 따르면서도 설교의 다양한 요소들을 채우는 단계와 구성에 있어서 창의적인 다양성을 동시에 추구할 수 있다.

그러나 본문 설교 스타일이 넓은 문맥의 흐름을 놓치게 되면 저자의 의도를 놓치거나 탈문맥 설교가 될 위험성을 조심해야 한다. 설교자 혹은 청중들이 선호하는 구절들에 근거한 특정 교리만 반복해서 다룰 가능성과 기계적인 대지 나열과 여러 관련구절을 지루하게 펼침으로 피상적 해석과 파편적인 교리를 메마른 신학적 강의 스타일로 전달할 가능성을 경계해야 한다. 또한 중심사상과 대지, 소대지가 논리적으로 단절되고 설교자의 아이디어를 따라 설교주제 설교의 단점이 나타날 수 있고, 본문에 대한 주석에 기초한 교리에만 집중하여 효과적인 예증과 적용이 약화될 위험성이 있다.

윌리엄 퍼킨즈(William Perkins)는 본문 분석에서 추출한 성경적 교리와 함께 회중의 상황에 적합한 적용으로 조직화된 교리 설교를 추구했다. 퍼킨즈의 영향을 받아 청교도 교리설교는 본문 해석, 교리적 진술, 삶에 실제적인 적용(uses)으로 이루어진 스타일(plain style) 설교를 추구하였다. 여전히 이 시대에도 청교도의 간결한 교리설교 형식의 중요 요소들인 시작, 성경 본문의 주해, 본문에 대한 신학적 분석, 본문 해석에 기초한 교리를 청중들에게 적용, 마무리의 형태로 만든 설교를 활용할 가치가 있다. 청교도 설교의 강점과 유익이 분명히 있지만, 본문이 이끄는 강해 설교가 아닌 설교자가 정한 주제 혹은 교리적 주제에 무게중심을 둔 주제별 설교 유형은 논증적인 교리 주제를 조직화하는 패턴을 양산할 수 있다. 청교도의 교리적 주제 설교(doctrinal-thematic) 스타일은 청중과 설교자의 의도에 기초한 주제형 교리설교(thematic)의 단점이 혼재되어 나타날 수 있으며 지나치게 교리적 분석에 함몰되어 본문 고유의 맛과 청중과 연결된 적실한 적용이 약화된 신학 강의 스타일이 될 수 있음을 기억해야 한다.

2) 켈러의 주제형(Thematic) 설교 예: "애굽을 탈출하다"(Getting Out) (출 14)

켈러의 주제형 설교의 예를 간단히 살펴보자.[678]

설교 유형: 주제형(Thematic)으로 토피컬과 테마틱이 혼합된 형태

제목: 애굽을 탈출하다(Getting Out)(출 14) 주제 교리: 구원

- 서론: 개인 예화(Sproul과 Motyer를 만난 이야기)와 설교 전체 방향 제시

1. 구원은 우리가 무엇(what)으로부터 해방되었는가이다: 노예로서 당하는 압제에서 해방됨-출애굽기와 14장의 해석이 기초임.
   1) 크리스천들은 객관적으로 율법에 압제 당하는 노예였지만, 지금은 해방된 자들(롬 6:14, 8:1)
   2) 그리스도인은 주관적으로 율법에 압제를 받고 있으며, 행위를 통한 의를 여전히 추구하는 성향이 있다.
   3) 그리스도인은 그들의 죄성에 영향을 받는다(롬 6:14-15)
   4) 그리스도인은 우상의 영향을 받는다.

2. 구원은 어떻게(how) 그것으로부터 해방되었는가 이다: 은혜로 건넘
   1) 출 14장과 롬 4:5, 요 5:24, 2) 그리스도인의 현재 상태에 대한 적용

3. 구원은 왜(why) 그것으로부터 해방될 수 있는가이다: 구원자의 중재로 해방될 수 있음.
   1) 마 12:41, 27:46

- 결론: 복음적 적용

• 켈러의 위 설교는 토피컬과 테마틱이 혼합된 형태이지만, 테마틱에 가까운 주제 교리(구원론) 설교라 할 수 있다.679

켈러의 테마틱 설교형은 주로 삼대지로 이루어진다. 주로 5W+1H 중심의 육하원칙에 근거한 논리적인 대지 구성을 자주 활용하는 편이다. 토피컬 설교의 장점이 될 수 있는 성경의 관련 구절 연결은 많은 편이 아니며, 해당 본문에 더 집중하는 편이며 구약 본문을 신약과 구속사적 관점에서 연결시킨다. 그리스도 안에서 구원이 어떻게 해결되었다는 복음중심적 교리 설교라고 할 수 있다. 교리적 적용을 구체적으로 혹은 열거형으로 많이 강조하는 편은 아니다.

켈러가 보여준 것처럼, 수많은 설교 주제 가운데서도 자신의 목회와 비전, 사명을 가장 잘 담은 하나의 설교 주제를 평생 갈고닦아 최고의 보석으로 만들 필요가 있다. 광의적 의미에서 모든 설교는 본문의 의미와 적용을 제시하는 강해설교이어야 하듯이, 모든 설교는 본문의 주해적 교리와 신학적 주제에 대한 날카로운 적용을 제시하는 양날검이 살아있는 설교이어야 한다. 주제형(테마틱) 설교라 할지라도, 미시적 차원의 본문의 단어(원문포함)와 문법(시제, 성, 수, 격) 분석, 구조와 문예적 분석(접속사, 문장, 문단, 문맥), 역사적 상황과 문화적 배경 등을 세밀하게 살핀 후, 핵심적 주제 혹은 교리의 성경적 근거와 통찰들을 이끌어내는 목표를 지향해야 한다(켈러는 이 점에서 아쉬운 점을 보여준다). 동시에 주제형(테마틱) 설교 형식의 장점을 살리기 위해 주제/교리와 관련된 성경의 관주 구절들을 거시적인 관점에서 성경신학적 연구를 바탕으로 연결하여 하나님의 '권위'와 '적실성'의 깃발을 정상에 휘날리게 해야 한다. 그러나 해당본문의 주해적 기초작업이 생략된 채, 혹은 체계적인 통합과 통찰이 생략된 채, 청중들의 삶과 상황에 연결되는 교리적 적용이 생략된 채 제시되는 무미건조한 성구사전식 나열방식은 토피컬 혹은 주제형(테마틱) 설교의 가장 치명적인 약점이 될 수 있다는 점을 잊지 말아야 한다. 본문 저자가 의도한 의미와 적용을 현대 청중들에게 옮겨가기 전에 설교자의 조직신학적 접근의 강도가 다소 강하게 개입하게 될 때 교리적 분석의 프레임 안에 주제 교리 설교 자체가 함몰될 수 있는 위험과 구속사적 시각과 본문의 장르적 특성이 무시되는 경향을 경계해야 한다. 또한 자칫 신학적인 용어들과 개념들이 포스트모던 세대들과 초신자 혹은 불신자들에게는 설교를 이해하고 적용하는데 장벽으로 작용할 수 있다. 강해 설교의 정상을 정복하기 위해서는 기존의 천편일률적인 나열식 토피컬 교리 설교를 넘어, 켈러가 보여주는 창조적이며 효과적인 주제형(테마틱) 설교를 절차탁마해야 한다.

3) 서신서 단락(Passage) 설교 예: "우리 모두가 은사를 가진 자들" (롬 12:1-8)

'단락형 교리 강해설교'(PDP, Passage Doctrinal Preaching)란 하나의 사상을 담은 본문의 단위(pericope)로서 한 단락을 정하여, 해당 텍스트의 주해적 과정을 통해 추출된(text-driven) 핵심 교리에 대한 신학적 분석에 뿌리를 둔 청중지향적(audience-focused) 적용을 제시하는 설교의 한 형태라고 할 수 있다. 켈러의 단락형 강해설교는 주요 설교학자들의 다양한 강해설교의 정의들 가운데 약점 중에 하나인 '신학적 교리'에 대한 변증과 강조가 구별된 점이라고 할 수 있다.

팀 켈러의 단락형 설교 모델 분석[680]

- 제목: "우리 모두가 은사를 가진 자들"(Everyone with a Gift)
  본문: 롬 12:1-8
- 핵심 교리: 성화론, 교회론

1. 그리스도인의 삶의 본질(The Essence of Christian life)
  1.1 '그러므로' 접속사를 통해 12장 전 문맥과의 연결성 강조: 로마서 1장-11장의 복음의 의미를 이해한 그리스도인이어야 하나님이 기뻐하시는 산 제사로 삶을 드릴 수 있음.
  1.2 '산 제물'(living sacrifice)의 의미 설명: '살아있는'(living)이라는 표현과 죽음을 전제하는 제물(sacrifice)이라는 표현은 역설적임. 즉 살아있는 죽음당한 제물임.
  1.3 구약의 배경을 상세히 주해함(그리스도중심적 주해).
    ① 본문의 '산 제사'는 구약의 피 흘리는 속죄제사를 지칭하는 것은 아님. 그리스도께서 영원한 속죄제물이 되셨기에 더 이상 그리스도인들이 속죄제물로 자신을 드릴 필요가 없음.
    ② 여기서 '산 제사'는 구약의 번제를 지칭함. 신약시대의 그리스도인이 매일, 매시간 지속적으로 하나님께 자신의 전부를 온전히 드려야 할 제사가 '산 제사'임.
  1.4 산 제사로 드림의 교리적 적용: 자신의 계획과 생각, 경력, 자아, 육체, 동기, 분노, 선택을 죽이고('죽으라'를 반복하여 강조) 하나님께 드림으로 산 제사로 드려야 함.

2. 그리스도인의 삶의 특징(the Aspect of Christian life)
그리스도인의 삶은 삶의 전체를 '산 제사'의 차원으로 영적 예배를 온전히 드리는 것이다. 다음의 세 가지 측면에서 그리스도인은 산 제사를 드려야 함.
  2.1 삶의 전부-산 제물을 드린다는 것은 하나님의 뜻에 자신의 전인을 맡겨드리는 것. 바울은 특별히 '몸'(body)을 드려야 함을 강조함. 당시 영혼/지성과 대조되는 몸을 부정적으로 간주했던 로마인들과 달리, 바울은 몸을 드리라고 함으로 전 존재를 산 제사로 하나님께 바쳐야 함을 강조함.

2.2 내면적 자아: 생각을 통한 산 제사를 드려야 함(12:3)(개인적 적용).
2.3 각기 다른 은사를 통해 섬김의 산 제사를 드려야 함(12:6-8): 하나님께서 '각 사람'에게 다양한 은사를 주셔서 다른 사람을 섬기게 하심(교회공동체적 적용).
- 교리적 적용: 자신의 은사를 통한 섬김이 어떻게 산 제사로 드림이 될 수 있는지 현대적 적용을 제시함. 기독교인은 직장/사업 속에서도 자신에게 돌아올 이윤은 적게 하고, 자선을 베풀어야 함(사회, 직장 적용).

3. 그리스도인의 삶의 능력(the Power of Christian life)
3.1 하나님의 모든 긍휼하심의 관점에서(in view of God's mercy)
- 그리스도의 십자가를 통해 볼 수 있는 하나님의 자비하심.
- 설교자가 먼저 자신을 '산 제사'로 드려야(offer) 함.
3.2 마음을 새롭게 해야 할 이유와 목적
① 이유(why): 마음을 새롭게 함으로 변화를 받을 수 있기에. 내면적 기쁨과 힘이 외적으로 드러나게 됨.
② 두 가지 목적(what): 무한한 선하심과 지혜를 가지신 하나님의 뜻을 분별하기 위한 목적과 하나님의 자비하심으로 마음과 삶이 변화되어 자신을 정확히 분별(평가)하기 위한 목적으로 마음을 새롭게 해야 함. 자기 자신에 대한 지혜롭고 균형있게 생각하게 됨.
3.3 합리적(원어는 로기켄)-이성적, 논리적인 산 제사
- 교리적 적용: 그리스도께서 우리를 위해 전부를 주심에 대해 이성적인 반응이 산 제사로 자신을 드림. 하나님의 긍휼로 말미암아 자신의 전 존재를 거룩한 산 제사로 드리지 않는 것은 비이성적임.

〈간략한 평가〉

첫째, 켈러의 단락 강해설교 브레인은 칼빈주의 신학, 해석학, 변증학이 녹아든 복음중심적 센터 처치라는 사역철학이다. 켈러의 교리설교는 심방 주해의 과정에 충실하다. 예를 들어, 거시적인 로마서 전체 구조적 분석(로마서 1-11)과 교리적 직설법에 기초한 실천적 명령법의 맥락을 파악한 다음 본문의 미시적 주해에 들어간다. 몸으로 산 제사를 '드리라'에 담긴 저자의도적 의미를 로마 당시 사회, 문화적 배경과 구약과 신약

의 성경신학적인 관점을 통해 '산 제사'의 구속사적 의미를 균형 있게 접근한다.

둘째, 켈러의 단락 강해설교는 그리스도 중심적 관점과 목회적 상황화(청중의 필요)의 유기적 연결이 특징이다. 모든 본문에서 그리스도를 드러내는 패러다임을 따라, 켈러는 속죄제물과 그리스도를 연결하며, 하나님의 자비하심을 그리스도의 십자가에 초점을 맞춘다.

셋째, 켈러의 강해설교는 삼중적(교리중심적, 경건주의적, 문화변혁적) 적용을 추구한다. 그리스도중심적 주해(규범적-선지자적)를 기초(속죄제물의 완성으로서 그리스도)로 하여 그리스도중심적 경험(실존적-제사장적)의 차원에서 하나님께 자신의 전부를 온전히 드려야 할 '산 제사'로서 삶을 살아가라는 적용을 제시하며, 그리스도중심적 적용(상황적-왕적)의 차원으로서 자신의 은사로 공동체를 섬김으로 '산 제사'로 드리며, 직장과 사회공동체 가운데 '산 제사'로 드리라는 문화변혁적 적용을 균형있게 제시한다. 이러한 켈러의 삼중적 적용 패러다임은 단락형 강해설교의 하나의 좋은 대안적 모델이 될 수 있다.[681]

넷째, 켈러의 단락형 강해설교는 전형적인 삼대지로 논리적인 뼈대를 구축하고 있다. 그는 청중을 설득하기 위해 존경받는 학자들과 권위자들을 활용함으로 강한 설득의 힘을 발휘할 수 있는 근육을 설교 뼈대에 붙인다. 켈러가 대지구성에 자주 활용하는 육하원칙을 소대지(세번째 대지 아래)에 사용하는 예(why, what)도 보여준다. 그러나 켈러의 수사학적 질문에 기초한 3대지 형식은 본문의 사상 범위에 입각한 단락을 정해서 하나의 빅아이디어(big idea)와 보조 아이디어로 구성된 협의적 의미의 강해 설교를 추구할 필요가 있다.[682] 또한 강해적 설교의 형식(form)도 천편일률적으로 연역적으로 만들기 보다는 귀납적인 형식과 연역적 형식을 균형 있게 추구할 필요가 있다.[683] 나아가 명제적인 원리만이 아니라 내러티브, 시, 잠언, 묵시, 비유 등의 다양한 성경의 장르를 살려내는 (genre-sensitive preaching) 강해 설교로 발전해 나갈 필요가 있다.[684]

다섯째, 켈러는 각 설교의 대지와 교리적 설명 이후 '교리적 적용'을 적절하게 제시한다. 첫째 대지 적용에서 청중의 마음에 대한 분석을 바탕으로 내면의 어떤 부분을 죽여야 하는지 제시하고, 두번째 대지 적용에서는 교회와 사회 공동체에 대한 분석을 통해 실제적인 적용을 제시한다. 켈러는 에드워즈의 영향을 받아 설교가 교리에 대한 이성적인 이해만이 아닌 마음과 실천의 열매로 나타나야 한다고 보았다. 이런 차원에서 켈러의 교리적 적용도 추상적인 적용이 아닌 개인과 교회 공동체를 향한 구체적인 적용을 시도하며, 나아가 '산 제사'를 직장과 비지니스 영역에도 적용하여 청중들에게 선교적 삶(missional living)과 선교적 복음전도(missional evangelism)의 사명을 강조한다. 이처럼 켈러는 청중들의 영혼의 건강을 위해 다양한 적실성 범주와 균형 잡힌 적용 식단을 제공한다.

그러나 켈러의 단락형 강해설교 가운데 본문의 '변화를 받아'(메타모르푸)라는 핵심 단어에 대한 원어 분석이 생략되었고, 산 제사로 '드리라'의 문화적, 구속사적 주해 뿐 아니라 원어(파라스테사이)가 헬라문화권의 제사에서 자주 사용되었던 용례와 문법적(태, 시제), 문예적 분석은 더 보완될 필요가 있다. 하나님이 기뻐하시는 거룩한 '산 제사'로 드리기 위한 두 가지 수단으로서 메-알라 형식(본받지 말라-알라-변화를 받으라는 명령에 순종함으로 구약의 죽은 제사와 대별되는 산 제물이 될 수 있다)을 통한 저자의 의도가 더 강조되어야 한다.

또한 본 설교의 단락은 1-8절을 잡았지만, 1-2절에만 집중한 경향이 있다. 켈러의 단락형 강해설교는 여러 장점을 가지고 있지만, 그리스도 중심적 주해가 자칫 본문 안에 함유되어 있는 성화와 교회에 관한 교리를 충분히 제시하지 못하게 하는 요인이 될 수도 있다. 설교 가운데 제시하는 삼중적 적용 패턴은 매우 유용한 전략이지만, 지나친 패턴화는 오히려 본문의 흐름과 저자가 의도한 의미와 적용이 현대 청중들에게 흘러가는 본문에서 생성된 혈액 교리의 흐름을 방해할 수도 있으며 설교자의 의도가 이식되는 것으로 오해될 수 있다.

4) 변증형(Apologetic) 설교의 예: "탕자들"(The Prodigal Sons) (눅 15:1-2, 11-32)

탁월한 변증 설교자 켈러는 오늘날 절대적 기준의 부재 가운데 살아가는 청중들에게 소망에 관한 이유에 대답하기 위해서 변증형 강해설교가 필요하며, 특별히 복음중심의 전제주의적 변증 설교를 통해 청중의 세계관을 변혁시키는 목적을 추구하고자 한다.[685] 변증형 강해설교는 전제주의 변증 방식과 증거주의 방식 혹은 두 방식을 혼합한 형태를 활용해 신자와 불신자 모두에게 전할 수 있다. 켈러의 변증형 강해설교의 기본 전략은 각 이슈들에 대한 회의주의자의 주장과 근거를 객관적으로 조망한 다음, 회의주의자의 주장에 대한 존중과 이해를 피력한 후, 일반학자들의 견해(비평)를 통해 그들의 전제를 약화시키고 성경적 교리에 대한 변증을 제시함으로 회의주의자들의 세계관을 궁극적으로 해체 시키는 것이다. 다음은 켈러의 누가복음 15장 탕자 비유에 기초한 변증형 강해설교 예이다.

누가복음 15장 특수 설교[686]

설교 제목: 탕자들(The Prodigal Sons)[687] 본문: 눅 15: 1-2; 11-32

[도입]
- 본문에 대한 기존의 관념/선입견에 대한 문제제기
- 저자 혹은 예수님의 의도를 설교자(켈러)가 이해한 바를 풀어서 다시 제시함
- 기독교 외에 인간의 사상/철학이 추구하는 하나님과의 연결 방식 비판
- 설교 서두에 설교의 나침반 역할을 하는 핵심 포인트(대지) 소개함: 이 이야기는 2막으로 되어 있고, 예수님이 이 이야기를 통해 말씀하시고자 한 세 가지 교훈을 제시할 것.

[본론]
1. 1막: 잃어버린 작은 아들(설교 대지를 전통적인 대지형이 아닌 연극형)
- 작은 아들이 아버지에게 유산을 요구하는 장면으로 시작됨. 당시 유산의 분배는 아버지의 사후에만 이루어지는 문화 맥락에서 볼 때, 아버지가 죽기 전에 재산을 달라는 작은 아들의 요구는 아버지가 죽기를 바란다고 말하는 것과 같은 지극히 무례한 행동임. 즉 둘째 아들에게 있어서 아버지는 유산을 물려받기 위한 수단일 뿐이었다는 것임.
- 당시 부모에게 품는 경의와 존경은 더 없이 중요한 사회 속에서 원 청중들은 작은 아들의 요구에 놀랐을 뿐 아니라, "그 살림을 각각 나눠 준." 아버지의 반응과 행동이 더 충격을 받았을 것임. 이 아버지는 사랑을 거부당한 고통뿐 아니라 처참한 명예 훼손까지 참고 견딘 것임.
- 당시 원 청중의 입장에서 작은 아들의 행동을 이해함(역사적, 문화적 주해).
- 작은 아들의 계획을 설교자 자신의 말로 풀이해서 청중에게 전달.
- 당시 문화 속에서 아버지가 작은 아들에게 달려나감, 입맞춤, 옷과 반지, 잔치를 베풀었다는 의미.

둘째 아들이 전 재산을 날린 후, 돌아올 때 아버지는 그를 보고 달려간다. 당시 중동의 기품 있는 가부장은 달려가지 않았음. 그러나 이 아버지는 달려가 입을 맞춤으로 그를 용서함. 그리고 집에서 제일 좋은 옷을 내어다가 입히도록 종들에게 명령함. 제일 좋은 옷은 아버지의 옷임. 이것은 아들의 신분이 회복되었다는 확실한 증표임. 아들이 준비한 사죄, 앞으로의 계획을 늘어놓을 틈도 주지 않고, 값없이 모든 것을 베풀어 줌. 더 나아가서, 축하연을 열어 살진 송아지를 내놓게 함. 온 마을 사람들이 가정과 지역사회로 살아 돌아온 둘째 아들을 환영함. 이를 통하여 무모할 정도로 허비하고(prodigal) 베푸시는 하나님의 은혜가 예시됨.

2. 2막: 잃어버린 큰 아들
- 큰 아들이 잔치 소식을 듣고 분노한 이유를 본문에서 발견하고자 함.
- 동생이 돌아와 송아지를 잡아 잔치를 벌이게 되어 발생한 비용에 대하여 분노하며, 어른을 공경하며 복종하는 게 절대적으로 중요했던 문화에서 아버지를 무례하게 대함. 아버지는 그러한 아들도 잔치에 초대하심. 둘째 아들뿐만 아니라 맏아들도 잃은 아들이었음을, 또 맏아들 또한 찾으시려는 하나님의 허비하는 사랑을 보여줌.
- 중동문화에서 송아지를 잡은 것은 마을 공동체 잔치로 엄청난 비용을 감수한 것임.

3. 예수님께서 이 비유를 통해 전하시고자 하는 세 가지 혁명적인 재정의 (redefinition)들
   1) 예수님은 하나님에 대해 재정의 하심.
   - 청중들에 대한 이해와 공감: 아버지에 대한 부정적 이미지와 오해.
   - 예수님이 본문을 통해 보여주시려는 무한한 사랑의 하나님 아버지에 주목해야 함.
   2) 예수님을 죄에 대해 재정의 하심
   - 비유의 첫 번째 부분(작은 아들)은 죄에 대한 전통적인 이미지를 제시하심
   - 그러나 비유의 두 번째 부분(큰 아들)은 다른 관점에서 죄에 대한 이미지를 제시하심.
   - 죄에 대한 교리를 큰 아들과 작은 아들의 유형, 하나님과 연결을 위한 두 방식으로 도덕적 유형과 자기발견 유형으로 설명함
   - 예수님의 복음(기독론) 교리 변증
   3) 예수님은 구원에 대해 재정의하심
   - 큰 아들과 작은 아들의 유형을 카테고리화하고 비교함
   - 그렇다면 우리는 어떻게(how) 구원을 얻을 수 있는가?
   ① 당신에게는 하나님 아버지의 주도적 사랑이 필요하다. ② 당신에게는 어떻게 죄로부터 회개할 것인지를 아는 것이 필요하다. ③ 당신은 당신을 아버지의 집으로 돌아오도록 하기 위해 아버지께서 어떤 대가를 지불하셨는지에 대해 깊이 깨닫고 감동하는 것이 필요하다.
   - 그리스도(기독론 교리)의 복음 변증을 통한 '동기' 변화(적용)
   - 청중 주해와 수사학적 적용을 통한 '변증형 교리적 적용'

<간략한 평가>

첫째, 켈러의 변증형 강해설교는 누가복음 15장 본문에 대한 견고한 주해에 기초한 신론, 인죄론, 구원론 교리를 탁월하게 제시한다. 그는 설교 전반에서 비유에 숨겨진 '예수님의 의도'를 강조하면서, 동시에 예수님 당시 원 청중이 저자의 의도를 어떻게 이해하고 반응했는지를 치밀하게 분석한다. 켈러의 설교는 저자인 누가의 의도를 파악하기 위한 문화적 주해가 탁월하고 권위 있는 학자들의 견해를 통해 논지를 강화할 뿐 아니라 원어와 역사문화에 대한 전문적 내용을 이해하기 쉽게 풀

어서 설명해 나간다. 설교 구성적 측면에서도, 전형적인 대지들이 아닌 1막과 2막으로 구성하여 비유 장르의 흐름을 그대로 살리려는 면모도 돋보인다.

둘째, 켈러의 변증형 강해설교는 변증의 세 가지 기능 중에 증명이 핵심을 이루지만, 변호와 공격의 기능도 적절히 활용한다. 그의 변증형 교리설교는 복잡한 교리를 '유형화'하여 핵심 키워드를 통해 매우 분명하게 제시하는 장점을 보여준다.

켈러는 두 아들 모두 아버지께 죄를 저질렀음을 설명한다. 둘째는 부친 사후에 요구 가능한 유산을 생전의 아버지께 요구했으며, 맏이는 둘째를 환영하는 잔치를 거부하며 아버지의 결정에 공개적으로 반기를 들었다. 저자는 당시 예수님의 청자들은 두 아들의 행동을 들으며 천인공노할 죄로 받아들였을 것으로 추측한다.[688]

예를 들어, 누가복음 15장 설교에서 복음을 거부하는 두 유형을 첫째 아들(바리새인)이 걷는 종교(religion)와 둘째 아들(세리와 죄인들)이 걷는 비종교(irreligion)로 분류한다.[689] 진리와 은혜를 균형 있게 강조하는 제 3의 길인 복음교리를 증명하고 변호하면서도, 율법주의(legalism)와 반율법주의(antinomianism), 혹은 도덕주의(moralism)와 상대주의(relativism)를 날카롭게 공격한다.

셋째, 켈러는 마음을 움직이는 변증 교리 설교를 추구한다. 또한 큰 아들의 마음의 '분노'에 초점을 맞추어 청중들이 '감정의 우상'을 분별할 수 있도록 마음을 향한 변증 설교를 제시한다. 나아가 켈러는 청중의 마음의 필요가 어떻게 '만족'될 수 있는지 보여준다.

일반적으로 기독교 변증은 하나님을 믿지 않는 불신 세상 가운데 비기독교 사상(교리)들의 도전에 대항하여 하나님에 대한 기독교 신앙의 참된 교리를 성경의 교훈과 일치하는 방식으로 증명하고 변호하는 것이다. 이러한 기독교 변증의 본질적 특성은 교리 설교의 주요한 기능과 목적이 상호 연결되어 있기에 변증적 교리 설교라는 융합형 설교 유형의 근거를 찾게 해 준다. 교리 설교의 특성 중 하나가 절대적 기독교 진리라는 전제에 대한 변증적 기능을 함유하고 있기에 교리 설교는 변증 설교와 매우 밀접한 관계에 있다. 변증형 교리 설교는 신자들 안에 있는 '소망에 관한 이유'를 묻고 있는 사람들에게 "불신앙에 대한 성경의 적용"으로서 '대답할 것'(apologia)을 증명(proof), 변호(defense), 비판(offense)을 통해 제시하는 것이라고 할 수 있다(벧전 3:15; 빌 1:7).

넷째, 켈러는 비유 장르의 특징을 잘 활용하여, 본문의 연장된 이야기를 통해 청중들이 결국 그리스도에게 닿도록 이끌면서, 이야기 속에 흐르는 감정을 담아 메시지를 전달하기에 용이한 점을 살려 청중의 마음에 감동을 불러일으키는데 탁월한 면모를 보여준다.

비유(이야기) 장르가 가지고 있는 평정심 흔들기뿐 아니라 위기와 갈등 요소(작은 아들과의 위기 및 큰 아들과의 갈등)와 해결(용서와 잔치)를 잘 살려내고 있으며, 특히 두 번의 '반전'(작은 아들이 아버지 집으로 다시 돌아오는 반전과 큰 아들이 잔치에 들어오지 않는 반전)의 요소를 잘 살려낸 장점이 돋보인다.

다섯째, 켈러의 변증 강해설교는 수사학적 기술도 적절히 활용한다. 예를 들어, 청중들에게 본문과 교리를 제시하기 전에 인문학 저술을 통해 지성적인 연결과 상황화 다리를 구축하는데 심혈을 기울인다. 교리를 논리적으로 변증하는 설교라 할지라도, 켈러는 비유 이야기의 특징을 살려 작은 아들, 큰 아들, 아버지의 말을 설교자가 풀어서 설명함으로 드라마적, 감정적 효과를 증대시킨다. 켈러는 교리적 직설법으로만 전달하지 않고, 귀납적 질문과 위트있는 유머 활용을 통해 흥미와 집중 효과를 높일 뿐 아니라 교리의 핵심을 청중 스스로 깨달아 가도록 안내해 준다.

여섯째, 켈러의 변증형 교리 설교는 변혁적 적용을 추구한다. 켈러는 아버지로부터 분리된 두 아들 모두 동일하게 하나님 아버지의 무조건적인 은혜를 통해 복음의 길로 돌아가야 한다는 변증적 설교를 통해 종교의 길과 비종교의 길을 걷는 자들의 세계관을 변혁시키고자 한다.[690] 켈러는 추상적인 교리적 적용으로 끝나지 않고, 다양화 수사학적 적용 전략을 구사한다. 구체적인 적용 제시로 머무르지 않고 동기부여적 적용(motivational application)과 자신의 전부를 희생하여 대가를 치룬 진정한 큰 아들이신 예수님을 드러냄으로 그리스도 중심적 적용을 보여준다.

일곱째, 이러한 켈러의 변증형 강해교리 설교의 장점에도 불구하고, 두 아들을 종교와 비종교의 유형으로 분류하는 유형화가 지나친 일반화의 위험으로 발전할 수 있으며 비유 본문에서 묘사하는 객관적이고 디테일한 인물화(characterization)를 통해 얻을 수 있는 풍성한 교리적 교훈을 축소시킬 수 있다고 본다. 또한 1막과 2막으로 나누어 비유의 흐름을 살린 다음 3가지 교리적 교훈으로 전환하는 구성은 훌륭하지만, 좀 더 비유 장르 자체를 살린 설교 구성과 정작 3가지 핵심 교리 자체에 대한 심도 깊은 설명부족은 아쉬운 점이라고 할 수 있다.

5) 전통적인 내러티브 설교 예: "아무도 원하지 않는 여인" (창 29:15–35)

1) 설교 분석

- 본 설교에 대한 필자의 평가(comments)는 • 표시와 함께 별색으로 표시하였다.
- 본 설교는 켈러의 4단계 설교 플롯 구조를 보여준다.[691]

1 단계: 현 청중의 문화적 상황과 문제에 직면

- **설교자 텍스트**: 본의 아니게 결혼을 원하지만 결혼할 상대를 찾지 못하는 성도가 많이 있었고, 결혼문제와 절실하게 씨름하는 사람이 많았고, 결혼 생활에서 기인할 수 있는 한계를 알게 해 주고 모든 성도들의 진정한 신랑이신 그리스도의 사랑을 주제로 전하려는 의도 → 설교의 목회적 목적을 제시함
- **교회 밖에 문화 내러티브**: 이 시대 문화와 세대들이 가진 결혼 부정적 태도 교회 안 결혼과 가정의 가치를 제일 목표로(인생의 전부로 여기는 태도) 모두 잘못이라고 지적함.

- 설교 전체 메인 아이디어 제시:
"인생의 진정한 성취감(만족)을 얻으려면 예수 그리스도가 필요합니다."
- 설교의 3가지 포인트 제시(연역적으로 서론에서 제시하며 자주 사용하는 방식)
  1) 단 한 사람의 진실한 사랑을 열망하는 강렬한 투지
  2) 진실한 사랑을 찾는 과정에서 동반되기 쉬운 절망과 환멸
  3) 이러한 열망과 관련해서 우리가 할 수 있는 일

2) 초기 포인트: 원저자 문화 상황(우리가 반드시 해야만)

<u>(대지 1) 첫째, 자신의 진실한 사랑을 찾으려는 인간적인 투지</u>

- 본문의 구속사적 배경
  - 아브라함으로부터 이삭까지의 구속사적 배경을 간략히 제시함. 이삭이 에서를 편애한 결과 가정을 무너지게 하였고 이로 인해 야곱이 사기꾼으로 성장한 역기능적인 가족사를 소개함. 이삭으로부터 장자권 축복을 얻기 위해 속임수를 쓰게 된 사실. 그 결과 야곱은 가족과 기업을 잃고 끝장난 인생이 되어 살아남기 위해 외삼촌 라반의 집으로 도주함
  - 야곱이 7년 품삯으로 '라헬'을 요구한 이유를 설명함. '모습'(라헬의 아름다운 외모)에 대한 히브리어 단어 설명(Robert Alter의 견해)과 '내 아내를 내게 주소서 내가 그에게 들어가겠나이다'(노골적, 성적, 비상식적, 부적절한 관례의 표현) 29:20절을 통해 야곱의 삶은 무척이나 공허(아버지의 사랑은 받아본 적도 없고, 사랑하는 어머니의 사랑마저 잃어버렸던 야곱은 그 공허한 마음)하였고, 이런 공허한 마음을 채울 무엇인가를 찾다가, 라헬이 그 대상이 됨을 설명함.
- 우상의 본질에 대한 통찰(Only if-meaning 형식 활용): 야곱에게 라헬이 어떤 의미의 우상으로 자리잡았는지 보여줌.
  - "만일 내가 라헬을 갖기만 한다면, 내 삶의 의미가 있을 거야, 모든 상태를 바로잡을 수 있을거야"
  - 라헬을 향한 공허한 "야곱의 사랑"은 공허한 야곱에게 우상이 되었음을 강조함.

- 저자의 의도에 대한 분석과 원리화(우상)
  - "야곱의 사랑이 '짝퉁 하나님, 우상'이었음을 비판하고 있음을 알 수 있습니다. 그래서 야곱에게 라헬은 단순한 아내가 아니라 '자신의 공허함을 해결하기 위한 자신의 인생을 구원할 구원자, 구세주'였던 것이죠"
- 고대 당시 문화적 주해:
  - 켈러는 고대 사람들이 사랑 때문에 결혼하는 일은 흔하지 않았고 신분이나 사회적지위 때문에 결혼했다는 점을 들어, 야곱의 경우는 보통의 경우와 달랐다는 점 부각시킴.
  - 켈러는 현대 문화적 주해를 통해 야곱의 결혼하려는 열망(라헬과의 결혼을 통해 인생의 가치와 성취를 이루려는 기능본위적 우상의 형태)은 현대에는 드문 경우가 아니라고 강조함(이러한 형태가 많다).
- 지성적 연결 및 청중 문화 분석
  켈러는 무신론자로서 퓰리쳐 상을 수상한 Ernest Becker, *The Denial of Death*를 인용, 분석하면서 현대 문화의 특징이 사람들이 신의 공백을 매우기 위한 방법 중 '로맨틱한 해법' 즉 '종말론적인 성과 연애'임을 공감한다(사랑의대상을 자기 삶의 실현을 위한 신적인 이상형으로 변모시킴).
  - 이를 통해 켈러는 청중의 문화를 분석함: 현세적인 문화가 신과 초월에 대한 욕망을 연애와 사랑에 투사하여 만족을 얻고자 한다는 점을 지적함.
  - 켈러는 논리의 타당성을 구축하면서 사랑하는 대상을 하나님의 자리까지 끌어올리는 순간에 우리가 진정 원하는 것은 무엇인지 질문한 다음 우리가 원하는 것은 구원(허물과 수치, 무가치함으로부터)과 자유(무가치하다는 감정에서)를 원하는 것이라는 답변을 제시함.
- 보편적인 원리화 과정
  - 켈러는 이러한 열망과 추구가 야곱이 행한 일의 본질(특수화)임을 확증하고, 모든 사람들이 모든 곳에서 추구하고 있는 일(일반화)이라는 보편적인 원리화를 진행함. 현대 문화가 우리 안에 일어나기를 간절히 바라는 일은 마음속에 중요성, 안위, 초월을 향한 가장 심원한 요구를 연애와 사랑으로 무마시키도록 하는 것임을 통찰력있게 제시함.
- 청중과의 신뢰단계
  - 켈러는 존중과 배려를 통해 청중과의 신뢰단계를 형성해 나가고 있다. 자신이 목회하고 있는 뉴욕의 문화 가운데, 뉴욕시민들이 '종말론적인 연애와 사랑'을 추구하고 있음을 상황화하여 연결함.

- 설교의 상황화
  - 자신이 설교론(Preaching)에서 밝힌 것처럼, 설교의 상황화를 위한 6가지 원리 중에서, 현대 문화의 언어를 활용하고(Becker의 표현을 빌려서), 논지 강화를 위한 권위자를 활용하며, 청중의 의심과 반대를 이해한다는 증명을 보여주고, 문화적 내러티브와 연결하고 도전하며, 문화적 내러티브의 한계점과 함께 복음을 제시하는 원리(이 후 내용을 통해 제시함)를 이 설교가 잘 보여준다고 할 수 있음.
- 대지와 대지를 연결하는 논리 연결 질문:
  - "그러나 그런 열망은 어디를 향해 나아가는 것일까요?"

3) 중간 포인트: 무엇이 가로막고 있는가? 현 청중의 내면적 마음의 상황(왜 우리는 할 수 없는가?)

<u>(대지 2) 두 번째, 진실한 사랑을 찾는 과정에서 동반되기 쉬운 절망과 환멸</u>

- 수사학적 질문과 답변을 활용한 전개
  - 오직 한 사람의 진실한 사랑을 찾는 과정에서 거의 언제나 동반되는 결과, 환멸과 절망
  - 두번째 포인트를 논리 연결 질문에 대한 답으로 제시하면서 시작함("오직 한 사람의 진실한 사랑을 찾는 과정에서 동반되는 환멸과 절망에 대해 살펴보겠습니다").
  - 라반이 세운 계략에 대해 자세하게 분석하면서 주석가들의 견해를 적절히 활용함.
- 문화적 배경 주해
  - 켈러는 당시 결혼 잔치 풍습과 관례를 주해한다.
  - 창세기 기자는 의도적으로 "속임"이라는 표현을 사용해 강조함(29장에서 야곱이 라반에게 한 히브리어 단어가 27장에서 야곱이 에서를 속일 때 쓴 표현과 같다는 점을 강조).
- 단어/구문분석:
  - '시력이 약하다'는 표현의 의미를 분석한 후에, 레아가 아무도 원하지 않는 여인임을 밝힘.

- 야곱이 라헬을 통해 만족 얻으려 한 것처럼, 레아는 야곱을 통해 만족 얻으려 집착하였음을 강조함. 이에 대한 증거로 전통적인 가치(아들 출산을 통한 존재감)를 통해 레아가 낳은 아들들의 이름을 제시(르우벤, 시므온, 레위)
- 마음(가치)과 우상 분석(only if-meaning)
  - 레아의 열망 본질 요약: "만일 내가 아이를 낳기만 한다면 … 만일 아들을 낳고 내 남편이 나를 사랑하기만 한다면…아무도 원하지 않는 형편없는 내 사람도 마침내 바로잡을 수 있을거야"
  - 마음을 향한 설교(Preaching to the Heart): 레아의 마음이 완전히 절망함.
- 수사학적 변증을 통한 설득: 청중들 가운데 제기될 수 있는 질문(반론)과 답변
  - 켈러는 이 지점에서 성경본문이 어떻게 끝나는지 살펴보기 전에 제기될 수 있는 두 가지 반론에 대한 답변을 다룬다.
  1) 고대 관례와 관련된 반론에 대한 답변 제시: 장자 상속제, 일부다처제, 신부 매매, 여성 가치를 외모로 평가하는 문화 등
  2) 본문에 담긴 교훈과 관련된 반론에 대한 답변 제시: 영적인 주인공과 본받아야 할 사람과 교훈을 발견하지 못하겠다는 반론에 대해 성경의 요점을 이해하기 위한 출발점으로 규정함(*반대와 회의에 대한 이해를 증명함). 성경은 위인에 대한 윤리적인 교훈 책이 아닌 은혜의 복음을 담은 책.
- 본문 주해와 원리화를 통한 영적 교훈 두 가지를 제시함
  1) 우주적인 낙심이 모든 삶 가운데 존재함
  - 켈러는 신학적인(보편적) 원리만을 제시하지 않고, 실천적인 적용을 제시함. 대화 상대의 다양화와 청중분석을 함께 입체적으로 연결하여 구체적인 적용을 제시함(결혼생활, 직장, 학교).
- 권위자 인용: C.S. Lewis. 순전한 기독교 인용
  - 항상 우리의 삶 가운데 '이것이 결국 나의 삶을 바로잡게 될거야'라고 기대하지만, 아침에 보면 거기에는 항상 레아가 있습니다는 중심 교훈을 반복하여 강조함.
- 원리화에 근거한 결혼, 배우자를 향한 적용을 제시함.
- 문화 내러티브(culture narrative): 켈러는 문화적 내러티브의 한계점을 지적한 후, 복음적 동기 부여함.

- 적용을 위한 범주화

켈러는 다음과 같은 범주화를 통한 적용을 제시한다.
"이러한 공허함 속에서 우리가 할 수 있는 일은 네 가지 가운데 하나입니다.
첫째, 환경을 탓하고 실망을 안겨준 그 사람을 탓하면서 새로운 사랑을 찾는 것.
이는 끝없이 이어지는 쾌락과 우상숭배라는 중독에서 벗어나지 못합니다.
둘째, 스스로를 탓하고 비난하며 자기혐오와 수치감에 빠지게 되는 것.
이는 사랑이란 상처가 두려워 숨고 있는 자들입니다.
셋째, 온 세상을 탓하는 것"

- 메타내러티브(어디서 구원? 왜 잘못된 방향으로? 구원은 무엇이며, 어떻게 얻는가?)를 제시함.

"자식과 남편에게 자신의 모든 소망을 두고 있던 레아는 아들을 낳을 때마다 더욱 외롭고 공허해짐을 느꼈습니다. 이는 왜곡된 사랑, 짝퉁 하나님을 자기 인생의 중심으로 삼고 있었기 때문입니다. 오늘 레아는 고통에 몸부림치고 빠져나올 수 없는 허무감에 빠져 도무지 빠져나올 돌파구가 없는 그 순간에 남편이 아닌 하나님을 바라보기 시작합니다.
첫아들 르우벤을 낳을 때의 고백인 32절 '이제는 내 남편이 나를 사랑하리로다'라고 말했던 레아의 입술에서 35절 '이제는 내가 여호와를 찬송하리로다'라고 고백이 흘러나왔습니다. 레아는 마침내 자기 마음 속에 있는 가장 간절한 소망, 즉 짝퉁 하나님 우상인 남편을 벗어 던지고 그 인생의 소망을 여호와 하나님께 둔 것입니다. 야곱과 라반이 레아의 인생을 훔쳐갔지만 레아는 마침내 하나님께 자신의 마음을 바침으로 진정한 인생과 행복을 되찾은 것입니다."

- 복음중심적 변증 설교 프로세스: 켈러는 레아의 '만족이 어떻게 일어나는지,' '어떻게 그 만족을 경험하는지(성경적 예로 요 4 사마리아 여인 본보기로 제시함),' 제시한 다음, 청중들에게 만족을 시각화하고 레아와 같이 하나님을 통해 만족을 얻기 위한 행동을 하도록 격려함.

- 아무도 원하지 않았던, 아무도 사랑하지 않았던 여인 레아의 변화된 고백과 진정한 만족 차원이 아닌 하나님은 놀라운 구속의 역사를 예비하심. 즉 창 49장에서 레아의 아들인 유다의 후손에서 우리 인생의 진정한 목적되시는 메시아가 태어나도록 역사하심으로 모든 인류, 우리에게 영원한 만족을 주시도록 역사하심.

• 본문의 구속사적 위치
 - C.S.Lewis의 순전한 기독교 인용
2) 연애, 성, 사랑의 문제와 관련해 자유로운 사고방식(야곱)과 보수적인 사고방식(레아) 모두가 잘못된 방향임.
 - Becker의 인간관계를 우상화하는 한계와 위험성 지적을 다시 인용하면서 우리 시대 문화의 산물(narrative)과 전제를 해체함.
 - 성경 안에 궁극적인 답이 있다고 말하면서, '논리 연결 질문'을 던지고 다음 포인트로 전환시킨다. '우리는 이런 욕구로 어떤 일을 하려고 생각할까요?'

<u>(대지 3) 셋째, 이런 열망과 관련해서 우리가 할 수 있는 일</u>

1) 하나님께서 레아의 내면에서 하시는 일:
 - 아들을 통한 소망이 절망으로, 네번째 아들 유다를 낳고 인간(우상)이 아닌 하나님께 인생 방향을 전환함
"레아는 생각합니다. '내가 아들을 낳으면 남편이 날 사랑하게 되고 마침내 불행한 내 인생이 행복하게 될거야!' 이런 레아의 우상들은 아들들의 이름에서 살펴볼 수 있습니다. 첫 아들은 이름은 르우벤입니다. 르우벤은 '보다'란 의미인데 '내 남편이 이제는 나를 봐줄거야'란 의미입니다(창 29:32).
하지만 현실은 그렇지 않았습니다. 둘째 아들의 이름은 '시므온'이라 지었는데 시므온은 '듣다'란 의미로 '마침내 내 남편이 이제 나의 말에 귀를 귀울일 것이야'란 의미입니다(창 29:33). 하지만 야곱은 그렇게 하지 않았습니다.
레아는 셋째 아들을 '레위'라고 지었는데 레위는 '들러붙다'란 의미로 '내 남편에게 들러붙어서 떨어지지 않을 것이다'는 의미입니다(창 29:34)."
2) 레아가 엘로힘이 아닌 여호와를 부른 이유
 - 레아가 당시 일반적인 신을 가리키는 엘로힘이 아닌 여호와를 부르기는 하지만 은혜의 하나님을 시험해 보는 단계(해산을 통해 하나님이 나를 구원하도록, 남편이 자신이 사랑하도록 도울 수 있음을 희망함)에서 유다를 출산하면서 '내가 이제는 여호와를 찬송하리로다'고 고백하는 단계(하나님께 소망을 두는)로 발전함.

- **원리화에 근거한 질문형 적용**
  - 켈러는 일생의 삶 가운데 궁극적인 일로 간주하고 있는 일, 인생의 의미와 만족을 찾기 위해 마음을 쏟는 것을 멈춰야 하는 일에 대한 연속된 질문으로 적용을 제시함.
3) 하나님께서 레아를 위해 하시는 일:
  - 아무도 원하지 않는 여인을 통해 창 49장에서 유다를 통해 왕이 오실 것, 레아의 혈통을 통해 예수님이 메시아로 오심(예수님의 어머니로 만드심).

- **저자가 의도한 적용을 청중들의 마음에 닿게 적용**
저자가 의도한 적용을 현대 청중들에게 풀어서 설교자 자신의 말로 제시하는 형태가 켈러 설교 가운데 자주 등장함. 청중들의 마음에 와닿게 적용하는 전략임.
  - 예: 하나님은 "내가 진짜 신랑이니라, 나는 남편 없는 자들의 남편이니라, 나는 고아들의 아버지니라 … 설령 레아의 남편이 되고자 하는 사람이 아무도 없을지라도, 나는 레아의 남편이 될 것이라"고 말씀하십니다.
하나님이 이 일을 하신 이유 1: 하나님의 인격 때문임을 밝힌 다음, 하나님의 성품에 근거한 적용: 배우자가 없는 사람이나 배우자가 있는 사람 모두 하나님을 궁극적인 남편으로 생각해야함
하나님이 이 일을 하신 이유 2: 예수님께서 친히 아무도 원하지 않는 사람이 되시고 십자가에서 죽으신 이유는 우리를 위해서이다. 하나님이 복음이시기 때문에. 하나님의 구원의 방식. 고전 1:27-29을 인용함.

- **우상에 대한 적용:**
우상, 가짜 하나님을 섬김으로 만족 얻으려 하기 때문에 진정한 만족을 얻을 수 없음

4) 후기 포인트: 어떻게 그리스도께서 해결하셨는가?

  - 하나님께서 라헬이 아닌 레아를 택하신 이유, 즉 아무도 원하신 않는 여인이었던 여인을 메시아의 혈통, 구원자이신 예수님의 어머니로 만드신 이유를 복음적 차원에서 강조함. 레아의 후손으로 오셨고, 예수님 자신이 '아무도 원하지 않는 사람'으로 오셔서 연약함과 십자가 고난을 통해 구원을 주시고 진정한 '만족'을 주심(이 부분이 가장 인상적인 부분).

- 모든 성경에서 그리스도를 전하기 위한 6가지 방법 중 직관적 방식 활용함.

이 설교는 구속사 흐름(레아의 후손을 통한 메시아 족보)과 직관과 실존(예수님께서 아무도 원치 않는 사람으로 오심)에 의한 그리스도 중심적 설교의 예증을 보여준다고 할 수 있다.

5) 적용: 그리스도 성취(은혜) 안에서 어떻게 경험(적용)할 것인가?

- 적용을 기억할 수 있게, 실천적으로, 대화 상대의 다양화와 청중 주해를 유기적으로 제시함.
  1) 라반과 같은 사람이 인생에 있어도 괴로워하지 말 것
  2) 거절과 배신을 당하고 이혼 당한 사람입니까? 여러분은 레아입니까? 하나님은 거절당한 마음을 아신다는 사실을 잊지 마십시오. 하나님의 마음을 품고, 이러한 처지에 있는 사람에게 관심을 가질 것.
  3) 결혼 생활이 좌절하지 못하게 해야함.
  4) "자신이 인생을 망쳤기 때문에, 자기 인생은 차선책에 달려있다고 생각할지 모릅니다. 너무 늦어버렸다고 생각할지도. 이삭과 야곱을 죄로 인해 자기 인생을 망침. 그러나 만일 그런 일이 일어나지 않았다면(*상상력 활용한 적용), 평생 사랑한 여인 라헬을 만날 수 있었을까요? 레아의 자손으로 오신 그리스도는 차선책이 아닙니다! 죄 때문에 삶에서 일어나는 절망, 불행, 고통에 대한 책임은 있습니다. 그런 죄를 지어서는 안 됩니다. 그렇다 할지라도 하나님은 여러분을 통해 일하실 것입니다. 그 두가지는 함께 합니다. 그것은 이율배반이요 역설입니다. 하나님이 너무 늦어서 여러분의 삶에서 일하지 못하시는 법은 결코 없다는 사실을 잊지 마십시오! 그런 경우는 결코 없습니다! 차선책에 자신을 걸어서는 안 됩니다. 하나님께로 가십시오. 지금부터 다시 시작하십시오. '지금까지는 내가 다른 무슨 일들을 했더라도 이제는 내가 여호와를 찬양하리로다!'라고 다짐하십시오."

- 원리화에 근거한 질문형 적용
  - 켈러는 일생의 삶 가운데 궁극적인 일로 간주하고 있는 일, 인생의 의미와 만족을 찾기 위해 마음을 쏟는 것을 멈춰야 하는 일에 대한 연속된 질문으로 적용을 제시함.

- 변혁의 그림

  그리스도 중심적 적용을 구체적으로 제시하는 차원에서 끝나지 않고, 이러한 적용을 실천할 때 어떤 변화가 일어날지를 보여준다(변혁의 그림):

  1) 하나님께서 라반과 같은 사람을 사용하여 여러분을 더 나은 사람으로 만드실 때가 있을 것임, 2) 하나님은 알고 계시며 관심을 가지심, 3) 아내나 남편에게서 결점을 발견하더라도 비교적 화를 덜 내게 될 것임. 4) 여러분은 자신의 인생을 엉망으로 만들 수 없습니다(여러분은 여러분을 향하신 하나님의 계획을 망칠 수 없습니다. 하나님의 계획을 망치기 위해 아무리 많은 일을 하더라도, 결국 그런 모든 일들이 오히려 하나님의 뜻을 이루고 있음을 깨달을 것입니다).

- 전체 설교 구조는 4단계 비의도적 패러다임을 따름: 1-2-4-3 그리스도 중심적 설교

4부
팀 켈러 설교에 대한 종합 평가

Chapter 4

1부와 2부에서 살펴본 켈러의 사역과 설교, 3부에서 분석해 본 켈러의 샘플 설교 분석뿐 아니라 그동안 필자가 듣고 분석해 본 수백 편의 설교들을 종합한 장점과 발전적 보완점들을 일목요연하게 정리해 보고자 한다.

1. 7가지 키워드로 본 켈러 설교의 강점

1) 개혁주의 유산의 발전적 계승 차원에서 본 켈러의 장점

하나님의 은혜의 방편 가운데 가장 중요한 설교는 하나님 나라의 구속의 역사를 열어가기 위한 열쇠와 같은 것이다(하이델베르크요리문답83, 84문답, 웨스트민스터대요리문답155번). 켈러는 천국의 열쇠로서 복음중심적 설교를 추구하는 것이 이 시대에 얼마나 필요한지를 잘 보여주고 있다. 휴즈 올리펀트 올드(Hughes O. Old)는 설교의 역사를 관통하면서, 정통기독교의 유산을 창조적으로 계승하고 고전적인 강해설교의 전통을 현대적인 스타일로 재발견함으로 놀라운 설교적 성공을 보여준 켈러의 설교는 21세기 설교자의 좋은 모델이라고 평가하고 있다.[692]

첫째, 켈러는 자신의 설교의 뿌리를 칼빈과 청교도 및 에드워즈, 영국의 개혁주의 설교자들 등으로 대변되는 칼빈주의 전통을 열정적으로 찾아 포스트에브리팅 시대, 뉴욕 맨해튼에서 새롭게 꽃 피운 신칼빈주의 설교모델이라고 할 수 있다. 켈러의 설교를 근원적으로 이해하고 한국 교회 가운데 성경적으로 상황하기 위해서는 켈러 설교에 대한 연구 이전에 개혁주의 설교 유산에 대한 입체적인 연구와 발전적 계승이 필요하다.

둘째, 켈러의 설교 모델은 전통주의 교회와 다르면서도 구도자 중심의 교회나 이머전트 교회와도 확고히 구별된 모델이다. 즉 카슨의 평가처럼, 전통적 교회, 구도자 중심의 교회, 이머전트의 교회의 단점을 피하면서도 그들이 가진 각 장점들을 보여주는 것이 켈러의 모델이다. 포스트모던 시대에 등장한 다양한 흐름의 설교에 대한 비판을 넘어 성경적인 개혁주의 교회와 설교가 왜 이 시대의 대안임을 켈러의 모델은 웅변적으로 제시해주고 있다는 것이 중요한 시사점 중의 하나이다. 최근 미국의 일부 개혁주의 교회들이 다시 갱신과 부흥에 불을 붙일 수 있었던 중요한 요인은 칼빈주의를 추구하는 교회들이 질적인 면과 양적인 면에서 건강하게 '성장'했다는 것이었다. 켈러의 리디머 교회를 비롯한 여러 칼빈주의 교회가 추구하는 새로운 칼빈주의가 타임지, 뉴욕타임즈를 비롯한 여러 매체를 통해 긍정적인 주목과 영향력을 미칠 수 있었던 주요한 요인 중 하나는 칼빈주의의 신학적 탁월성과 함께 미국 교회의 전반적인 정체와 쇠퇴의 흐름에도 불구하고 칼빈주의 설교자들의 교회들이 성경적인 성장과 열매를 보여주는데 있다.

셋째, 켈러가 보여준 현대 미국 개혁주의 부활은 지역교회의 성장이라는 열매뿐 아니라 급격하게 감소하고 있는 포스트 에브리팅 세대들을 다시 복음 앞에 돌아오게 만드는 놀라운 역사로 나타나고 있다는 점을 기억해야 한다. 켈러의 목회와 설교를 연구함을 통해, 오늘날 한국의 포스트모던 시대의 청중들과 다음 세대의 변화를 분석하고 다시 회복과 부흥의 비전을 품고 한국의 젊은 세대를 다시 일으키는 사명적 교회와 설교를 추구해야 한다.

현대 미국 개혁주의 부활을 선도하고 있는 여러 모델 가운데 켈러의 설교가운데 한계점들은 발전적으로 보완하면서도 본 책에서 제시한 강점들은 긴 안목을 가지고 연구하며 실천적으로 교회와 설교 현장에 창조적으로 접목해야 나가야 할 것이다. 특히 켈러와 개혁주의 설교 모델들이 보여주는 성경적 설교신학과 역사적 개혁 교리에 기초한 설교, 성경의 절대 무오성에 근거한 저자의도적 강해설교, 성경적 세계관에 근거한 전제주의 변증 설교, 문화와 우상을 변혁시키는 설교, 선교적 상황화를 통한 설교, 포스트모던 세대와 회중 분석에 근거한 적용이 탁월한 설교, 그리스도와 십자가 복음으로 무장한 설교를 다시 한국교회 설교자들은 회복해야 한다. 또한 켈러와 개혁주의 설교자들이 보여주는 것처럼, 한국의 개혁주의 교회, 학교, 단체들이 복음적 '연합'을 통해 개혁주의 부활의 횃불을 함께 높이 들고 영향력을 한국교회와 세계교회 가운데 발휘하는 것이 필요하다. 이를 위해서는 역사적 정통 개혁주의의 '나침반'을 준비해야 하고, 미국의 개혁주의 부활을 이끄는 모델들을 연구하여 '지도'를 마련하고, 개혁주의 학교, 교회, 단체의 복음적 연합의 '닻'을 깊이 내려야 하며, 개혁주의 목회 성장을 통해 '돛'을 높이 올려야 하며, 포스트모던 바다에서 표류하는 영혼들을 구조하기 위한 개혁주의 설교의 '항해키'를 잡을 때 한국교회 개혁주의 부흥이라는 소원의 항구에 닿을 수 있을 것이다.

2) 균형잡힌 설교 패러다임

첫 번째 켈러가 포스트모던 시대의 설교자들에게 주는 도전은 '탁월한 균형감각'을 추구해야 한다는 사실이다. 켈러가 보여 주는 심오한 이론과 따뜻한 가슴의 균형, 정통 근본적 신학에 대한 견고함과 포스트모던 청중과 문화를 변혁시키고자 하는 공격성의 균형, 예수 그리스도 중심적, 복음 중심적인 설교와 포스트에브리팅 세대의 필요에 민감한 설교의 균형, 증거 변증학과 전제 변증학의 균형을 다음 세대 설교자들은 본받을 필요가 있다. 이 외에도 켈러는 칼빈주의 전통 유산 발전적 계승과 포스트모던 현대사회, 도시 목회 균형화, 설교와 센터 처치(복음, 도시, 운동)의 총체적 복음 사역의 균형화, 철저한 저자의도적 주해(본문성)와 구속사적 접근 사이의 균형화, 그리스도 중심적 관점과 목회적 상황화(청중의 필요) 사이의 균형화, 개혁주의 변증 설교와 종교와 비종교적 접근의 대안으로서 복음중심적 설교의 균형화, 적용의 상황화와 적실성 범주의 균형화, 설교 구조에서 정형화된 형태와 다양한 적용 배치의 균형화, 청중의 마음에 대한 심도깊은 분석과 문화에 대한 분석의 균형화, 전제주의적 논리 설득과 청중의 마음, 정서, 감정, 만족 등을 통한 감성적 접근 균형화, 연역적 명제와 귀납적 질문을 통한 설득의 균형화, 예상될 수 있는 청중들의 잘못된 적용을 차례로 교정한 다음, 본문의 의도와 교리에 적합한 적용을 제시하는 교정적 적용의 균형화, 학자적인 분석력과 목회자적인 감화력의 균형화도 잘 보여주고 있다. 그런 한편, 켈러는 리디머교회 약 30년 설교 사역을 통해 약 100 회의 '시리즈' 설교(교리 시리즈, 인물 시리즈, 주제 시리즈)를 통해 꼭 다루어야 할 주요 주제들을 균형있고 깊이 있게 4-8주 동안 강해함으로 얻는 다양한 열매들을 보여준다. 시리즈 설교의 지평과 성경 본문 연속 강해 설교의 지평을 균형있게 융합하여 풍성하고 깊이있는 설교세계를 청중들이 경험할 수 있도록 해 주었다(#부록 1을 참조할 것).

3) 조직적이며 유기적인 해석학적, 설교학적 프레임

켈러가 강조하는 '삼중적 설교자상'(선지자적, 왕적, 제사장적)은 체계적인 삼중적 해석학 프레임과 유기적으로 연결되어 어느 한쪽에 치우치지 않는 균형 잡힌 설교자로 거듭날 수 있는 밑그림을 제공해 주면서 적용균형을 통한 삼중적 적용을 견고하게 제시할 수 있게 해 준다. 켈러는 그리스도중심적인 강해를 통해 말씀을 '선포'하고 '적용'하는 것을 강해설교로 보았다. 이러한 철학과 연결된 켈러 설교의 해석학적 기본 구도로서 '비의도적 설교 패러다임'은 설교자가 청중에 대한 연결과 본문에 대한 주해, 그리스도 중심적 해석과 현 청중을 향한 적용을 어렵지 않게 추구할 수 있는 이상적인 모델을 보여준다. 또한 켈러의 설교 패러다임은 설교자가 어느 한 과정에 함몰되거나 어느 한쪽에 치우치지 않도록 균형을 잡아주는 기능적 장치가 내포되어 있다. 켈러의 비의도적 설교 4단계의 조직적인 움직임을 통한 장점과 함께 4단계 순서의 다양성은 설교의 해석학적 선순환을 확보할 수 있도록 도와주는 장점이 있다.

켈러의 해석학적 구도와 설교 패러다임은 청중 분석을 통한 청중의 필요와 컨텍스트에 민감하면서도 본문에 충실한 분석과 그리스도중심적 분석을 통해 청중과 사회 전 영역을 변혁시키는 설교를 추구할 수 있도록 역동적 움직임을 가능하게 하는 장점이 있다. 특히 본문의 원 청중에 대한 메시지를 파악하기 위해 전통적인 역사적-문법적 분석의 충실함 위에 언어적 분석과 내러티브, 문화, 지리적, 사회적 주해, 스토리텔링 및 플롯(문예적 분석 요소) 등의 발전된 설교 방법론을 창조적으로 활용하고자 한다.

켈러의 설교 패러다임을 조직적으로 추구한다면, 여러 불균형적인 설교 방향들을 피할 수 있는 장점도 있다. 예를 들어, 신학과 적용이 없는 주해식 설교형, 주해와 적용이 없는 신학적 설교형, 주해와 신학이 없는 개인적(individualistic)/도덕적/율법적(legalistic) 설교형, 신학적 원리가 생략된 채 주해에서 바로 적용으로 넘어가는 설교형, 주해의 부재 속에서 신학에서 적용으로 나가는 설교형, 주해와 신학적 원리가 있으나 적용의 지평이 닫힌 설교형 등[693]을 피할 수 있게 해 준다는 장점이 있다.

4) 철저한 확신과 유용한 전략으로 그리스도를 드러내는 복음중심적 설교

포스트모던 문화의 상징인 젊은 뉴요커들을 향한 켈러의 '복음 중심적'인 설교가 주는 의미심장한 교훈을 충분히 되새길 필요가 있다. 개혁주의적인 성경신학적 설교에 깊이 뿌리내리는 것의 중요성과 함께 해석학적 탄탄함이 바탕이 되어야 한다. 켈러는 성경의 모든 본문에서 그리스도를 드러내고자 하는 확신과 열심, 영성을 품고 복음중심적 설교를 위해 철저히 최대한 본문에 머물면서도 모든 성경에서 그리스도를 드러내는 설교의 진수를 보여준다.

첫째, 그리스도 중심적 설교를 해석학적인 학문의 차원이나 기계적으로 추구하기 보다는 그리스도에 초점을 맞춘 복음적 설교를 복음조각을 통한 방식과 율법 프리즘을 통한 4단계 플롯 구조를 통해 역동적으로 추구하는 장점을 보여준다.

둘째, 켈러는 비종교, 종교, 제 3의 길로서 복음이라는 해석학적 구도를 통해 그리스도를 입체적으로 드러내는 강점을 가지고 있다. 복음의 '신학화' 렌즈를 통과시킨 성경적 세계관에 근거한 설교를 통해 그리스도를 총천연색으로 드러내고자 한다. 이뿐 아니라 그리스도에 관한 기독론적 렌즈는 다른 신학의 렌즈도 함께 들어가 있는 다초점 렌즈라고 할 수 있다. 구체적인 예를 들자면, 켈러는 그리스도를 중심으로 한 신론, 인간론, 구원론, 종말론, 교회론 교리와 신학적인 개념 정리와 개혁주의 신앙고백서를 활용할 뿐 아니라, 목회적 차원으로 기획된 시리즈 설교 등을 통해 주요한 신학적 교리에 대한 체계적인 설교를 통해 성도들의 신학적 코어 근육을 길러주고자 한다.

셋째, 켈러는 철저히 모든 본문에서 그리스도를 설교하는 목적을 성취하기 위한 구체적인 이론을 실제적으로 활용하는 장점을 보여준다. 즉 켈러 자신의 설교책에서 밝힌 그리스도를 드러내기 위한 6가지 해석학적 패턴과 전략(장르/문학적 특성, 주제, 주요인물, 이미지, 주요 플롯, 직관)은 이론에 그치지 않고 자신의 설교를 통해 실제적으로 구현되고 있다는 점이다. 따라서 설교자들에게 있어서 켈러의 복음에 기초한 그리스도 중심적 설교는 목회 현장에서 연구하고 활용해 볼 수 있는 모델이다.

넷째, 켈러의 그리스도 중심적 설교는 해석학적인 이론의 견고함과 함께 방법론적인 유연성을 균형있게 갖추고 있다. 예를 들어, 천편일률적인 구속사 설교 형식을 넘어 4단계 플롯 혹은 주요 플롯 프레임 속에 필수적인 요소(단계)로서 그리스도 중심적 초점을 살려 다양한 방식으로 드러내는 설교학적 고급 기술을 선보이고 있다. 또한 켈러는 시리즈 설교 주제 가운데 가장 심혈을 기울인 그리스도와 관련된 다양한 시리즈 주제 설교를 통해 깊이있고 풍성한 방식의 그리스도중심적 설교의 지평을 열어주고 있다.

다섯째, 어떻게 해야 포스트모던 청중들의 필요를 채워 주면서도 예수 그리스도 중심의 복음설교를 가장 효과적으로 전달할 수 있는지에 대한 가장 탁월한 모델을 켈러에게서 찾을 수 있다. 예컨대, 설교 가운데 그리스도를 철저히 드러내면서도 청중들의 삶 가운데 실존하는 실제적인 문제들에 대한 그리스도중심적 적용을 통해 궁극적인 필요를 채우고자 한다. 브로더스의 정의처럼, 설교를 "인간의 필요(need)를 만족시키기 위해 선택된 인격에 의해 하나님의 말씀(message)을 선포(proclamation)하는 것"으로 본다면, 켈러가 청중의 진정한 필요를 복음중심적 강해의 선포를 통해 만족시키고자 추구하는 것은 바람직한 방향이라고 할 수 있다.[694]

켈러는 기존의 청중 상황과 동떨어진 구속사적 설교나 예수 그리스도와 복음에 대한 중심을 상실한 인본주의적 설교 양극단을 지양해야 한다는 것을 보여 준다.

5) 학자적인 분석력과 논리로 무장한 전제주의 변증

켈러의 학자적인 분석력은 포스트 에브리팅 청중을 향해 효과적인 설교를 하기 위해서 반드시 갖추어야 할 자질 중의 하나이다. 청중의 논리를 목표점으로 삼아 복음의 진리를 이해하도록 도와주는 '학자적 분석력'은 예수님의 설교에 나타난 특징 중의 하나이며(마 7:29; 요 7:16), 사도 바울의 설교에 나타난 독특함이기에(행 26장) 포스트모던 설교자들도 이를 본받아야 할 필요가 있다. 켈러는 청중과 문화의 세계관을 변혁시키기 위한 성경적 세계관으로써 전제주의 변증 설교의 위력을 잘 보여준다. 올드는 켈러가 2001년도 진행한 '예수님과 함께 변증하기' 시리즈 6편을 분석한 후에, 강해설교의 형식을 통해 주일 예배 청중들에게 변증적 설교를 탁월하게 선포한 켈러를 이 시대 변증설교의 모델로 평가한다.[695]

켈러는 변증적, 신학(교리)적 설교라는 산을 등정하는데 설교자가 어떻게 삼중적인 환경의 장애를 극복하는지 잘 보여준다. 켈러처럼, 복음신학에 기초한 변증적 강해설교의 등정을 위해서는 외부적 환경 즉 절대 교리를 거부하는 포스트모던 사조(인식론적 상대주의와 다원주의, 주관주의, 반기초주의, 반전제주의 등)라는 장애물들을 극복해야 한다.[696] 또한 변증적 강해 설교의 등정을 위해 극복해야 할 장애물은 교리 설교에 대한 청중의 부정적 반응과 편견이라는 내부적 환경이다.

따라서 포스트모던 세대의 거센 도전의 파고와 한국교회 총체적 위기라는 거대한 폭풍을 만난 설교자들은 먼저 복음신학에 기초한 변증적 강해 설교에 대한 오해와 편견으로부터 궤도를 수정하여 본문에 기초한 강해와 변증, 교리 설교를 결합한 새로운 지평으로 진입할 필요가 있다.

6) 청중의 마음을 향한 설교

켈러의 청중의 마음을 향한 설교는 그의 신학적 보수성과 해석학적 체계성을 더욱 빛나게 해 주는 목회적 균형감을 잘 보여준다. 첫째, 켈러는 청중의 지성, 감성, 의지의 영역을 골고루 접근하면서 마음을 움직이는 설교를 추구하면서도 삼중적 설교 밸런스를 통해 율법주의적 설교, 경건주의적 설교, 소비자 중심적 설교, 개인중심적 설교의 위험성을 최소화할 수 있는 강점을 보여준다. 둘째, 켈러는 본문(text)과 상황(context)이라는 설교의 해석학적 두 축을 견고히 구축하면서도 본문과 상황의 이면에 흐르고 있는 원 청중과 현 청중의 마음이라는 서브텍스트(subtext)를 세밀하게 분석하는 설교의 센서빌리티를 잘 보여준다. 셋째, 청중의 마음을 움직이기 위한 수사학적 이론과 설교학적 방법론이 여러 학자들을 통해 제시되었지만, 켈러는 이러한 이론적 방향성을 넘어 실제로 목회 경험을 통해 터득한 청중의 마음을 움직이는 실제적인 7가지 원칙을 제시해 준다. 넷째, 켈러는 청교도 설교 전통과 조나단 에드워즈의 청중의 영적 분석을 계승하면서도 더욱 목회상담학적인 장점과 영적인 세밀함을 더하여 청중의 영적 상태와 마음에 대한 분석 모델을 제시해 준다. 다섯째, 켈러는 본문과 복음신학적 설교를 추구하면서도 청중들이 어떻게하면 그리스도 안에서 만족을 마음 속에서 경험하며 삶의 영역 가운데 누릴 수 있는지 보여주는 장점을 보여준다. 마지막으로 켈러는 교회 안 신자들의 마음을 향한 설교를 추구할 뿐 아니라, 설교를 듣고 있는 가상의 청중과 불신자, 새신자, 회의주의자, 구도자, 세속주의자 등을 이해하고 분석함으로 그들의 마음을 설득하고 움직이는 설교를 추구한다.

7) 균형잡힌 문화변혁적 설교

팀 켈러의 설교는 문화변혁적 설교의 전형을 잘 보여준다고 평가할 수 있다. 먼저 켈러는 리차드 니버가 제시한 교회와 문화의 관계성 설정 모델에 대한 객관적인 평가와 함께, 하나의 모델을 취하기 보다는 각 모델의 장단점을 냉철히 분석한 다음 문화 변혁적 모델을 기반으로한 균형잡힌 방향성을 설교 가운데 구현하고자 한다. 둘째, 켈러는 후기 현대주의 포스트 에브리팅 세대의 특징을 문화 주해를 통해 파악한 다음 적실한 문화적 적용으로 초점화하는 장점을 보여준다. 셋째, 켈러는 성경의 바울 설교의 문화적 상황화를 모델로 하여 현대적 도시 문화에 대한 상황화의 7가지 전략을 통해 창조적 시도의 열매를 보여주고 있다. 넷째, 켈러는 후기 현대사회의 문화를 분석하기 위한 방안으로서 핵심적 '문화 내러티브'(cultural narrative)를 통찰력있게 제시하고 있을 뿐 아니라 실제 설교 가운데서도 시대의 문화적 내러티브를 예리하게 분석하는 예들을 볼 수 있다. 올드는 켈러의 현대문화에 대한 통찰과 광범위한 독서를 통한 지식적 추구에 매우 긍정적인 평가를 하고 있다. 특히 이 시대 실존주의 철학자들(예: 프란츠 카프카, 알버트 카뮤스, 장 폴 사르트르가 자주 인용됨)을 자주 인용하면서 청중들의 문화와 지성적 연결을 시도한다.[697] 한 예로, 켈러는 문화의 핵심 내러티브를 읽어내기 위해 문학, 역사, 철학 등도 활용하지만, 최근 세상과 사회의 핵심 흐름을 제시하기 위해 타임지와 뉴욕 타임즈, 가디언지 등과 같은 시사저널 등을 파악하고 활용하는 장점을 보여준다. 켈러의 리디머처치는 선교적 교회(missional church)의 강점이기도 한 총체적인 복음사역과 공동체를 통한 입체적인 사역이 설교사역과 함께 유기적으로 이루어져야 한다는 것을 보여주면서 교회 공동체를 넘어 포스트모던 사회와 문화를 '변혁'시키는 것이 복음 중심의 설교의 지향점이라는 점을 각인시켜 준다.

8) 예리함과 다차원성을 갖춘 적용의 칼날

켈러의 설교에는 날카로운 적용의 양날검이 살아서 운동력을 가지고 청중의 마음을 향하고 있음을 발견하게 된다. 첫째, 켈러의 적용은 청중이나 상황에서 출발하지 않고, 본문에서 잉태된 적용 DNA를 청중들에게 전해고자 하며, 실용주의적 신학이 아닌 정통 칼빈주의 신학과 복음신학의 핵심인 그리스도에 기초한 교리라는 뿌리에서 나온 적용의 열매를 청중들에게 제공하고자 한다. 둘째, 켈러는 복음 중심적, 구속사적 설교를 추구할 때 생겨날 수 있는 적용의 한계를 뛰어넘어 세 가지 적용 스펙트럼(교리-경건-문화변혁)을 통과한 다양한 적용의 빛을 포스트모던 청중들에게 비추어 삶을 변화시키는 적용 지향적 복음설교를 추구하는 모델을 보여준다. 특별히 켈러는 포스트모던 청중들의 삶 가운데 있는 우상들과 죄악들에 대하여 변증법적인 복음 중심의 설교와 함께 타협 없는 회개에 대한 도전적 적용의 모범을 제시하고 있다. 둘째, 켈러는 청중의 외면적 행동을 향한 적용도 고려하지만, 외면적인 변화를 위한 열쇠로서 마음(동기)과 우상을 향한 적용에 심혈을 기울이는 깊은 적용(deep application)의 이상적 모델을 보여준다. 셋째, 켈러의 설교는 전통적이며 고정된 형태의 설교 스타일을 가지고 있으면서도, 적용에 있어서 다양한 유형을 활용한 적용 커뮤니케이션을 추구하고 있다. 넷째, 켈러는 설교를 듣는 다양한 청중/공동체에 적합한 청중지향적 적용을 지향하면서, 동시에 회중의 영적인 상태에 대한 심층적인 분석을 기반으로한 목회적 통찰력을 적용의 양 날개로 삼아서 비상하는 설교를 보여준다. 다섯째, 켈러의 적용은 어느 한 영역에 함몰 혹은 편향되지 않고 개인, 공동체, 직장과 학교, 정치, 경제, 국가, 종교, 세계 영역을 총체적으로 아우르는 다차원적 적용의 모델을 잘 보여준다. 여섯째, 켈러의 그리스도중심적 적용이 지향하는 목적을 청중과 문화의 변혁으로 추구하면서, 이러한 변혁을 통한 궁극적인 목표를 하나님을 영과 진리 안에서 경배하는 참된 영적 예배를 통해 영광을 돌리는 것에 두고 있다.

9) 고전과 현대 수사학을 활용한 설교 전달

켈러의 설교는 해석학적 패러다임과 그리스도 중심적인 설교, 전제주의적 변증 설교, 청중의 마음을 향한 설교와 청중과 문화의 분석과 다차원적 적용을 통한 탁월한 설교의 컨텐츠를 구성할 뿐 아니라 이를 설교를 듣는 회중들에게 탁월하게 전달하는 커뮤니케이션 측면에서의 장점도 함께 보여준다. 평균 약 35-45분 정도의 설교 시간동안 그의 수사학적 탁월함이 치밀하게 녹아져 있다. 첫째, 켈러는 고전적인 수사학적 이론과 이를 활용했던 종교개혁 이후 설교자들이 추구했던 수사학에 능통하면서도 현재 자신의 청중들에게 수사학적 적응(rhetorical adaptation)을 통한 목회적 커뮤니케이션을 추구한다. 복음적 관용과 관대한 개혁주의로 무장한 켈러는 후기 현대주의 사회의 문화와 다양한 청중들을 향한 성육신적 동일시 접근을 통해 설교자의 에토스 차원의 진정성이 얼마나 강력한 수사학적 효과를 가지고 있는지 잘 보여준다.

아리스토텔레스의 수사학적 전통(Aristotelian rhetorical tradition)에 영향을 받은 브로더스와 유사하게, 켈러는 청중을 수사학적으로 '설득'(persuasion)하는데 장점이 있다. 논리적으로 설득력있는 연설을 위해 고대 로마 수사학(Greco-Roman rhetoric)에서 강조한 5가지 전략 즉 논리적이며 감정적 호소를 위한 발견술(invention), 구조와 형식을 위한 배열술(arrangement), 언어의 선명함과 표현력을 위한 표현술(style), 메시지의 생동감과 내면화된 탁월함을 위한 기억술(memory), 의미 전달력을 위한 연기술(pronuntiatio)과 전달(delivery)의 관점[698]에서 볼 때 켈러의 설교는 매우 수사학적으로 뛰어난 장점을 가지고 있다. 연기술과 전달 차원에서는 아쉬움이 있지만, 켈러의 논리적인 발견술, 매우 구조적인 배열술, 언어적 표현술, 메시지의 기억술은 탁월한 수사학적 능력을 보여준다. 나아가 바울의 설교철학과 전략을 설교의 기초로 삼은 켈러는 수사학적 배열의 차원에서 말씀과 청중 사이를 다리놓기하면서 주제 소개 및 청중의 관심을 불러일으키고 필요를 연결시키는 차원의 설교 서론(exordium), 관련된 주제(케이스)의 역사에 대한 진술(narratio), 설교의 중심 명제 및 논지와 3대지를 통해 분명한 목표를 제시하는 단계(propositio), 주제(케이스)에 대한 증명(proofs)과 변증을 통한 논증(probatio), 주제(케이스)에 대한 요약과 청중을 설득하여 실천적 행동으로 나아가게 하기 위한 적용적 권면과 전달(peroratio)도 탁월한 면모를 보여주고 있다.[699]

이뿐 아니라, 겸손한 정통주의자 켈러는 자신의 수많은 설교자로서 탁월함과 장점에도 불구하고 '진리, 삶, 능력' 차원에서 객관적이고 날카로운 평가의 잣대를 자신에게 적용하는 모범을 보여주고 있다.

둘째, 켈러는 후기 현대주의 사회와 포스트 에브리팅 세대를 통찰하면서 따뜻하고 배려깊은 목회자의 마음으로 청중에 민감하며, 그들에게 권위적인 일방적인 설교 전달방식보다는 대화와 설득을 통한 인격적인 설교를 추구한다. 또한 켈러는 청중과 연결(engaging)시키는 인문학적 다리놓기, 청중의 의심과 반대를 이해하고 존중하는 태도를 통해 설교자에게 있어서 가장 중요한 신뢰라는 수사학적 무기를 얻어낸다. 켈러가 참고하고 인용한 학자들과 책들의 바다를 탐험해 보면 그 넓이와 깊이에 놀라움을 금치 못하게 된다(그러나 켈러의 설교는 소위 '인문학적 설교'와는 근본적으로 다르다). 신학, 고전, 영성, 철학, 역사, 문화, 문학, 시사 등 청중과 사회를 분석하기 하기 위해 그가 쌓아온 독서의 양과 질의 탁월함은 그의 설교가 거목이 되도록 자라게 만든 토양의 역할을 하기에 충분했다(부록2 참조할 것). 설교자들이 이러한 수준의 독서와 지식습득이 어렵다 할지라도, 켈러를 통해 간접적으로 얻으며 창조적으로 활용할 수 있는 장점도 있다.

셋째, 켈러의 설교에서 나타나는 어메이징 커뮤니케이션은 보이지 않는 곳에서 치열한 준비와 해산하는 수고를 통해 발산된 것임을 기억해야 한다. 이는 한국교회 목회자들의 바쁜 목회 일정과 설교적 환경과 차이가 있지만, 설교 준비를 위한 철저한 시간 투자와 8단계 설교 준비와 작성과 같은 기본기를 더욱 튼튼히 해야 한다는 교훈을 준다.

넷째, 켈러는 천편일률 3대지가 아닌 촌철살인 3대지라는 강점이 분명하다. 3대지 설교가 시대에 뒤떨어진 케케묵은 설교 형식이라는 편견과 3대지 설교의 내재적 한계와 약점을 극복하면서, 수사학적 육하원칙이라는 기본적인 논리의 열쇠를 가지고 설교의 기본적인 얼개의 문들을 하나씩 열어가는 설교 장인의 진면목을 보여준다. 탄탄한 해석학적 패러다임과 그리스도중심적 해석과 적용을 전제로 한 다이내믹한 3대지 설교의 진수를 재발견하게 해 준다. 나아가 켈러는 청교도 전통형, 구속사적 모범형, 교리형, 정반합형, 의문형, 문제원인 해결형, 적용 및 명령형, 논리발전형 등과 같이 다채로운 설교 포인트 전략을 통해 더욱 효과적인 설교 전달의 기반을 마련하고 있다.

다섯째, 켈러의 탁월한 커뮤니케이션 전략의 구체적인 방식으로 범주화 및 패턴화, 질문의 창조적 활용, 서론의 명료함과 반복 등을 활용하고 있다. 또한 다양한 방식의 이야기(대화) 혹은 1인칭 내러티브 전략을 통해 매우 입체적이고 흥미롭게 본문의 핵심 내용을 제시하는 특수설교 방식도 선보이고 있다.

전달 측면에서도 켈러의 가장 큰 장점은 에토스 측면과 함께 신뢰를 주는 설교자라는 점이다. 이런 점에서 켈러는 언어적 측면과 목소리 영역에서 신뢰를 줄 뿐 아니라, 청중들에게 설교자에 대한 신뢰에 가장 큰 임팩트를 미치는 전달 측면에서도 탁월하다는 점을 증명해 준다.[700]

2. 팀 켈러 설교에 대한 비평, 발전적 보완점

켈러 설교에 대한 필자의 겸허한 비평은 여러 가지 면에서 한계를 이미 가지고 노정되었다. 즉 수백 편 이상의 설교를 분석한 결과적 비평이기는 하지만 모든 켈러의 설교(1,550편이 넘는)를 듣고 분석한 다음에 비평을 제시하는 것이 아니라는 점, 최신 설교학 이론으로 켈러의 설교를 비판하는 시대적인 한계점, 모든 현대 설교학 이론을 대입하여 켈러를 비평하지 못하는 한계점 등이다. 켈러의 설교를 산맥에 비유한다면, 필자의 평가는 전체 산맥에 대한 조망과 함께 산맥의 일면을 집중적으로 분석하는 접근이라 볼 수 있다. 켈러에 대한 비판이라는 차원보다는 켈러의 설교를 좀 더 발전적으로 고민하고 창조적으로 수용하기 위한 차원으로 그의 설교에 대한 비평을 개진해 보고자 한다.

1) 강해설교 철학과 빅아이디어(중심명제) 측면에서 본 켈러의 설교

그 유명한 해돈 로빈슨의 정의에 따르면 강해 설교란 "성경의 본문을 문맥 가운데 역사적, 문법적, 문예적으로 연구함을 통해 얻어진 성경적 개념을 성령님께서 설교자의 인격과 경험에 적용한 다음, 그를 통해 청중을 향하여 적용하는 커뮤니케이션이다."[701]

해돈 로빈슨과 주요 강해설교학자들의 정의에 비추어 볼 때 켈러의 설교가 성경적 강해설교라 볼 수 있는가?

먼저 켈러 자신의 강해설교 철학을 잘 이해할 필요가 있으며, 켈러가 제시한 강해설교의 주요 본질에 입각하여 그의 설교를 객관적으로 평가해 볼 필요가 있다. 전체적으로 켈러의 설교는 자신도 강조한 강해설교의 표지를 잘 함유하고 있으며, 해돈 로빈슨의 강해설교의 철학과 정의에 비추어 켈러의 설교를 판단해 본다면, 광의적으로 강해설교의 본질에 입각한 설교라 평가할 수 있다.[702] 그러나 그가 밝힌 강해설교의 본질에 비추어 실제 설교들을 분석해 볼 때 몇 가지 비평적 질문이 제기될 수 있다. 첫째, 강해설교의 전제라고 할 수 있는 성경 본문이 설교를 좌우하며 본문에서 나오는 저자가 의도한 중심 사상(개념)을 설교자와 청중에게 적용한다는 차원에서 켈러의 설교는 강해설교의 기본 철학을 추구한다고 볼 수 있다.[703] 즉 전통적 강해설교 관점과 현대 강해설교 관점에서는 넓은 의미에서 켈러의 설교를 강해설교의 범주에 속한다고 평가할 수 있다. 그러나 현대 강해설교학의 협의적인 차원에서 볼 때는 켈러의 설교가 강해설교적 특징과 다른 측면이 있다. 예를 들어 강해설교의 주요한 특징 중에 하나인 빅아이디어를 지지하는 차원에서 본문의 각 절을 강해하는 차원에서는 켈러의 설교는 강해설교적 특징과 어느 정도 거리가 있다고 볼 수 있다.[704]

둘째, 강해설교의 빅아이디어 이론에 비추어 본 켈러의 설교의 구조를 냉철히 평가해 볼 필요가 있다. 켈러는 육하원칙에 근거한 병렬구조를 주로 추구하기에, 주로 육하원칙 가운데 하나를 정하여 빅아이디어를 구성하기 위한 주요소(subject)를 질문형으로 상정하고 이에 대한 본문에서 발견한 답변(complement)을 보조요소로 대지를 기본적으로 구성하는 빅아이디어 강해설교 방법론과는 차이가 있다. 빅아이디어 강해설교가 추구하는 유기적 통일성과 초점을 통해 하나로 모아지기 보다는 여러 개로 흩어질 가능성이 있다.[705]

- 강해설교 빅아이디어 예: 주요소(subject) + 보충요소(complement)
  1) 보충요소(complement) 2) 보충요소(complement) 3) 보충요소(complement) = Big idea
  cf. 켈러의 설교 아이디어 구성 예: 1) why 2) what 3) how

이러한 멜랑히톤의 수사학적, 인문학적 사고와 논리에 영향을 받은 켈러의 육하원칙에 근거한 설교 대지 구성은 분명 강점이 있지만 수사학적 요소를 수용하면서도 현대 강해설교학에서 제시하는 설교 구조와 대지 구성이 더욱 강화되어야 할 필요가 있다.

강해설교는 본문에서 나오는 하나의, 유기적으로 조직화된, 목적을 향해 전진하며 움직이는 명확한 명제(proposition)를 가지고 청중들을 설득할 수 있어야 한다.[706] 켈러의 설교는 분명한 중심 명제와 논리적인 구조를 추구하지만, 어떤 측면에서는 3대지 형식을 추구함으로 명제가 3가지로 이해, 전달될 가능성이 있으며, 각각의 포인트들이 유기적으로 조직화된 '하나의' 명제보다는 여러 명제로 파편화될 위험성이 있고 설교의 궁극적인 목적을 향해 발전적으로 움직이는 역동성이 떨어질 수 있다.

셋째, 켈러의 설교를 강해설교의 대지 구성 관점에서 냉철히 평가해 볼 필요가 있다. 그는 강해설교의 대지의 기본 방향이 설교자가 미리 설정한 구도보다는 성경 본문 주해를 통해 발견되는 본문 자체의 뼈대로부터 나온 본문의 요지를 따라서 설교의 대지를 구성해야 한다고 주장한다. 대체로 이러한 그의 설교적 방향의 선상에서 그의 대지 구성이 형성된 것으로 볼 수 있지만, 때로는 성경 본문 안에 내포된 문예적 구조와 유기적으로 연결된 본문의 핵심 아이디어를 그대로 살려내어 설교의 형식을 주조하는 대지 구성이라기 보다는 설교자의 아이디어나 논리적 카테고리(예: 육하원칙, 플롯 구조, 변증적 프레임 등)를 본문을 통해 인위적으로 만들어낸 것으로 판단할 여지를 남겨놓고 있다.

넷째, 켈러가 강조한 것처럼 강해설교는 설교자가 의도한 목적을 위해 설교의 주제를 선택하는 것 대신 성경 전체를 균형있게 설교하고 본문에서 풍성한 주제를 끌어낼 수 있어야 한다. 켈러는 이러한 방향을 추구하고 있다고 보이지만, 종종 켈러 자신이 원하는 주제를 어느 정도 먼저 선정한 다음 성경을 통해 이를 논리적으로 변증하는 경향도 보여주고 있다. 켈러의 전체 설교 분포도를 볼 때, 시리즈 설교의 비율에 비추어 볼 때 본문 연속 강해의 비율이 적은 편이며, 신약에 비해 구약 본문에 설교가 적은 경향이 나타난다. 구약 본문들 가운데서도 시편, 창세기 등 특정 부분에 설교가 집중되어 있으며 구약의 내러티브 장르의 본문과 선지서 본문에 대한 설교의 비중이 낮은 편이다. 신약 설교도 에베소서와 마태복음, 요한복음 등에 설교가 편중된 경향이 있다. 켈러의 시리즈 설교 중심의 설교 사역은 분명 큰 장점들이 있지만, 어떤 특정 본문들은 반복해서 다루어지는 반면 어떤 특정 본문들은 거의 다루어지지 않는 경향이 나타나고 있다(부록 1 참조). 이는 성경 전체를 골고루 강해하는 방향과 약간의 거리가 있어 보인다. 켈러가 사역 초기(1989-98년)에 보여준 것처럼 한 주에 본문 연속 강해 설교와 시리즈별 주제 설교를 병행하는 것이 더 바람직한 방향이며, 한국 목회 상황에도 더 적합해 보인다. 켈러가 말한대로 강해설교는 설교자가 가능한 한 본문의 내용과 역동성을 그대로 분명하게 드러냄으로 청중들이 강해설교를 통해 성경해석과 적용에 대한 눈을 기르도록 하는 것은 매우 유익한 방향이다. 켈러는 이 점에서 매우 탁월한 강점을 보여주고 있으나, 복음신학적(그리스도중심적)이면서도 변증적인 설교의 경향이 강하게 작용하면서 본문의 역동성을 더 충분히 드러내지 못한 아쉬움을 남기고 있다. 또한 켈러가 보여주는 현대적 적용의 풍성함에 비해 본문의 저자가 당시 원 청중들에게 의도한 원 적용이 조금 더 풍성하게 드러낼 필요가 있어 보인다.

2) 강해설교의 구조와 형식의 차원에서 본 켈러 설교

첫째, 대체적으로 논리적 논증 스타일을 추구하는 켈러의 설교 구조는 실용적 스타일, 스토리텔러 스타일, 동기부여형 비전가 스타일 등을 통합하는 모델로 보완, 발전될 필요가 있다.[707] 성경적 강해설교는 형태나 방법에 있지 않고 철학에 있다는 전제 아래서, 성경 저자의 의도를 따라 의미와 적용을 청중들에게 적실하게 전달하는 목적을 추구하기 위해 다양한 형태와 스타일을 창조적으로 연구하고 실천해 볼 수 있다.[708]

둘째, 켈러의 설교 형태는 어느 정도 3대지라는 고정된 틀 안에서 다양함을 추구하는 장점은 있지만 기계적으로 만들어진 것과 같은 설교형태들이 지배적이라고 할 수 있다. 이러한 천편일률적인 삼대지 형식에서 벗어나 최고의 커뮤니케이터이신 하나님께서 인간들에게 메시지('무엇')를 가장 효과적으로 전달('어떻게')하시기 위해 사용하신 성경 안에 있는 풍성하고 창조적인 형태를 활용하여 더 다양하고 신선한 설교 형태를 추구할 필요가 있다.[709]

성경적 강해설교의 본문에 기초한 내용적 측면이 설교의 형태보다 중요하다는 전제를 가지고, 메인 아이디어와 보조 아이디어, 움직임, 내용, 창조성과 유기적으로 연결된 설교형태를 다양화할 수 있는 전략이 필요하다.[710] 비록 켈러가 여러 가지 형태의 3대지 구조를 시도하였지만, 최근 북미 강해설교학을 통해 제시되고 있는 본문의 다양한 장르적 특성을 그대로 살린 설교 형태를 구축하는데는 한계를 보이고 있다.

설교의 형태를 다양화하기 위해 설교 형태 형성에 영향을 준 신학과 문화적 입장을 개혁주의 관점에서 신중히 분별해야 한다. 설교의 형태는 설교자가 가진 다양한 '신학'적 스펙트럼, 본문의 문예적 장르, 수사학적 상황으로서 포스트모던 문화에 대한 관점이 혼합되어 형성되기 때문에,[711] 켈러의 설교 형태는 칼빈주의 신학과 문화에 대한 탁월한 관점을 바탕으로 성경본문의 내용(substance)의 차원, 상황(situation)의 차원, 스타일(style)의 차원을 균형있게 추구하면서 본문의 장르적 특성을 더욱 살려내는 방향이 필요하다.[712]

셋째, 설교자는 켈러의 장점을 창조적으로 활용하되, 3대지 형식주의자(form fundamentalist)가 되는 것을 경계할 필요가 있다. 켈러의 3대지 형식은 강력한 논리와 연역적 방식의 프레임의 강점을 가지고 있을 뿐 아니라 다양한 3대지 전개방식(커뮤니케이션 전략 6에서 논의한)의 강점까지도 가지고 있는 것은 분명하며 한국교회 설교자들이 활용하기 좋은 방식임에는 분명하다. 그러나 최근 본문에서 나오는 설교 형식(구조화)을 강조하는 설교학의 흐름을 통해 냉철히 살펴보자면, 그의 삼대지 연역형 설교 방식은 한계도 분명히 가지고 있다고 볼 수 있다. 본문에서 나오는 더욱 성경적이며 역동적인 설교 구조와 귀납적, 반연역적, 연역법과 귀납법의 혼합, 내러티브 형식 등 더욱 다양한 설교 대지와 구조로 발전시켜 나갈 필요가 있다.713 서론에서 거의 항상 설교의 핵심 포인트 (주로 3대지)를 미리 연역적으로 알려주고 시작하는 방식은 분명 청중들에게 명확함과 이해도에 도움이 되는 장점이 있지만, 커뮤니케이션 측면과 포스트모던 청중의 특성을 감안할 때 설교의 핵심 요점을 미리 말하는 방식은 단점으로 작용할 수 있다. 즉 귀납적 방식과 혼합적 방식 등 다양한 방식으로 설교 요지를 밝히는 전략이 필요하다.

3) 텍스트 장르에 민감한 강해설교 관점에서 본 켈러 설교

켈러의 탁월한 설교에 개인적으로 아쉬움이 있다면 성경의 다양한 장르와 창조성에 기초한 설교구조/형태의 다양성과 창조적인 커뮤니케이션 전략들에 대한 활용과 스토리텔링을 통한 접근이 부족하다는 점이다. 켈러는 간혹 성경의 문예적 장르의 특성을 고려한 접근을 시도하기도 한다.714 그렇지만 켈러는 성경의 다양한 장르 가운데 내러티브, 율법, 시편에 대한 관점을 소개하고 있을 뿐 지혜서, 묵시(환상), 비유, 서신서 등 다른 장르들은 거의 접근을 하지 않고 있는 내재적 한계를 안고 있다. 그러나 켈러는 성경본문의 장르를 살려내는 설교를 해야 할 것을 주장한 것을 감안한다면, 문예적 분석을 살린 장르에 민감한 다양한 설교 형식을 보여주는데 한계를 가지고 있다.

첫째, 켈러의 내러티브형 설교들은 성경 본문이 가진 내러티브의 장르적 특성을 풍성히 살려내는 데는 다음과 같은 한계들이 나타난다.715

❶ 켈러는 자신의 그리스도중심적 복음 플롯의 틀에 매임으로서(장점도 충분히 있지만), 본문 자체의 플롯 즉 배경(setting), 갈등/서스펜스(conflict and suspense)와 위기, 심화/고조-절정-해결이 가진 수사학적 효과(예: 갈

등 구조)를 충분히 살리지 못하는 한계를 보이고 있다.716

예를 들어, 켈러의 창세기 22장 설교는 복음 패러다임으로 구조화할 뿐 아니라 전형적인 3대지로 형식화하면서 내러티브 본문의 배경, 상황, 긴장고조, 해결과 결과의 플롯을 충분히 반영하지 못하였고, 누가복음 19장 삭개오 설교도 복음 프레임으로 구조화됨으로 내러티브와 유사하는 비유 장르의 플롯(배경, 갈등, 갈등 고조, 절정, 해결)을 제대로 살리지 못하고 있다.717 따라서 켈러의 접근은 본문의 플롯(이야기의 주된 구성 원칙)보다는 켈러의 패러다임 구조를 따름으로 내러티브 장르의 풍성함을 제한시킬 수 있는 것이다. 또한 켈러가 주로 활용하고 있는 플롯(죽음 → 생명, 언약 → 승리, 실패[고난] → 역전 등)의 유형들이 너무 제한적인 편이다. 예를 들어, 내러티브의 플롯들은 추구, 죽음과 부활, 입문, 여행, 비극, 비극의 극복, 범죄와 처벌, 유혹, 구출, 고난 받는 종, 신데렐라 혹은 부자가 된 거지, 무지로부터 깨달음으로 발전 등의 다양한 모티브들을 담고 있다.718

❷ 내러티브 장르의 요소 가운데 인물(character)에 대한 분석은 주요 인물들의 행동, 표제들과 이름들, 직접적 묘사, 육체적 묘사, 저자의 평가, 다른 인물로부터 반응 등이 중요하다.719 켈러의 설교는 내러티브 장르 가운데 인물의 요소를 비교적 잘 살리고 있다고 평가할 수 있다. 예를 들어, 켈러는 인물의 대화요소를 실제적인 이야기 형식으로 살려내어(retelling) 청중들과 '동일화' 효과를 살려내고 있다.

❸ 내러티브 본문의 상황(setting) 즉 당시 문화사회적, 지리적 상황 및 본문 안 배경과 본문 밖 배경에 대한 입체적인 묘사는 청중 안에 상상력을 불러일으키는 수사학적기능과 성경의 암시들과 구속사차원의 메타 내러티브(metanarrative)에 대한 청중의 이해도를 향상시켜주는 수사학적 기능으로 작용한다.720 이런 차원에서 켈러는 본문의 상황에 대한 치밀한 묘사와 함께 당시 원 청중의 상황과 구속사적 맥락을 수사학적으로 능숙하게 구현해 내는 편이다. 다만 내러티브 상황을 학자처럼 객관적으로 묘사하는 방식을 주로 취하기 때문에 당시 상황을 스토리텔러로서

입체적으로 묘사하는 점이 부족하다고 할 수 있다.

❹ 내러티브 장르의 관점(Point of view)의 핵심 요소들인 전지적 관점, 세부 묘사, 시간 흐름, 선택과 배열, 아이러니721 가운데 켈러는 전지적 관점, 세부적인 내용에 대한 묘사, 이야기 가운데 시간의 흐름을 비교적 강조하는 편이다. 특히 아이러니적 요소를 잘 드러낸다고 볼 수 있으며 설교 중에 일부분을 주인공 인물과 동일시를 형성하여 3인칭 내러티브 설교를 시도하는 것은 매우 창의적이며 고무적이다. 그러나 설교 전체를 3인칭 내러티브 형식으로 구성하고 전달하지는 않는다는 한계를 가지고 있어 보인다. 1인칭 스타일의 내러티브 설교를 설교 가운데 잠깐씩 시도하는 것은 매우 긍정적이나, 역시 설교 전체 구성을 1인칭 내러티브 설교 스타일로는 시도하지는 않는다는 점은 아쉬운 부분이다.

(2) 시편 장르

시편 장르는 간결함, 대구법, 구체적인 이미지들, 은유와 구체적인 언어, 강렬한 감정, 본문 감정을 살려낸 구조 등의 문예적 특징을 가지고 있다. 이런 점에서 켈러의 설교는 장르의 특징 중 본문에서 나온 감정의 전달, 본문의 대구법(동의어적, 대조적, 종합적)을 설교 전달에 충분히 활용하지 못하는 한계, 구체적인 언어 사용을 통해 추상적인 진리를 구체화하여 이미지에 담긴 상상력을 자극하고 동일화 효과와 기억 효과에 한계를 가지고 있다.722

(3) 비유 장르

포스트모던 청중들에게 효과적인 장르 중 하나가 비유 장르라고 할 수 있다.723 켈러도 탕자 비유 설교를 연속적으로 강해한 예에서 알 수 있듯이 매우 비유설교를 강조한다. 비유를 패턴화하여 날카로운 통찰력을 제시하는 것과 신학적 메시지를 잘 연결하는 것, 포스트모던 청중들에게 다시 환언하여 전달하는 것 등은 켈러의 큰 장점이다. 그러나 비유가 가진 문예적 구조와 형태, 실제성을 위한 당시 원 청중과의 연결, 유비와 유사, 메타포 등의 수사학적 효과를 살리는 데는 보완이 필요하다.[724]

특히 비유 본문을 지나치게 명제적인 아이디어와 대지(포인트)를 통해 전달하는 것보다는 핵심 빅아이디어 하나를 가지고 움직임을 통해 설교를 진행하거나 빅아이디어를 숨기고 비유 내러티브를 통해 귀납적으로 설교 후반에 청중이 서서히 핵심 아이디어를 깨닫게 하는 방식을 더 구사해야 할 필요가 있다.

(4) 서신서 장르

서신서 장르적 특성은 켈러의 설교 스타일과 가장 부합하는 측면이 강하고, 켈러의 수사학적 능력은 서신서를 설교할 때 가장 큰 장점으로 부각되는 경향이 있다.

그러나 서신서 장르가 가진 신학적 컨텐츠, 수사학적 편지 형식뿐 아니라 당시 원 청중을 향한 원 적용의 측면, '유연성'(서신서의 분위기와 형태), 대화적 요소, 예들 사용, 반복과 재진술, 단순함, 직설법과 명령법 구조, 케리그마와 디다케적 균형, 리버스 에토스 등을 더욱 잘 활용할 필요가 있다.[725]

(5) 묵시 장르

켈러는 묵시 장르의 설교를 많이 하는 편은 아닌데, 묵시 장르의 이원성, 상징성, 혼합 내러티브 등을 역동적으로 살리는데는 한계가 있어 보인다. 예를 들어 그의 요한계시록 21장 설교에서 이러한 묵시 장르적 특성은 크게 나타나지 않았다. 설교자들은 주해적 상상력의 활용, 긴장의 표면화, 종말론적 소망, 긴급한 제자도 요구, 파노라마식 예화 활용, 전체 예배 구조와의 조화 등을 더 살려낼 필요가 있다.[726]

결론적으로 이머징 설교자들이 보여 주는 강점을 가지고 있으면서도 동시에 얼마든지 이머징 교회가 가진 약점의 대안이 될 수 있는 켈러의 모델을 통해 '포스트에브리팅'세대와 문화를 효과적으로 변혁시켜 나갈 수 있는 확신과 용기를 얻을 수 있다.

4) 주해적 측면에서 비평

첫째, 켈러의 비의도적 패러다임의 해석학적, 설교학적 강점은 분명하며 실제 켈러 설교의 구조와 움직임에 유기적으로 반영되고 있다. 그러나 성경 저자가 의도한 메시지를 찾는 단계에서 보다 철저한 역사적, 문예적(장르적), 원문과 사전적, 구문적, 구조적, 수사학적, 정경적 분석 등을 강화한 주해적 다리놓기 방법론이 제시되어야 할 필요가 있어 보인다.[727]

둘째, 비의도적 패러다임의 궁극적인 지향점이라고 할 수 있는 그리스도중심적 초점 혹은 단계가 올바르고 유익한 방향이지만, 켈러 자신이 말한대로 충분히 본문에 머무른 다음 그리스도를 향해 나아가야 함에도 불구하고 때로는 본문 주해(해석)가 충분히 전개되지 못하고 그리스도 혹은 구속사 초점으로 넘어가는 경향과 그리스도적 관점이 본문 주해(해석)에 지나치게 작용하지 않는지 의문이 들게 할 때도 있다. 켈러 자신도 본문성, 언어적-역사적-문법적 분석과 저자의 의도를 강조하고(실제 설교도 탁월하지만), 그리스도/구속사적 영역으로 빨리 넘어가면 안 된다고 경계하였지만(그 위험성을 켈러 본인도 잘 알고 있기에), 그리스도 중심성이 너무 철저하고 강하다보니 설교에서 본문의 풍성하고 깊은 의미와 본문 당시 문화의 원 청중에 대한 조명과 원 적용 차원(화용론과도 연결되는 부분)의 세밀하고 입체적인 접근이 부족한 경우가 나타날 수 있다.

셋째, 켈러의 설교는 주제설교 혹은 제목설교와는 다르지만, 지나치게 육하원칙과 변증적 프레임, 3대지 포인트, 적용적 지향점(how)을 중심으로 한 설교자의 의도가 먼저 개입되어 충분한 본문 주해과정을 통해 강해설교가 나오기보다는 설교자가 미리 구상한 주제나 중심사상에 본문을 논리적으로, 조직적으로 끼워 맞추는 식의 설교가 될 가능성의 문을 열어놓고 있다. 물론 켈러는 저자의 의도를 기초로 하는 설교 철학을 견지하고 있지만, 어떤 경우는 설교의 중심 포인트들을 설교자가 어느 정도 정해놓고 본문으로 들어가서 역으로 증명해 내는 듯한 경향을 보여준다.

넷째, 켈러의 설교는 주해 과정에서 현대 청중을 향한 적용에 비해 원 청중을 향한 저자의 원 적용에 대한 부족한 분석이 더욱 강화되어야 한다. 예를 들어, 켈러의 미가서 6장 설교는 성경적 정의(justice)에 대한 사회적 적용을 제시하지만, 이에 비해 당시 미가 선지자 시대 원 청중을 향한 사회정의 적용은 충분히 드러내지 못하고 있다. 이를 위해서는 설교자는 먼저 원 적용의 케이스가 직접적 적용, 간접적 적용, 혼합적 적용인지를 구별하면서 더욱 입체적으로 풍성한 원 적용의 보화를 캐내기 위해 심혈을 기울여야 한다.[728]

다섯째, 켈러의 설교는 내러티브, 빅 스토리에 각 본문의 작은 스토리를 끼워 맞추는 경향이 있어 보인다. 특히 티모시 카우프만(Timothy F. Kauffman)은 켈러의 설교 가운데 성경 본문 주해 방법에 대한 분석을 시도하면서, 켈러 자신이 말한 성경 저자의 의도를 중심으로 하는 주해가 설교자의 텍스트(철학적 사색, 학자들과 인문학적 책 내용들)에 의해 잠식당하거나 대체하는 경우가 있다고 비판한다. 즉 설교자의 '큰 이야기 내러티브'(big story narrative)가 성경 본문의 저자 의도보다 더 강조될 수 있다는 지적이다. 켈러는 에드먼드 클라우니의 방법론을 따르고 있지만, 성경의 문맥을 간과하고 작은 이야기를 설교자가 의도한 큰 이야기 틀에 끼워 맞추는 방식은 위험하다는 것이다. 또한 카우프만은 성경의 모든 구절을 반드시 구속사 혹은 그리스도중심적 해석에 억지로 맞추는 듯한 켈러의 주해 방식은 무리가 있다고 본다. 분명 켈러의 방식은 청중들과 소통하고 변증하는데 장점이 있지만, 방대한 성경 이외의 인문학적 자료와 철학적 사색(명상)은 자칫 성경 본문은 설교자의 논리와 의도를 뒷받침하는데 이용되는 위험성을 배제하기 어렵다. 켈러의 설교에는 저자가 의도한 의미와 설교자의 큰 이야기(내러티브)가 성경적 조화를 이루기 힘든 위험, 설교의 메인 아이디어와 중심사상과 논리적 흐름이 성경 본문이 아닌 설교자의 텍스트(내러티브)에 의해 결정될 수 있는 위험, 본문에 근거하지 않은 성화적 적용(실용주의적 적용)의 신학적 혼동의 위험 등이 내재되어 있다는 것이다.[729] 이러한 카우프만의 비평은 지나친 점이 있으나, 켈러의 주해방식에 대한 그의 비판을 신중히 숙고할 필요가 있다.

5) 그리스도중심적 신학화 차원에서 평가

켈러의 설교의 장점 가운데 해석학적 차원의 복음신학화를 통한 그리스도 중심적 원리화가 가장 두드러진 부분이다. 그러나 여러 가지 부분에서 켈러의 신학적 원리화 과정은 더욱 발전적으로 보완될 필요가 있다.

첫째, 켈러의 그리스도 중심적 원리화는 성경의 보편적인 원리의 핵심 기준으로서 '언약'에 대한 접근이 더욱 세밀하게 보완될 필요가 있다. 언약(ברית)은 '맹세와 약정(oaths and bonds)의 관계로서 반드시 헌신(commitment)을 필요로 하는 것'으로 정의할 수 있다. 구속사적 언약은 설교자가 윤리적 적용을 위한 보편적인 연속성을 구축할 수 있도록 해주는 가장 견고한 신학적 원리화 다리(principlizing bridge) 역할을 한다. 성경의 노아 언약(사 54:10), 아브라함 언약(겔 20:36-37), 다윗 언약(사 55:3), 새 언약(렘 32:40, 33:25-26)은 영원한 언약(창 17:7, 13; 사 61:8)의 특성을 가지고 있기 때문에, 어느 시대나 어떤 청중에게도 윤리적 적용의 근거로서 보편적인 원리로서 작용할 수 있다. 따라서 켈러는 설교의 신학화(원리화) 과정에서 언약적 다리놓기를 더욱 견고하게 구축할 필요가 있다.[730] 특히 켈러와 추구하는 현 청중을 향한 다차원적 적실성 범주와 다층적인 윤리적 적용을 실체화하기 위해서는 더욱 보편적인 원리화의 구심점

과 나침반 역할을 하는 성경적 언약에 대한 구속사적 접근이 강화되어야 한다.⁷³¹

나아가 켈러의 그리스도중심적 복음신학적 원리화 과정에서 본문에서 현대 청중으로 적용이 넘어가는 해석학적 트랜스퍼링을 위한 원리화 구별의 기준을 분명히 제시할 필요가 있다. 켈러의 복음신학화에서 그리스도에 관한 보편적 원리화의 렌즈 외에 하나님의 성품, 인간의 죄성, 구원론, 교회론, 성령론, 종말론과 같은 핵심적 원리화의 렌즈들을 더욱 균형있게 통과되는 해석학적 작업이 강화되어야 한다.⁷³²

셋째, 켈러의 신학적 패턴화와 복음중심적 유형화는 분명한 설교신학적 강점으로 작용하고 있다. 그러나 누가복음 15장 설교(작은 아들은 비종교 유형, 큰 아들은 율법주의 유형)이나 요한복음 3장-4장(니고데모는 인사이더, 사마리아 여인은 아웃사이더)의 예처럼, 인물의 유형화를 통해 신학적인 패턴화를 시도할 때 본문 저자의 의도보다 다른 초점이 강조될 가능성이 있다. 설교 가운데 제시하는 유형화나 패턴화는 매우 유용한 전략이지만, 지나친 패턴화는 오히려 본문의 흐름과 저자가 의도한 의미와 적용이 현대 청중들에게 흘러가는 물줄기를 방해할 수도 있으며 설교자의 의도가 이식되는 것으로 오해될 수 있다.

넷째, 켈러의 그리스도중심적 설교의 장점을 잘 수용하면서도 더욱 발전적인 측면도 함께 고려해 볼 필요가 있다.

❶ 그리스도만을 지나치게 드러내는 설교보다는 그리스도를 통해 하나님의 영광과 성령의 사역을 함께 균형있게 드러내는 삼위 하나님중심적 설교가 더욱 필요하다.⁷³³

❷ 그리스도 중심적 관점으로 넘어가기 전에, 설교자가 텍스트 자체 주해에 더 머물러야 한다.

❸ 본문의 문예적 분석, 본문 자체의 플롯 라인 분석을 더욱 강화해야 한다. 켈러의 설교에 나타난 플롯은 본문 자체 분석이라기보다는 자신이 가진 플롯/율법 프레임을 그대로 적용하여 설교를 구조화하는 차원

이라고 볼 수 있다.

❹ 구속사적 전진, 약속과 성취, 모형론, 유비, 성경신학적(정경적) 주제, 신약 인용, 대조를 각 본문마다 모두 균형있게 적용할 필요가 있다.[734]

❺ 켈러의 비의도적 설교 패러다임을 통한 그리스도 중심적 설교 방식은 단편적인 방향으로 흐를 수 있다. 예를 들어, 켈러의 창세기 22장 설교에서 구속사적 전진 차원에서 유월절 어린양으로서 예수그리스도, 모형론(이삭과 야곱)을 통한 그리스도, 유비(언약적 신실함)를 통한 그리스도, 정경적 주제를 통한 그리스도(대속제물), 신약 언급(인용)을 통한 그리스도 등과 같이 더욱 다양한 방식으로 그리스도를 드러낼 필요가 있다.[735]

다섯째, 그리스도 중심적 설교 지평을 확장하고 본문중심적 강해설교의 지평과의 융합을 위해서는 켈러의 4단계 비의도적 패러다임이나 율법, 플롯 구조만으로는 분명히 한계가 있다. 예를 들어 켈러는 일반적인 설교 준비 8단계를 제시하고는 있으나 그리스도중심적 설교 철학을 더욱 실제적이며 풍성하게 담아낼 수 있는 그레이다누스가 제시한 설교 단계 등과의 통합적 보완이 필요하다.[736]

여섯째, 켈러의 여섯 가지 그리스도 중심적 설교 원리가운데 다섯 가지 전략은 대체적으로 건실한 편이며,[737] 실제 설교 가운데 그리스도를 찾기 위한 전략 가운데 한 가지 원리만 적용하기 보다는 여러 원리들을 한 본문에 적용하여 그리스도를 드러내는 것을 볼 수 있다. 켈러의 그리스도를 찾기 위한 독특한 전략(직관적 방법)은 여러 가지 측면에서 약점으로 작용할 가능성이 많다. 켈러는 그리스도중심적 해석학 프레임의 엄격한 적용도 필요하지만, 지나치게 이 프레임에 기계적으로 매이기보다는 그리스도 중심적 해석학적 눈을 가지고 설교자가 직관을 통해 발견하는 것도 필요하다고 본다. 이는 본문에서 그리스도를 연결하는 방법 중 켈러의 가장 독특한 측면이면서 동시에 비판 여지가 가장 많은 원리이다. 켈러의 6가지 방법 중 직관적 방법은 일반 목회자들이 활용하기에는 어려울 뿐 아니라, 실제화해도 위험성을 내포하고 있다.

❶ 켈러는 모든 성경에서 그리스도를 드러내는 엄격한 방법론의 한계를 인지하면서, 너무 엄격하게 그러한 방법론에만 고수하기보다 어떤 경우에는(다른 다섯 가지 방법으로 그리스도를 연결하기 어려운 경우) 해석학적인 방법론으로는 정확히 맞지 않는다 하더라도 자연스럽게 그리스도를 연결할 수 있는 소위 '직관적' 혹은 실존적인 방법을 활용하는 것이 필요하다고 본다.738 켈러는 때로는 본문의 단어, 구, 아이디어를 활용해서 직관적으로 그리스도를 연결하는 것을 시도한다. 성경에서 그리스도를 나타내는 여러 해석학적 방법 가운데 켈러의 직관적, 실존적 원리는 독특한 공헌인 동시에 주관적인 측면이 담긴 위험이 내포된 방법이라고 할 수 있다.

❷ 설교자의 주관적인 해석이 될 가능성이 있으며, 주제 혹은 제목설교와 같은 방식으로 흘러갈 위험성이 내포되어 있다.

❸ 켈러의 탁월한 해석학적 기초와 그리스도 중심적 설교의 혜안과 경험이 긍정적인 방향으로 작용하여 직관적 방법이 좋은 성공을 거둔다 할지라도, 켈러의 설교들 가운데 직관적인 방법이 무리수가 될 수 있다는 것을 보여주는 예들도 있다. 또한 켈러의 직관적인(실존적인) 방법이 어느 정도 타당성이 있다고 하더라도, 켈러가 가진 해석학적, 설교학적 능력과 경험을 아직 가지고 있지 않은 설교자들이 이 방법을 수용하여 목회적으로 활용하는 것은 더욱 위험한 시도가 될 수 있다.

❹ 예를 들어 '미녀와 야수'에서 야수를 그리스도와 연결시키는 시도의 예처럼, 성경 안 인물이 아닌 인문학적 내용이나 인물과 그리스도를 연결시키는 시도는 무리한 방식이라고 볼 수 있다.

❺ 직관적, 실존적 방법은 자가당착 오류에 빠질 위험성에 노출될 수 있다. 본문의 저자가 의도한 의미와 중요성을 강조했으나, 직관적인 방법론을 해석학적 이론과 그리스도 중심적 설교 이론에 대해 충분히 준비되지 않은 설교자가 활용하는 경우 본문의 맥락과 저자 의도적 의미

와 적용에서 벗어난 주관적인 해석학 오류에 빠질 수 있다. 특히 본문의 언어적, 문법적, 문예적, 역사적, 신학적 주해를 철저히 거치지 않은 상태에서 특정 단어, 구, 아이디어에서 그리스도를 설교자의 직관에 의존해 연결시키는 것은 여러 가지 해석학적 위험에 노출될 수 있다. 설교자의 그리스도중심적 설교의 쌓인 노하우, 그리스도에 대한 경험과 전반적인 성경신학적 지식과 지혜가 투영된 '직관적'(실존적) 방법이 새로움과 통찰력을 줄 수 있으나, 주석가들과 해석학자들의 지지가 없는 직관적인 방법은 기존의 그리스도 중심적 방법론의 틀이 아닌 주관성의 틀에 메이게 될 수 있다. 혹은 그리스도중심적 해석과 주관적 방법의 혼합적인 방식으로 작용할 수 있다.

6) 변증적 설교 관점에서의 비평

켈러의 전제주의 변증 설교 방식은 분명 여러 가지 강력한 장점들을 가지고 있다. 그러나 켈러의 변증형 설교를 한국교회 상황에 적절히 활용하기 위해서는 다음과 같은 부분들도 발전적으로 고려해야 할 필요가 있다.

첫째, 현대 강해설교 관점에서 켈러의 변증 설교에 대한 더욱 냉철한 평가가 필요한 부분도 있을 수 있다. 현대 강해설교학에서 말하는 강해설교적인 면모보다 주제설교와 강해설교를 혼합한 형태에 가깝다고 볼 수 있으며, 텍스트의 저자가 의도한 의미와 적용을 찾아내어 원리화를 통해 현대적 적용으로 옮겨가는 데 초점이 있기보다 그리스도(구속사), 청중의 주제, 현대적 이슈, 신학적 교리, 교리적 변증 등에 더 초점을 맞추고 있지는 않는지, 저자가 의도한 의미와 적용에 대한 언어적, 문법적, 역사적, 구조적인 분석보다 특정 주제를 본문에 대입하는 경향은 없는지 등에 대한 냉철한 논의가 더 필요하다. 또한 모든 설교가 전제주의 변증 설교의 형태로 환원되거나 고정될 수가 없다는 점도 고려되어야 한다.

둘째, 전제주의 변증을 위한 불신자들(회의주의자들)의 공감과 신뢰를 얻기 위해 활용하는 설교자 텍스트, 설교자의 내러티브, 폭 넓은 신학 스펙트럼의 학자들의 글과 책들을 인용함으로 그들의 신학적 입장이나 주장을 다 배제하지 못하고 청중들이 영향을 받거나 혼합주의로 변질될 위험성이 배제할 수 없다. 예를 들어, 새 관점 학파와 연관된 톰 라이트의 책과 주장들을 종종 인용[739]하는 경우 켈러의 변증을 강화시킬 수는 있겠지만, 켈러의 신학적 배경이기도 한 개혁주의 신학적 관점에서 수용하기 힘든 다른 신학적 배경과 입장에 대한 부정적인 면이 작용할 가능성을 완전히 배제하기는 어렵다.[740]

셋째, 세속주의와 회의주의자들의 전제를 무너뜨리기 위해 활용하는 분야의 권위자나 학자들의 이론과 주장을 활용하는 장점도 분명히 있으나, 일반적인 교회의 설교자들이 그들의 전제를 무너뜨리는 지점까지 논리를 끌고가는데 넘어야 할 장벽들이 결코 쉽지 않다는 점이다. 나아가 그들과의 일종의 변증적 대화 과정에서 지성적 연결과 세계관 다리 놓기는 전략적 도구에 불과하며, 성령 하나님의 주권적인 역사가 없이는 아직 중생하지 않은 불신자들의 대화 자체가 어렵고 변증적 시도가 실패할 가능성이 높다는 점을 냉철하게 인식해야 한다. 이러한 변증 과정에서 성경과 복음을 통한 변증이 아닌 그들의 전제와 세계관이 다 걸러지지 않고 일반 목회자들이나 청중들에게 영향을 미칠 수 있고, 성경의 아이디어와 사상을 남기기 보다 오히려 그들의 책과 주장 등이 더 임팩트를 남기는 위험성도 내포하고 있다.

넷째, 바울의 아레오바고 설교 모델에 비추어 볼 때, 켈러의 변증 설교를 위한 지성적 연결과 신뢰 형성 단계에서 성경적 세계관과 기독교 신앙을 가지고 있지 않는 학자들 및 권위자들의 주장, 이론, 논리, 생각 등에 대한 적절한 이해와 존중은 필요하지만, 지나치게 상대방을 의식하고 배려하는 것은 위험할 수 있다. 즉 설교자가 고도의 연결점을 이어가는 과정에서 그들의 관점을 어느 정도 인정하거나 오류에 편승할 수 있는 위험성, 신학적인 문제를 야기할 가능성을 경계해야 한다. 전제주의 변증을 통해 그들의 논리와 세계관을 무너뜨리기 위해 일반 세속 영역과 학자들의 견해를 신중하게 활용하되, 궁극적으로 성경적 세계관과 그리스도 중심적 복음을 절대적 전제로 하는 변증과 철저히 성령의존적인 개혁주의 설교를 통해 하나님의 능력과 지혜인 십자가 부활을 전파함으로 "모든 이론을 무너뜨리며 하나님 아는 것을 대적하여 높아진 것을 다 무너뜨리고 모든 생각을 사로잡아 그리스도에게 복종하게"(고후 10:4-5) 해야 한다.

다섯째, 켈러는 균형잡힌 문화관을 통해 니버가 제시한 여러 모델 가운데 각 모델의 약점을 제거하면서 어느 한쪽 모델로만 제한하기보다 변혁적 모델을 중심으로 다른 모델의 장점을 수용하고자 한다. 이러한 균형잡힌 접근은 분명 강점이 있지만, 개혁주의 문화 변혁 모델을 약화시킬 수 있는 여지가 있으며 다른 모델들이 가진 신학적 위험성이 혼재하여 영향을 끼칠 수 있는 가능성을 열어놓게 된다.

카슨(D. A. Carson)은 니버의 문화관을 재평가하면서, 그의 문화에 대한 모델들을 견고한 성경신학의 관점에서 장점과 단점을 냉철히 평가해야 할 필요가 있다고 강조한다. 즉 니버의 그리스도와 문화에 대한 접근을 다양한 이론들을 통해서 비평해야할 필요가 있지만, 그의 이론적 모델의 성경적 기초가 되는 성경해석학적 접근, 역사적 근거, 세계관에 대한 성경신학적, 구속사적, 언약신학적 비평이 더욱 중요하다. 이런 맥락에서 니버 문화관에 대한 켈러의 입장은 균형잡힌 접근이라는 장점이 있지만, 보다 성경신학적인 평가와 함의를 통한 문화변혁적 모델 구축이 필요하다.[741] 켈러의 문화 모델들에 대한 탁월한 비교분석과 변혁주의 모델과 두 왕국 모델을 기초로 다양한 문화 모델의 강점과 통찰력을 수용하는 것은 켈러의 장점이기도 하지만, 그가 주장하는 '문화에 대한 통합적 합의점'이 어떤 모델이며 실제적으로 어떻게 적용될 수 있는지에 대한 논의가 충분히 제시되지 못한 아쉬움이 있다(실제 설교를 통해 문화에 대한 통합적 시간이 종종 드러나기는 하지만).

여섯째, 켈러의 전제주의 변증이 험증적 방식을 활용하여 균형적 변증을 추구하는 것은 분명한 유익이 있다. 그러나 성경 자체의 증거 외에 외부적 증거(역사, 문화, 사회)를 활용하는 변증을 시도함으로 전제주의 변증의 기본 토대인 순환론적 변증의 논리의 확신과 일관성이 흔들릴 가능성도 있다는 점도 고려되어야 한다.

일곱째, 반틸과 프레임의 전제주의 변증학 전통의(불신자와의 대화와 접촉점을 가능하게 하는) 결정적인 요소인 '성령의 역할'에 대한 강조가 충분하지 않다는 것이다. 이러한 전제주의 변증 설교에 있어서 성령의 역할과 중요성을 한국교회 설교자들은 더욱 인식해야 한다

여덟째, 켈러의 설교방식이 포스트에브리팅 사회문화 배경의 뉴욕 맨해튼 청중들에게 적합하였다고 해서, 다른 형태의 도시의 청중들에게 설교하는 설교자들에게 보편적으로 적용될 수 있는가? 그리고 한국이라는 다른 나라 문화권 청중들과 교회에 적용될 수 있는가에 대한 의문이 강하게 남을 수 있다.

켈러가 복음중심적 설교를 통해 변혁시키고자 하는 미국적인 포스트에브리팅 세대(청중)와 한국의 다음 세대(청중)는 공통점과 함께 '차이점'과 상황화 차원의 한계들이 존재할 수 있다. 미국은 이미 기독교 시대가 도래한 다음 후기 기독교 사회로 접어든 경우지만, 과연 한국은 포스트모던 시대를 맞이했음에도 불구하고 과거 기독교 사회가 된 적이 있었는가에 대해서도 강한 의문이 제기될 수 있다. 켈러의 모델은 뉴욕 맨해튼이라는 특수한 환경에 있는 청중과 수사학적 상황 가운데 형성된 전제주의 변증 설교이기에 분명히 성경적 상황화에 근거하여 한국 사회와 교회 가운데 상황화되어야만 하는 부분이 있다는 것을 분명히 감안해야 할 것이다. 또한 켈러 스타일을 모델로 삼은 차세대 복음중심적 변증 설교자 모델과 한국적 변증설교자 모델도 나와야 할 상황이다.

7) 적용(적실성 다리)과 변화(변혁의 다리) 차원의 비평

첫째, 적용해석학과 관련하여 켈러 설교의 적용에 대한 다음과 같은 비평적 질문을 던져볼 필요가 있다.[742]

❶ 켈러는 객관적인 그리스도 중심적 강해를 통해 주관적인 묵상에 기초한 영해화된 적용, 알레고리화된 적용패턴을 원천적으로 훌륭히 차단하고 있으나, 켈러의 설교는 종종 개인적인 묵상과 영성에 영향을 어느 정도 받은 해석과 적용의 경향이 나타나고 있지는 않는가?

❷ 켈러는 청중의 마음을 향한 적용을 추구하면서 회중 영적 상태에 대한 민감함과 심층적인 청중분석을 통한 깊이 있는 적용에 강점을 가지고 있으나, 본문에서 나온 적용의 무게감보다 심리학적 혹은 사사화된 적용이 더 비중있게 제시되는 경향은 없는가?

❸ 켈러의 적용은 새언약에 기초한 적용을 통해 율법주의적 혹은 도덕주의적 적용을 근본적으로 제거하는 모델을 제시하고 있으나, 오늘날 성화의 열매(율법의 제3용법)와 언약적 충성의 차원에서 은혜언약에 근거한 윤리적 적용과 실천에 대한 강조가 약화된 측면은 없는가?

❹ 켈러의 설교는 다양한 적실성 범주를 활용한 총체적인 적용의 면모를 보여주고 있지만, 적용의 형식이 정형화되어 있지 않는가?

❺ 켈러의 설교 적용은 균형이라는 최상의 강점을 가지고 있으나, 때로는 본문이 함의한 래디컬(radical)한 적용을 청중들에게 직접적으로 촉구하는데 힘을 다 싣지 못하고, 적용이 요구하는 결단과 헌신의 수준을 임의적으로 축소하는 경향이 없는가? 혹은 켈러의 카테고리화, 유형화의 강점이 오히려 본문의 역동적인 적용을 단순화 혹은 표준화된 적용으로 바뀌는 경향은 없는가?

❻ 켈러는 복음신학중심적 설교를 통해 적용으로 마무리되는 설교 방식의 틀을 사용할 때도 있지만, 적용을 제시한 다음 그리스도를 설교의 마지막 지향점으로 삼는 장점을 보여주고 있으나, 그의 구속사와 그리스도중심적 설교 지향성으로 인해 설교의 마무리에서 구체적인 적용 제

시와 결단 촉구의 요소가 약화시키지는 않는가?

❼ 켈러는 설교의 내용적 측면에서는 복음적 회개와 성화에 대한 적용을 제시하는 장점을 보여주지만, 이에 비해 전달적 측면에서 회개와 결단을 촉구하는 측면이 약하지는 않는가? 죄의 뿌리인 우상에 대한 깊은 분석과 통찰의 장점에 비해, 우상에 대한 철저한 회개와 결단에 대한 강력한 촉구는 약하지 않는가?

❽ 켈러는 설교의 전체 과정뿐 아니라 적용 과정에서 결정적인 역할을 하시는 성령의 주권적인 역사에 기초한 균형잡힌 적용에 대한 강조가 부족하지는 않는가?

둘째, 켈러의 적용은 대체적으로 적용의 패턴화를 활용하는 경향이 있다. 이는 적용적 차원에서 장점이면서도 동시에 원 적용의 풍성함이 적용의 패턴화로 제한될 수 있다. 켈러의 탁월하고 풍성한 현대적 적용에 비해 성경의 원 청중을 향한 원 적용(original application)이 더욱 확대되어 본문이 이끄는 적용에 대한 비중이 더 높아져야 할 필요가 있다. 또한 성경의 다양하고 풍성한 장르들이 가진 각각의 고유한 문예적 특성을 살린 적용도 발전적으로 살려나갈 필요가 있다.

셋째, 켈러의 다양한 적실성 범주 및 각 적용 영역들에 대한 한계점들을 냉철히 분석하고 건설적이며 발전적인 보완이 필요하다.

❶ 개인적 적용 영역에서는 마음을 향한 설교를 지향하는 차원에서 청교도 전통의 '양심'에 대한 적용이 더 세밀하게 강조될 필요가 있으며, 마음의 기능 가운데 '의지적 결단'에 대한 강조가 더욱 강화될 필요가 있다고 본다.

❷ 가정 영역의 적용에서는 결혼과 부부에 대한 적용의 풍성함에 비해 자녀 양육과 자녀들의 부모에 대한 태도에 관한 적용이 좀 더 보완될 필요가 있어 보인다.

❸ 교회 영역의 적용에서는 브로더스가 적용을 위해 필수적 요소로 강조한 목회적 심방을 통한 실제적인 적용이 더 강화될 필요가 있으며,

선교적 교회의 사명에 비추어 전도 현장과 해외 선교지에 대한 적용이 더 보완될 필요가 있다고 본다.

❹ 문화 영역에 대한 적용은 인문학적(역사, 문학, 철학) 다리놓기를 통한 적용의 탁월함에 비해 젊은 세대들에게 영향력이 큰 최근의 문화 트랜드와 뉴스, 영화, 음악, 드라마, 소셜 미디어, 게임, 인터넷 컨텐츠(예: 유투브) 등에 대한 적용은 발전적인 보완이 필요하다고 여겨진다.

❺ 윤리 영역에 대한 적용 측면에서 최근 윤리적 이슈들에 대한 적용에 대한 접근은 보완될 필요가 있다. 예를 들면, 켈러의 적용 가운데 4차 산업혁명과 AI(Artificial Intelligence) 혁명으로 야기되고 있는 다양한 윤리적 문제들에 대한 적용은 찾기가 어렵다.

❻ 사회 영역의 적용에 대해서는 현대 사회, 정의에 관한 권위(학자)자들의 논의에 비해 좀 더 성경적 사회 정의 모델 조명과 재적용이 강화되어야 할 필요가 있다. 또한 이 시대의 거대 담론적인 성격의 적용에 비해 사회와 국가의 최신 이슈와 연결된 적용은 비교적 적은 편이다. 민감한 사안이 될 수도 있지만, 미국중심주의와 자국 내에서와 글로벌 영역(예: 환경문제, 전쟁, 테러, 기아)에서 성경적으로 바람직하지 않은 방향으로 추구하고 있는 부분들에 대한 선지자적 비판과 회개촉구 차원의 적용이 아쉬운 부분이다.

❼ 종교적 영역의 적용이 설교 가운데 탁월한 통찰력으로 제시될 때도 있으나, 기독교 외에 다른 주요 세계 종교들, 사이비와 이단들, 샤머니즘 종교, 최근의 신흥 종교들 등에 대한 보다 전문적인 분석과 적용이 보완될 필요가 있다.

넷째, 바울의 적용(딤후 3:16-17)과 청교도와 윌리엄 퍼킨스의 4가지 적용 문법을 발전적으로 제시한 조엘 비키(Joel Beeke)의 6가지 유형의 적용(교훈적 혹은 교리적 적용, 논박과 오류에 대한 책망, 권면과 격려함, 죄에 대한 책망함, 위로와 인내를 격려함, 시험과 고난에 대한 합당한 반응) 가운데 '교정' 적용의 강점에 비해 '죄에 대한 책망' 차원의 적용이 더 강화되어야 할 필요가 있다.

8) 청중 주해 관점에서의 비평

켈러의 청중분석의 탁월함은 그 자체이다. 한 예로, 사회통계학적 분석을 통해 청중들의 '직업'과 직업 선호도 분포까지 입체적으로 파악하고, 복음을 직장에 '적용'했을 때 나타나는 변화(변화 이전과 변화 이후)까지도 분석하는 치밀함을 보여준다.[743] 그러나 좀 더 엄격한 설교학적 잣대를 가지고 비평해 본다면 다음과 같은 질문들이 제기될 수 있다.

❶ 켈러의 청중 주해의 가장 특징적인 영역이라고 할 수 있는 청중의 영적 우상에 대한 분석을 어떻게 성경신학적이며 객관적으로 실행할 수 있는가?

❷ 켈러의 또 다른 강점인 12가지 종류의 청중의 영적 상태 분석은 어떻게 진행할 수 있으며, 영적이면서도 객관적인 결과를 확보할 수 있는가? 켈러가 목회하는 리디머 교회 청중들의 다양한 유형들을 분석한 것인가 아니면 가상 청중을 분석한 것인가?

❸ 켈러는 청중의 우상과 영적 상태 분석의 유형에 대해서는 밝힌 바 있지만, 어떤 방식으로 청중을 분석하는지에 대해서는 명확하게 제시하고 있지는 않다. 따라서 최근 설교학 안에서 제시되고 있는 청중 주해 이론과 객관적인 청중 분석의 방법을 통한 지속적인 연구와 목회적 실천이 필요하다. 예를 들어, 심리학적 분석, 사회 통계학적 분석, 개인에 대한 적용격자, 소그룹과 심방을 통한 청중 분석, 설문 분석 등을 통한 객관적인 청중 분석 방법들도 함께 활용할 필요가 있다.[744]

❹ 켈러의 강점은 세계관 주해, 문화 주해, 우상 주해, 영적 상태 주해, 청중의 필요에 대한 주해라고 할 수 있다.[745] 그러나 이러한 발전적 영역에 대한 보다 심층적인 연구와 설교학적이며 구체적인 방법론이 제시되어야 할 필요가 있다.[746]

9) 설교 작성과 전달 차원의 비평

켈러의 탁월한 설교 전달은 완벽에 가까운 원고 작성이 뒷받침되어 있기 때문에 가능한 것이라고 판단된다. 실제 설교 원고를 보면(6장), 설교의 내용을 매우 치밀하게 번호 순으로 정리해 놓았다는 장점도 있지만, 적용지향적 구어체로 완성된 문장들로 작성했다기 보다는 설교 내용을 약어와 요약된 문장을 활용한 형태의 원고에 가깝다는 점을 알 수 있다. 올드도 치밀하게 완성된 설교원고(written manuscript)를 통한 설교 전달이 아닌 구어체, 비형식적, 즉흥적인 요소가 들어있는(올드는 실존주의 영향이라고 지적함) 켈러의 설교 원고에 대한 아쉬움을 표현한다.[747]

〈실제 원고 예: 요한복음 17:6-11 설교〉

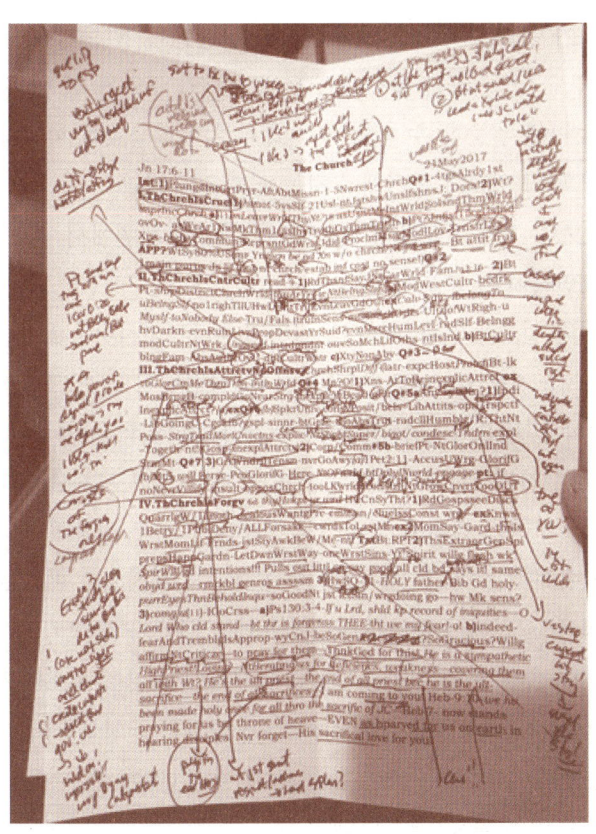

4부 팀 켈러 설교에 대한 종합 평가

켈러의 오랜 목회와 설교의 경험을 통해 자신 만의 설교 원고 스타일로 장단점이 있을 수 있으나, 설교자들은 강해설교 준비의 단계에 따라 충실히 원고를 작성하고 청중들에게 들리는 구어체 문장을 가능한 완벽히 만들어 여러 번 숙지하고 연습한 다음 1-2장 요약된 설교문을 가지고 전달하는 것이 이상적이라 할 수 있다.

때로는 1장으로 요약하여 거의 켈러 자신만 알 수있을 정도로 빽빽하게 정리한 요약 설교노트를 가지고 설교한다는 것을 알 수 있다.

탁월한 학자적 분석력과 일주일에 80시간을 연구함으로 나오는 인문학적 혜안과 통찰력을 갖춘 켈러의 복음중심적 변증 설교를 평범한 일반 설교자가 목회 현장에서 구체적으로 실현할 수 있는가에 대한 의문이 남을 수도 있다. 또한 실제적으로 켈러는 일 주일에 한 번 정도의 설교(초기엔 2번)에 집중할 수 있었지만, 대부분의 한국교회 사역자들은 한 주에 여러 편의 설교를 준비해야 하는 어려움도 있다.

구체적으로 그의 설교를 설교 원고와 작성의 차원에서 몇 가지 발전적으로 고민해야 할 부분이 있다.

❶ 켈러의 설교는 은유/메타포, 이미지, 비유, 그려지는 묘사, 멀티 센셔리(청각, 시각, 후각, 촉각, 미각)를 담긴 표현, 상상력이 담긴 그림언어가 더 보강되어야 할 필요가 있어 보인다.[748] 삼위 하나님의 '춤'이라는 이미지를 사용하여 전체 설교의 처음과 끝에 훌륭한 메타포가 활용되는 경우도 있다.[749] 켈러는 씨에스 루이스의 작품들을 자주 인용하면서 이러한 측면을 활용하려는 마인드를 읽을 수 있으나 전체적으로 메타포와 그림언어 등이 설교 언어에 충분히 활용하는데는 한계가 있다.

❷ 켈러의 설교 전달은 논리적이고 언어적인 좌뇌적 요소와 우뇌적인 요소들(그림언어, 이미지, 은유, 비유, 내러티브)이 적절히 균형을 이루면서 커뮤니케이션 전략(실물, 영상, 드라마, 찬송, 피드백, 유머, 대화 등)을 더욱 적극적으로 활용하는 것이 필요하다. 켈러의 설교는 몰입도, 드라마틱, 서스펜스, 스릴, 예측불허 등과 같은 시네마적 요소가 더 보완되어야 할 것으로 보

인다.

❸ 켈러 설교에는 다른 장점에 비해 예화과 관련된 아쉬움이 있다. 첫째, 종종 진젠도르프(모라비안 창시자) 예화, 니콜라스 리들리와 휴 래티머 순교 예화 등750 교회사 예화가 있으나 비교적 약한 편이다. 둘째, 켈러는 드물게 자신의 이야기를 예화로 사용하곤 한다. 자신의 첫 목회지였던 호프웰 교회 목회 예화(여학생의 질문과 대화)나 목회자의 자존감과 관련된 자신의 이야기, 갑상선 암에 걸려 죽음과 두려움과 불안을 경험한 예화는 매우 강력하고 효과적인 설교자 자신의 예화라고 할 수 있다.751 청중을 향해 자신을 낮추는 유머나 자신의 삶 가운데 얻은 진솔한 예화가 부족한 편이다. 특히 후기 모던 사회와 포스트에브리팅 세대에 이러한 설교자 개인의 솔직하고 투명한 진정성 있는 예화가 더욱 필요하다.

❹ 켈러 설교의 정형화된 서론과 결론은 보다 효과적이며 다양한 도입부와 마무리 전략으로 작성될 필요가 있다.752

❺ 켈러의 논리적인 언어들의 장점을 살리면서도, 예수님과 바울의 모델이 보여준 언어의 색채를 전체적으로 입히는 작업이 보수되어야 할 필요가 있다. 예를 들어, 예수님이 사용하신 직유법, 은유법, 다지칭법, 환유법, 제유법, 과장법, 의인법, 돈호법, 완곡어법, 반어법, 역설법, 언어유희, 유머, 수수께끼, 경구 혹은 금언, 반복, 논리적 추론, 대조, 실례와 설명, 시 등과 같은 탁월한 수사학적 언어를 설교자들이 원고를 작성할 때 더욱 연습하고 활용할 필요가 있다.753

또한 바울이 당대 수사학적 방법뿐 아니라 설교 언어로 활용한 '직유법, 은유, 환유, 제유법, 의인법, 돈호법, 완곡어법, 과장법, 곡언법, 아이러니, 비꼬는 말, 역설, 모순어법, 유머, 언어유희, 두운법, 유음법, 격언, 반복법, 동의어법, 대조법, 나열 또는 열거, 숙어, 구조적 유형들로 대구법, 변화, 인클루시오(Inclusio), 교착어법(Chiasm), 점강법 등을 설교 작성에 활용할 필요가 있다.754

10) 설교 전달 측면에서 비평

켈러의 설교는 내용뿐 아니라 전달 측면에서도 전체적으로 훌륭하다고 할 수 있다. 그러나 설교 커뮤니케이션 차원에서 켈러의 언어적 전달과 비언어적 전달에 대한 발전적인 평가를 시도해보고자 한다. 비언어적 커뮤니케이션(nonverbal communication)을 언어적 요소들이 아닌 도구들에 의한 소통 혹은 언어가 없는 소통, 언어를 담고 있지 않은 신호 시스템에 의한 소통이라고 정의할 수 있다.[755]

설교적 차원에서는 언어로 전달되는 컨텐츠가 비언어로 전달되는 요소보다 더 본질적으로 중요하다는 전제 아래서, 커뮤니케이션 차원에서는 비언어적 전달이 언어적 전달보다 청중들에게 더 임팩트가 크게 작용할 수 있다.[756] 설교자(화자)의 메시지가 청중(청자)들에게 전달되는 과정에서 언어적 도구들이 미치는 효과는 35% 정도인 반면, 비언어적 요소가 미치는 영향력은 65%를 차지할 정도로 언어적 차원보다 비언어적 차원의 요소가 청중들에게 효력을 가지고 있다.[757]

그러나 혼란의 여지가 있기 때문에 '비언어적 전달'이라는 개념보다는 신체 언어(body language)라는 표현이 더 적절하다고 판단되며, 첫인상, 움직임, 눈맞춤, 얼굴표현, 외양, 멈춤, 제스처를 포함하는 신체언어와 목소리와 음성(음량, 비율, 톤, 속도) 차원을 포함하는 유사언어, 설교자의 복장 및 외양, 장소와 시간 등을 포함한 외부 요소로 분류할 수 있다.[758] 설교자는 설교를 청중들에게 효과적으로 전달하기 위한 신체 언어와 유사언어를 더욱 적극적으로 개발해야 한다.[759]

❶ 켈러의 설교 전달에 있어서 가장 큰 장점은 청중들에게 인격적 성품을 통한 신뢰성과 함께 목소리와 표정을 통해 전달되는 신뢰감이라고 할 수 있다. 또한 켈러가 강조하는 예수 그리스도와 십자가(복음)를 통해 "역전된 에토스"(reversed ethos)로 청중들을 설득하는 강점을 가지고 있다. 그러나 설교 전달 과정에서 청중들에게 가장 강력한 임팩트를 미치는

얼굴표현과 눈을 통한 커뮤니케이션이 더 풍부하게 활용되지 못한 점은 아쉬운 부분이다.

❷ 켈러의 유사언어 가운데 제스처가 비교적 활발하게 표현되고 있다. 그러나 몸의 움직임은 거의 없는 편이기 때문에 설교자의 움직임을 통한 신체언어적 전달은 한계가 있다.

❸ 설교의 중요한 부분을 전달하는 순간에 효과적인 멈춤(pause) 기법은 거의 사용되지 않고 있다.

❹ 켈러의 설교 전달은 '유사언어' 영역인 목소리의 강약고저, 스피드 다양화를 통한 목소리의 역동성 부족은 청중들을 지루하게 만드는 하나의 원인으로 작용하고 있다. 유사언어 즉 목소리(Voice)의 호흡(breathing)과 발음(articulation)은 좋은 편이나 목소리의 성량/음량(volume) 조절, 어조(tone)의 변화, 음성고저(pitch)의 역동성, 속도(speed)의 변화, 강도(intensity) 조절은 켈러 설교의 약한 부분이라고 볼 수 있다. 이러한 유사언어의 역동적 전달을 위한 발전적 보완이 필요하다. 이를 위해서는 설교 원고에 유사언어와 신체언어를 미리 적절하게 표시해서 반복해서 연습하는 것도 필요하다.

❺ 켈러 자신이 강조한 전달 원칙에 미흡한 부분이 있다.[760] 조엘 비키(Joel Beeke)가 개혁주의 설교 전통에서 '실존적 경험'이 살아있는 설교(experiential preaching)를 강조한 것처럼, 성경 본문에 기준을 둔 진정한 기독교인의 '경험'(비기독교인과 구별된), 절대 진리와 교리를 삶 가운데 적용하고 실천할 때 얻을 수 있는 '경험', 현대의 피상적인, 은사적인 체험이 아닌 철저히 계시된 하나님의 말씀과 성령 안에서 예수님과의 참된 교제를 통해 신자의 영혼이 영적인 만족을 얻을 수 있는 '경험'을 더욱 켈러의 설교 가운데 강조할 필요가 있다. 설교자가 감정적으로 민감해야 한다는 전달의 원칙에 얼마나 충실한지 냉철히 살펴볼 필요가 있다. 또한 말씀과 함께 역사하시는 성령의 임재가운데 엄숙함을 놓치지 않으면서, 본문에서 나오는 감정(Text-driven emotion)을 얼굴과 눈, 목소리를

통해 더 깊고 풍성하게 나타내는 것을 보완할 필요가 있다. 나아가 청중들의 감성적 지성인 첫번째 뇌(First brain)를 먼저 터치한 다음 논리적으로 설득하는 것이 필요하다.[761]

❻ 설교의 전령(Kerux)으로서 켈러는 디다케적 스타일이 강한 반면 본질적 요소 중 하나인 '케리그마'(Kerygma)적 선포가 약한 경향이 있다. 또한 긴급함(urgency)의 요소를 통해 즉각적인 결단을 촉구하는 강렬함이 보강되어야 한다.

❼ 켈러는 청중을 변화시키기 위해 강한 도전과 사랑과 긍휼의 균형을 추구하는 원칙을 제시한 것은 이상적이지만, 본문에 따라 때로는 설교자가 강하고 담대하게 변화에 대한 적용과 결단을 도전하는 단호함이 약한 경향이 나타난다.

❽ 켈러의 전달 가운데 뜨거운 열정과 긴급성의 부족을 지적하지 않을 수 없다. 또 한가지는 로고스, 에토스적인 강점에 비해 파토스적인 측면이 조금 아쉽다. 설교자의 복음에 불타는 '열정'에서 품어져 나오는 '강렬함'이 켈러의 전달에서는 부족하다. 바울의 설교신학에 기초를 둔다고 고백한다면, 켈러 설교의 강점인 로고스 측면과 에토스 측면을 더욱 살리면서도 바울이 특별히 강조한 성령의 나타나심과 능력의 차원(고전2:1-4)에서 파토스를 더욱 강조해야 할 필요가 있다(살전 1:5).

❾ 설교의 목적으로서 '변화'(transformation)를 추구함에 있어서, 켈러의 설교는 설교의 클라이맥스에서 청중들에게 말씀의 적용에 따라 성령 안에서 '변화되라'는 촉구가 더 강조되어야 한다. 변화를 설교의 방향성으로 강조하는 것은 긍정적이나, 철저히 성령의 사역을 통한 변화를 더욱 강조해야 한다.

그의 설교학 책에서 성령의 역할을 강조하기는 했으나,[762] 설교 실제에서는 성령의 주도적 역할에 대해 많이 발견하기는 쉽지 않다. 또한 설교 플롯(율법에 순종 해야 함→할 수 없음→그리스도 완성→율법 행할 수 있음 단계)의 마지막 단계에서 단순히 행할 수 있다가 아닌 오직 '성령 안에서' 행할 수 있음을 더욱 강조해야 할 필요가 있다. 또한 켈러는 설교의 목적을 변화를 넘어 하나님을 '예배'(adore)하는 것이라고 한 것은 정당하지만, 설교의 중심 주제와 흐름(장르)을 그리스도중심적 예배 전체 구조와 어떻게 유기적으로 연결할 것인지에 대한 통합적 접근은 부족한 편이다.

❿ 켈러의 설교에서 변혁적 설교를 위한 설교의 전 과정 가운데 특히 설교의 전달 과정에서 성령의 결정적 역할이 더 강조될 필요가 있다. 즉 설교의 모든 과정에서 성령의 부어주심과 기름부으심, 조명하심을 더욱 강조할 뿐 아니라 커뮤니케이션 과정에서 성령의 나타남과 성령의 감동을 통한 청중의 반응과 결단 요청에 대한 특별한 강조가 필요하다. 나아가 설교를 전달한 후에도 청중의 삶 가운데 말씀의 순종과 변화의 차원에서도 성령을 따라 행함과 성령의 변화되게 하심, 성령의 열매 맺게 하심의 역사를 더욱 강조해야 할 필요가 있다.[763]

에필로그

켈러의 설교세계에서 빛나는 별들의 좌표를 따라…

켈러의 설교세계를 7가지 열쇠를 통해 하나씩 문들을 열고 탐색해 보았다. 그러나 그의 설교세계 가운데 모든 영역을 탐험해 보지는 못했고, 탐색을 집중한 영역들도 상세한 지점들까지 가 보지 못한 것도 사실이다. 그럼에도 불구하고 십여 년 동안 그의 설교를 수시로 연구하면서 그의 설교세계에서 가장 빛나는 별들의 좌표를 발견할 수 있었다. 즉 켈러가 추구한 설교의 세계 속에서 설교의 원거리 렌즈를 통해 볼 때 빛나는 별은 칼빈주의 설교의 전통을 후기 현대주의 시대 가운데 창조적이며 발전적으로 계승하였다는 점이다. 두 번째 켈러의 설교세계에서 빛나는 강점의 별은 해석학적으로 잘 균형잡힌 패러다임과 유기적인 비의도적 설교학적 프레임이다. 세 번째 켈러의 설교세계에서 가장 크고 밝게 빛나는 별은 예수 그리스도를 드러내는 복음신학 중심의 설교이다. 네 번째, 켈러의 설교세계에서 가장 예리하게 빛나는 별은 학자적인 분석력을 통한 전제주의 변증 설교이다. 다섯 번째, 켈러의 설교세계에서 빛나지 않지만 가장 깊고 영롱한 별은 회중들의 마음을 향한 설교이다. 여섯 번째, 켈러의 설교세계에서 가장 여러색깔이 혼합된 별은 문화변혁적 설교이다. 일곱 번째, 켈러의 설교세계는 가장 여러 모양의 빛으로 바뀌는 다차원적 적용의 별이다. 여덟 번재, 켈러의 설교세계에서 가장 오래된 별은 고전수사학과 현대 커뮤니케이션 전략이다.

　이와 같이 설교자들은 켈러의 설교세계에서 다채롭게 빛나는 장점의 별들을 설교 사역의 방향을 다시 잡거나, 설교 사역의 목적지로 나아가기 위해 찍어야 할 좌표로 삼아야 한다. 그러나 켈러의 설교세계를 치열한 연구와 균형 잡힌 상황화의 과정이 없이 무비판적으로 수용하는 것은 바람직하지 않다. 또한 켈러의 센터 처치와 설교 모델을 하나님 나라 성장이 아닌 또 하나의 교회성장을 위한 방법론이나 도구로 접근하는 것은 위험하다. 켈러의 복음중심적 설교가 가진 본질적 요소에 집중해야 한다. 켈러의 그리스도 중심적, 복음신학적 설교와 전제주의 변증 설교는 어떤 의미에서 매우 부담스러울 정도로 래디컬(radical)하다는 점을 잊어서는 안 될 것이다. 어쩌면 켈러의 복음중심적 설교는 오늘날 수많은 한국교회와 설교자들에게 단순히 기존에 자신이 추구해온 설교에 세련되고 화려한 무언가를 덧붙이는 것이 아닌, 설교의 이론과 전략, 프레임과 방법론의 차원의 업그레이드가 아닌 목회와 설교의 근본적인 토양부터 기경할 것을 요구하고 있는지도 모른다. 켈러의 설교는 '과연 자신의 설교 철학과 근본 방식을 성경과 그리스도중심적인 설교로 바꾸고 오직 복음으로 승부하고자 하는가'라는 질문 앞에 겸허히 서게 만든다. 이런 차원에서 필자가 제시한 켈러 설교세계 가운데 지속적으로 고민하고 비평적으로 접근해야 할 부분들이 있다는 점을 설교자들은 기억해야 한다. 즉 성경적 강해설교의 철학과 빅아이디어(중심명제)의 관점에서 켈러 설교에 대한 발전적 비평, 성경적 강해설교의 구조와 형식의 관점에서 켈러 설교에 대한 창조적인 비평, 텍스트 장르에 민감한 성경적 강해설교 관점에서 본 주해 과정에 대한 해석학적인 비평, 그리스도중심적 복음신학화 차원에 대한 비평, 전제주의 변증적 설교 관점에서의 비평, 적용(적실성 다리)과 변화(변혁의 다리) 차원의 비평, 청중 주해 관점에서의 비평, 설교 작성과 전달 차원의 비평이 발전적으로 더 필요하다.

　앞으로 한국교회 설교자들이 켈러를 포스트모던 다음 세대들의 세계관을 변혁시키기 위한 하나의 복음중심적 강해설교의 모델로 삼기 위해서는 개혁주의 변증학뿐만 아니라 개혁주의 성경관과 해석학에 기초한 개혁주의 설교적 관점에서의 더욱 포괄적이고 심층적인 연구가 요청되며, 나아가 설교(목회) 현장의 실천적인 관점에서도 비평적인 연구가 계속적으로 필요하다. 켈러의 복음중심적 강해설교의 여러 원리들과 전략들이 한국교회에도 상황화되고 발전적으로 수용되어야 할 필요가 있지만, 비평적인 질문을 통해 더욱 냉철한 연구와 평가가 함께 병행되어야 할 것이다. 나아가 켈러의 복음중심적 강해 설교와 전제주의 변증 설교를 교회 현장에 접목하여 열매를 맺어가는 좋은 한국교회 설교자 모델들과 이에 대한 연구와 나눔이 필요한 시점이다.

그럼에도 불구하고, 한국교회 설교자들에게 켈러의 복음중심적 전제주의 변증 설교는 개혁주의 전통을 발전적으로 계승하면서도 포스트모던 세대들의 세계관과 문화를 변혁시킬 수 있는 모델을 보여주고 있다. 켈러의 모델에 관한 상세한 논의를 통해 살펴본 것처럼, 절대진리에 대한 회의주의와 해체주의, 인식론적 상대주의와 반전제주의에 빠져 소망이 없는 포스트에브리팅 세대들에게 '소망에 관한 이유'(불신앙에 대한 성경의 적용으로써)를 제시하고 근본적인 전제(세계관)을 변혁시키기 위해서는 절대적인 기독교 진리와 하나의 고정된 통전적인 세계관으로서 그리스도의 복음에 기초한 전제주의 변증 설교가 필요하다. 그들의 해체주의 세계관을 해체(de-deconstruct)하기 위해서는 전제주의 변증 설교라는 밧줄을 통해 말을 강가로 이끌어가야 한다. 이러한 절대적 복음 세계관에 기초한 전제주의 변증 설교의 모델로서 켈러의 핵심 개념인 "균형화"(balancing)를 한국교회 설교자들은 회복해야 할 필요가 있다.

한국교회 설교자들은 켈러의 모델이 보여준 것처럼, 개혁주의 설교학의 전통 위에서 현재 한국사회의 포스트에브리팅 세대들은 철저히 연구하고, 그들의 세계관을 변혁시키기 위한 복음중심적 변증 설교의 필요성을 넘어 구체적인 대안을 구축하고 발전시켜 나가야 한다. 이를 위해서는 다음과 같은 설교적 좌표들을 입체적으로 설정하는 것이 필요하다.

첫째, 개혁주의 설교와 변증 전통을 발전적으로 계승하여 포스트 에브리팅 세대를 변화시키는 균형 잡힌 복음신학적 강해 설교를 추구해야 한다. 켈러의 설교 철학을 한 마디로 정리하자면 '가스펠 프리칭'(Gospel Preaching) 즉, 철저히 그리스도에 기초한 '복음신학적 강해설교'라고 할 수 있다. 모든 사역과 설교의 중심축이 그리스도중심적 복음이라는 신학(교리)인 것이다. 따라서 '복음신학'이라는 설교철학을 모든 사역과 설교의 핵심축으로 삼은 켈러와 같이 설교자 자신만의 빛나는 핵심 설교 철학의 보석을 먼저 모든 사역과 설교 중심에 자리잡도록 해야 한다. 켈러를 집중 연구하는 것이 필요하지만, 켈러의 설교를 형성하게 한 개혁주의 전통과 설교자들을 먼저 연구하는 것도 필요하다.

둘째로 종교(율법, 도덕주의)와 비종교(반율법, 상대주의)를 지양하고 그리스도에 초점을 맞춘 제 3의 길로서 복음신학화를 통한 전제주의 변증 설교의 균형화로 포스트에브리팅 세대의 세계관을 변혁시켜야 할 필요가 있다.

셋째, 복음중심적 강해설교와 전제주의 변증의 삼중적 기능(증명, 변호, 비판)의 균형화를 통해 포스트모던 세대들의 삶과 문화를 변화시켜 나가야 한다. 특히 현재 총체적인 위기에 빠진 한국교회 상황에 비추어 볼 때, 복음 세계관에 대한 수동적인 증명의 차원을 넘어 포스트에브리팅 세대의 회의주의와 사방에서 날아오는 기독교에 대한 공격에 담대히 맞서 절대적인 진리의 복음을 변호하는(종교개혁자 칼빈의 후예답게) 전제주의 변증 설교를 회복해야 할 필요가 있다. 더욱 원색적인 그리스도와 십자가 복음이 살아있는 변증적 설교를 통해서 회의주의, 도덕주의, 실용주의, 개인주의, 율법주의, 기복주의 등과 같은 다음 세대의 세계관을 변혁시켜야만 한국교회 다음세대 가운데 소망의 여명이 밝아 오를 것이다. 나아가 더욱 공격적으로 이 세대 가운데 있는 우상들을 해체하기 위한 비판적인 변증 설교의 기능을 회복해야 할 필요가 있다.

넷째, 포스트에브리팅 세대의 세계관 변혁을 넘어 총체적인 영역에서 구체적으로 변화시켜 나가기 위해서는 복음 중심적 강해설교와 전제주의 변증 설교에 있어서 다양한 적실성 범주의 적용 균형화가 필요하다. 켈러와 같은 가스펠 프리칭과 전제주의 변증 설교가 철학적, 신학적인 이성적인 논증에 머물러서는 안 되고, 총체적인 영역의 변혁을 향한 날카로운 적용의 검이 살아있어야 한다.

다섯째, 포스트에브리팅 세대의 문화를 변혁시켜 나가는 켈러 스타일의 가스펠 프리칭과 전제주의 변증설교를 위해서는 부족한 상황화와 지나친 상황화의 양극단을 지양하고 균형 잡힌 복음중심적 상황화와 수사학적 청중 분석과 적응(치밀한 전제주의 변증 프로세스가 체계화된)을 통한 문화 변혁을 지향해야 할 것이다.

여섯째, 켈러처럼 탁월한 로고스뿐 아니라 진정성있는 에토스를 가지고 다른 어떤 설교자를 흉내내거나 복사하지 않고, 자신만이 가진 스타일과 자기 목소리로 설교하는 설교자가 되어야 한다. 켈러의 장점을 본받아 최대한 창조적으로 활용하면서 그의 약점을 보완하는 두 가지 전략을 동시에 하면서 설교자 자신에 대한 철저한 주해를 통해 켈러가 아닌 당신 자신이 되어야 한다. 켈러의 장점을 통해 배우며 그의 강점으로 설교자 자신의 약점을 보완할 뿐 아니라, 켈러의 한계와 단점들을 통해서도 겸허히 배우면서 발전적으로 그 한계의 담을 넘어가야 한다.

설교자에게 주어진 사명의 산 정상에 올라 노래부를 그날까지…

설교라는 험준한 산을 아무런 목표나 준비 없이 등정할 수는 없을 것이다. 켈러의 산들을 등정하여 정상에 서는 것이 필자를 비롯한 설교자들의 목적지가 아니다. 켈러의 산들을 등정하고 다시 각 자의 설교 현장으로 하산한 다음, 우리를 각각 설교자로 '부르신 이'께서 올라가라고 하신 사명의 산을 향한 소명의 등정을 철저히 준비해야 한다. 그리고 바울의 고백처럼 설교자가 '나의 달려갈 길과 주 예수께 받은 사명'(행 20:24)의 산을 오르고 또 올라야 한다. 각자가 올라야 할 사명의 산을 등정하여, 그 정상에서 각 설교자에게 성령님께서 보여주신 '비전의 깃발'을 꽂아야만 한다. 그 곳에서 주님의 이름을 외치며, 오직 나와 함께 하신 하나님의 은혜를 목놓아 찬양하는 그날을 소망하고 있는가?

켈러가 보여준 복음중심적 강해 설교의 루트를 통해 우리 각 설교자에게 주신 사명의 산의 정상을 등정하기 위해서는 설교자가 직접 전진기지 베이스캠프를 치고 기준점, 동기와 목표, 방향과 전략, 로드맵 등을 철저히 준비하는 작업이 꼭 필요하다. 또한 설교자가 등정을 하다가 악천후와 여러 가지 장애물로 인해 실패했을 때 다시 힘을 비축하고 준비하여 정상에 올라갈 수 있는 복음신학적 강해 설교의 베이스캠프(homiletical basecamp)는 필수적이다. 그 곳에서 그리스도중심적 강해 설교 등정을 위한 필수 준비물을 다시 점검해 보아야 한다. 설교자는 하나님께서 주신 말씀의 지도를 펼쳐놓고 설교자의 사명의 산 정상 포인트를 정한 다음, 복음신학적 주제를 품고 있는 본문의 산맥과 숲을 탐색함으로 가스펠 프리칭의 좌표를 입체적으로 이해해야한다. 켈러처럼, 오직 성령 안에서 그리스도와 복음을 전하는 소명을 받은 사명자로서 설교자(미셔널 프리처)는 영적 등정주의가 아닌 영적 등로주의를 선택함으로 새로운 '가스펠 프리칭'(Gospel Preaching)의 방향성과 루트를 창조적으로 개척해 나갈 필요가 있다.

켈러처럼, 험준한 복음신학적 강해 설교의 정상을 정복하기 위해 탁월한 강해 설교자들이 보여준 본문에 기초한 설교의 나침반이 필요하다. 설교 사역의 베이스캠프에서 가장 중요한 과정과 준비는 방향을 좌우할 '나침반'을 확보하는 것이다. 이 나침반은 성경과 교회사 속에 설교의 정상을 등정했던 설교자들이라고 할 수 있다. 이런 의미에서 강해 설교의 첫 번째 베이스캠프는 교리 설교의 험준한 산맥들을 정복한 구약의 모세, 에스라, 선지자들과 같은 설교자들이라고 할 수 있다. 초대

교회와 종교개혁 설교자들과 그 후예들은 거대한 시대의 도전 앞에 견고한 실천적 설교를 통해 응전하였다. 어거스틴, 크리소스톰, 칼빈, 퍼킨즈, 에드워즈, 스펄전, 로이드존스과 같은 설교자들도 히말라야 산지와 같은 설교의 고산들을 정복한 등정가라 볼 수 있다. 성경의 설교 등정가 뿐만 아니라, 교회사 가운데 높은 산들을 등정하여 고지에 깃발을 꽂은 설교자들을 매 년 한명씩 연구해 보는 것은 설교자를 '켈러처럼' 탁월한 복음중심적 변증 설교가로 성장하게 하는 첩경이다. 역사속 탁월한 설교의 모델들은 깊은 산맥에서 발견한 빛나는 보석과 같은 적용을 통해 청중들로 하여금 성경적 메시지를 경험하고 신학적 이론과 원리에서 실천적인 삶으로 나아갈 수 있게 한다. 켈러처럼 이러한 개혁주의 산맥을 형성하고 있는 역사적 모델들의 설교의 유산을 계승하면서도, 좀 더 본문의 주해(저자가 의도한 의미)에 뿌리를 둔 변혁적인 적용의 열매를 지향하는 설교라는 정상을 향해 등정을 도전해야 할 때이다. 강해 설교의 거대한 산맥을 등정했던 설교자들을 나침반 삼아 베이스캠프의 방향을 잡은 다음, 현대 설교학의 지형을 살피는 '개념도'(지도)가 필요하다. 켈러의 연구를 통해서, 그리고 오늘날 시대에 더욱 발전되고 적합한 등정 가이드라고 할 수 있는 설교학자들의 개념도를 종합해 볼 때, 강해 설교는 기독교 진리를 삶 가운데 실제로 경험하기 위해 본문에 근거한 참된 신학에 뿌리를 둔 적용을 제시하여 개인과 모든 영역을 실천적으로 변혁시켜 그리스도의 형상을 닮아감으로 하나님께 영광을 돌리는 설교라고 정의내릴 수 있다.

켈러처럼, 설교자들이 사명의 산을 등정하기 위해서는 성령의 조명을 위한 기도의 램프, 정통신학 교리의 고글, 등정을 도와 줄 탁월한 주석과 개혁주의 교리를 체계적으로 정리한 조직신학 책의 셀파, 복음신학적 강해 설교 주제에 관한 서적의 패넌트(pennant: 산에서 코스를 잃어버리지 않도록 남겨 두는 작은 깃발), 개혁주의 전통의 교리와 고백서 안전벨트(Safety belt), 설교자와 회중들을 묶어줄 자일(Seil: 등산에 이용되는 로프), 여러 암벽들을 찍어서 오를 수 있게 할 주해와 신학에 기초한 적용의 피켈 등을 설교자들은 철저히 점검해야 한다.

켈러처럼, 그리스도중심적이면서 복음신학적 강해 설교자는 성경적 신학의 안경을 끼고 목회의 랜턴을 들고서, 주해의 씨줄과 신학의 날줄로 엮어 만든 등정 로프를 통해 설교자와 청중을 함께 단단히 묶고 함께 등정에 올라야 한다. 또한 설교자가 복음신학적 강해 설교 정상에 한 번에 오르기 위해 위험한 모험을 감행하기보다는 중장기 목회 설교 계획을 세우고 '고도순화 전략'을 따라 단계별로 정상에 오를 필요가 있다. 성경적 설교의 산을 넘는 것보다 정상에서 부를 송영적 설교(doxological preaching)에 설교자는 시선을 고정해야 하고, 설교라는 등산을 고역이 아닌 교인들과 함께 영적으로 즐기고 노래하는 산행이 될 수 있는 꿈을 꾸어야 한다. 설교의 목적 중 하나는 성경적 신학을 전달함으로 회중들이 교리적 지식(이해)을 넘어 하나님의 성품과 행하심을 성령과 진리 안에서 예배(송영)하고 경험하는 참된 예배자(요 4:22-24)로 서게 하는 것이다.

사명의 산 정상에 올라 비전의 깃발을 꽂고서, 설교자들은 '부르심의 소망'이라는 선율을 따라 회중과 함께 부를 승리의 노래와 그리스도께서 주실 은혜의 감격은 설교자가 등정 가운데 오롯이 짊어져야 할 무거운 사명의 짐을 기쁨으로 견디게 할 것이다. 마침내 소명자가 올라야 할 설교자의 사명의 산 정상에 서는 그날, 설교자와 청중은 삼위 하나님을 향한 송영(doxology)의 찬양을 힘차게 불러 멀리 산 아래 마을들 가운데 메아리치게 할 것이다.

너무나 연약하고 부족한 설교자이지만, 주님께서 부르신 사명의 산에서 생명되신 그리스도로 가득찬 가스펠 프리칭의 작은 물방울을 흘려보낼 때, 그 물방울들이 작은 시내와 건널 수 없는 거대한 생명수 강을 이루고, 산과 들과 계곡과 마을로 흘러 닿는 곳마다 영혼들을 살려내고 끝끝내 세상의 바다로 흘러들어가 모든 생명들이 회복되고 살아나는 '부흥의 비전'(겔 47:1-2)을 보게 될 것이다.

부 록

팀 켈러의 시리즈 설교 및 연속 강해 설교(1989년-2019년)

1. 교리 시리즈 설교

- 하나님(신론) (To Know the Living God) [2010년 11월 14일-12월 19일], 6회
- 하나님의 속성(The Attributes of God) [1992년 9월 13일-11월 22일], 12회
- 그리스도를 알기(Knowing Christ) [1999년 1월 10일-24일], 신년에 3회 특별설교)
- 예수님을 알기(Knowing Jesus) [2014년 3월 9일-4월 20일], 사역자들과 공동설교 7회
- 예수님을 보기(Seeing Jesus) [요한복음 1-11장까지 설교] (2014년 1월 5일-3월 2일], 9회
- 예수님을 이해하기(The Meaning of Jesus Part 1; Understanding Him) (누가복음 1-9장까지 설교) [2002년 12월 1일-2월 9일], 11회
- 진짜 예수님 1부 그 분의 가르침(The Real Jesus Part 1; His Teaching) (마태복음 5, 11장 중심으로 설교) [1996년 9월 8일-10월 27일], 8회
- 진짜 예수님 2부: 그 분의 삶(The Real Jesus Part 2: His Life)(*주로 공관복음 본문으로 설교) [1996년 11월 3일-2월 23일], 20회
- 진짜 예수님 3부: 왕 (The Real Jesus Part 3; The King) [1997년 3월 2일-3월 30일], 5회
- 진짜 예수님 4부: 주님 (The Real Jesus Part 4; The Lord) [1997년 4월 6일-6월 1일], 9회
- 그리스도: 우리의 보물(Christ: Our Treasury) (*히브리서를 통해 그리스도에 대한 설교) [2005년 2월 6일-3월 8일], 14회
- 하나님에게서 오는 구원(Salvation from the Outside In) [1993년 4월 26일-8월 29일] (에베소서 1장~3장까지 설교), 42회
- 사도신경: 믿음을 위한 용어(The Apostles' Creed; Getting a Vocabulary for Faith) [1999년 11월 17일-2000년 2월 13일], 13회

- 교회론 시리즈(The Church: How to Believe Despite Christians) [1998년 2월 8일-4월 5일], 8회
- 성령(The Holy Spirit) [2010년 7월 4일-8월 8일], 11회 공동설교
- 우리가 믿는 것(What We Believe: Foundations) [2015년 9월 13일-11월 22일], 11회
- 말씀의 교리(The Doctrine of The Word) [2004년 5월 30일-7월 4일], 5회

2. 인물 시리즈 설교

- 요셉을 통해 본 복음(The Gospel According to Joseph) [2003년 6월 1일-6월 29일], 4회
- 모세의 삶(Life of Moses) [1995년 6월 4일-9월 3일], 13회
- 모세를 통해 본 복음(The Gospel According to Moses) [2002년 9월 8일-11월 24일], 출애굽기 중심으로 11회
- 다윗을 통해 본 복음(The Gospel According to David) [2003년 12월 7일-2004년 3월 14일], 사무엘상하 중심으로 14회
- 다니엘: 세상 가운데 믿음으로 살아가기(Daniel: Living by Faith in a Secular World) [2000년 4월 30일-3월 21일], 4회
- 복음을 통해 본 야곱 [2001년 10월 28일-11월 25일], 5회
- 욥: 고통을 통한 길 [2008년 1월 6일-2월 10일], 공동설교 6회
- 에스더와 숨어계시는 하나님(Esther and the Hiddenness of God) [2007년 4월 15일-5월 6일], 4회
- 예수님의 어머니들(The Mothers of Jesus)-룻, 우리아의 아내, 마리아, 다말 [2001년 12월 2일-12월 23일], 4회

3. 주제별 시리즈 설교

- 십계명 시리즈(Ten Commandments) [1989년 9월 24-1월 28일], 13회
- 십계명 시리즈(Ten Commandments 1994년), 19회

- 현대의 문제들, 고대의 답변들(Modern Problems; Ancient Solutions) [1993년 9월 12일-11월 28일], 시편을 중심으로 현대인의 12가지 문제에 대한 성경적 답변, 12회
- 믿음의 본질(히브리서 11, 12) (The Nature of Faith: Hebrews 11 and 12) [1994년 9월 11일-12월 18일], 14회
- 기독교의 어려움: 왜 믿기가 이토록 어려운가(The Trouble with Christianity: Why it's so Hard to Believe it) [1994년 4월 10일-7월 3일], 7회
- 우리가 항상 원하던 모든 것이 충분하지 않을 때(When All You've Ever Wanted Isn't Enough) [1998년 9월 13일-10월 4일], 4회
- 복음, 소망, 세상(The Gospel, Hope, and the World) [2009년 9월 27일-11월 15일], 8회
- 예수님: 하나님을 찾기(Jesus-On Finding God), [1998년 10월 18일-11월 8일], 4회
- 산상수훈 설교 시리즈(The Mount; Life in the Kingdom) [1999년 3월 21일-5월 23일], 10회
- 사도신경: 믿음을 위한 언어 시리즈(The Apostles' Creed; Getting a Vocabulary for Faith) [1999년 11월 7일-2월 13일], 요한복음 중심으로 13회
- 영적전쟁: 하나님의 전신갑주(Spiritual Warfare-The Armor of God) [1992년 1월 19일-4월 12일], 에베소서 6장 중심으로 12회
- 하나님께 가까이 나아가기(Daring to Draw Near) [1996년 9월 8일-12월 8일], 공동설교 13회
- 하나님께 나아감을 통해 얻은 교훈들(Lessons in Drawing Near) [1997년 1월 19일-4월 13일], 시편 본문들로 11회
- 성령의 열매(Fruit of the Spirit) [1990년 1월 7일-4월 22일], 11회
- 그리스도인다운 삶을 실천하기(Practicing The Christian Life) [2008년 4월 6일-6월 22일], 11회
- 성경(전체 이야기: 구속과 회복) (Bible: The Whole Story-Redemption and

Restoration) [2009년 2월 8일-4월 26일], 10회
- 성경(전체 이야기: 창조와 타락) (Bible: The Whole Story-Creation and Fall) [2008년 11월 16일-2009년 2월 1일], 9회
- 실천적 은혜: 복음이 어떻게 인격을 변화시키는가(Practical Grace; How the Gospel Transforms Character) [2002년 1월 13일-3월 24일], 10회
- 왕국 안에 사는 삶(The Mount; Life in the Kingdom) [1999년 3월 21일-5월 23일], 10회
- 공적인 믿음(A Public Faith) [2013년 9월 29일-11월 10일], 9회
- 예수님의 비유(The Parables of Jesus, 1994) [1994년 7월 10일-8월 28일], 10회
- 그리스도 안에서 성장 1 (Growth in Christ, Part 1) [1989년 10월 1일-1990년 1월 21일], 9회
- 그리스도 안에서 성장 2 (Growth in Christ, Part 2) [1990년 4월 29일-6월 24일], 7회
- 십자가와 당신의 삶(The Cross and Your Life) [1994년 2월 6일-4월 3일], 9회
- 왕과 왕국(The King and the Kingdom) [1989년 7월 9일-9월 17일], 9회 ☞ 첫 번째 시리즈 설교
- 다윗(기도의 사람)(David: The Man of Prayer) [2015년 4월 12일-6월 14일], 공동설교 8회
- 성령의 진정한 표시들(The Real Signs of the Spirit) [2010년 4월 11일-5월 30일], 10회 공동설교
- 신명기: 정의를 행하기, 은혜를 설교하기(Deuteronomy: Doing Justice, Preaching Grace) [2007년 5월 13일-9월 2일], 신명기를 중심으로 공동설교 17회 ☞ 『정의란 무엇인가』의 기초가 됨.
- 이해하기 어려운 예수님의 말씀(Hard Sayings of Jesus) [1992년 6월 3일-1993년 2월 21일], 공동설교 14회

- 이해하기 어려운 예수님의 말씀(Hard Sayings of Jesus 2000) [2000년 6월 4일-8월 27일], 7회
- 소망 가운데 삶(Living in Hope) [2004년 3월 21일-5월 16일], 9회
- 기도 시리즈(The Lord's Prayer) [1998년 7월 11일-9월 5일], 공동설교 13회
- 진정한 영성(Real Spirituality) [2007년 9월 30일-11월 25일], 공동설교 9회
- 살아계신 하나님을 알기(To Know the Living God) [2011년 3월 13일-5월 1일], 8회
- 산상수훈(Sermon on the Mount) [1990년 3월 4일-6월 10일], 8회
- 관대함(Generosity) [2012년 9월 30일-11월 11일], 누가복음 본문 중심으로 7회
- 예수님, 사명, 영광(Jesus, Mission, and Glory) [2016년 9월 11일-10월 23일], 공동설교 7회
- 기독교에 대한 질문(Questioning Christianity) [2019년 3월 7일-4월 18일], 7회
- 기독교에 대한 질문(Questioning Christianity) [2014년 1월 30일-3월 13일], 7회
- 기독교에 대한 어려움들(The Trouble With Christianity: Why It's So Hard to Believe It) [2006년 9월 24일-11월 12일], 7회 ☞ 『살아있는 신』의 기초가 됨.
- 사랑: 성장을 위한 길(Love; The Way to Grow Up) [1996년 4월 14일-5월 19일], 6회
- 은혜의 교제(The Fellowship of Grace) [2008년 9월 28일-11월 9일], 눅 15장에 대한 7회 설교
- 부흥(Revival) [1990년 7월 20일-9월 2일], 9회
- 성, 독신, 결혼(Sex, Singleness, & Marriage) [1999년 9월 1일-9월 8일], 6회
- 예수님의 아멘(The "Amens" of Jesus) [2001년 3월 4일-4월 15일], 6회
- 도시 가운데 교회(The Church in the City) [2001년 9월 9일-10월 14일], 6회

- 복음과 세상(The Gospel and the World) [2010년 9월 26일-11월 7일], 7회
- 공동체 안에 복음(야고보서) (The Gospel in Community: The Book of James) [2009년 11월 22일-2010년 1월 24일], 공동설교 8회
- 시편 기도(Pilgrim Prayer: Psalms for the Journey) [2015년 2월 20일-4월 5일], 공동설교 7회
- 예수님의 비유(The Parables of Jesus) [1994년 7월 10일-8월 28일], 6회
- 급진적인 명령: 중생 (The Radical Imperative; A New Birth) [2001년 1월 21일-2월 25일], 6회
- 살아계신 하나님 알기(To Know the Living God) [2010년 11월 14일-12월 19일], 6회
- 어둠가운데 빛: 마가복음에 나타난 예수님의 영광(Light in the Darkness: Glory of Jesus in Mark) [2015년 1월 4일-2월 15일], 공동설교 7회
- 삶을 위한 네 가지 방법(사랑하기 위한 네 방식들) (Four Ways to Live; Four Ways to Love) [2000년 9월 10일-10월 8일], 5회
- 세상 가운데 무엇이 진정 잘못되었는가(What's Really Wrong with the World) [1999년 2월 7일-3월 14일], 6회
- 예수님과의 논쟁(Arguing With Jesus) [2001년 7월 1일-8월 26일], 5회
- 환난의 때에 믿음으로 살아가기(Living by Faith in Troubled Times) [2009년 3월 3일-3월 31일], 5회
- 시편: 예수님의 노래들(Psalms – The Songs of Jesus) [2000년 2월 20일-3월 19일], 5회
- 성령을 받기(Receiving the Spirit) (with Elisha) [1999년 10월 3일-10월 31일], 5회
- 우리는 무엇이 되어가고 있는가: 변혁적 사랑(What We Are Becoming: Transforming Love) [2016년 5월 1일-6월 26일], 공동설교 9회
- 우리는 무엇을 받고 있는가: 복음적 선(What We Are Receiving: The Gospel Goods) [2016년 1월 10일-2월 21일], 5회

- 대림절: 하나님과 죄인들의 화해(Advent: God and Sinners Reconciled) [1995년 12월 3일-12월 24일], 4회
- 대림절(Advent: God with Us) [1991년 12월 8일-12월 22일], 3회
- 대림절: 예수님, 우리의 소망(Jesus, Our Hope) [2013년 12월 1일- 12월 29일], 공동설교 5회
- 예배: 우리 예배 가운데 무엇을 하는가(Liturgy: What we do in Worship) [2008년 8월 24일-9월 21일], 공동설교 5회
- 마태의 수난 기사(세상의 마지막 밤) (St. Matthew's Passion; The World's Last Night) [2000년 3월 26일-4월 23일], 5회
- 마태복음에 나타난 메시아(Matthew's Messiah) [2014년 11월 30일-12월 21일], 5회
- 예수님과 함께 하는 식사(Meals with Jesus) [2005년 12월 4일-12월 25일], 4회
- 탕자와 큰 형(The Prodigal Son and the Elder Brother) [1998년 1월 11일-1월 25일], 3회 ☞ 『마르지 않는 사랑의 샘』의 기초가 됨.
- 예수님의 기적들(The Miracles of Jesus) [1995년 1월 1일-1월 15일], 공동설교 5회
- 영적 은사(Spiritual Gifts) [1990년 9월 23일-10월 14일], 4회
- 뉴욕을 위한 소망(Hope for New York) [1999년 9월 29일-2000년 3월 26일], 7회
- 팔복(The Beatitudes) [1990년 2월 4일-2월 25일], 4회
* 리디머 교회의 비전(The Vision of Redeemer) 시리즈 [2005년 9월 11일-11월 27일], 12회

4. 본문 연속 강해설교

〈구약〉

- 창세기: 하나님을 통해 본 복음(Genesis: The Gospel According to God)

[2000년 10월 15일-2001년 1월 7일], 창 1-10장 본문으로 10회
- 창세기(Genesis) [1998년 6월 7일-8월 30일], 창 1-11장 본문으로 공동설교 13회
- 시편: 은혜의 훈련들(Psalms; Disciplines of Grace) [2002년 4월 7일-7월 7일], 시편 10편 중심의 연속강해, 공동설교 10회
- 잠언: 삶을 위한 진정한 지혜(Proverbs: True Wisdom for Living) [2004년 9월 12일-2005년 6월 12일], 22회
- 전도서(Ecclesiastes) [1992년 3월 31일-7월 12일], 7회
- 종의 노래: 이사야(The Songs of the Servant from Isaiah) [2010년 1월 31일-3월 28일], 8회
- 요나(Jonah) [1990년 7월 20일-9월 16일], 9회 ☞ 『방탕한 선지자』의 기초가 됨.

〈신약〉

- 구세주와 선생님: 마태복음 강해(Savior and Teacher: A Study of Matthew) [2012년 2월 12일-9월 2일], 공동설교 30회
- 왕의 십자가 1: 마가복음 강해(King's Cross: The Gospel of Mark) [2006년 1월 8일-6월 25일], 25회 ☞ 『왕의 십자가』의 기초가 됨.
- 왕의 십자가 2: 마가복음 강해(King's Cross: The Gospel of Mark, Part 2) [2006년 7월 2일-2007년 4월 8일], 공동설교 25회(주로 켈러가 설교함)
- 요한복음 강해 1(Gospel of John) [1990년 9월 23일-1991년 12월 1일], 요한복음 1-14장 50회 ☞ 『예수를 만나다』의 기초가 됨.
- 요한복음 강해 2(Gospel of John) [1992년 1월 5일-5월 17일], 요 15-21장 18회
- 요한: 그리스도에 대해 알아감(John: On Knowing the Christ) [1998년 11월 15일-12월 20일], 6회
- 그리스도의 고난(St. John's Passion) [2008년 2월 17일-3월 30일], 요 18-

20, 7회
- 사도행전(Acts: The Gospel in the City) [2012년 11월 18일-2013년 7월 7일], 30회
- 사도행전(The Book of Acts) [1995년 9월 10일-11월 26일], 12회
- 고린도교회의 난제들(Hot Potatoes From Corinthians) [1997년 4월 20일-5월 25일], 6회
- 에베소서 1-3장 강해 [1992년 4월-1993년 8월], 42회
- 모든 것의 주님(Lord of All) [1990년 9월 9일-12월 9일], 엡 3-4장에 대한 10회
- 그리스도인의 라이프스타일(Christian Lifestyle) [1991년 1월 13일-6월 9일], 에베소서 4-5장을 기초로 18회
- 에베소서: 하나님의 새로운 공동체(Ephesians: God's New Society) [1998년 6월 7일-9월 6일], 14회 공동설교
- 에베소서 강해(누가 교회인가?) (A Study of Ephesians: Who is the Church?) [2011년 10월 2일- 2012년 2월 5일], 17회 공동설교
- 빌립보서(Philippians) [1995년 6월 4일-9월 3일], 14회 공동설교
- 데살로니가: 복음과 마지막 때(Thessalonians; The Gospel and the End of Time) [1996년 6월 2일-8월 25일], 13회 공동설교
- 불 가운데 영광: 베드로전서(Splendor in the Furnace; 1 Peter) [1993년 9월 12일-12월 12일], 14회
- 갈라디아서: 새로운 자유, 새로운 가족(Galatians: New Freedom, New Family) [1997년 9월 14일-1998년 5월 31일], 30회 ☞『갈라디아서: 복음을 만나다』의 기초가 됨.
- 베드로후서 강해(Studies in 2 Peter) [1993년 8월 1일-8월 29일], 공동설교 9회
- 야고보서: 실천적인 믿음(James: A Faith that Comes Down to Earth) [1995년 10월 1일-1996년 4월 21일], 21회

- 공동체 안에 복음(The Gospel in Community: The Book of James) [2009년 11월 22일-2010년 1월 24일], 공동설교 8회
- 요한일서 강해 2: 하나님에 대해 우리가 아는 것을 알기(Knowing that We Know God; 1 John, Part 2) [1995년 1월 22일-3월 28일], 14회
- 요한계시록: 마지막 말씀(Revelation: The Final Word) [1993년 3월 23일-8월 8일], 공동설교 16회

강해설교 및 연속설교 횟수[764] (1989년-2019년)

성경	설교 횟수	연속 강해	비고	성경	설교 횟수	연속 강해	비고
창세기	69회	2회	1998년 6월 7일-8월 30일, 2000년 10월 15일-2001년 1월 7일	출애굽기	23회	1회	1-4, 12, 14, 17, 19-20, 33-34, 40장 등 특정 장에 집중됨. 나머지 장들은 거의 설교가 없음
레위기			거의 설교된 적이 없음	민수기	5회		6, 11, 21장만 설교
신명기	12회		1-2, 4-8, 14-15, 29-30, 32, 34장만 설교	여호수아	3회		5, 7장만 설교
사사기	2회		15, 17장만 설교	룻기	2회		1, 4장 설교
사무엘상	18회		1, 3, 5, 15-18, 26장 설교	사무엘하	10회		6-7, 9, 11-12, 23-24장 설교
열왕기상	12회		3, 17-19장 설교	열왕기하	17회		4-6장 설교
역대상	1회		29장 설교	역대하			
에스라				느헤미야			
에스더	4회		2, 4, 7, 9장 설교	욥기	8회		1, 5, 13, 28, 38, 42장 설교
시편	75회	1회	2002년 4월 7일-7월 7일	잠언	26회	1회	2004년 9월 12일-2005년 6월 12일
전도서	14회	1회	1992년 3월 31일-7월 12일	아가			
이사야	32회	1회	2010년 1월 31일-3월 28일	예레미야	11회		2, 9, 17, 29, 31장 설교
예레미야애가				에스겔	3회		1, 16, 34, 37장 설교
다니엘	6회		2-6장 설교	호세아	2회		3장 설교
요엘				아모스	1회		8장 설교
오바댜				요나	19회	2회	1990년 7월 20일-9월 16일
미가	2회		5-6장 설교	나훔			
하박국				스바냐			
학개				스가랴	1회		3장 설교

말라기	1회		3장 설교				
마태복음	125회	2회	2012년 2월 12일-9월 2일/2014년 11월30일-12월 21일	마가복음	64회	2회	2006년 1월 8일-6월 25일/2006년 7월2일-2007년 4월 8일
누가복음	108회	1회	2002년 1월 2일- 2003년 2월 9일	요한복음	145회	5회	1990년 9월 23일-1991년 12월 1일/1992년 1월 5일-5월 17일/1998년 11월 15일-12월 20일/1999년 11월 7일-2월 13일/2008년 2월 17일-3월 30일
사도행전	68회	2회	1995년 9월 10일-11월 26일/2012년 11월 18일-2013년 7월 7일	로마서	38회	1회	1-3, 5-7, 8, 10, 14장 설교
고린도전서	38회	1회	1997년 4월 20일-5월 25일	고린도후서	5회		4, 8-10, 12
갈라디아서	40회	1회	1997년 9월 14일-1998년 5월 31일	에베소서	153회	5회	1990년 9월 9일-12월 9일/1991년 1월 13일-6월 9일/1992년 4월-1993년 8월/1998년 6월 7일-9월 6일/2011년 10월 2일-2012년 2월 5일
빌립보서	12회	1회	1995년 6월 4일-9월 3일	골로새서	12회		1, 3장 설교
데살로니가전서	5회		1, 2, 4장 설교	데살로니가후서	2회		1-2장 설교
디모데전서	2회		1, 6장	디모데후서			
디도서	2회		2-3장	빌레몬서			
히브리서	57회	1회	1994년 9월 11일-12월 18일/1993년 9월 12일-12월 12일	야고보서	28회	2회	1995년 10월 1일-1996년 4월 21일/2009년 11월 22일-2010년 1월 24일
베드로전서	41회	3회	1993년 9월 12일-12월 12일	베드로후서	8회	1회	1993년 8월 1일-8월 29일
요한일서	35회	1회	1995년 1월 22일-3월 28일	요한이서			
요한삼서				유다서			
요한계시록	13회	1회	1993년 3월 23일-8월 8일				

• 특정 주제에 대한 시리즈 강해설교가 켈러 설교의 가장 주요한 패턴임을 알 수 있다. 한 주제, 인물 혹은 하나의 교리에 대해 4-8주 정도 집중함으로 깊이있는 강해와 실천적 적용과 청중의 변화를 추구하고 있음을 알 수 있다.

• 시리즈 설교에 비해 전통적인 연속 강해(매주 정한 성경본문의 순서대로 한 장씩 설교를 해 나가는 방식)의 비중이 많지 않다. 예: 창세기 본문은 주제별, 인물별, 교리별 시리즈 강해설교를 해 나가면서 관련된 창세기 여러 본문의 장들을 선택하여 설교하는 경향(예: 아브라함, 야곱, 요셉 시리즈)이 나타남. 다양한 시리즈 설교의 본문으로 선정된 창세기 본문(예: 1-3장)은 설교된 횟수가 비교적 많은 반면, 창세기 가운데 특정 장은 거의 설교되지 않은 것으로 나타난다.

• 구약 본문 가운데 연속 강해 설교 횟수와 비중이 신약에 비해 매우 낮은 편이다. 창세기, 시편, 잠언, 전도서, 이사야, 요나서 등을 제외하고는 연속 강해 설교가 진행된 적은 없으며, 주로 시리즈 설교를 통해 특정 본문들이 반복해서 설교되고 있음을 알 수 있다. 이로 인해 구약의 많은 본문과 장들이 설교되지 않았다는 것을 알 수 있다.

• 특정 구약 본문들(예: 레위기, 역대상하, 에스라, 느헤미야, 예레미야애가, 요엘, 나훔, 하박국, 스바냐, 학개 등)은 거의 설교된 적이 없다. 또한 특정 신약 본문들(딤후, 몬, 요이, 요삼, 유)도 거의 설교된 적이 없다.

• 구약은 시편(75회), 신약은 에베소서(153회)와 요한복음(145회)을 가장 많이 설교하였다. 시편을 통해 마음을 향한 설교가 강조되고 있으며, 에베소서를 통해 교회론을 강조하고, 요한복음을 통해 예수 그리스도와 복음이 강조되고 있음을 알 수 있다.

• 특히 사역초기에(1990년-1993년) 무려 4번이나 에베소서 연속 강해 설교를 진행함으로 성경적 교회론을 무엇보다 중요하게 구축하고자 한 것을 알 수 있다. 아울러 사역 초반(1990년-1992년)에 요한복음 연속 강해설교를 두 번이나 진행함으로 그리스도중심적 복음에 기초한 설교사역 건실히하고자 한 것을 알 수 있다.

• 사역 후반에 켈러는 주제 시리즈 설교를 리디머 교회 설교자들과의 공동설교를 통해 설교자들을 양성하고 더 폭 넓은 설교 지평을 넓혀가고자 하는 것을 알 수 있다.

팀 켈러의 주요 인용 자료

• 팀 켈러의 설교와 주요 저서에서 인용되는 주요 인물과 저서들을 필자가 임의로 분류하여 정리하였다. 그의 저서에 인용된 자료들이 설교가 아닌 저술에만 사용된 것들도 있을 수 있다. 켈러의 설교를 더욱 깊고 넓게 이해하고 한국 교회 설교자들이 켈러의 설교를 창조적으로 구현하고 목회현장에서 적용해 나가기 위해서는 팀 켈러 설교 듣기, 저술 읽기뿐 아니라 켈러에게 영향을 준 주요 권위자들뿐 아니라 주요 인용 학자들과 저술들도 장기계획을 가지고 읽어나가면서 자신의 자양분으로 삼는 과정이 필요하다.

• 본 부록에서 제시하는 켈러의 주요 인용 자료들은 그의 설교와 책에서 활용된 모든 자료들을 정리한 것은 아니며, 필자가 임의로 선택하여 정리한 것임을 밝힌다. 참고문헌의 성격이 아니라, 켈러의 주요 인용 학자들과 자료들의 전반적인 경향과 특성을 살펴보기 위한 작업이기에, 상세한 문헌정보는 생략하고 주요 영역 분류와 함께 인명과 저술명만 정리하고자 한다. 저자명만 있는 경우는 켈러의 설교 혹은 책에서 저술이 아닌 일부 인용만 있는 경우라고 할 수 있다. 한글로 번역된 경우 가능한 한글 자료명으로 정리하였다. 더 상세한 정보는 팀 켈러의 책이나 인터넷에서 얻을 수 있다.

1. 성경신학자 및 주석가

Alec Motyer, 〈The Prophecy of Isaiah: An Introduction and Commentary〉

Anthony C. Thiselton, 〈1 Corinthians〉

Bruce Waltke 《The Book of Proverbs》

Christopher J. H. Wright, 〈The Mission of God: Unlocking the Bible's Grand Narrative〉

Craig Blomberg, ⟨Contagious Holiness: Jesus' Meals with Sinners⟩

Craig. S. Keener, ⟨Miracles: The Credibility of the New Testament Accounts⟩

Doulgals Moo, ⟨NICNT Romans⟩

Derek Kindner, ⟨Proverbs⟩

Edmund Clowney, ⟨Preaching Christ in All of Scripture⟩; ⟨Living in Christ's Church⟩;《교회》

F. F. Bruce,《사도행전》

Geerhardus Vos, ⟨Biblical Theology⟩; ⟨The Teaching of Jesus concerning the Kingdom of God and the Church⟩

Gordon J. Wenham, ⟨Genesis⟩

James Montgomery Boice, ⟨An Expositional Commentary, Hosea-Jonah⟩

Joel B. Green, ⟨The Gospel of Luke⟩

John Calvin,《칼빈 주석 로마서》; ⟨Commentaries of the Twelve Minor⟩

John Murray,《로마서 주석》

John Stott,《새사람》;《그리스도의 십자가》; ⟨The Message of Romans⟩; ⟨The Message of Acts⟩

Karen Jobes,《에스더 주석》

Kevin J. Youngblood, ⟨Jonah: Exegetical Commentary on the Old Testament⟩

Leslie C. Allen, ⟨The Books of Joel, Obadiah, Jonah, and Micah⟩

Martin Luther,《루터의 로마서 주석》

Michael A. Eaton,《전도서》

Michael Wilcok,《당신을 위한 사사기》

N.T. Wright,《하나님의 아들의 부활》

Peter C. Craigie, ⟨Twelve Prophets⟩

Peter T. O'Brien,《골로새서》;《히브리서》

Richard Bauckham, 《예수와 그 목격자들》

Richard Hays, 《현대성서주석: 고린도전서》; 《신약의 윤리적 비전》

Robert Alter, 〈Genesis〉

Tremper Longman III, 〈Psalms〉; 〈Proverbs〉; 〈The NIV Application Commentary: Daniel〉

Victor Hamilton, 〈Genesis〉; 〈Exodus〉

William Barclay, 〈Great Themes of the New Testament〉

William Lane, 〈The Gospel According to Mark〉

2. 신학/조직신학

Anthony A. Hoekema, 《개혁주의 인간론》

Alan J. Roxburgh and M. Scott Boren, 〈Introducing the Missional Church〉

Augustine, 《하나님의 도성》

Bruce J. Nicholls, 《상황화: 복음과 문화의 신학》

Charles Hodge, 〈Princeton Sermons〉

D. A. Carson, 〈Biblical Interpretation and the Church〉; 〈The Cross and Christian Ministry〉; 〈The Gagging of God〉; 〈Christ and Culture Revisited〉; 〈The God who Is There〉

David Bosch, 〈Transforming Mission〉

Darrell L. Guder, 〈Missional Church〉

Francis Shaeffer, 〈The Church at the End of the Twentieth Century〉; 〈2 Contents, 2 Realities〉; 《그리스도인의 표지》

Harvie M. Conn, 〈Evangelism: Doing Justice and Preaching Grace〉; 〈The American City and the Evangelical Church〉

Harvie Conn and Maneul Ortiz, 〈Urban Ministry〉

Havey Cox, 〈The Secular City〉

Herman Bavinck, 〈Reformed Dogmatics〉

H. Richard Niebuhr, 《그리스도와 문화》

James K. A. Smith, 〈Desiring the Kingdom〉

James D. Bratt ed. 〈Abraham Kuyper〉

John Calvin, 〈Institutes of the Christian Religion〉

Jonathan Edwards, 〈The Sermons of Jonathan Edwards〉; 《신앙과 정서》

John H, Gerstner, 〈Theology for Everyman〉

J. I. Packer, 《하나님을 아는 지식》

J. Gresham Machen, 《기독교와 자유주의》

Louis Berkhof, 《벌코프 조직신학》

Lesslie Newbegin, 《오픈 시크릿》

Martin Luther, 〈Treatise Concerning Good Works〉

Mard D. Thompson, 〈A Clear and Present Word〉

Mark Noll, 〈The Rise of Evangelicalism〉

Michael Frost and Alan Hirsch, 〈The Shaping of Things to Come〉

Michael Horton, "How the Kingdom Comes."

Michael F. Bird 외, 《하나님은 어떻게 예수가 되셨나?》

Miroslav Volf, 《배제와 포용》

Nicholas Wolterstorff, 〈Justice: Rights and Wrong〉

N. T. Wright, 〈What Saint Paul Really Said〉; 〈The Resurrection of the Son of God〉

Paul Eddy and Gregory Boyd, 《예수 전설》

Richard Lints, 〈The Fabric of Theology〉

R. Michael Allen, 〈Reformed Theology〉

Reinhold Nibuhr, 《인간의 본성과 운명》

Richard Lints, 〈Identity and Idolatry: The Image of God and Its Inversion〉

Jacques Ellul, 《요나의 심판과 구원》

James Hunter, 〈To Change the World〉

James Yoder, 〈The Politics of Jesus〉

John Murray, 《존 머레이의 구속》

Paul Tillich, 〈Dynamics of Faith〉

Sinclair B. Ferguson, 〈Children of the Living God〉

William Guthrie, 〈The Christian's Great Interest〉

신칼빈주의(Neo-Calvinism) 계열 철학자들: 아브라함 카이퍼, 헤르만 도에베르트, 헤르만 바빙크, 알버트 월터스, 리처드 마우, 알빈 플랜팅가, 니콜라스 월터스트로프, 코넬리우스 플랜팅가, 크레이그 바톨로뮤, 마이클 고힌

3. 역사, 청교도, 요리문답/고백서

요세푸스(Flavius Josephus), 《유대 전쟁사》

어거스틴, 《성 어거스틴의 고백록》

폴리갑(서머나교회 감독)

로널드 리트거스, 《고난의 개혁》

Joel A. Carpenter, 〈Revive Us Again〉

「웨스트민스터 대요리 문답」

마틴 루터 「대요리문답」

「하이델베르크 요리문답」

「벨직 신앙고백서」

「스코틀랜드 신앙고백서」

리처드 시브스, 〈The Bruised Reed and a Smoking Flax〉

John Owen, 《죄죽임》

Richard Sibbes, 〈The Work of Richard Sibbes〉

John Newton, 〈Works of John Newton〉, 《존 뉴턴 서한집》

존 서머빌

4. 목회/영성/경건

William Gurnall, 〈The Christian in Complete Armour〉

J.C. Ryle, 〈The Select of George Whitefield with an Account of His Life〉;《거룩》

로버트 머리 맥체인(Robert Murray M'Cheyne)

Richard Lovelace, 〈Dynamics of Spiritual Life〉

John Piper,《인내의 영웅들》

Kenneth Boa,《기독교 영성 그 열두 스펙트럼》

Edmund P. Clowney, 〈Christian Meditation〉

Pillip Yancey,《내가 알지 못했던 예수》

Dietrich Bonhoeffer,《나를 따르라》;《성도의 공동생활》

Miroslav Volf,《광장에 선 기독교》

Mark Noll,《복음주의 지성의 스캔들》

Dan Montgomery, Mike Cosper, 〈Faithmapping〉

Tim Chester and Steve Timmis,《일상교회》

Andy Crouch,《컬쳐 메이킹》

선교사/선교신학자/전도

모라비안 경건주의 아버지 진젠도르프(Nikolaus Ludwig von Zinzendorf)

20세기 인도선교사 Amy Carmichael

Elizabeth Eliot,《영광의 문》

Lesslie Newbigin, 〈The Gospel in a Pluralist Society〉

Michael Green, 〈Evangelism in the Early Church〉

찬송가, 시인

존 뉴턴의 찬송가

윌리엄 카우퍼의 찬송가

아이작 와츠의 찬송가
아이작 와츠, 〈시온의 언덕〉
존 리펀, 〈How firm a foundation〉
호라시어스 보나르의 찬송시
Matthew Bridges & Godfry Thring, 〈Crown Him with Many Crowns〉
윌리엄 버틀러 예이츠, 〈재림〉

설교

Jonathan Edwards, 〈The Works of Jonathan Edwards: Sermons and Discourses〉;《하나님의 초자연적인 빛》;《참된 미덕의 본질》;《그리스도의 뛰어남〉〉;《그리스도의 고뇌》
루터와 칼빈 등 종교개혁자들의 설교
청교도(존 오웬, 리차드 십스, 플라벨, 존 번연 등) 설교들
C. S. Lewis,《영광의 무게》
마틴 로이드존스,《로마서 강해》
딕 루카스(Dick Lucas)
찰스 스펄전
존 스토트

5. 세계관/철학

철학자: 가장 인용된 학자와 자료가 많다.
플라톤,《파이돈》
아리스토텔레스,《정치학》
Charles Taylor, 〈Sources of the Self: The Making of the Modern Identity〉
파스칼 블레이즈,《팡세》
장 폴 사르트르,《존재와 무》

아인랜드,《원천》;《아틀라스: 지구를 떠받치기를 거부한 신》

토머스 네이글,《이 모든 것은 무엇을 의미하는가?》

마르틴 하이데거,《존재와 시간》

빅터 프랭클,《죽음의 수용소에서》

쇠렌 키에르케고르,《죽음에 이르는 병》

줄리언 바지니,《러셀 교수님, 인생의 의미가 도대체 무너가요?》

지그문트 프로이트, ⟨The Mind of the Moralist⟩

무신론자이자 사회주의 철학자 C. M. 조드(Joad),《믿음의 회복》

알래스데어 매킨 타이어,《덕의 상실》

독일 가톨릭 철학자 요제프 피퍼, ⟪《여가, 문화의 기반》

뤽 페리, ⟨A Brief History of Thought : A Philosophical Guide to Living⟩

스터즈 터클,《노동》

에드워드 닥스,《포스트모더니즘은 죽었다》

레슬리 스티븐슨,《인간의 본질에 관한 일곱가지 이론》

윌리엄 킹던 클리퍼드,《신념의 윤리》

아툴 가완디,《어떻게 죽을것인가》

조사이어 로이스,《충성심의 철학》

랍비 조너선 색스(Jonathan Sacks),《하나님의 이름으로가 아니다》

데이비드 벤틀리 하트, ⟨The Experience of God⟩

M. Halbertal & A. Margalit, ⟨Idolatry⟩

존 힉크(John Hick) 편집,《성육신한 하나님이라는 신화》

휴스턴 스미스,《The World's Religions, 세계의 종교들》

소크라테스

고대의 스토아 학파

프리드리히 니체

위르겐 하버마스

찰스 테일러

피터 반 인와겐

마르틴 하이데거

모리스 메를로 퐁티

루트비히 비트겐슈타인

C. 스티븐 에번스

에픽테토스, 알렝 드 보통

르네 데카르트와 존 로크

자크 데리다

미셸 푸코

데이빗 흄

마이클 폴라니

블라디미르 솔로비요프

위르겐 하버마스

콘래드 로렌츠

아드리아노 틸게르

니콜라스 월터스토프 알 월터스

6. 변증/전도

D. James Kennedy, 〈Evangelism Explosion〉

Greg Bahnsen, 〈Presuppositional Apologetics Stated and Defended〉

Alister McGrath, 〈The Twilight Atheism〉;《기독교 변증》

Alvin Plantinga, 〈A Defense of Religious Exclusivism〉; 〈A Christian Life Partly Lived〉; 〈Where the Conflict Really Lies〉

C. S. Lewis, 〈Mere Christianity〉; 〈The Problem of Pain〉; 〈The Great Divorce〉; 〈Present Concerns〉;〈God in the Dock〉; 〈Christian Reflections〉;《순전한 기독교》;《시편사색》;《사자와 마녀와 옷장》;《천국과 지옥의 이혼》;《네 가지 사랑》;《인간폐지》

Michael Green, 〈Who is This Jesus?, 예수에 관한 12가지 질문〉

7. 문화인류학, 사회학, 심리학, 법학

인류학자 탈랄 아사드(Talal Asad)

문화 인류학자 어니스트 베커(Ernest Becker), 《죽음의 부정》

생명윤리학자 피터싱어

타라 파커포프, 《연애와 결혼의 과학》

Robert N. Bellah, 《마음의 습관》

Peter Beger, 《떠도는 사람들》

Jonathan Haidt, 《행복의 가설》; 《바른 마음》

Paul Bloom, 《우리는 왜 빠져드는가?》

Andrew Delbanco, 《왜 대학에 가는가》; 〈The Real American Dream〉

앨리 러셀 혹실드, 〈나를 빌려드립니다〉

George Mason, 《제도적으로 사고하는 일에 대하여》

James Davis, 《고난의 중요성》

Perter Burger, 〈A Rumor of Angels〉

D. Michael Lindsay, 〈Faith in the Halls of Power〉

Barbara Ehrenreich, 《자서전》

Sigmund Freud, 《농담과 무의식의 관계》

Edward Glaeser, 〈The Triumph of the City〉

Ryan Avent, 〈The Gated City〉

James E. White, 《종교없음》

Homi Bhabha, 《문화의 위치》

8. 정치, 저널리스트

Abraham Kuyper, 〈Abraham Kuyper: A Centennial Reader〉

Alexis de Tocqueville, 《미국의 민주주의》

Ross Douthat, 〈Crises of Faith, The Atlantic Monthly〉

David Brooks, 《보보스는 파라다이스에 산다》

Stephen L. Carter, 〈The Dissent of the Governed〉

Miachel Sandel, 《정의란 무엇인가》

Rousas Rushdoony

Miroslav Volf

저널리스트

Michael J. Perry, 〈Under God? Religious Faith and Liberal Democracy〉

Stanley Fish, 〈Our Faith in Letting It All Hang Out〉

Ron Rosenbaum, 〈Disaster Ignites Debate: Was God in the Tsunami?〉

Gail Sheehy, 《인생여정》

Malcolm Gladwell, 《아웃라이어》

Jennifer Secior, 《부모로 산다는 것》

Arthur Koestler, 《실패한 하나님》

9. 문학, 소설

논픽션/실화

폴 칼라니티(Paul Kalanithi), 《숨결이 바람 될 때》

랭던 길키 (Langdon Gilkey), 《산둥 수용소》

J. R. R. 톨킨, 《반지의 제왕: 반지 원정대》

호머, 《일리아드》

플래너리 오코너, 《현명한 피》

피터 셰퍼, 《희곡 아마데우스》

존 놀스, 《분리된 평화》

존 스타인벡, 《에덴의 동쪽》

이자크 디네센, 《바베트의 만찬》

메릴린 로빈슨, 〈The Givenness of Things: Essays〉
프란트 카프카, 《소송》
알베르 카뮈, 《시시포스 신화》; 《반항하는 인간》
톨스토이, 《참회록》
도스트예프스키, 《카라마조프가의 형제들》
체호프, 《세 자매》
찰스 디킨스, 《두 도시 이야기》
도로시 세이어즈, 《신조인가, 혼조인가》
토머스 해리스, 《양들의 침묵》
레이놀즈 프라이스, 〈Three Gospels〉
플래너리 오코너, 《현명한 피》
존 놀즈, 《분리된 평화》
존 스타인벡, 《에덴의 동쪽》
바빌로니아 창조 설화 《에누마 엘리쉬》
포스트모던 소설가 데이비드 포스터 월리스
옥스퍼드 고대 영문학 교수 톰 시피
K. 롤링, 해리포터시리즈

시/화가

로마 시인 호라티우스
시인 헤시오도스
시인 예이츠
시인 W. H. 오든
월리스 스티븐스, 《일요일 아침》
로버트 프로스트, 《고용된 자의 죽음》
화가 도메니코 페티

드라마, 영화, 뮤지컬

영화 [위트니스]

영화 [겨울왕국]

영화 [쓰리 시즌]

영화 [프린세스 브라이드]

영화 [그는 당신에게 반하지 않았다]

영화 [불의 전차]

영화 [캘버리]

베트남과 미국의 합작영화 [세 계절]

영화 [사랑도 통역이 되나요?]

영화 [증인]

영화 [꼬마 돼지 베이브]

TV 드라마 〈스타트렉: 넥스트 제너레이션〉

The Chronicle of Higher Education, 〈One University of God〉

로저스와 해머스타인, 뮤지컬 [오클라호마]

뮤지컬 [사운드 오브 뮤직]

뮤지컬 [컴퍼니]의 〈살아 있다는 것〉

피터 셰퍼의 희곡 〈아마데우스〉의 살리에리

노래 〈마법에 홀린 나〉

존 콜트레인의 노래 〈지극한 사랑〉

10. 시사, 저널, 방송

〈워싱턴 포스트지〉

〈뉴욕타임즈〉

〈The Economist〉

세련되고 세속적인 〈The New Yorker〉

절충적인 〈The Atlantic〉

역사가 깊고 세속적인 좌파인 〈Nation〉

보수적이지만 박학다식한 〈The Weekly Standard〉

절충적이고 해박한 〈The New Republic〉

뉴에이지 방식 〈Utne Reader〉

실리콘밸리 자유주의 〈Wired〉

보수 카톨릭 〈First Things〉

〈내셔널 지오그래픽〉

영국 일간지 〈더 가디언〉

음악가

존 레논

마돈나

래너드 번스타인

가수 페기 리

경영 경제 CEO

스티브 잡스

피터 드러커 외, 《세계 최고 리더들의 인생을 바꾼 피터 드러커의 최고의 질문》

주요 참고문헌

〈팀 켈러 1차 자료〉

Keller, Timothy J. *Center Church: Doing Balanced, Gospel-Centered Ministry in Your City*. Grand Rapids: Zondervan, 2012.

_____. "The Centrality of the Gospel." 〈www.Redeemer2.com/resources/〉papers/centrality.pdf〉.

_____. *Counterfeit Gods*. New York: Dutton, 2009.

_____. *Counterfeit Gods*. 이미정 역. 『거짓 신들의 세상』. 서울: 베가북스, 2012.

_____. *Encounters with Jesus: Unexpected Answers to Life's Biggest Questions*. 전성호 역. 『예수를 만나다』. 서울: 베가북스, 2014.

_____. *Every Good Endeavor: Connecting Your Work to God's Work*. 최종훈 역. 『일과 영성』. 서울: 두란노, 2015.

_____. *The Freedom of Self Forgetfulness: The Path to True Christian Joy*. 장호준 역. 『복음 안에서 발견한 참된 자유』. 서울: 복있는 사람, 2012.

_____. *Galatians For You*. 김성웅, 이미정 역. 『갈라디아서, 복음을 만나다』. 서울: 베가북스, 2013.

_____. *Generous Justice: How God's Grace Makes Us Just*. 최종훈 역. 『정의란 무엇인가』. 서울: 두란노, 2012.

_____. *Gospel in Life: Grace Changes Everything*. Grand Rapids: Zondervan, 2010.

_____. "The Gospel and the Supremacy of Christ in a Postmodern World." In *The Supremacy of Christ in a Postmodern World*, John Piper and Justin Taylor eds. Wheaton, IL: Crossway, 2007, 103-23.

_____. "The Inside-Out Kingdom." *The Journal of Biblical Counseling* 19 (2001): 42-48.

_____. *Judges For You*. 김주성 역. 『당신을 위한 사사기』. 서울: 두란노, 2015.

_____. *King's Cross: The Story of the World in the Life of Jesus*. 정성묵 역. 『왕의 십자가』. 서울: 두란노, 2013.

_____. "Life in the Upside-Down Kingdom." *The Journal of Biblical Counseling* 17 (1999): 48-53.

_____. *Making Sense of GOD: An Invitation to the Skeptical*. 윤종석 역.『답이 되는 기독교』. 서울: 두란노, 2019.

_____. *The Meaning of Marriage: Facing the Complexities of Commitment with the Wisdom of God*. 최종훈 역,『결혼을 말하다』. 서울: 두란노, 2014.

_____. "A Model for Preaching: Part 1." *The Journal of Biblical Counseling* 12 (1994): 36-42

_____. "A Model for Preaching: Part 2." *The Journal of Biblical Counseling* 13 (1994): 39-48.

_____. "A Model for Preaching: Part 3." *The Journal of Biblical Counseling* 13 (1995): 51-57.

_____. Ministries of Mercy: *The Call of the Jericho Road*. P&R Publishing, 1997.

_____. *Prayer: Experiencing Awe and Intimacy with God*. 최종훈 역,『팀 켈러의 기도』. 서울: 두란노, 2015.

_____. *Preaching: Communicating Faith in an Age of Skepticism*. New York: Viking Books, 2015.

_____. "Preaching Hell in a Tolerant Age." In *The Art & Craft of Biblical Preaching*. Haddon Robinson and Craig Larson eds. Grand Rapids: Zondervan, 2005, 629-33.

_____. "Preaching Morality in an Amoral Age." *Leadership* (1996): 110-15.

_____. *The Prodigal Prophet*. 홍종락 역.『방탕한 선지자』. 서울: 두란노, 2019.

_____. *The Prodigal God: Recovering the Heart of the Christian Faith*. 전성호 역.『마르지 않는 사랑의 샘』. 서울: 베가북스, 2011.

_____. *The Reason for God*. New York: The Penguin Group, 2008.

_____. *The Reason for God: Belief in an Age of Skepticism*. 권기대 역,『살아있는 신』. 서울: 베가북스, 2010.

_____. *Romans 1-7 For You*. 김건우 역.『당신을 위한 로마서 1』. 서울: 두란노,

2015.

_____. *Romans 8-16 For You*. 김건우 역.『당신을 위한 로마서 2』. 서울: 두란노, 2015.

_____. *The Songs of Jesus: A Year of Daily Devotionals in the Psalms*. 최종훈 역,『예수의 노래들: 팀 켈러의 묵상』. 서울: 두란노, 2016.

_____. *Walking with God through Pain and Suffering*. 최종훈 역.『고통에 답하다』. 서울: 두란노, 2018.

_____. "Deconstructing Defeater Beliefs." 〈http://www.monergism.com/directory/link_details/10763/Deconstructing-Defeater-Beliefs-pdf/c-747〉.

_____. "Evangelistic Worship." 〈www.redeemer2.com/resources/evangelisticworship.pdf〉.

_____. "The Gospel in All Its Forms." 〈http://www.christianitytoday.com/le/2008/spring/9.74a.html?start=1〉.

_____. "The Missional Church." 〈www.redeemer2.com/resources/papers/missional.pdf〉

_____. "Post-Everythings." 〈http://www.wts.edu/resources/articles/keller_posteverythings.html〉

_____. "Preaching the Gospel in a Post-Modern World." Reformed Theological Seminary D. Min Program. January, 2002.

_____. "Religionless Christianity." Leadership Journal [on-line]. 〈http://www.christianitytoday.com/le/1999/fall/ 9l4025.htm;〉.

_____. "Talking about Idolatry in a Postmodern Age." 〈http://www.stevekmccoy.com/keller-idoaltry.pdf〉.

_____. "What is the Gospel?" 〈http://www.redeemer3.com/store〉.

_____. "Biography," 〈http://www.timothykeller.com/author/〉.

_____. "Preaching to Emerging Culture," in Ockenga Institute Pastor's Forum [CD]. South Hamilton, MA: Gordon-Conwell Theological Seminary, 2006.

Keller, Timothy J. and J. Allen Thompson, *Church Planter Manual*. New York: Redeemer Presbyterian Church, 2002.

D. A. Carson and Timothy Keller eds. *The Gospel as Center*. 최요한 역,『복음이 핵심이다』. 서울: 아가페북스, 2014.
Redeemer Presbyterian Church. "Redeemer Guide," ⟨http://download.redeemer.com/pdf/welcome_book.pdf⟩.
팀 켈러.『센터 처치』. 오종향 역. 서울: 두란노서원, 2016.
팀 켈러, 마이클 호튼, 데인 오틀랜드 외. *Shaped by the Gospel*. 오종향 역.『복음으로 세우는 센터 처치』. 서울: 두란노, 2016.
팀 켈러, 앤디 크라우치 외. *Loving the City*. 오종향 역.『도시를 품는 센터 처치』. 서울: 두란노, 2016.
팀 켈러, 팀 체스터 외. *Serving a Movement*. 오종향 역.『운동에 참여하는 센터 처치』. 서울: 두란노, 2016.
팀 켈러. *Hidden Christmas*. 윤종석 역,『예수 예수』. 서울: 두란노, 2017.

⟨팀 켈러 설교 자료⟩

팀 켈러의 실제 설교들(음성, 영상, 설교 관련 자료 등)과 자료의 대부분은 ⟨https://gospelinlife.com/⟩에서 가져와 분석한 것임을 밝힌다. 본 책에서 분석한 설교들의 자료는 각주에서 이미 밝혔기에 참고문헌에서는 생략하기로 한다. 해당 사이트에서 구입하거나 다운로드 받을 수 있으며, 유튜브에서도 그의 설교를 보고 들을 수 있다. ⟨https://www.youtube.com/channel/UCQmUmqrMGfnesNpdL7T282Q⟩.

⟨설교학 및 커뮤니케이션, 인터넷 자료⟩

Akin, Daniel L., Bill Curtis and Stephen Rummage. *Engaging Exposition*. Nashville: B&H, 2011.
Akin, Daniel L., David L. Allen, Ned Mathews eds. *Text-driven Preaching*. Grand Rapids: B&H Academic, 2010.
Alter, Robert. *The Art of Biblical Narrative*. New York: Basic Books, 1981.
Anderson, Kenton C. *Choosing to Preach*. 이웅조 역.『설교자의 선택』. 서울: 한국성서유니온선교회, 2008.
Anderson, Peter A. *Nonverbal Communication: Forms and Functions*. Mountain View, CA: Mayfield Publishing Co., 1999.

Arthurs, Jeffrey. *Preaching with Variety*. Grand Rapids, MI: Kregel Pub., 2007.

_____. *Preaching with Variety*. 박현신 역, 『목사님 설교가 다양해졌어요』. 서울: 베다니, 2010.

Bahnsen, Greg L. "The Crucial Concept of Self-Deception in Presuppositional Apologetics." *Westminster Theological Journal* 57 (1995): 1-31.

Bailey, Kenneth. *The Cross and the Prodigal*. Downers Grove, IL: IVP, 2005.

Beeke, Joel. *Reformed Preaching*. Wheaton, IL: Crossway, 2018.

Berkouwer, G. C. *Faith and Sanctification*. Grand Rapids: Eerdmans, 1952.

Broadus, John. *On the Preparation and Delivery of Sermons*. New York: Harper & Row Pub., 1979.

Cahill, Dennis M. *The Shape of Preaching*. Grand Rapids: Baker Book, 2007.

Carson, D. A. *Becoming Conversant with the Emerging Church*. Grand Rapids: Zondervan, 2005.

_____. *Christ & Culture Revisited*. Grand Rapids: Eerdmans, 2008.

Carter, Terry G., J. Scott Duvall, J. Daniel Hays. *Preaching God's Word*. 김창훈 역. 『성경 설교』. 서울: 성서유니온, 2009.

Chapell, Bryan. *Christ-Centered Preaching; Redeeming the Expository Sermon*. Grand Rapids: Baker, 2005.

_____. "God is the Hero of the Story." *Preaching* 21 (2006): 30-34.

Carnes, Tony. "New York's New Hope." ⟨http://www.christianitytoday.com/ct/2004/december/15.32.html⟩.

_____. "Alternative Models: Old Friends in New Clothes." *Presbyterion* 19/1 (1993): 7-11.

Charles, J. Daryl. "Engaging the (Neo) Pagan Mind: Paul's Encounter with Athenian Culture as a Model for Cultural Apologetics (Acts 17:16-34)." *Trinity Journal* 16 (1995): 47-62.

Conn, Harvie M. *Evangelism: Doing Justice and Preaching Grace*. Grand Rapids: Zondervan, 1982.

Doriani, Daniel M. *Putting the Truth to Work: The Theory and Practice of Biblical Application*. Phillipsburg: P&R Pub., 2001.

Decker, Bert. *Communicating with Bold Assurance*. Nashville, TN: LifeWay Press, 2000.

Dooyeweerd, Herman. *In the Twilight of Western Thought*. 문석호 역. 『서양 문화의 뿌리』. 크리스챤다이제스트, 1994.

Driscoll, Mark. *The Radical Reformission*. Grand Rapids: Zondervan, 2004.

Edmund P. Clowney, *Preaching Christ in All the Scriptures*. Wheaton, IL: Crossway, 2003.

_____. *Preaching and Biblical Theology*. Nutley, NJ: P&R Pub., Co., 1973.

Erickson, Millard J. and James L. Heflin. *Old Wine in New Wineskins: Doctrinal Preaching in a Changing World*. Grand Rapids: Baker Books, 1997.

Eswine, Zack. *Preaching to a Post-Everything World*. Grand Rapids: Baker, 2008.

Flemming, Dean. "Contextualizing the Gospel in Athens: Paul's Areopagus as a Paradigm for MissionaryCommunication." *Missiology* 30 (2002): 199-214.

Fasol, Al. *A Complete Guide to Sermon Delivery*. Nashville, TN: Broadman & Holman Publishers, 1996.

Frame, John. *Systematic Theology: An Introduction to Christian Belief*. Phillipsburg, NJ: P&R, 2013.

_____. *Apologetics to the Glory of God*. 전지현 역. 『하나님 영광을 위한 변증학』. 서울: 영음사, 1994.

_____. "Van Til and the Ligonier Apologetic." *Westminster Theological Journal* 47 (1985): 279-99.

_____. *The Doctrine of the Knowledge of God*. Philadelphia: P&R Pub.,Co., 1987.

Gaffin, Jr., Richard B. "Some Epistemological Reflections on 1 Cor 2:6-16." *Westminster Theological Journal* 57 (1995): 103-24.

Gibson, Scot M. ed. *Preaching to a Shifting Culture: Twelve Perspectives on Communicating That Connects*. Grand Rapids: Baker, 2004.

Greidanus, Sidney. *Preaching Christ from the Old Testament*. Grand Rapids: Eerdmans, 1999.

Hansen, Colin. *Young, Restless, Reformed*. 조현학 역.『현대 미국 개혁주의 부흥』. 서울: 부흥과 개혁사, 2010.

Heslam, Peter. *Creating a Christian Worldview: Abraham Kuyper's Lectures on Calvinism*. Grand Rapids: Eerdmans, 1998.

Horton, Michael. *Covenant and Salvation: Union with Christ*. Louisville, KY: Westminster John Knox Press, 2007.

Johnson, Dennis E. *Him We Proclaim*. Phillipsburg, NJ: P&R, 2007.

Johnson, Dennis. *Heralds of the King*. 윤석인 역,『모든 성경에서 그리스도를 설교하라』. 서울: 부흥과 개혁사, 2011.

Kistler, Don. *Feed My Sheep: A Passionate Plea for Preaching*. Grand Rapids: Soli Deo Gloria Ministries, 2002.

Kauffman, Timothy F. "Get Santification Done." *Trinity Review* 311 (2013): 3-12.

Kennedy, George A. *Classical Rhetoric and Its Christian and Secular Tradition from Ancient to Modern Times*, 2nd. Chapel Hill and London: The University of North Carolina Press, 1999.

Knapp, Mark L. and Judith A. Hall. *Nonverbal Communication in Human Interaction*, 7th ed. Boston, MA: Wadsworth Cengage Learning, 2009.

Kristof, Nicholas. "Am I a Christian, Pastor Timothy Keller?." *The New York Times*, ⟨https://www.nytimes.com/2016/12/23/opinion/sunday/pastor-am-i-a-christian.html⟩.

Kuyper, Abraham. *Lectures on Calvinism*. New York: Cosimo, 2007.

Lewis, Ralph. "Proclaiming the Gospel Inductively." *Review & Expositor* 84 (1987): 41-52.

Lloyd-Jones, D. Martyn. *Preaching and Preachers*. Grand Rapids:

Zondervan Publishing House, 1975.

Loscalzo, Craig. *Apologetic Preaching: Proclaiming Christ to a Postmodern World*. Downers Grove, IL: IVP, 2000.

Mattewson, Steve. *The Art of Preaching Old Testament Narrative*. Grand Rapids: Baker Academic, 2002.

McCroskey, James C. *An Introduction to Rhetorical Communication*. Boston, MA: Allyn & Bacon, 2005.

McDill, Wayne V. *The Moment of Truth*. Nashville,TN: Broadman & Holman Pub., 1999.

Mehrabian, Albert. *Silent Messages: Implicit Communication of Emotions and Attitudes* 2nd ed. Belmont, CA: Wadsworth, 1981.

Millard J. Erickson, *Postmodernizing the Faith: Evangelical Responses to the Challenges of Postmodernism*. Grand Rapids: Baker, 1998.

McDowell, Josh. *The New Evidence That Demands A Verdict*. Nashville: Thomas Nelson Pub., 1999.

_____. *The Resurrection Factor*. Nashville: Thomas Nelson Pub., 1993.

McGrath, Alister. *Mere Apologetics*. 전의우 역, 『기독교 변증』. 서울: 국제제자훈련원, 2014.

Mohler,R. Albert, Jr. *He Is Not Silent: Preaching in a Postmodern World*. Chicago: Moody, 2008.

Murray, David. *Jesus on Every Page: 10 Simple Ways to Seek and Find Christ in the Old Testament*. Nashville, TN: Thomas Nelson, 2013.

Nash, Ronald. *Worldviews in Conflict: Choosing Christianity in a World of Ideas*. Grand Rapids: Zondervan, 1992.

Oliphint, Scott. "The Consistency of Van Til's Methodology." *Westminster Theological Journal* 52 (1990): 27-49.

Old, Hughes Oliphant. *The Reading and Preaching of the Scriptures in the Worship of the Christian Church: Our Own Time*. Vol. 7. Grand Rapids: Eerdmans, 2010.

Poythress, Vern S. *God-centered Biblical Interpretation*. Philadelphia: P&R Pub., 1999.

Quicke, Michael J. *360-Degree Preaching: Hearing, Speaking, and Living the Word.* Grand Rapids: Baker, 2003.

Remland, Martin S. *Nonverbal Communication in Everyday Life.* Boston, MA: Houghton Mifflin Company, 2003.

Reymond, Robert L. *The Justification of Knowledge.* 이승구 역.『개혁주의 변증학』. 서울: CLC, 1989.

Richard, Ramesh. *Scripture Sculpture.* 정 현 역.『7단계 강해설교 준비』. 서울: 디모데, 1996.

Robinson, Haddon. *Biblical Preaching* 2nd ed. Grand Rapids: Baker Academic Pub., 2001.

Ryken Reland. *Words of Delight.* Grand Rapids: Baker, 1987.

Sire, James W. *The Universe Next Door: A Basic Worldview Catalog*, 3rd. Downers Grove, IL: InterVarsity, 1997.

Smith. James K. A. *Letters to a Young Calvinist: An Invitation to the Reformed Tradition.* Grand Rapids Brazos Press, 2010.

Stafford, Tim. "How Tim Keller Found Manhattan." 〈http://www.christianitytoday.com/ct/2009/june/15.20.html〉.

Stein, Robert. *The Method and Message of Jesus Teaching.* Louisville, KY: Westminster John Knox Press, 1994.

Stiller, Brian C. *Preaching Parables to Postmoderns.* Minneapolis: Fortress Press, 2005.

Stone, Dave. *Refining Your Style.* Loveland, CO: Group Pub Inc., 2004.

Strobel, Lee. *The Case for Christ.* Grand Rapids: Zondervan, 1998.

Sunukijian, Donald R. *Invitation to Biblical Preaching.* Grand Rapids: Kregel, 2007.

Thompson, James W. *Preaching Like Paul.* Louisville, KY: Westminster John Knox Press, 2001

Trenholm, Sarah. *Thinking Through Communication.* 2nd ed. Needham Heights, MA: Allyn and Bacon, 1999.

Turner, David L. "Cornelius Van Til and Romans 1:18-21: A Study in the Epistemology of Presuppositional Apologetics." *Grace Theological*

Journal 2 (1981): 45-58.
VanTil, Cornelius. *Christian Apologetics*. Phillipsburg, NJ: P&R Pub., Co., 1976.
_____. *The Defense of the Faith*. Phillipsburg, NJ: P&R Pub.,Co., 1979.
Vermurlen, Brad. *Reformed Resurgence: The New Calvinist Movement and the Battle Over American Evangelicalism*. NY: Oxford University, 2020.
Wolters, Albert M. *Creation Regained*. 양성만 역,『창조,타락,구속』. 서울:한국기독학생회 출판부, 1992.
Walsh, Brian J. and J. Richard Middleton, *The Transforming Vision*. 황영철 역,『그리스도인의 비전』. 서울:한국기독학생회출판부, 1987.
Wells, David F. *Above All Earthly Powers: Christ in a Postmodern World*. Grand Rapids: Eerdmans, 2005.
_____. *God in the Wasteland: The Reality of Truth in a World of Fading Dreams*. Grand Rapids: Eerdmans, 1994.
Wilson, Paul S. *Preaching and Homiletic Theory*. St. Louis, MO: Chalice Press, 2004.
York, Hershael W. and Bert Decker. *Preaching with Bold Assurance*. Nashville: B&H, 2003.
Zuck, Roy B. *Teaching as Jesus Taught*. 송원준 역,『예수님의 티칭 스타일』. 서울: 디모데, 2000.
_____. *Teaching as Paul Taught*.『바울의 티칭 스타일』. 서울: 디모데, 2002.
Hill, Samuel P. "Jesus Christ and Him Crucified: the Christocentric Preaching Instinct of Timothy Keller." PhD diss., Southeastern Baptist Theological Seminary, 2018.
Arthur, Andrew. "The Role of Biblical Theology in the Gospel-Centered, Expository Preaching of Timothy Keller." PhD diss., New Orleans Baptist Theological Seminary, 2012.
하비 칸, 매누얼 오르티즈.『도시 교회 개척을 위한 지침서』. 한화룡 역. 서울: CLC, 2006.
박현신.『미셔널 프리칭』. 서울: 예영커뮤니케이션, 2012.

_____. 『포브릿지 프리칭: 청중과 사회를 변혁시키는 적용지향적 설교 패러다임』. 서울: CLC, 2017.

정원래. *Philip Melanchthon*. 서울: 익투스, 2017.

주

1부 팀 켈러 설교와 사역 조감도

1. 박현신, 『미셔널 프리칭』 (서울: 예영커뮤니케이션, 2012).
2. 새로운 칼빈주의 부흥에 대해서 다룬 TIMES와 New York Times에 실린 다음의 기사를 참조하라. 〈http://content.time.com/time/specials/packages/article/0,28804,1884779_1884782_1884760,00.html;1〉 〈http://mobile.nytimes.com/2014/01/04/us/a-calvinist-revival-for-evangelicals.html?referrer=&_r=0〉.
3. Collin Hansen, *Young, Restless, Reformed* (Wheaton, IL: Crossway, 2008).
4. Brad Vermurlen, *Reformed Resurgence: The New Calvinist Movement and the Battle Over American Evangelicalism* (NY: Oxford University, 2020), 212-13.
5. 본 기사는 Michael Luo, "Preaching the Word and Quoting the Voice"라는 제목으로 실렸다 〈http://www.nytimes.com/2006/02/26/nyregion/26evangelist.html?pagewanted=all&_r=0; Internet; accessed 1 July 2011〉.
6. Keller의 Redeemer Presbyterian Church에 대한 더 자세한 역사를 위해서는 www.redeemer.com의 "Redeemer's History"를 참조하라.
7. 〈https://www.baylor.edu/truett/index.php?id=951217〉.
8. Timothy J. Keller, *Ministries of Mercy: The Call of the Jericho Road* (P&R Publishing, 1997); Timothy J. Keller, *Church Planter Manual* (Redeemer Presbyterian Church, 2002); Timothy J. Keller, *The Reason for God: Belief in an Age of Skepticism*, 권기대 역, 『살아있는 신』 (서울: 베가북스, 2010); Timothy J. Keller, *The Prodigal God: Recovering the Heart of the Christian Faith*, 전성호 역, 『마르지 않는 사랑의 샘』 (서울: 베가북스, 2011); Timothy J. Keller, *The Prodigal God*, 윤종석 역, 『탕부 하나님』(서울: 두란노, 2016); Timothy J. Keller, *Counterfeit Gods*, 이미정 역, 『거짓 신들의 세상』 (서울: 베가북스, 2012); Timothy J. Keller, *Hope that Matters* (Dutton Adult, October 2009); *Generous Justice: How God's Grace Makes Us Just* (Dutton Adult, November 2010); Tim Keller, *Generous Justice: How God's Grace Makes Us Just*, 최종훈 역, 『정의란 무엇인가』 (서울: 두란노, 2012); Timothy J. Keller, *King's Cross: The Story of the World in the Life of Jesus*, 정성묵 역, 『왕의 십자가』(서울: 두란노, 2013); Timothy J. Keller, *The Meaning of Marriage: Facing the Complexities of Commitment with the Wisdom of God*, 최종훈 역, 『결혼을 말하다』 (서울: 두란노, 2014); Timothy J. Keller, *The Freedom of Self Forgetfulness: The Path to True Christian Joy*, 장호준 역, 『복음 안에서 발견한 참된 자유』(서울: 복있는 사람, 2012); Timothy J.

Keller, *Center Church: Doing Balanced, Gospel-Centered Ministry in Your City* (Zondervan, September 2012); Timothy J. Keller, *Center Church*, 오종향 역,『센터 처치』(서울: 두란노, 2016); Timothy J. Keller, *Every Good Endeavor: Connecting Your Work to God's Work*, 최종훈 역,『일과 영성』(서울: 두란노, 2015); Timothy J. Keller, *Galatians For You*, 김성웅, 이미정 역,『갈라디아서, 복음을 만나다』(서울: 베가북스, 2013); Timothy J. Keller, *Judges For You*, 김주성 역,『당신을 위한 사사기』(서울: 두란노, 2015); Timothy J. Keller, *Walking with God through Pain and Suffering*; Timothy J. Keller, *Encounters with Jesus: Unexpected Answers to Life's Biggest Questions*, 전성호 역,『예수를 만나다』(서울: 베가북스, 2014); Timothy J. Keller, *Romans 1-7 For You*, 김건우 역,『당신을 위한 로마서 1』(서울: 두란노, 2015); Timothy J. Keller, *Romans 8-16 For You*, 김건우 역,『당신을 위한 로마서 2』(서울: 두란노, 2015); Timothy J. Keller, *Prayer: Experiencing Awe and Intimacy with God*, 최종훈 역,『팀 켈러의 기도』(서울: 두란노, 2015); Timothy J. Keller, *Preaching: Communicating Faith in an Age of Skepticism*, 채경락 역,『팀 켈러의 설교』(서울: 두란노, 2014); Timothy J. Keller, *The Songs of Jesus: A Year of Daily Devotionals in the Psalms*, 최종훈 역,『예수의 노래들: 팀 켈러의 묵상』(서울: 두란노, 2016); Timothy J. Keller, *Making Sense of GOD: An Invitation to the Skeptical*, 윤종석 역,『답이되는 기독교』; Timothy J. Keller, *Hidden Christmas: The Surprising Truth Behind the Birth of Christ*, 윤종석 역,『예수 예수』(서울: 두란노, 2017).

9. Keller,『예수를 만나다』, 20.
10. Keller,『예수를 만나다』, 20.
11. Keller,『복음으로 세우는 센터 처치』, 저자소개; "Biography," 〈"http://www.timothykeller.com/author/"http://www.timothykeller.com/author/〉.
12. 켈러의 리디머교회 개척이야기는 크리스천투데이의 팀 스테포드의 기사를 참조하라. Tim Stafford, "How Tim Keller Found Manhattan," 〈http://www.christianitytoday.com/ct/2009/june/15.20.html〉. Tim Stafford, "How Tim Keller Found Manhattan," *Christianity Today* 53, no. 6 (2009): 22.
13. 하비 칸(Harvie M. Conn., 1933-99)은 미국 웨스트민스터 신학교에서 선교학 교수로 사역하였으며, 한국에 선교사로 파송되어 간하배라는 이름으로 총신대학교에서 교수로도 섬겼다. 다시 미국으로 돌아간 이후 25년간 웨스트민스터 신학교 교수로 활동하였다. 하비 칸의 주요 공헌 중 하나는 구속사적 관점에서 도시에 대한 연구를 바탕으로 도시 선교를 통한 하나님 나라 건설에 대한 방향을 제시 한 것이다. 바로 이러한 칸의 구속사적 도시 선교관이 켈러에게 영향을 주었고, 리디머 교회를 통해 꽃피우게 된 것이라고 할 수 있다. 하비 칸, 매누얼 오르티즈,『도시 교회 개척을

위한 지침서』, 한화룡 역 (서울: CLC, 2006).
14. Stafford, "How Tim Keller Found Manhattan," 〈http://www.christianitytoday.com/ct/2009/june/15.20.html〉.
15. Timothy J. Keller and J. Allen Thompson, *Church Planter Manual* (New York: Redeemer Presbyterian Church, 2002), 7-10.
16. 〈http://www.redeemer.com/learn/about_us/redeemer_history〉.
17. 역사적으로 뉴욕시는 1624년 네덜란드 이주민들에 의해 무역항으로 설립되었으며 1626년에 뉴암스테르담이라는 지명이 붙여졌다. 1664년에는 영국인들이 강제 점령하여 통치하기 시작했으며, 찰스 2세가 동생 요크공에게 이곳을 주면서 뉴욕이라 불리기 시작했다. 1789년부터 1791년까지 미국의 수도였으며, 1790년에는 미국에서 가장 큰 도시로 성장하여 현재 약 1,890만 명의 인구와 150여개의 언어가 사용되는 다민족 대도시가 되었다. 상세한 뉴욕시의 역사를 위해서는 다음을 참조하라 〈https://en.wikipedia.org/wiki/History_of_New_York_City〉.
18. 〈https://www.christianitytoday.com/news/2017/february/tim-keller-stepping-down-nyc-redeemer-senior-pastor.html〉; 〈https://www.christianitytoday.com/news/2017/february/tim-keller-stepping-down-nyc-redeemer-senior-pastor.html〉.
19. "Keller Shifts from Preaching to Teaching," 〈https://byfaithonline.com/keller-shifts-from-preaching-to-teaching/〉.
20. 〈https://www.redeemer.com/learn/vision_and_values〉.
21. 팀 켈러, 마이클 호튼, 데인 오틀랜드 저, *Shaped by the Gospel*, 오종향 역, 『복음으로 세우는 센터 처치』 (서울: 두란노, 2016), 12-14.
22. 〈https://www.redeemer.com/learn/vision_and_values〉.
23. Keller, *Center Church*, 21.
24. Tim Keller, *Ministries of Mercy: The Call of the Jericho Road* (P&R Publishing, 1997)를 참조하라.
25. Keller, "Jericho Road," (Luke 10:25-37) 〈https://resources.thegospelcoalition.org/library/jericho-road〉.
26. 팀 켈러, 팀 체스터 외, *Serving a Movement*, 오종향 역, 『운동에 참여하는 센터 처치』, (서울: 두란노, 2016), 91-127.
27. Keller, *Center Church*, 271-74.
28. Redeemer Presbyterian Church, "Redeemer Guide," 〈http://download.redeemer.com/pdf/welcome_book.pdf〉.
29. Keller, *Center Church*, 135-43.
30. Keller, *Center Church*, 374-376; Keller, *Ministries of Mercy: The Call of the*

Jericho Road.

31. Keller, *Center Church*, 154-62.
32. Keller, *Center Church*, 172-76. 팀 켈러의 도시선교를 통한 '문화변혁'에 대한 강의를 참조하라. ⟨http://youtu.be/Hef4rQiCUck⟩ Keller, *Center Church*, 172-79.
33. ⟨redeemercitytocity.com/about⟩를 참조하라. '조직화된 유기체'(organized organism)로서 센터 처치는 교회 밖의 영역에서도 복음의 역동성을 추구함으로, 자연스럽게 복음중심적 교회 개척 운동을 일으키게 된다. 켈러는 궁극적인 교회 개척자 모델인 예수님을 의지하면서, 복음중심적 운동의 역동성(movement)이 나타나는 교회 개척의 원리들을 주로 사도행전에서 나타난 바울의 교회 개척 사역에서 발견하여 제시하고 있다: 1) 전도, 공동체 형성, 지도자 훈련으로 이어지는 자연스럽고 정상적인 교회 개척 사역의 원리, 2) 바울의 모델처럼 새로운 리더들에게 권한을 위임하고 하나님 나라의 성장이라는 목적을 위해 교회가 지속적으로 다른 교회를 개척해야 한다는 원리, 3) 전도에 집중하는 교회를 통해 교회 개척이 지속적으로 이루어질 때 도시의 그리스도인이 증가한다는 원리, 4) 도시 안에 기존 교회들을 갱신하기 위한 최고의 전략도 새로운 교회를 개척함으로 그리스도의 몸을 성장시키고 새롭고 창의적인 지도자들을 세우고 새로운 회심의 열매가 증가하도록 헌신하는데 있다는 원리, 5) 도시의 다양한 성향의 사람들을 더욱 효과적으로 전도하는 전략도 새로운 복음중심적 교회를 개척하는 원리, 6) 도시 가운데 필요한 많은 사역들을 자립하고 성장하도록 만드는 효과적인 전략이 새로운 교회를 개척한다는 원리(Keller, *Center Church*, 355-65).
34. Redeemer City to City, "Churches," ⟨http://www.redeemercitytocity.com/churches/⟩.
35. 오종향, "뉴욕 리디머교회의 교회개척운동을 소개합니다"『목회와 신학』(서울: 두란노, 2012년 6월호), 35.
36. *Center Church*, 371, 374-77.
37. ⟨https://redeemercitytocity.com/impact-1⟩.
38. 오종향, "뉴욕 리디머교회의 교회개척운동을 소개합니다", 36. 리디머 시티투시티 운동은 동서양의 세속 도시들에 복음 DNA를 가진 교회들을 세우고 확산하는 일을 한다. 지난 12년간 전 세계 모든 대륙에서 공식적으로 340개 교회를 개척했고, 조만간 50개의 교회를 개척할 예정이다. 인사권, 재정 등이 완전히 독립되고 교단의 벽도 넘어선 하나님 나라 운동이다. 비공식적으로 돕는 중국의 가정 교회만 해도 150개 지역에 550개가 넘는다. 시티투시티에서 사역하는 20여 명의 코칭 스텝들은 대부분 50세 이상의 베테랑 사역자들로 과반수 가량이 자비량 선교사다. 시티투시티 운동에서 가장 중요하게 여기는 것은 '사람을 키우는' 교회개척운동이다. 단순히 재정적으로 개척하는 수준을 뛰어넘어서 사람을 키워 사람을 통해 교회를 개척하는 단계로 발

전하였다. 또 교회들이 목회자를 키워 교회를 다시 개척하는 운동성도 갖게 되었다. 오종향, "복음적 교회개척 운동, 잘 훈련된 사역자들이 필요하다." 〈http://moksin.duranno.com/moksin/view/article.asp?articleNO=34632〉.

39. 켈러와의 인터뷰를 거의 그대로 번역, 요약한 것임을 밝힌다. 〈https://www.monergism.com/topics/preaching/ten-questions-expositors〉.
40. Timothy Keller, *Preaching: Communicating Faith in an Age of Skepticism* (New York: Viking Books, 2015), 1-5.
41. Timothy Keller, *Center Church* (Grand Rapids: Zondervan, 2012), 44, 111-12.
42. Keller, *Preaching*, 15-19.
43. Keller, *Preaching*, 20.
44. Keller, *Preaching*, 21.
45. Keller, *Preaching*, 10, 17.
46. Cornelius Van Til, *The Defense of Faith, reprint* (Phillipsburg, NJ: P & R, 1979), 266; Richard B. Gaffin, Jr., "Some Epistemological Reflections on 1 Cor. 2:6-16," *WTJ* 57 (1995): 103-124.
47. Dean Flemming, "Contextualizing the Gospel in Athens," *Missiology* 30 (2002): 199-214; N. Clayton Croy, "Hellenistic Philosophies and the Preaching of the Resurrection (Acts 17:18, 32)," *NovT* 39 (1997): 21-39; J. Daryl Charles, "Engaging the (Neo) Pagan Mind: Paul's Encounter with Athenian Culture as a Model for Cultural Apologetics," (Acts 17:16-34)" *Trinity Journal* 16 (1995): 59-61.
48. 몰러(Mohler)도 포스트모던 세대들의 세계관을 변화시키기 위한 복음중심적인 변증적 설교의 원리를 바울의 아레오바고 설교에서 찾고 있다(Mohler, *He is not Silent*, 124-131을 참조하라).
49. Keller, *The Reason for God*, 209-21.
50. Keller, *Preaching*, 11-14, 22.
51. Keller, "Preaching in a Post-Modern City,"(Reformed Theological Seminary D. Min Program, January, 2002)에서 삶의 거짓말에 대한 근본원인의 진단과 해결책을 루터에게서 찾고 있다.
52. Keller, 『정의란 무엇인가』, 114-122를 참조하라.
53. Keller, "Preaching in a Post-Modern City,"에서 복음 안에서 진정한 덕(true virtue)의 핵심을 에드워즈에게서 찾고 있다.
54. Keller, *Center Church*, 73-74, 77-78.
55. Keller, "Preaching Gospel in Postmodern World," 149-157.
56. Keller, *Preaching*, 160-64.

57. Keller, *Center Church*, 73-74, 77-78, 123, 327.
58. Keller, 『살아있는 신』, 343.
59. Keller, 『왕의 십자가』, 34, 36, 65, 169, 218, 264.
60. 기독교 변증학에 대한 암스텔담 학파와 구 프린스톤 학파, 웨스트민스터 학파의 각각의 입장을 위한 논의를 위해서는 강웅산, "설교의 미련한 것 (고전 1:21)," 150-155를 참조하라. 19세기 화란의 신칼빈주의 운동의 기수인 아브라함 카이퍼(어거스틴과 칼빈을 따라 중생되지 못한 인간의 이성의 중립성을 비판함)를 통해 기독교 철학(세계관)과 변증학의 새로운 지평이 열리게 되었고, 이후 도예베르트(창조, 타락, 구속의 계시에 대한 신앙에 기초한 세계관을 체계화)와 반틸(하나님의 존재에 대한 신앙을 기초로 한 전제주의 철학)에 의해 체계적인 꽃을 피우게 된다(신국원, "기독교 철학의 조망," 『신학지남』 314 (2013): 200-201). 칼빈주의에 기초한 기독교 신앙을 모든 사물에 대한 포괄적인 인식의 틀 곧 통전적인 세계관(a holistic worldview)으로 보았던 카이퍼의 전통이 반틸과 프레임을 거쳐 켈러에게로 이어진 것이다(David K. Naugle, *Worldview: The History of a Concept* [Grand Rapids: Eerdmans, 2002], 5, 25) 이러한 칼빈주의 세계관은 전제주의 변증학의 뿌리가 되었고, 반틸은 소위 전제주의 변증학을 통한 복음과 믿음을 변증하는 체계로 구축할 수 있었던 것이다(Greg L. Bahnsen, *Van Til's Apologetic* (Phillipsburg, NJ: P&R, 1998), 31; Scott Oliphint, "The Consistency of Van Til's Methodology," *WTJ* 52 [1990]: 27-49).
61. Keller, *Preaching*, 11-14, 22. Geerhardus Vos, *Biblical Theology: Old and New Testaments* (Grand Rapids: Eerdmans, 1948, reprints: 1988); John Murray, *The Collected Writings of John Murray*, 4 vol. (Edinburgh: Banner of Truth Trust, 1982); Edmund Clowney, *Preaching and Biblical Theology* (Nutley, NJ: P&R Pub., Co., 1973); Cornelius Van Til, *The Defense of the Faith* (Phillipsburg, NJ: P&R Pub., Co., 1979); John Frame, *The Doctrine of the Knowledge of God* (Philadelphia: P&R Pub., Co., 1987); Vern Poythress, *God-centered Biblical Interpretation* (Philadelphia: P&R Pub., Co., 1999); Harvie M. Conn, *Evangelism: Doing Justice and Preaching Grace* (Grand Rapids: Zondervan, 1982). 반틸에서 프레임으로 이어지는 개혁주의 변증학은 하나님의 계시(그리스도 중심적인 변증적 기능을 하는)에 의해 모든 신학적 논의가 지배를 받는다는 보스의 계시관에 기초하고 있다. 특히 반틸의 변증학은 카이퍼의 '반립성'(신자와 불신자 사이에 서로 섞일 수 없고 합리적 대화가 불가능하다는 주장)과 워필드의 '바른 사고'(이성을 통해 계시에 대한 바른 해석이 가능하다는 주장)의 중요성을 균형 있게 수용하면서도 두 사람의 입장을 넘어 신자와 불신자 간의 특별계시에 대한 변증(배타성과 포괄성이 동시에 성립되는 대화)은 '성령의 사역'으로 통해 가능함을 강

조한다(강웅산, "설교의 미련한 것, [고전 1:21]" 153-155). 바로 이 점은 켈러에게도 이어진다고 볼 수 있다. 한편, 이러한 반틸의 불신자를 향한 변증의 가능성에 대한 성경적 근거는 로마서 1장 18-20절에 대한 바울의 견해와 연결되어 있다(David L. Turner, "Cornelius Van Til and Romans 1:18-21: A Study in the Epistemology of Presuppositional Apologetics," *GTJ* 2 [1981]: 51). 불신자의 자기 속임(self-deception)은 전제주의 변증의 정당성과 필요성을 말해준다(Greg L. Bahnsen, "The Crucial Concept of Self-Deception in Presuppositional Apologetics," *WTJ* 57 [1995]: 2). 켈러의 변증적 설교는 반틸을 계승하면서도 프레임의 '마음 속의 전제주의 변증학'에 더 가깝다고 볼 수 있다(Frame, 『하나님의 영광을 위한 변증학』, 103-41을 참조하라). 밴틸의 전제주의 변증학과 스프라울(R. C. Sproul)로 대변되는 고전적 변증학인 리고니어 변증학(Ligonier apologetic)과의 차이점과 공통점에 대해서는 John Frame, "Van Til and the Ligonier Apologetic," *WTJ* 47 (1985): 279-299를 참조하라.

62. Desiring God National Conference에서 켈러가 강의(2006년 9월 30일)한 내용 중에서 정리한 것이다.
63. 상세한 내용은 켈러의 다음 글을 참조하라. "Why is Tim Keller Indebted to Dr. David Martyn Lloyd-Jones?" ⟨https://lifecoach4god.life/tag/a-tract-for-the-times-was-written-by-dr-tim-keller/⟩.
64. Keller, *Preaching*, 5.
65. Keller, *Preaching*, 10-11.
66. Keller, *Preaching*, 32-44.
67. Keller, "The Prodigal Sons," (Luke 15:1-2, 11-32) ⟨http://www.gospelinlife.com/the-prodigal-sons-5434⟩.
68. Keller, "Christ, Our Life," (Colossians 3:1-14) ⟨http://www.gospelinlife.com/christ-our-life-7383⟩.
69. ⟨https://gospelinlife.com/downloads/the-city-5427/⟩.
70. ⟨https://gospelinlife.com/downloads/witness-5468/⟩.
71. ⟨https://gospelinlife.com/downloads/blueprint-for-revival-social-concern-5629/⟩
72. ⟨https://gospelinlife.com/downloads/blueprint-for-revival-introduction-33/⟩.
73. 팀 켈러, 마이클 호튼, 데인 오틀랜드 저, 『복음으로 세우는 센터 처치』, 186-92.
74. ⟨https://gospelinlife.com/downloads/love-for-the-city-6558/⟩.
75. ⟨https://gospelinlife.com/downloads/the-dream-of-the-kingdom-5186/⟩.
76. ⟨https://gospelinlife.com/downloads/should-i-not-love-that-great-city-5246/⟩.

77. ⟨https://gospelinlife.com/downloads/the-meaning-of-the-city-5329/⟩.
78. ⟨https://gospelinlife.com/downloads/hope-for-the-city-6005/⟩.
79. ⟨https://gospelinlife.com/downloads/the-freedom-of-service-2-1st-6318/⟩.
80. ⟨https://gospelinlife.com/downloads/a-woman-a-slave-and-a-gentile-5334/\⟩.
81. ⟨https://gospelinlife.com/downloads/belonging-to-a-missional-church-4614/⟩.
82. ⟨https://gospelinlife.com/downloads/missions-5778/⟩.
83. ⟨https://gospelinlife.com/downloads/culture-5431/⟩.

2부 팀 켈러 복음중심적 설교를 여는 7가지 키워드(7P)

84. Keller, "A Model for Preaching: Part One," *The Journal of Biblical Counseling* 12.3 (1994): 36-42.
85. John Frame, *The Doctrine of the Knowledge of God* (Philadelphia: P&Rhetoric Publishing Co., 1987), 75.
86. Vern S. Poythress, *God-Centered Biblical Interpretation* (Philadelphia: P&Rhetoric Publishing Co., 1999).
87. Timothy J. Keller, "Preaching the Gospel in a Post Modern World," 16.
88. Sidney Greidanus, *Preaching Christ from the Old Testament* (Grand Rapids: Eerdmans, 1999), 10. 그레이다누스는 그리스도 중심 설교를 "본문의 메시지와 그리스도의 인격, 사역, 가르침 안에서 드러난 하나님의 구원사역의 절정을 함께 통합하는 것"이라고 정의한다. 켈러는 '해결'의 방법, '율법 수용'의 방법, '이야기 완성'의 방법, '약속과 성취'의 방법, '대조'의 방법, '장르'를 통한 방법으로 그리스도를 드러내고자 한다. Keller, "Preaching the Gospel in a Post Modern World," 35-42.
89. Keller, "Preaching the Gospel in a Post Modern World," 26.
90. Keller, "Preaching the Gospel in a Post Modern World," 16.
91. Keller, "Preaching the Gospel in a Post Modern World," 16, 24, 37.
92. Poythress, *God-Centered Biblical Interpretation*, 5-10.
93. Keller, "Preaching the Gospel in a Post Modern World," 18, 55.
94. Frame, *The Doctrine of the Knowledge of God*, 83.
95. Keller, "Preaching the Gospel in a Post Modern World," 81.
96. Keller, "A Model for Preaching: Part One," *JBC* 12 (1994): 36-42.
97. Keller, "Preaching the Gospel in a Post Modern World," 56-60.
98. Keller, "Preaching the Gospel in a Post Modern World," 82.

99. ⟨https://gospelinlife.com/downloads/everyone-with-a-gift-6892/⟩.

100. Keller,『왕의 십자가』, 193-207; Keller, "Camels and Money," (Mark 10:17-27) ⟨https://gospelinlife.com/downloads/camels-and-money-5196/⟩.

101. Keller, "The Silent Sovereignty of God," (Esther 2:5-10;16-23); Keller, "If I Perish, I Perish" (Esther 4:5-17) (Esther and the Hiddenness of God 시리즈)

102. Keller,『왕의 십자가』, 128-32; 왕의 십자가 마가복음 시리즈 설교 중 "Jesus and the Bible," (Mark 7:1-13) ⟨https://gospelinlife.com/downloads/jesus-and-the-bible-5459/⟩; Keller, "With A Religious Crowd," (Mark 7:1-23) ⟨https://gospelinlife.com/downloads/with-a-religious-crowd-6483/⟩.

103. Keller, "Unintentional Preaching Models," in Ockenga Institute Pastor's Forum.

104. 알레고리에 대한 켈러의 견해에 대해서는 Keller, "Preaching the Gospel in a Post Modern World," 28.

105. Keller, "Preaching the Gospel in a Post Modern World," 218.

106. Keller, "Doing Justice and Mercy," (Isaiah 58:1-14)⟨https://gospelinlife.com/downloads/doing-justice-and-mercy-9183/⟩.

107. Keller, "Real Faith and the Only Son," (Genesis 22:1-14), (The Gospel According to Abraham series) ⟨http://www.gospelinlife.com/real-faith-and-the-only-son-5241⟩.

108. Keller, "The King and the Furnace," (Series Theophany: Anticipations of Jesus in the Old Testament/Series Daniel: Living by Faith in a Secular World); Keller,『고통에 답하다』, 354-73.

109. Keller, "The Gospel and the Outsider," (John 4:1-26) ⟨https://gospelinlife.com/downloads/the-gospel-and-the-outsider-6073/⟩; Keller,『예수를 만나다』, 55-74.

110. Keller, "We Had to Celebrate," (Luke 15:17-32) ⟨https://gospelinlife.com/downloads/we-had-to-celebrate-5608/⟩; Keller,『마르지 않는 사랑의 샘』, 113-53. 실제 설교와 책을 함께 참조함.

111. Keller, "A Tale of Two Cities Genesis," (창 4:11-26) ⟨https://gospelinlife.com/downloads/a-tale-of-two-cities-5986/⟩.

112. Keller,『정의란 무엇인가』, 33-35.

113. Keller,『정의란 무엇인가』, 43-51.

114. Keller,『일과 영성』, 70.

115. Keller,『당신을 위한 로마서 2』, 93.

116. Keller,『고통에 답하다』, 267.

117. Keller,『왕의 십자가』, 31, 33, 45, 107, 115, 151, 155, 213.
118. Keller,『예수를 만나다』, 185-86.
119. Keller, "Perfect Freedom," (Romans 6:1-7; 11-18) 〈https://gospelinlife.com/downloads/perfect-freedom-5497/〉.
120. Keller,『일과 영성』, 80-92.
121. Keller,『당신을 위한 로마서 2』, 97.
122. Keller,『당신을 위한 로마서 2』, 150, 155, 165, 170-71.
123. Keller,『갈라디아서, 복음을 만나다』, 211.
124. Keller,『갈라디아서, 복음을 만나다』, 228.
125. Keller,『갈라디아서, 복음을 만나다』, 228-29.
126. Keller,『갈라디아서, 복음을 만나다』, 233.
127. Keller,『정의란 무엇인가』, 241.
128. Keller,『당신을 위한 사사기』, 26-28, 70-71.
129. Keller, "그리스도인의 행복(Christian Happiness)," (롬 8:28-30); Keller,『당신을 위한 로마서 2』, 73.
130. Keller,『당신을 위한 로마서 2』, 163.
131. Keller,『당신을 위한 로마서 2』, 77-80.
132. Keller,『갈라디아서, 복음을 만나다』, 206.
133. Keller,『일과 영성』242.
134. Keller, "Everyone with a Gift," 〈https://gospelinlife.com/downloads/everyone-with-a-gift-6892/〉.
135. Keller,『갈라디아서, 복음을 만나다』, 231.
136. Keller, "Should I not Love that Great City,"〈https://gospelinlife.com/downloads/should-i-not-love-that-great-city-5246/〉.
137. 이러한 당시 중동 문화적 배경을 고려한 주해는 케네스 베일리(Kenneth Bailey)의 방식과 유사한 점이 있다. Kenneth Bailey, *The Cross and the Prodigal* (Downers Grove, IL: IVP, 2005).
138. Keller, "Arguing About Politics," (Mark 12:13-17) 〈https://gospelinlife.com/downloads/arguing-about-politics-5238/〉.
139. Keller,『당신을 위한 로마서 2』, 42-52.
140. Keller, "Doing Justice and Mercy" (2016년 3월 20일 리디머 교회 주일 예배 설교) 〈https://www.youtube.com/watch?v=u8Fn4vTTXHM〉.
141. Keller,『갈라디아서, 복음을 만나다』, 218-19.
142. Mohler, "The Primacy of Preaching", in *Feed My Sheep*, (Grand Rapids: Soli Deo Gloria Ministries 2002), 23, 31.

143. Keller, 『당신을 위한 로마서 2』, 69.
144. Keller, 『갈라디아서, 복음을 만나다』, 228, 230.
145. D. A. Caron and Timothy Keller, "복음중심적 사역" in 『복음이 핵심이다』, (서울: 아가페북스, 2014), 17.
146. Mohler, "The Primacy of Preaching," 23; John Piper. ed. *The Supremacy of Christ in a Postmodern World* (Wheaton, IL: Crossway Books, 2007), 71-99, 125-47; John Piper, *The Purifying Power of Living by Faith in Future Grace* (Leicester: Inter-Varsity Press, 1995), 14.
147. Daniel M. Doriani, *Putting the Truth to Work* (Phillipsburg, NJ: P&R Pub., 2001), 300, 303.
148. Keller, "Preaching the Gospel in a Post-Modern World," 13.
149. Keller, "Preaching the Gospel in a Post-Modern World," 21-23.
150. Keller, *Preaching*, 47-63.
151. Keller, "Preaching the Gospel in a Post-Modern World," 35-41.
152. Dennis Johnson, *Heralds of the King*, 윤석인 역, 『모든 성경에서 그리스도를 설교하라』, (서울: 부흥과 개혁사, 2011), 81.
153. Keller, *Center Church*, 40-41.
154. Keller, *Center Church*, 41-44.
155. Keller, "Preaching the Gospel in a Post-Modern World," 36-38.
156. Keller, "Preaching the Gospel in a Post-Modern World," 38-39.
157. Keller, "Preaching the Gospel in a Post-Modern World," 39-41.
158. Keller, "Preaching the Gospel in a Post-Modern World," 41.
159. Keller, "Preaching the Gospel in a Post-Modern World," 30-31.
160. Keller, 『당신을 위한 사사기』, 72, 163-64.
161. Keller, "Preaching the Gospel in a Post-Modern World," 41-42.
162. Keller, 『당신을 위한 사사기』, 78, 163-64.
163. Keller, 『당신을 위한 사사기』, 271-74.
164. Keller, "Preaching the Gospel in a Post-Modern World," 27, 36-39.
165. Keller, "Unintentional Preaching Models," in Ockenga Institute Pastor's Forum.
166. Keller, "Preaching the Gospel in a Post Modern World," 69-70.
167. Keller, "Preaching the Gospel in a Post Modern World," 62-64.
168. Keller, "Preaching the Gospel in a Post Modern World," 78-79.
169. Keller, 고든콘웰 신학교에서 열린 오켄가 목회자 포럼에서 켈러가 "마음을 향한 설교"(Preaching to the Heart)라는 제목으로 강의한 내용 중에서 발췌함.

170. Keller, 고든콘웰 신학교에서 열린 오켄가 목회자 포럼에서 켈러가 "마음을 향한 설교"(Preaching to the Heart)라는 제목으로 강의한 내용 중에서 발췌함.
171. Keller, "The Sinner," (2 Samuel 12:1-7A; Psalm 51:1-12)(The Gospel According to David sermon series) 〈https://gospelinlife.com/downloads/the-sinner-5349/〉.
172. Keller, "Preaching in a Post-Modern City," Unpublished Course Syllabus (D.Min Class, RTS Orlando, Jan. 2002).
173. The Gospel According to Abraham 시리즈 설교 중에서 Keller, "Real Faith and the Only Son" (Genesis 22:1-14) 〈https://gospelinlife.com/downloads/real-faith-and-the-only-son/〉; Keller, *Preaching*, 233-234. 그러나 창세기 22장의 설교를 이러한 그리스도 중심적 변증 패러다임으로 구조화하는 것은 본문 자체의 깊은 주해와 내러티브 장르적 특성을 놓칠 수 있는 위험성도 있다.
174. Keller, 『예수를 만나다』, 156-77.
175. Keller, 『왕의 십자가』, 121-37.
176. Keller, "Neighbors," (Luke 10:25-37) 〈https://gospelinlife.com/downloads/neighbors-5308/〉; Keller, "The Good Samaritan; On Love," (Luke 10:25-37) 〈https://gospelinlife.com/downloads/the-good-samaritan-on-love-6079/〉; Keller, 『정의란 무엇인가』, 107-14, 123-25.
177. Keller, *Preaching*, 234-35.
178. Keller, *Preaching*, 63-65.
179. Keller, *Preaching*, 66-69.
180. 켈러는 1990년 7월 22-9월 16일에 걸쳐 8번 요나서 연속 강해를 선포했으며, 2001년 9월 1-10월 14일 동안 다시 4번의 설교를 할 정도로 요나서를 중요하게 생각한다.
181. Keller, "The Church Before the Watching World," (Jonah 1:4-16) 〈https://gospelinlife.com/downloads/the-church-before-the-watching-world-5069/〉; Timothy J. Keller, *The Prodigal Prophet*, 홍종락 역, 『방탕한 선지자』, (서울: 두란노, 2019), 21-33.
182. Keller, 『방탕한 선지자』, 89-109.
183. Keller, 『방탕한 선지자』, 150-74.
184. Keller, "Should I not Love Great City," 〈https://gospelinlife.com/downloads/should-i-not-love-that-great-city-5246/〉.
185. Keller, 『방탕한 선지자』, 121-28.
186. Keller, "The Gospel and the Supremacy of Christ in a Postmodern World," 103-23.

187. Keller, 『방탕한 선지자』, 155-59.
188. Keller, 『일과 영성』, 142-52.
189. Timothy J. Keller, "What is the Gospel?" 〈http://www.redeemer3.com,/store〉.
190. Keller, *Center Church*, 29-52.
191. Keller, *Center Church*, 29-30.
192. Keller, *Center Church*, 48.
193. Keller, "What is the Gospel," (The Gospel and the Heart Conference) 〈https://gospelinlife.com/downloads/what-is-the-gospel-4611/〉.
194. Keller, *Gospel in Life: Grace Changes Everything* (Grand Rapids: Zondervan, 2010), 7; Keller, *The Reason for God*, 112-13, 185; Keller, *Prodigal God*, 24-25, 38, 44-45, 74, 98, 112, 114, 120-121.
195. Keller, "The Centrality of the Gospel," 〈http://www.Redeemer2.com/resources/papers/centrality.pdf〉.
196. Keller, 『팀 켈러의 일과 영성』, 228-45.
197. 팀 켈러, 마이클 호튼, 데인 오틀랜드, 『복음으로 세우는 센터 처치』, 48-61.
198. Keller, *Center Church*, 32-44.
199. Keller, "The Gospel in All Its Forms," 〈http://www.christianitytoday.com/le/2008/spring/9.74a.html?start=1;〉.
200. Keller, *Center Church*, 46-48; Keller, "Life in the Upside-Down Kingdom," *JBC* 17 (1999): 48-53; Keller, "The Inside-Out Kingdom," *JBC* 19 (2001): 42-48를 참조하라.
201. Keller, "The Sower; On Hearing," (Matthew 13:1-9; 18-23) 〈https://gospelinlife.com/downloads/the-sower-on-hearing-6082/〉.
202. Keller, 『왕의 십자가』, 47-48, 52, 279-84.
203. Keller, "The Upside Down Kingdom," (Luke 6:17-26) 〈https://gospelinlife.com/downloads/the-upside-down-kingdom-5106/〉.
204. Keller, 『왕의 십자가』, 25-37.
205. Keller, 『왕의 십자가』, 37, 128-30, 137.
206. Keller, "The Inside Out Kingdom," 〈https://gospelinlife.com/downloads/the-inside-out-kingdom-5083/〉.
207. Keller, "Inside-Out Living," (Luke 18:9-14) 〈https://gospelinlife.com/downloads/inside-out-living-5319/〉.
208. Keller, 『왕의 십자가』, 319-23.
209. Keller, "We Had to Celebrate,"(눅 15장 시리즈 설교)

210. Keller, *Preaching*, 70.
211. Edmund P. Clowney, *Preaching Christ in All the Scriptures* (Wheaton, IL: Crossway, 2003).
212. Keller, *Preaching*, 256-57; Sydney Greidanus, *Preaching Christ from the Old Testament*, 227-277; David Murray, *Jesus on Every Page: 10 Simple Ways to Seek and Find Christ in the Old Testament* (Nashville, TN: Thomas Nelson, 2013).
213. Keller, *Preaching*, 70-90.
214. Keller, "Preaching the Gospel in a Post Modern World," 42.
215. Keller, *Preaching*, 71-73. 켈러의 복음중심적 강해설교를 위해 그리스도를 드러내는데 기초가 된 성경신학적 관점의 켈러 설교 분석을 위해서는 Andrew Arthur, "The Role of Biblical Theology in the Gospel-Centered, Expository Preaching of Timothy Keller," (PhD diss., New Orleans Baptist Theological Seminary, 2012).
216. Keller, "Preaching the Gospel in a Post Modern World," 43-49.
217. Keller, "Preaching the Gospel in a Post Modern World," 49.
218. Keller, "Preaching the Gospel in a Post Modern World," 50-54.
219. Keller, "The Search for Happiness," (Psalm 1) ⟨https://gospelinlife.com/downloads/the-search-for-happiness-6280/⟩.
220. Keller, *Preaching*, 73-75.
221. Keller, "Abraham and the Torch," (Genesis 15:1-21) ⟨https://gospelinlife.com/downloads/abraham-and-the-torch-5860/⟩.
222. Keller, "The Longing for Home," (Jeremiah 31:10-17; 31-34) ⟨https://gospelinlife.com/downloads/the-longing-for-home-5328/⟩.
223. 팀 켈러, 『팀 켈러의 탕부 하나님』, 134-44.
224. Keller, "The Man the King Delights to Honor" (Esther 3:1-6, 6:1-10) ⟨https://gospelinlife.com/downloads/the-man-the-king-delights-to-honor-5529/⟩.
225. Keller, "Entering His Rest," (Hebrews 4:1-12)⟨https://gospelinlife.com/downloads/entering-his-rest-4th-5057/⟩.
226. Keller, "The Man the King Delights to Honor."
227. Keller, *Preaching*, 75; Keller, *Preaching the Gospel in a Post-Modern World*, 41-42.
228. Keller, *Preaching*, 80-81.
229. Keller, "An Immigrant's Courage," (Ruth 4:13-17)⟨https://gospelinlife.com/downloads/an-immigrant-s-courage-6517/⟩.

230. Keller, 『당신을 위한 사사기』, 72.
231. Keller, "The Man the King Delights to Honor."
232. Keller, "The Man the King Delights to Honor."
233. Keller, 『당신을 위한 사사기』, 271-74.
234. Keller, 『왕의 십자가』, 136.
235. Keller, *Preaching*, 81?82.
236. Keller, 『방탕한 선지자』, 105-06.
237. Keller, *Preaching*, 83-85.
238. Keller, "Jesus at His Friend's Feast," (John 2:1-11) ⟨https://gospelinlife.com/downloads/jesus-at-his-friend-s-feast-5435/⟩.
239. Keller, *Preaching*, 86-87.
240. Sinclair B. Ferguson, "Preaching Christ from the Old Testament," in PT Media Paper (London: Wilcox, 2002), 5. Samuel P. Hill, "Jesus Christ and Him Crucified: the Christocentric Preaching Instinct of Timothy Keller," (Southeastern Baptist Theological Seminary, Ph.D Dissertation, 2018), 203에서 재인용.
241. Keller, *Preaching*, 88.
242. Keller, 『정의란 무엇인가』, 123-25.
243. Keller, "Jesus at His Friend's Feast."
244. Keller, 『당신을 위한 사사기』, 274-75.
245. Keller, 『거짓 신들의 세상』, 124.
246. Keller, "An Old Woman's Laughter," (Genesis 21:1-7)⟨https://gospelinlife.com/downloads/an-old-woman-s-laughter-6512/⟩.
247. Keller, "Pierced for Our Transgressions," (Isaiah 52:13-53:12) ⟨https://gospelinlife.com/downloads/pierced-for-our-transgressions-6043/⟩.
248. Keller, "A Rich Man's Poverty," (Job 1:8-22) ⟨https://gospelinlife.com/downloads/a-rich-man-s-poverty-6520/⟩.
249. Keller, 『왕의 십자가』, 152.
250. Samuel P. Hill, "Jesus Christ and Him Crucified: the Christocentric Preaching Instinct of Timothy Keller," (Southeastern Baptist Theological Seminary, Ph.D Dissertation, 2018), 110-92.
251. Keller, *Preaching*, 258-61.
252. Keller, 『왕의 십자가』, 63.
253. Keller, "How Sin Makes Us Addicts," (Jeremiah 2:1-8; 23-32) ⟨https://gospelinlife.com/downloads/how-sin-makes-us-addicts-5077/⟩.

254. Keller, "A Promise of Hope," (Genesis 3:11-24) 〈https://gospelinlife.com/downloads/a-promise-of-hope-5922/〉.
255. Keller, 『일과 영성』, 103-04.
256. Keller, *Hidden Christmas*, 『예수 예수』, 윤종석 역 (서울: 두란노, 2017), 174.
257. Keller, "The Man the King delights to honor."
258. Keller, "The Sin Beneath Sins," (John 1:9-14) 〈https://gospelinlife.com/downloads/the-sin-beneath-the-sins-5116/〉.
259. Keller, 『갈라디아서, 복음을 만나다』, 231-32.
260. Keller, *Preaching*, 73-75.
261. Keller, 『마르지 않는 사랑의 샘』, 118.
262. Keller, 『당신을 위한 사기』, 77-78.
263. Keller, 『당신을 위한 사기』, 229, 231, 248-49.
264. Keller, *Center Church*, 307-08.
265. Keller, 『고통에 답하다』, 180-97.
266. 〈https://gospelinlife.com/downloads/the-justice-of-god-4925/〉.
267. 〈https://gospelinlife.com/downloads/maker-of-heaven-and-earth-6087/〉.
268. 〈https://gospelinlife.com/downloads/the-jealousy-of-god-6097/〉.
269. 〈https://gospelinlife.com/downloads/the-silent-sovereignty-of-god-5527/〉.
270. 〈https://gospelinlife.com/downloads/does-god-control-everything-5502/〉.
271. 〈https://gospelinlife.com/downloads/god-our-father-5249/〉.
272. 〈https://gospelinlife.com/downloads/beholding-the-love-of-god-5794/〉.
273. 〈https://gospelinlife.com/?fwp_fsr_category=god-the-father〉.
274. 〈https://gospelinlife.com/downloads/david-and-the-ark-5845/〉.
275. 〈https://gospelinlife.com/downloads/the-dangerous-god-6278/〉.
276. 〈https://gospelinlife.com/downloads/why-doesn-t-life-make-sense-his-justice-6221/〉.
277. 〈https://gospelinlife.com/downloads/lent-nature-of-sin/?fwp_search=The%20Sin%20Beneath%20Sins〉.
278. 〈https://gospelinlife.com/downloads/the-seven-deadly-sins/〉.
279. 〈https://gospelinlife.com/?fwp_series=understanding-jesus〉.
280. Keller, "Preaching the Gospel in a Post-Modern World," 78-79.
281. Keller, *Preaching*, 56-68. Keller는 각 성경 장르에서, 각 주제를 통해, 각 주요 인물 안에서, 각 주요 이미지, 각 구원의 이야기로부터, 해석학적 감각을 통해 모든 성경에서 그리스도를 설교할 수 있다고 조언한다. Keller, *Preaching*, 70-90.
282. 정현, "현대인을 이해하며 타협없는 복음을 전하는 목회자, 티모시 켈러," 『목회와

신학』 (서울: 두란노, 2011년 10월호): 113.
283. Keller, *The Reason for God*, 서론 참조.
284. Keller, *The Reason for God*, 1장에서 3장 참조.
285. Keller, "Evangelistic Worship," Redeemer Presbyterian Church 〈redeemer2.com/resources/evangelisticworship;pdf; Internet〉.
286. Keller, *The Reason for God*, 결론 참조.
287. Millard J. Erickson, *Postmodernizing the Faith: Evangelical Responses to the Challenges of Postmodernism* (Grand Rapids: Baker, 1998), 151-54.
288. Timothy Keller, "Preaching Morality in an Amoral Age," in *The Art & Craft of Biblical Preaching*, Haddon Robinson and Craig Larson eds., (Grand Rapids: Zondervan, 2005), 166-67.
289. Keller, "Preaching the Gospel in a Post Modern World," 128.
290. Timothy Keller, "Preaching amid Pluralism," in *The Art & Craft of Biblical Preaching*, Haddon Robinson and Craig Larson eds., (Grand Rapids: Zondervan, 2005), 177-79.
291. Timothy Keller, "Preaching to Emerging Culture," in Ockenga Institute Pastor's Forum [CD] (South Hamilton, MA: Gordon-Conwell Theological Seminary, 2006).
292. Keller, *Center Church*, 77-79.
293. Keller, *Preaching*, 48-56.
294. Keller, *Center Church*, 31-32; Keller, "Preaching the Gospel in a Post Modern World," 72-73; Keller, "Religionless Christianity," *Leadership Journal* (1999) [on-line]. 〈http://www.christianitytoday.com/le/1999/fall/ 9l4025.htm;〉.
295. Keller, *Center Church*, 63-65.
296. Keller, *Gospel in Life*, 25.
297. Timothy Keller, *The Prodigal God* (New York: Dutton, 2008), 7-11.
298. Keller, *Gospel in Life*, 15, 29.
299. Keller, *The Prodigal God*, 71.
300. Keller, *Center Church*, 66.
301. Keller, *The Prodigal God*, 44-45.
302. Keller, *The Reason for God*, 174-175.
303. Keller, *The Reason for God*, 179-180.
304. Keller, *Center Church*, 212, 223.
305. Keller, *Center Church*, 64-65. 켈러는 종교와 복음의 차이점에 대한 매우 통찰력 있고 유용한 챠트를 제공해 준다. 이 챠트는 종교의 도덕적 행위에 초점을 맞춘 종교

와 그리스도 안에 있는 하나님의 은혜에 초점을 맞추는 복음 간에 핵심적인 대조를 잘 보여준다. 주목할 점은 종교와 복음의 대조 가운데 하나님께 축복을 받기 위한 목적으로 하는 "종교적 회개"와 하나님을 기쁘시게 해 드리기 위한 목적으로 하는 "복음적 회개"를 극명히 대조시킨다(Keller, *Gospel in Life*, 23, 28).

306. Keller, 『마르지 않는 사랑의 샘』, 73-82.
307. 팀 켈러, 『팀 켈러의 탕부 하나님』, 93.
308. 팀 켈러, 『팀 켈러의 탕부 하나님』, 104-105, 107.
309. Keller, 『당신을 위한 사사기』, 290-97.
310. Keller, 『당신을 위한 로마서 2』, 90-111.
311. Keller, 『당신을 위한 로마서 2』, 296.
312. Keller, 『답이되는 기독교』, 304-06.
313. Keller, 『답이되는 기독교』, 307-21.
314. Keller, 『답이되는 기독교』, 322-47.
315. Keller, "Preaching Morality in an Amoral Age," 167-70.
316. Timothy Keller, "Deconstructing Defeater Beliefs," 〈http://www.monergism.com/directory/link_details/10763/Deconstructing-Defeater-Beliefs-pdf/c-747〉.
317. Keller, 『살아있는 신』, 178.
318. 〈http://download.redeemer.com/sermons/Exclusivity_How_can_there_be.mp3〉.
319. 〈http://download.redeemer.com/sermons/Suffering_If_God_is_good_why.mp3〉.
320. 〈http://download.redeemer.com/sermons/Absolutism_Dont_we_all_have_to.mp3〉.
321. 〈http://download.redeemer.com/sermons/Injustice_Hasnt_Christianity.mp3〉.
322. 〈http://download.redeemer.com/sermons/Hell_Isnt_the_God_of_Christianity.mp3〉.
323. 〈http://download.redeemer.com/sermons/Doubt_What_should_I_do.mp3〉.
324. 〈http://download.redeemer.com/sermons/Literalism_Isnt_the_Bible_historic.mp3〉.
325. Keller, *The Reason for God*, 3-21.
326. Keller, 『살아있는 신』, 36-37.
327. Keller, 『살아있는 신』, 37-38.
328. Keller, 『살아있는 신』, 38-54.
329. Keller, *The Reason for God*, 22-34.
330. Keller, 『살아있는 신』, 55-71.

331. Keller, 『고통에 답하다』, 34-54.
332. Keller, *The Reason for God*, 35-51.
333. Keller, 『살아있는 신』, 72-92.
334. Keller, 『답이되는 기독교』, 140-68.
335. Keller, *The Reason for God*, 52-69.
336. Keller, 『살아있는 신』, 95-97.
337. Keller, 『살아있는 신』, 98-99.
338. Keller, *The Reason for God*, 70-86.
339. Keller, "Preaching Hell in a Tolerant Age," in *The Art & Craft of Biblical Preaching*, 629-633.
340. Keller, 『살아있는 신』, 115-35.
341. Keller, *The Reason for God*, 85-99.
342. Keller, 『살아있는 신』, 140-51.
343. Keller, 『살아있는 신』, 152-75.
344. Keller, "The Gospel and the Supremacy of Christ in a Postmodern World," 115-18.
345. Keller, 『정의란 무엇인가』, 217-35.
346. Keller, 『예수를 만나다』, 184-203.
347. Keller, "Reasons with America," ⟨http://reformedperspectives.org/articles/tim_keller/tim_keller.America.html⟩.
348. Keller, 『살아있는 신』, 239-48.
349. Keller, *Reason for God*, 209-20.
350. Keller, *Center Church*, 301-307.
351. Keller, "Deconstructing Defeater Beliefs."
352. Keller, 『고통에 답하다』, 84-111.
353. Keller, 『거짓 신들의 세상』, 18-19.
354. Keller, "Preaching in a Post-Modern City," 97-98.
355. Keller, 『거짓 신들의 세상』, 25-28.
356. Keller, 『거짓 신들의 세상』, 29-31.
357. Keller, "Talking about Idolatry in a Postmodern Age," ⟨http://www.stevekmccoy.com/keller-idoaltry.pdf⟩
358. Keller, 『거짓 신들의 세상』, 19.
359. Keller, 『거짓 신들의 세상』, 21-23.
360. 상세한 예를 위해서는 Timothy Keller, *Counterfeit Gods* (New York: Dutton, 2009), 126-53를 참조하라.

361. Keller, "Preaching in a Post-Modern City," 100-04, 165-70.
362. Keller, "Preaching in a Post-Modern City," 100-04, 165-70; Keller, 『거짓 신들의 세상』, 221-24; Keller, 『로마서 1』, 284-87.
363. Keller, "Preaching in a Post-Modern City," 102-04.
364. Keller, 『당신을 위한 로마서 1』, 288-91.
365. Keller, "The Man the King Delights to Honor."
366. Keller, *The Reason for God*, 163.
367. Keller, *Counterfeit Gods*, 159-60.
368. Keller, "The Struggle for Love," (Genesis 29:15-35) ⟨https://gospelinlife.com/downloads/the-struggle-for-love-5249/?fwp_bible=luke-19⟩.
369. Keller, 『거짓 신들의 세상』, 58-84.
370. Keller, 『거짓 신들의 세상』, 88-111; 다음 설교를 참조하라. Keller, "The Issue of Money," (Luke 19:1-10) ⟨https://gospelinlife.com/downloads/the-issue-of-money-2/⟩; Keller, "Jesus' Meal with Zaccheus" ⟨https://gospelinlife.com/downloads/jesus-meal-with-zaccheus-5436/⟩.
371. Keller, "Money and the Logic of Grace (Luke 14:7-24)," ⟨https://gospelinlife.com/downloads/money-and-the-logic-of-grace-6059/⟩.
372. Keller, *Counterfeit Gods*, 22-125를 참조하라.
373. Keller, "The Lepers are Cleansed," (2 Kings 5:1-19) ⟨https://gospelinlife.com/downloads/the-lepers-are-cleansed-5109/⟩; Keller, 『거짓 신들의 세상』, 114-38.
374. Keller, 『거짓 신들의 세상』, 142-70; Keller, "The Dream of the Kingdom (Daniel 2:24-35)," ⟨https://gospelinlife.com/downloads/the-dream-of-the-kingdom-5186/⟩.
375. Keller, 『거짓 신들의 세상』, 174-201; Keller, "Should I Not Love that Great City?" (Jonah 4:1-11)⟨https://gospelinlife.com/downloads/should-i-not-love-that-great-city-5246/⟩.
376. Keller, "Preaching in a Post-Modern City," 104-08.
377. Keller, *The Reason for God*, 16-18, 45-47.
378. Keller, *Counterfeit Gods*, 159-160).
379. Keller, "A World of Idols," (Acts 17:16-34) ⟨https://gospelinlife.com/downloads/a-world-of-idols-6538/⟩.
380. Keller, *Preaching*, 160-66.
381. Keller, *Preaching*, 157-87, 205-07.
382. Keller, "Preaching the Gospel in a Post Modern World," 27.

383. Timothy Keller, *The Prodigal God* (New York: Dutton, 2008).
384. 고든콘웰 신학교에서 열린 오켄가 목회자 포럼에서 켈러가 "율법주의가 배제된 마음을 향한 설교"(Preaching to the Heart Without Being Legalistic")라는 제목으로 강의한 내용 중에서 발췌함.
385. Keller, *The Reason for God*, 174-175; Keller, "Preaching in a Post-Modern City."
386. Keller, *The Reason for God*, ch. 13.
387. 고든콘웰 신학교에서 열린 오켄가 목회자 포럼에서 켈러가 "경건주의가 배제된 마음을 향한 설교"(Preaching to the Heart Without Being Pietistic.")라는 제목으로 강의한 내용 중에서 발췌함.
388. Keller, *The Reason for God*, 163.
389. Keller, "Preaching in a Post-Modern City."
390. Timothy Keller, *Counterfeit Gods* (New York: Dutton, 2009).
391. 고든콘웰 신학교에서 열린 오켄가 목회자 포럼에서 켈러가 "개인주의적 성향을 배제한 마음을 향한 설교"(Preaching to the Heart Without Being Individualistic.") 라는 제목으로 강의한 내용 중에서 발췌함.
392. Keller, *Preaching*, 290-92; Keller, "Preaching the Gospel in a Post Modern World," 88-89.
393. Keller, "A Model for Preaching: Part 1," 40-41.
394. 켈러, 『예수를 만나다』, 58-74.
395. Keller, "The Gospel and the Outsider," (John 4:1-26) ⟨https://gospelinlife.com/downloads/the-gospel-and-the-outsider-6073/⟩; Keller, "Changed Lives," (John 4:6-26) ⟨https://gospelinlife.com/downloads/changed-lives-9171/⟩; 사마리아 여인 예수님 만난 후 만족, 변화, 전도에 초점을 맞춘 설교로는 Keller, "Public Faith," (John 4:27-42)⟨https://gospelinlife.com/downloads/public-faith-9179/⟩.
396. Keller, 『결혼을 말하다』, 87-91.
397. Keller, *Preaching*, 124-56. 포스트모던과 모던 시대는 무조건 반대되는 용어라기보다(어떤 영역은 반대적이지만), 모던적 문화가 더 '강화'되는 측면(예를 들어 개인적인 자율성)도 있다(Last Modern이라는 표현을 쓰는 이유). Keller, *Center Church*, 381.
398. Keller, "Post-Everythings"; ⟨http://www.wts.edu/resources/articles/keller_posteverythings.html;⟩. 잭 에스와인(Zack Eswine)은 켈러의 용어를 수용하면서 포스트에브리팅 세상(post-everything world)을 살아가는 세대는 복잡한 컨텍스트와 다문화적 가정에 직면한 다문화적 세대로서 포스트에브리팅 이웃, 진리, 인식론,

삶의 문제를 가진 세대로 규정한다(Zack Eswine, *Preaching to a Post-everything World* [Grand Rapids: Bakerbooks, 2008], 12-19). 카슨(D. A. Carson)은 포스트모던 세대의 특징을 모든 기초주의(foundationalism)에 대한 깊은 의심, 객관적이며 보편적인 지식에 대한 회의주의, 혼합주의, 세속화, 성경적 무지, 혼합적 영성, 세계화로 보았다. (D. A. Carson, *Becoming Conversant with the Emerging Church* [Grand Rapids: Zondervan, 2005], 95-101). 포스트모던 토양에서 자라난 세대를 컴퓨터세대인 N세대(Net Generation), X 세대(Generation X: 1965년-76년), 밀레니엄 세대 혹은 Y 세대(Generation Y: 1977-94년), Z세대(Generation Z: 1995년-2009년)로 구별하기도 한다. Don Tapscott, *Growing Up Digital: The Rise of Net Generation* [New York: McGraw-Hill, 1999]; Mark Driscoll, *The Radical Reformission* [Grand Rapids: Zondervan, 2004], 127-128; Michael J. Quicke, *360-Degree Preaching: Hearing, Speaking, and Living the Word* [Grand Rapids: Baker, 2003], 72).

399. R. Albert Mohler Jr. *He is not Silent: Preaching in a Postmodern World* (Chicago: Moody Publishers, 2008), 115-123; Caron, *Becoming Conversant with the Emerging Church*, 160-161; David F. Wells, *Above All Earthly Powers: Christ in a Postmodern World* (Grand Rapids: Eerdmans, 2005), 74; Jeffrey Arthurs, "The Postmodern Mind and Preaching," in *Preaching to a Shifting Culture: Twelve Perspectives on Communicating That Connects*, Scot M. Gibson ed. (Grand Rapids: Baker, 2004), 180-188; James W. Sire, *The Universe Next Door: A Basic Worldview Catalog*, 3rd (Downers Grove, IL: InterVarsity, 1997), 174.

400. Mohler, *He Is Not Silent: Preaching in a Postmodern World*, 123-124.

401. Caron, *Becoming Conversant with the Emerging Church*, 56.

402. James W. Sire, *The Universe Next Door: A Basic Worldview Catalog*, 3rd (Downers Grove, IL: InterVarsity, 1997), 174.

403. Keller, "Post-Everythings," 〈http://www.wts.edu/resources/articles/keller_posteverythings.html〉.

404. Keller, "Post-Everythings."

405. 고든콘웰 신학교에서 열린 오켄가 목회자 포럼에서 켈러가 "이머징 문화를 향한 설교"(Preaching to Emerging Culture)라는 제목으로 강의한 내용 중에서 발췌함.

406. Keller, "Preaching in a Post-Modern City."

407. Keller, "The Centrality of the Gospel," Redeemer Presbyterian Church. 〈www.Redeemer2.com/resources/papers/centrality.pdfl〉.

408. Keller, "Post-Everythings."

409. Albert M. Wolters, *Creation Regained*, 양성만 역, 『창조, 타락, 구속』, (서울: 한국기독학생회출판부, 1992), 13; Brian J. Walsh & J. Richard Middleton, *The Transforming Vision*, 황영철 역, 『그리스도인의 비전』, (서울: 한국기독학생회출판부, 1987), 18; 신국원, "개혁주의 기독교 세계관의 역사와 전망", 「총신대논총」 24 (2004): 132-33. 기독교 세계관은 통상 창조, 타락, 구속, 종말(완성)이라는 포괄적인 인식의 틀을 가진다. 신국원은 "성경적 세계관은 성경의 기본진리인 창조, 타락, 구속의 렌즈를 통하여 세상을 이해함"이라 정의한다 (신국원, "기독교 철학의 조망," 「신학지남」 314 [2013]: 202).
410. Ronald Nash, *Worldviews in Conflict: Choosing Christianity in a World of Ideas* (Grand Rapids: Zondervan, 1992), 19; Sire, *The Universe Next Door*, 20.
411. Peter Heslam, *Creating a Christian Worldview: Abraham Kuyper's Lectures on Calvinism* (Grand Rapids: Eerdmans, 1998), 92.
412. Mohler, *He Is Not Silent*, 65.
413. Keller, *Gospel in Life: Grace Changes Everything*, 23, 26.
414. Keller, *The Reason for God*, 213-214, 217-225.
415. Keller, "The Gospel and the Supremacy of Christ in a Postmodern World," in *The Supremacy of Christ in a Postmodern World*, ed. John Piper and Justin Taylor (Wheaton, IL: Crossway, 2007), 114.
416. Keller, "Preaching to the Secular Mind," *JBC* 14 (1995): 58.
417. Keller, "The Gospel and the Supremacy of Christ in a Postmodern World," in *The Supremacy of Christ in a Postmodern World*, 115.
418. Keller, "Preaching in a Post-Modern City," in Ockenga Institute Pastor's Forum.
419. Keller, "Post-Everythings."
420. Keller, "Post-Everythings."
421. Keller, *The Reason for God*, 214-17.
422. Keller, *The Reason for God*, 209-21.
423. Keller, 『왕의 십자가』, 309-19.
424. Frame, 『하나님 영광을 위한 변증학』, 32-39를 참조하라.
425. Keller, *The Reason for God*, 214-17.
426. Lee Strobel, *The Case for Christ* (Grand Rapids: Zondervan, 1998), 255-348; Josh McDowell, *The New Evidence That Demands A Verdict* (Nashville: Thomas Nelson Pub., 1999); McDowell, *The Resurrection Factor*, (Nashville: Thomas Nelson Pub., 1993)를 참조하라.
427. Timothy J. Keller, "Applying Christ: Getting Inside Their World, Part 1,"

Preaching Christ in a Postmodern World (lecture delivered at Reformed Theological Seminary) [CD]

428. Keller, "Preaching the Gospel in a Post Modern World," 129-132.
429. Frame, 『하나님 영광을 위한 변증학』, 60-61.
430. Keller, "Evangelistic Worship," ⟨www.redeemer2.com/resources/evangelisticworship.pdf;⟩ Keller, "The Missional Church," ⟨www.redeemer2.com/resources/papers/missional.pdf;⟩.
431. 팀 켈러, 『센터 처치』, 오종향 역, (서울: 두란노서원, 2016), 189.
432. 프레임, 『하나님 영광을 위한 변증학』, 108.
433. Keller, *Center Church*, 98.
434. Keller, *Center Church*, 110-12.
435. Keller, *Center Church*, 89-132.
436. Keller, *Center Church*, 120-32.
437. Keller, "The Gospel and the Supremacy of Christ in a Postmodern World," 18.
438. Wells, *God in the Wasteland: The Reality of Truth in a World of Fading Dreams*, 56; Wells, *No Place for Truth*, 108.
439. Keller, *Center Church*, 135-143; Keller, "Preaching the Gospel in a Post Modern World," 81.
440. Keller, *Center Church*, 176-179.
441. Keller, *Center Church*, 177-178.
442. Keller, "A Tale of Two Cities"(창 4장).
443. Keller, *Center Church*, 264-89. 켈러에 의하면, 진정한 선교적 교회의 표지는 사회의 우상과 직면하고, 복음을 탁월한 소통을 통해 상황화하고, 성도들을 삶의 모든 영역에서 선교사로 훈련시키고, 교회가 문화 가운데 공통선을 추구하며, 비그리스도인들과 회의주의자들, 구도자들이 교회생활에 참여하도록 이끌며, 교회의 하나됨을 추구하는데 있다.
444. Keller, *Center Church*, 225-26.
445. Keller, *Center Church*, 181-242. 리차드 니버가 그리스도와 문화에서 제시한 문화관을 성경신학적 관점에서 분석하고 비판함으로써 통전적인 성경적인 문화관을 제시하고 있는 카슨의 견해도 참고하라(D. A. Carson, *Christ & Culture Revisited* (Grand Rapids: Eerdmans, 2008).
446. 팀 켈러, 앤디 크라우치 외, 『도시를 품는 센터 처치』, 468.
447. Keller, *Center Church*, 216-17.
448. 켈러의 각 모델에 대한 상세한 분석과 통합적 관점을 위해서는 Keller, *Center*

Church, 195-217을 참조하라. 혹은 번역서 팀 켈러, 앤디 크라우치 외, 『도시를 품는 센터 처치』, 320-68을 참조하라.

449. Keller, *Center Church*, 223-232.
450. 상세한 내용을 위해서는, 팀 켈러, 앤디 크라우치 외, 『도시를 품는 센터 처치』, 320-90을 참조하라.
451. Keller, *Preaching*, 127-33.
452. Keller, *Preaching*, 133-56.
453. Keller, *Preaching*, 140-46.
454. Keller, *Preaching*, 146-53.
455. Keller, *Preaching*, 153-56.
456. Keller, *Preaching*, 101-20; 팀 켈러, 앤디 크라우치 외, 『도시를 품는 센터 처치』, 256-59.
457. Alister McGrath, *Mere Apologetics*, 전의우 역, 『기독교 변증』, (서울: 국제제자훈련원, 2014), 14, 37.
458. Keller, 『고통에 답하다』, 34-49.
459. Keller, "The Man the King Delights to Honor" (Esther 3:1-6, 6:1-10).
460. Keller, 『당신을 위한 로마서 2』, 27.
461. Keller, 『왕의 십자가』, 47, 71.
462. Keller, 『왕의 십자가』, 48, 51, 77, 218.
463. Keller, 『왕의 십자가』, 54-58, 123, 81.
464. Keller, 『당신을 위한 사사기』, 114, 118.
465. Keller, "Preaching the Gospel in a Post Modern World," 65-68. 켈러의 성화론은 G. C. Berkouwer의 *Faith and Sanctification*(Grand Rapids: Eerdmans, 1952)의 영향을 받았다. 한편 도덕주의에 대비되는 복음적 미덕에 대해서는 Thomas Chalmers의 영향을 받았다.
466. Keller, *The Prodigal God*, 78, 110-13, 115-17; Keller, *Gospel in Life*, 25-30, 60-61, 65-66, 107-10.
467. Keller, "Preaching the Gospel in a Post Modern World," 73-75; Keller, *Center Church*, 48-51.
468. Keller, 『당신을 위한 로마서 2』, 163-65.
469. Keller, 『마르지 않는 사랑의 샘』, 106-09.
470. Keller, 『당신을 위한 로마서 2』, 249-50.
471. Keller, 『당신을 위한 로마서 2』, 164, 169.
472. Keller, 『당신을 위한 사사기』, 66-67.
473. Keller, 『당신을 위한 로마서 2』, 32, 35, 37, 38.

474. Keller, 『당신을 위한 로마서 2』, 271.
475. Keller, 『당신을 위한 로마서 2』, 85.
476. Keller, *The Reason for God*, 163.
477. Keller, "How Sin Makes Us Addicts," (Jeremiah 2:1-8; 23-32) 〈https://gospelinlife.com/downloads/how-sin-makes-us-addicts-5077/〉.
478. Keller, 『당신을 위한 로마서 1』, 281.
479. Keller, 『당신을 위한 사사기』, 274-75.
480. Keller, 『당신을 위한 로마서 2』, 256.
481. Keller, 『당신을 위한 사사기』, 112-13.
482. Keller, 『당신을 위한 사사기』, 127-99.
483. Keller, 『당신을 위한 로마서 1』, 221-25.
484. Keller, 『당신을 위한 로마서 2』, 261.
485. Keller, 『당신을 위한 사사기』, 248-49.
486. Keller, 『당신을 위한 로마서 2』, 27-31.
487. Keller, 『당신을 위한 로마서 2』, 45.
488. Keller, 『당신을 위한 로마서 2』, 166.
489. Keller, 『예수를 만나다』, 202-03.
490. Keller, 『당신을 위한 로마서 2』, 256-58.
491. Keller, *Center Church*, 293-342.
492. 팀 켈러, 팀 체스터 외, 『운동에 참여하는 센터 처치』, 180-201.
493. 팀 켈러, 팀 체스터 외, 『운동에 참여하는 센터 처치』, 207-14.
494. 팀 켈러, 팀 체스터 외, 『운동에 참여하는 센터 처치』, 233-45.
495. 팀 켈러, 팀 체스터 외, 『운동에 참여하는 센터 처치』, 248-60.
496. Keller, "When I Survey," (Ephesians 3:14-21) 〈https://gospelinlife.com/downloads/when-i-survey-5633/〉
497. Keller, 『당신을 위한 사사기』, 81.
498. Keller, 『마르지 않는 사랑의 샘』, 110-11; 팀 켈러, 『팀 켈러의 탕부 하나님』, 129.
499. 팀 켈러, 『팀 켈러의 탕부 하나님』, 130.
500. Keller, 『예수를 만나다』, 199-200; Keller, 『당신을 위한 사사기』, 68.
501. Keller, 『왕의 십자가』, 320-21.
502. Keller, 『왕의 십자가』, 321-23.
503. Keller, 『왕의 십자가』, 255.
504. Keller, *Center Church*, 191-97.
505. Keller, *Preaching*, 191-209.
506. Keller, "How to Change," (Galatians 5:16-18), 22-25.

507. 카이퍼의 칼빈주의적 세계관과 영역주권 사상을 위해서는 Abraham Kuyper, *Lectures on Calvinism* (New York: Cosimo, 2007)를 참조하라. 이러한 카이퍼의 유산을 이어받아 영역 주권을 체계화시킨 헤르만 도예베르트(Herman Dooyeweerd)에 의하면, 영역 주권 세계관은 서양 사상의 뿌리가 된 고대 헬라 철학과 희랍 정신에서는 전혀 생소한 개념으로서 사회의 모든 영역이 하나님이 주신 임무와 각 영역 고유의 내재적 본질에 의해 제한되는 권한을 가진다고 보았다. 도예베르트는 우주법(철학)을 15단계로 분류하고 하나님과 우주와의 사이의 범주로 제시한다(수학, 공간, 운동, 물리, 생물, 심리, 분석, 역사, 언어, 사회, 경제, 미적, 법, 윤리, 신앙 영역). Herman Dooyeweerd, *In the Twilight of Western Thought*, 문석호 역, 『서양 문화의 뿌리』(크리스챤다이제스트, 1994), 45-46. Keller, *Center Church*, 196-97.

508. Frame, *Cornelius Van Til*, 79.

509. Keller, *Center Church*, 29-48.

510. Keller, "A Model for Preaching: Part One," 36-41.

511. Keller, *The Reason for God*, 52-69; Keller, *Generous Justice* (New York: Dutton Adult, 2010); Eswine, *Preaching to a Post-Everything World*, 193-204.

512. Keller, *Center Church*, 29-51; Keller, *The Reason for God*, 52-69; Keller, *The Prodigal God*, 110-17

513. Keller, "A Model for Preaching: Part One," 36-41.

514. Keller, 『갈라디아서: 복음을 만나다』, 221-23, 251-60.

515. Keller, "Praying Our Tears," (Psalm 39:12-13; 126:1-6) ⟨https://gospelinlife.com/downloads/praying-our-tears-5177/⟩.

516. Keller, "Praying Our Fears," (Psalm 3:1-8; Genesis 15:1,8) ⟨https://gospelinlife.com/downloads/praying-our-fears-5178/⟩.

517. Keller, "The Wounded Spirit," (Proverbs 12:25; 13:12; 14:10, 13, 30; 15:4, 13-14; 16:2; 18:14; 28:1) ⟨https://gospelinlife.com/downloads/the-wounded-spirit-5389/⟩.

518. Keller, "Hope for Your Life," (1 Peter 1:3-13) ⟨https://gospelinlife.com/downloads/hope-for-your-life-6024/⟩.

519. Keller, "Peace," (Philippians 4:4-12) ⟨ https://gospelinlife.com/downloads/peace-8602/⟩.

520. Keller, "War Between Your Selves (Part 1)," (Romans 7:1-25) ⟨https://gospelinlife.com/downloads/war-between-your-selves-part-41/⟩.

521. Keller, "The Gospel and Your Self," (Isaiah 6:1-13) ⟨https://gospelinlife.com/downloads/the-gospel-and-your-self-5433/⟩.

522. Keller, "Coming to Christ," (2 Matthew 5:1-6) ⟨https://gospelinlife.com/downloads/coming-to-christ-6354/⟩.
523. Keller, "The Problem of Blessing," (Genesis 27:18-34) ⟨https://gospelinlife.com/downloads/the-problem-of-blessing-5247/⟩.
524. Keller, "Blessed Self-Forgetfulness," (1 Corinthians 3:21-4:7) ⟨https://gospelinlife.com/downloads/blessed-self-forgetfulness-5261/⟩.
525. Keller, "The Man the King Delights to Honor," (Esther 3:1-6; 6:1-10) ⟨https://gospelinlife.com/downloads/the-man-the-king-delights-to-honor-5529/⟩.
526. Keller, "A Christian's Happiness," (Romans 8:28-30) ⟨https://gospelinlife.com/downloads/a-christian-s-happiness-6502/⟩.
527. Keller, "Born into Hope," (1 Peter 1:3-9) ⟨https://gospelinlife.com/downloads/born-into-hope-5219/⟩.
528. Keller, "Hope for the World," (Ephesians 1:11-14) ⟨https://gospelinlife.com/downloads/hope-for-the-world-6022/⟩.
529. Keller, "Abraham and the Torch," (Genesis 15:1-21) ⟨https://gospelinlife.com/downloads/abraham-and-the-torch-5860/⟩.
530. Keller, "Real Security and the Call of God," (Genesis 11:27-12:9) ⟨https://gospelinlife.com/downloads/real-security-and-the-call-of-god-5229/⟩.
531. Keller, "Removing Idols of the Heart," (Colossians 3:5-11) ⟨https://gospelinlife.com/downloads/removing-idols-of-the-heart-5596/⟩.
532. Keller, "Perfect Freedom," (Romans 6:1-7;11-18) ⟨https://gospelinlife.com/downloads/perfect-freedom-5497/⟩.
533. Keller, 『갈라디아서: 복음을 만나다』, 218-19.
534. Keller, "Hope and Money," (1 Timothy 6:6-19) ⟨https://gospelinlife.com/downloads/hope-and-money-6028/⟩.
535. Keller, "How Money Makes us Fools," (Luke 12:13-21) ⟨https://gospelinlife.com/downloads/how-money-makes-us-fools-6521/⟩.
536. Keller, "Treasure vs. Money," (Matthew 6:19-34) ⟨https://gospelinlife.com/downloads/treasure-vs-money-5088/⟩.
537. Keller, "Two Men With Money," (2 Kings 5:13-19; Luke 19:5-10) ⟨https://gospelinlife.com/downloads/two-men-with-money-2/⟩.
538. Keller, "The Gospel and Your Wealth," (Malachi 3:1-4, 8-10;4:1-6) ⟨https://gospelinlife.com/downloads/the-gospel-and-your-wealth-5432/⟩.
539. Keller, "Your Plans: God's Plans," (Proverbs 11:3; 12:5, 15; 15:22; 16:1-4,

9, 25, 33; 21:5; 27:1) 〈https://gospelinlife.com/downloads/your-plans-god-s-plans-5390/〉.

540. Keller, 『결혼을 말하다』.
541. Keller, 『결혼을 말하다』, 57-59, 218-19.
542. Keller, 『당신을 위한 로마서 1』, 55.
543. Keller, 『당신을 위한 사사기』, 229.
544. Keller, 『당신을 위한 사사기』, 43-47, 219-220.
545. Keller, 『갈라디아서, 복음을 만나다』, 254.
546. Keller, "1 Corinthians: Leader Talks," (2004-2005).
547. Keller, "Love, Lust and Liberation," (Matthew 5:27-30) 〈https://gospelinlife.com/downloads/love-lust-and-liberation-5087/〉.
548. Keller, "Sexuality and Christian Hope," (1 Corinthians 6:13-20; 7:27-31) 〈https://gospelinlife.com/downloads/sexuality-and-christian-hope-5356/〉.
549. Keller, "Parents and Children," (Ephesians 6:1-4) 〈https://gospelinlife.com/downloads/parents-and-children-2/〉.
550. Keller, "Father's Day Message," (Ephesians 6:4) 〈https://gospelinlife.com/downloads/father-s-day-message/〉.
551. Keller, "Marriage as Commitment & Priority," (Ephesians 5:22-33) 〈https://gospelinlife.com/downloads/marriage-as-commitment-priority-4649/〉.
552. Keller, "Hope for the Family," (Ephesians 5:22-33) 〈https://gospelinlife.com/downloads/hope-for-the-family-6025/〉.
553. 박현신, 『미셔널 프리칭』, 233-34.
554. Keller, 『정의란 무엇인가』, 114.
555. Keller, "A New Community," (Acts 2:40-47) 〈https://gospelinlife.com/downloads/a-new-community-6410/〉.
556. Keller, "Spiritual Friendship," (Acts 20:36-21:8) 〈https://gospelinlife.com/downloads/spiritual-friendship-6582/〉.
557. Keller, "The Community of Jesus," (Luke 6:12-36) 〈https://gospelinlife.com/downloads/the-community-of-jesus-5303/〉
558. Keller, "The Upper Room," (Luke 22:14-34) 〈https://gospelinlife.com/downloads/the-upper-room-5314/〉.
559. Keller, "Hope for the Church," (Hebrews 10:19-25) 〈https://gospelinlife.com/downloads/hope-for-the-church-6027/〉.
560. Keller, "Eating with Jesus," (John 21:1-22) 〈https://gospelinlife.com/downloads/eating-with-jesus-5123/〉.

561. Keller, "Hospitality," (Hebrews 13:1-14) ⟨https://gospelinlife.com/downloads/hospitality-5587/⟩.

562. Keller, "The Gospel, the Church and the World," (1 Peter 2:4-12, 21-25) ⟨https://gospelinlife.com/downloads/the-gospel-the-church-and-the-world-5436/⟩.

563. Keller, "Blueprint for Revival; Introduction 1," (Acts 2:37-47) ⟨https://gospelinlife.com/downloads/blueprint-for-revival-introduction-33/⟩.

564. Keller, "The Cost of Mission," (Genesis 12:1-4) ⟨https://gospelinlife.com/downloads/the-cost-of-mission-2/⟩.

565. Keller, "Better than Miracles," (1 Corinthians 13:1-3) ⟨https://gospelinlife.com/downloads/better-than-miracles-6438/⟩.

566. Keller, "The One God Uses," (1 Kings 19:15-21; 2 Kings 2:8-14) ⟨https://gospelinlife.com/downloads/the-one-god-uses-5111/⟩.

567. Keller, "Neighbors," (Luke 10:25-37) ⟨https://gospelinlife.com/downloads/neighbors-5308/⟩.

568. Keller, "Radical Generosity," (2 Corinthians 9:6-15) ⟨https://gospelinlife.com/downloads/radical-generosity-2/⟩.

569. Keller, "Generosity in Scarcity," (Habakkuk 3) ⟨https://gospelinlife.com/downloads/generosity-in-scarcity-6005/⟩.

570. Keller, 『일과 영성』, 140-59. Keller, "The Problem of The City," (Genesis 11; Proverbs 11) ⟨https://gospelinlife.com/downloads/the-problem-of-the-city-6288/⟩.

571. Keller, 『일과 영성』, 65-66, 73-74.

572. Keller, 『팀 켈러의 일과 영성』, 253.

573. Keller, 『팀 켈러의 일과 영성』, 256.

574. Keller, 『팀 켈러의 일과 영성』, 260.

575. Keller, 『팀 켈러의 일과 영성』, 269.

576. Keller, 『팀 켈러의 일과 영성』, 270-74.

577. Keller, 『팀 켈러의 일과 영성』, 279.

578. 팀 켈러, 『일과 영성』을 참조하라. 또한 켈러와 리디머 교회의 직장(일)사역에 대한 정보를 위해서는 ⟨https://faithandwork.com/⟩를 참조하면 많은 유익을 얻을 수 있다.

579. Keller, "The Problem of The City," (Isaiah 60:1-11, 18-21) ⟨https://gospelinlife.com/downloads/faith-and-work-9208/⟩.

580. Keller, "Work 1," (Thessalonians 4:9-12) ⟨https://gospelinlife.com/

downloads/work-6449/〉.
581. Keller, "Made for Stewardship," (Genesis 1:26-2:2; 2:7-9, 15) 〈https://gospelinlife.com/downloads/made-for-stewardship-5206/〉.
582. Keller, "Work and Rest," (Luke 6:1-11) 〈https://gospelinlife.com/downloads/work-and-rest-5314/〉.
583. Keller, "Hope for Your Work," (Titus 2:11-3:9) 〈https://gospelinlife.com/downloads/hope-for-your-work-6026/〉.
584. Keller, "Our Work and Our Character," (Ephesians 5:21, 6:5-9) 〈https://gospelinlife.com/downloads/our-work-and-our-character-6099/〉.
585. Keller, "Writing from a Christian Worldview," 〈https://gospelinlife.com/downloads/writing-from-a-christian-worldview-how-jesus-resolves-the-plot-lines-4663/〉.
586. Keller, "Re-Imagine Law," (Genesis 1:26-2:2; 2:7-9, 15) 〈https://gospelinlife.com/downloads/center-for-faith-and-work/〉.
587. Keller, "Preaching the Gospel in a Post Modern World," 81.
588. Keller, *Center Church*, 181-242. Keller는 두 왕국이론(루터교), 적실성 이론(자유주의 신학, 이머징 교회, 구도자 교회), 반문화 이론(재세례파, 신 재세례파, 아미쉬)을 지양하고 신칼빈주의(Neo-Calvinism)이 추구하는 문화변혁이론을 따른다.
589. Keller, "Love and Lust," (John 4) 〈https://www.youtube.com/watch?v=jUWnE6GeOiE〉.
590. Keller, "Cultural Renewal," (Isa 60:4-11, 17-21).
591. Keller, "Tale of Two Cities," (Genesis 4:11-26) 〈https://www.youtube.com/watch?v=3jYhGSFzFJA〉.
592. Keller, 『왕의 십자가』, 130-31.
593. Keller, 『당신을 위한 사사기』, 26, 41, 50.
594. Keller, "Preaching Morality in an Amoral Age," in *The Art & Craft of Biblical Preaching*, Haddon Robinson and Craig Larson eds., (Grand Rapids: Zondervan, 2005), 166-67.
595. Keller, "Creation Care and Justice: Proverb 3," 〈https://gospelinlife.com/downloads/creation-care-and-justice-5393/〉.
596. Keller, *The Reason for God*, 52-69; Keller, *Generous Justice* (New York: Dutton Adult, 2010); Eswine, *Preaching to a Post-Everything World*, 193-204.
597. 박현신, 『미셔널 프리칭』 227-29.
598. Keller, 『정의란 무엇인가』, 207-09.
599. Keller, 『정의란 무엇인가』, 114-22.

600. Keller, 『정의란 무엇인가』, 42-43.
601. Keller, 『방탕한 선지자』, 211-12.
602. Keller, 『정의란 무엇인가』, 109-19.
603. Keller, 『정의란 무엇인가』, 90, 119, 142, 157, 164.
604. Keller, 『정의란 무엇인가』, 227.
605. Keller, 『일과 영성』, 223-24.
606. Keller, "Doing Justice and Mercy," 〈https://www.youtube.com/watch?v=u8Fn4vTTXHM〉.
607. Keller, "Justice," (Isaiah 58:1-14) 〈https://gospelinlife.com/downloads/justice-5430/〉.
608. Keller, "Hope for the Poor," (1 John 3:1-3, 14-20) 〈https://gospelinlife.com/downloads/hope-for-the-poor-6023/〉.
609. Keller, "An Immigrant's Courage," (Ruth 4:13-17) 〈https://gospelinlife.com/downloads/an-immigrant-s-courage-6517/〉.
610. Keller, "Hope, Race and Power," (Romans 14:1-3, 14-15:7) 〈https://gospelinlife.com/downloads/hope-race-and-power-5357/〉.
611. Keller, "Preaching Morality in an Amoral Age," *Leadership* (1996): 110-15.
612. Chapell, "Application without Morality," 289-93.
613. Keller, 『당신을 위한 로마서 2』, 205-27.
614. Keller, "Arguing About Politics," (Mark 12:13-17) 〈https://gospelinlife.com/downloads/arguing-about-politics-5238/〉.
615. Keller, 『왕의 십자가』, 128-29.
616. Keller, 『당신을 위한 로마서 2』, 207.
617. Keller, "Truth, Tears, Anger, and Grace," (John 11:20-53) 〈https://gospelinlife.com/downloads/truth-tears-anger-and-grace-5247/〉.
618. Keller, *The Reason for God*, 3-21, 59-64; and Keller, "Preaching amid Pluralism," 177-79.
619. Keller, 『거짓 신들의 세상』, 26-27.
620. Keller, 『당신을 위한 사사기』, 6.
621. Keller, 『당신을 위한 사사기』, 57.
622. Keller, 『당신을 위한 사사기』, 114; Keller, 『왕의 십자가』, 114. 116, 137.
623. 상세한 예를 위해서는 Keller, *Counterfeit Gods*, 126-53를 참조하라. Keller, 『당신을 위한 로마서 1』, 284-85.
624. Keller, "Evangelistic Worshp."
625. Keller, "The Missional Church," 〈www.redeemer2.com/resources/papers/

missional.pdf⟩.
626. Keller, "Hell: Isn't the God of Christianity an angry Judge? (Luke 16:19-31)," ⟨https://gospelinlife.com/downloads/hell-isn-t-the-god-of-christianity-an-angry-judge-5494/⟩.
627. Keller, "Preaching Hell in a Tolerant Age," 629-33.
628. Chapell, "Application without Morality," in *The Art & Craft of Biblical Preaching*, 289-90.
629. Keller, "Reading, Preparation, Conversation & Preaching." Audio from Ockenga Institute Pastor's Forum: Preaching to the Heart. Held at Gordon-Conwell Theological Seminary, South Hamilton, MA, 2006.
630. Luo, "Preaching the Word and Quoting the Voice."
631. Dave Stone, *Refining Your Style*, (Loveland, CO: Group Pub Inc., 2004), 58-53.
632. Keller, *Preaching*, 180-87.
633. Bryan Chapell, "God is the Hero of the Story," *Preaching* 21 (2006): 30-34.
634. Keller, Preaching, 213-232; Keller, "A Model for Preaching: Part Three," *The Journal of Biblical Counseling* 13.2 (1995): 51-57.
635. Keller, "The Lions of God," ⟨https://gospelinlife.com/downloads/the-lions-of-god-5189/⟩.
636. Keller, "Truth, Tears, Anger, and Grace," ⟨https://gospelinlife.com/downloads/truth-tears-anger-and-grace-5247/⟩.
637. Keller, "Preaching the Gospel in a Post-Modern World," 158-68.
638. Keller, *Preaching*, 213-32.
639. Keller, *Preaching*, 231-32.
640. Stone, *Refining Your Style*, 58-53.
641. Keller, *Preaching*, 302-04; 기독교 인문주의자라고 불리우는 멜랑히톤은 설교자가 자신의 생각을 논리적으로 명확하게 표현하는 통찰력을 말하는 기술로서 수사학을 교회 교사들이 필수적으로 갖추어야 할 역량으로 보았다. 따라서 멜랑히톤은 인문학적 사고의 필요성과 함께 스콜라적 토론이 아닌 공개연설 형식의 수사학과 언어에 대한 훈련이 필요하다고 보았다. 정원래, *Philip Melanchthon* (서울: 익투스, 2017), 63-64.
642. Keller, "Sin as Slavery." ⟨https://gospelinlife.com/downloads/sin-as-slavery-6435/⟩.
643. Keller, "The Man the King delights to honor."
644. Keller, "Hope for the Church," (Hebrews 10:19-25) ⟨https://gospelinlife.

com/downloads/hope-for-the-church-6027/〉.
645. Keller, "Blessed are the Poor," (Luke 6:20-26) 〈https://gospelinlife.com/downloads/blessed-are-the-poor-6541/〉.
646. Keller, "Real Friendship and the Pleading Priest" 〈https://gospelinlife.com/downloads/real-friendship-and-the-pleading-priest-5234/〉.
647. Keller, "Money and the Woes of Jesus," (Luke 6:19-26; 30-35) 〈https://gospelinlife.com/downloads/money-and-the-woes-of-jesus-6056/〉.
648. 야고보서 시리즈 중 Keller, "Grace and the New Birth," (James 1:16-18) 〈https://gospelinlife.com/downloads/grace-and-the-new-birth-5820/〉.
649. 2016년 3월 20일 주일 예배설교 〈https://www.youtube.com/watch?v=u8Fn4vTTXHM〉.
650. Keller, "The Meaning of the City," (Jeremiah 29:4-14) 〈https://gospelinlife.com/downloads/the-meaning-of-the-city-5329/〉.
651. Keller, "Spiritual Warfare," (Ephesians 6:10-13) 〈https://gospelinlife.com/downloads/spiritual-warfare-6191/〉.
652. Keller, 『예수를 만나다』, 161-76.
653. Keller, "Christian Hope and Money," (2 Corinthians 8-9) 〈https://gospelinlife.com/downloads/perfect-freedom-5497/〉.
654. Keller, "Perfect Freedom," (Romans 6:1-7; 11-18) 〈https://gospelinlife.com/downloads/perfect-freedom-5497/〉.
655. Keller, "Hope for your Work," (Titus 2:11-3:9) 〈https://gospelinlife.com/downloads/hope-for-your-work-6026/〉.
656. Keller, "A Community of Peace-Making," (James 3:1-18) 〈https://gospelinlife.com/downloads/a-community-of-peace-making-6033/〉.
657. Keller, "The Supper," (1 Corinthians 11:18-34) 〈https://gospelinlife.com/downloads/practicing-the-christian-life/〉.
658. Keller, "David Prepares His People," (1 Chronicles 29:1-20). 〈https://gospelinlife.com/downloads/david-prepares-his-people-6021/〉.
659. Keller, "Arguing about the Afterlife," (Matthew 22:23-33) 〈https://gospelinlife.com/downloads/arguing-about-the-afterlife-5236/〉.
660. Keller, "The Lions of God," 〈https://gospelinlife.com/downloads/the-lions-of-god-5189/〉.
661. Keller, 『마르지 않는 사랑의 샘』, 62-63, 100-02.
662. Keller, 『예수를 만나다』, 55-74.
663. Keller, "Love and Lust," 〈https://gospelinlife.com/downloads/love-and-

lust-6151/〉.
664. Keller, 『당신을 위한 사사기』, 174-75.
665. Keller, 『당신을 위한 사사기』, 207.
666. "The Prodigal God - He Welcomes Sinners," (Luke 15:3-7); "Pharisess muttering triggers the next three parables," (Luke 15:1-2).
667. Keller, 『예수를 만나다』, 158.
668. Keller, 『갈라디아서: 복음을 만나다』, 282.
669. Keller, 『왕의 십자가』, 96.
670. Keller, 『예수를 만나다』, 106.
671. Keller, 『예수를 만나다』, 81.
672. Keller, 『예수를 만나다』, 114.
673. Keller, 『예수를 만나다』,198.
674. Keller, "Doing Justice and Mercy," 〈https://www.youtube.com/watch?v=u8Fn4vTTXHM〉.
675. Keller, "목이 마르도다" 설교 서론 중에서 발췌함.
676. Keller, 『예수를 만나다』, 194, 196.

3부 켈러 실제 설교 분석하기

677. Keller, "I Thirst," (John 19:28-37) 〈https://gospelinlife.com/downloads/i-thirst-5574/〉; 사도 요한이 전하는 그리스도의 수난 설교 시리즈에서 두 번째 설교이다. 설교 영상은 켈러의 설교집 『마르지 않는 사랑의 샘』에 DVD부록으로 포함되어 있다.
678. 〈https://www.monergism.com/thethreshold/sdg/getout.html〉.
679. 설교학자들이 보는 일반적인 주제 설교(topical sermon)는 성경적인 주제에 초점을 맞추거나 회중에게 중요한 주제를 성경 안에 특정한 본문 혹은 구절의 분석을 통한 방식보다는 넓은 복음적 관점에서 핵심 단어와 구절을 찾아내어 연구하고 공통적인 교훈(교리적 원리)을 찾아내고 다시 특정 주제에 다시 빛을 비추고 그 문제를 어떻게 이해하고 적용해야 하는지를 다루는 설교라고 할 수 있다. 이런 의미에서 성경적 설교의 분류 가운데 주제 설교도 광의적으로 포함될 수 있다. 이는 성경의 진리와 연관성을 가지는 주제라는 전제 하에 주제 설교는 여전히 필요하기 때문이며, 여전히 현대 탁월한 설교자들이 주제 설교를 창조적인 형태로 효과적으로 활용하고 있기 때문이다. 그러나 설교자가 미리 정한 주제를 가지고 적절한 본문을 찾아 연결하고, 성경의 관련된 여러 구절들을 통해 증명하는 유형인 '주제 설교'(topical sermon) 혹은 제목 설교와 설교자가 정한 교리 주제에 적합한 본문에 기초한 특정 교리와

다른 구절들을 연결해서 교훈과 적용을 제시하는 유형인 주제형 설교(expository-thematic sermon)는 구별될 필요가 있다(본 책에서는 구별을 위해 제목 설교와 유사한 주제 설교를 '토피컬' 설교라 하고, 보다 본문에 근거한 교리 주제 설교를 '테마틱' 교리 설교라 지칭하고자 한다). 후자가 더 이상적인 주제 교리 설교의 방식이지만, 교리 설교의 등정을 할 때는 토피컬(제목) 교리 설교(topical-doctrinal sermon)와 주제형 교리 설교(thematic-doctrinal sermon)를 어느 정도 통합한 유형도 유용하게 활용될 수 있다.

680. 〈https://gospelinlife.com/downloads/everyone-with-a-gift-6892/〉.
681. 켈러의 삼중적 패러다임에 대해서는, 박현신, 『미셔널 프리칭』(예영커뮤니케이션, 2012), 214-15.
682. Robinson, *Biblical Preaching*, 33-43; Donald Sunukjian, *Invitation to Biblical Preaching* (Grand Rapids: Kregel, 2007), 65-84.
683. Dennis M. Cahill, *The Shape of Preaching* (Grand Rapids: Baker Books, 2007)를 참조하라.
684. Jeffrey Arthurs, *Preaching with Variety*, 박현신 역, 『목사님 설교가 다양해졌어요』(서울: 베다니, 2010).
685. 전제주의 변증적 설교에 대한 이론적 고찰과 Keller의 모델에 대한 심층적 분석에 대해서는 졸고, 박현신, "포스트에브리팅 세대의 세계관 변혁을 위한 전제주의 변증적 설교: Timothy Keller 모델을 중심으로," *KRJ* 29 (2014): 337-91을 참조하라.
686. Keller의 설교음성을 듣고 정리한 것임을 밝힌다. 〈https://gospelinlife.com/downloads/the-prodigal-sons-5424/〉.
687. 켈러의 설교를 듣고 정리한 것임을 밝힌다. 〈https://gospelinlife.com/downloads/the-prodigal-sons-5424/〉.
688. 팀 켈러, 『팀 켈러의 탕부 하나님』, 27.
689. Timothy Keller, *The Prodigal God* (New York: Dutton, 2008), 7-11.
690. Keller, *The Prodigal God*, 71.
691. Keller, *Preaching*, 231-32.

4부 켈러 설교에 대한 종합 평가

692. Old, *The Reading and Preaching of the Scripture*, 152, 158. 추가
693. 박현신, 『포브릿지 프리칭』, (서울: CLC, 2017), 52-60.
694. John A. Broadus, *On the Preparation and Delivery of Sermon* 4th ed., ed. Vernon Stanfield (San Francisco: Harper & Row, 1979), 165.
695. Old, *The Reading and Preaching of the Scripture*, 153-58.

696. Jeffrey Arthurs, "The Postmodern Mind and Preaching," in *Preaching to a Shifting Culture: Twelve Perspectives on Communicating That Connects*, ed. Scot M. Gibson (Grand Rapids: Baker, 2004), 180-88; D. A. Carson, *Becoming Conversant with the Emerging Church* (Grand Rapids: Zondervan, 2005), 95-101; Millard J. Erickson and James L. Heflin, *Old Wine in New Wineskins: Doctrinal Preaching in a Changing World* (Grand Rapids: Baker Books, 1997), 50-52; Molher, Jr., *He is not Silent*, 『말씀하시는 하나님』, 173-84.
697. Old, *The Reading and Preaching of the Scripture*, 152.
698. George A. Kennedy, *Classical Rhetoric and Its Christian and Secular Tradition from Ancient to Modern Times*, 2nd. (Chapel Hill and London: The University of North Carolina Press, 1999), 101-18.
699. James W. Thompson, *Preaching Like Paul*, (Louisville, KY: Westminster John Knox Press, 2001), 68-75.
700. 메흐라비언(Mehrabian) 법칙에 따르면, 설교자의 신뢰성에 영향을 미치는 요인으로 언어적 측면이 7%, 목소리적 측면이 38%인 반면, 청중들의 눈에 비춰지는 설교자의 외적인 전달 측면이 무려 55%로 가장 큰 영향을 끼치는 요인으로 나타났다. Bert Decker, *Communicating with Bold Assurance* (Nashville, TN: LifeWay Press, 2000), 10.
701. Haddon W. Robinson, *Biblical Preaching* (Grand Rapids: Baker Academic, 2003), 21.
702. Robinson, *Biblical Preaching*, 21.
703. Robinson, *Biblical Preaching*, 23-30; Bryan Chapell, Christ-centered Preaching (Grand Rapids: Baker Academic, 2005), 132.
704. Greg Heisler, *Spirit-Led Preaching: The Holy Spirit's Role in Sermon Preparation and Delivery* (Nashville: B & H, 2007), 21.
705. Chapell, *Christ-Centered Preaching*, 44-48; Robinson, *Biblical Preaching*, 35-43.
706. Duane Litfin, *Public Speaking*, 2nd ed. (Grand Rapids: Baker, 1992), 74-109.
707. Kent Anderson, *Choosing to Preach: A Comprehensive Introduction to Sermon Options and Structures* (Zondervan Academic, 2006), 235-61.
708. Robinson, *Biblical Preaching*, 15; York and Decker, *Preaching with Bold Assurance*, 18-22.
709. Robinson, "Set free from the cookie cutter: How the text can form the sermon", in *The Art and Craft of Biblical Preaching*, ed. Haddon W. Robinson and Craig B. Larson (Grand Rapids: Zondervan, 2005), 323-26; Arthurs,

Preaching with Variety, 22, 30.
710. Dennis M. Cahill, *The Shape of Preaching* (Grand Rapids: Baker Books, 2007), 18-22, 68-77.
711. Cahill, *The Shape of Preaching*, 23-26; Dennis M. Cahill, "The Theology of Sermon Design," *Preaching* 23 no. 2 (2007): 30-35; Paul S. Wilson, *Preaching and Homiletic Theory* (St.Louis, MO: Chalice Press, 2004), 59-100.
712. Arica A. Heald and Jeffrey D. Arthurs, "Public Address in the Bible and the Secularized West: Genre-sensitive and Culture-sensitive sermons from Biblical Speeches", *Evangelical Homiletic Society* (2007): 1-11.
713. Bryan Chapell, "Alternative Models: Old Friends in New Clothes", *Presbyterion* 19/1(1993): 7-11.
714. 한 예로, 켈러는 전도서의 문예 장르를 살리려는 접근을 시도한다. 켈러는 전도서 저자가 말하는 일의 속성과 원 의미를 알아내고자 책의 문학적 장르와 논리를 전개하는 화법을 살핀다. 켈러는 구약학자 트램퍼 롱맨을 인용하여 전도서가 그 당시 있었던 이른바 '허구적 자전'이라는 문학 형식을 따르고 있다고 말한다. 이는 작가가 또 다른 가상 인물을 내세우는 방법으로, 전도서에서도 작가와 '코헬레트(스승, 철학자)'라는 두 주인공이 등장해 삶에 대한 주제를 풀어내고 있다고 켈러는 분석하였다. 특히 켈러는 '해 아래에서'라는 코헬레트의 표현에 집중하였다. 이는 이생에서의 삶에 관심을 집중하는 말로써 코헬레트의 생각을 파악할 수 있는 결정적 단서다. 전도서의 코헬레트는 해 아래에서 찾을 수 있는 것들, 특히 본문에서는 열심히 일해서 성공하는 것을 통해 의미있는 삶을 찾으려고 노력하고 있다. 그러나 결국 이러한 코헬레트의 생각과 행동은 헛수고였다. Keller, 『일과 영성』, 121-23.
715. 시편, 내러티브, 비유, 잠언, 서신서, 묵시문학 등의 성경의 장르에 따라 다양한 강해설교를 형성해 가는 구체적인 지침에 대해 더욱 연구하기를 원한다면, Jeffrey D. Arthurs의 *Preaching with Variety*, 38-199.
716. 내러티브 플롯에 대한 상세한 연구를 위해서는 Reland Ryken, *Words of Delight*(Grand Rapids: Baker, 1987), 55-105; Arthurs, *Preaching with Variety*, 68-72; Mathewson, *Art of Preaching*, 이승진 역, 『청중을 사로잡는 구약의 내러티브 설교』(서울: CLC, 2004), 66-89; Robert Alter, *Art of Biblical Narrative*, (New York: Basic), 47-62.
717. Greidanus, *Preaching Christ from the Genesis*, 196-99, 318; Arthurs, *Preaching with Variety*, 70-71.
718. Ryken, *Words of Delight*, 48-50.
719. Arthurs, *Preaching with Variety*, 72-76; Mathewson, *Art of Preaching*, 91-109

720. Arthurs, *Preaching with Variety*, 76-78; Mathewson, *Art of Preaching*, 111-17.
721. Arthurs, *Preaching with Variety*, 78-84.
722. Arthurs, *Preaching with Variety*, 41-48.
723. Brian C. Stiller, *Preaching Parables to Postmoderns* (Minneapolis: FortressPress, 2005).
724. Arthurs, *Preaching with Variety*, 103-18.
725. Arthurs, *Preaching with Variety*, 152-65.
726. Arthurs, *Preaching with Variety*, 179-88.
727. 박현신, 『포브릿지 프리칭』, 261-63.
728. 박현신, 『포브릿지 프리칭』, 264-68.
729. Timothy F. Kauffman, "Get Santification Done," *Trinity Review* 311 (2013): 3-12를 참조하라.
730. Michael Horton, *Introducing Covenant Theology* (Grand Rapids: Baker Books, 2006), 10, 182; Virkler and Karlynne G. Ayayo, *Hermeneutics*, 132-35.
731. John Frame, *Systematic Theology: An Introduction to Christian Belief* (Phillipsburg, NJ: P&R, 2013), 81-83. 하나님께서 주권적으로 이끄시는 영원한 구속의 언약(규범적 관점)은 보편적 언약과 새로운 언약이 실행되도록 하는 역할이며, 보편적(상황적 관점) 언약은 인간의 마음(실존)을 포함한 창조세계 안에 모든 사실과 하나님의 관계를 나타내며, 새로운 언약(실존적 관점)은 보편적, 영원한 언약에 기초하여 언약백성의 유익을 위하여 그리스도 사랑에서 신자를 결코 분리할 수 없을 보증(롬 8:35-39)하는 차원이다. 이러한 언약적 삼중관점을 윤리적 적용의 기준으로 삼아야 한다. (Frame, *Systematic Theology*, 82-83).
732. 박현신, 『포브릿지 프리칭』, 293-97.
733. Greidanus, *Preaching Christ from the Old Testament*, 177-203
734. Greidanus, *Preaching Christ from the Old Testament*, 227-77.
735. Greidanus, *Preaching Christ from the Old Testament*, 292-318; Greidanus, *Preaching Christ from the Genesis*, 194-212.
736. Greidanus, *Preaching Christ from the Genesis*, 474-75. 그레이다누스가 제시한 그리스도중심적 설교 10단계는 다음과 같다: 1) 청중의 필요를 고려하면서 본문의 단락을 정하기, 2) 본문의 문예적 맥락을 인식하면서 본문을 반복해 읽기, 3) 본문의 구조를 아웃라인하기, 4) 역사적 상황을 고려하면서 본문을 해석하기, 5) 본문의 주제와 목적을 형성하기, 6) 정경적, 구속사적 맥락을 감안하면서 본문의 메시지를 이해하기, 7) 설교의 주제와 목적을 형성하기, 8) 적합한 설교의 형태를 선택하기, 9) 설교 아웃라인을 정하기, 10) 구어체로 설교 작성하기.

737. Keller, *Preaching*, 86-90.
738. Keller, *Preaching*, 86-87.
739. 한 예로 마가복음 설교 중에서 인용함. Keller,『왕의 십자가』, 84-85.
740. 소위 바울에 대한 새 관점(New Perspective on Paul)을 주장하는 샌더스(E. P. Sanders), 제임스 던(James Dunn), 라이트(N.T. Wright) 등이 주장하는 '언약적 율법주의 혹은 언약적 신율주의'(covenantal nomism)와 개혁주의 은혜언약에 근거한 윤리적 적용과는 근본적으로 다른 차원으로 결코 수용될 수 없는 관점이다. 새 관점의 율법, 은혜, 언약, 구원 등에 대한 이해는 칼빈주의 5대 교리인 전적 타락(Total Depravity), 무조건적 선택(Unconditional Election), 제한 속죄(Limited Atonement), 불가항력적 은혜(Irresistible Grace), 성도의 견인(Perseverance of Saints) 교리와 종교 개혁적 구원론과 성화론(오직 성경, 오직 은혜, 오직 믿음, 오직 그리스도)과 다른 "현대판 유대주의적 기독교"로서 율법주의적 관점이며, 그리스도 안에 있는 개혁주의 은혜언약과는 다른 '신인 협력적'(synergistic), '반펠라기우스적' 신학이라고 할 수 있다. 칼빈주의 교리와 대치되는 중세후기의 공로주의적, 반펠라기우스적, 율법주의적인 새 관점과 언약적 신율주의는 개혁주의 관점에서 철저히 비판되고 배격되어야 한다. 김영한, "현대판 유대주의 기독교의 구원론에 대한 비판적 성찰: 종교개혁적 구원론의 관점에서," 한국개혁신학회,「한국개혁신학」28 (2010): 7-37; 김병훈, "율법주의, 언약적 율법주의, 은혜언약: "바울의 새 관점들"의 신학적 소재(所在)?", 한국개혁신학회,「한국개혁신학」28 (2010): 147-91; Horton, *Covenant and Salvation*, 37-52. 새 관점에 대한 상세한 개혁신학적 비판에 대해서는 Michael Horton, *Covenant and Salvation: Union with Christ* (Louisville, KY: Westminster John Knox Press, 2007), 11-125를 참조하라.
741. 보다 상세한 논의를 위해서는 D. A. Carson, *Christ and Culture Revisted* (Grand Rapids: Wm. B. Eerdmans Pub., Co., 2008) 31-65를 참조하라.
742. 설교의 적용을 입체적으로 진단하기 위한 질문들에 대해서는 박현신,『포브릿지 프리칭』, 52-60를 참조하라.
743. Keller,『일과 영성』, 302-03.
744. 박현신,『포브릿지 프리칭』, 353-60.
745. 박현신,『포브릿지 프리칭』, 360-67.
746. 박현신,『포브릿지 프리칭』, 367-79.
747. Old, *The Reading and Preaching of the Scripture*, 152.
748. 박현신,『포브릿지 프리칭』, 397-98.
749. Keller,『왕의 십자가』, 36.
750. Keller,『왕의 십자가』, 226-27, 261.
751. Keller,『왕의 십자가』, 77-79, 298, 305-06.

752. 박현신, 『포브릿지 프리칭』, 382-97.
753. Robert Stein, *The Method and Message of Jesus Teaching* (Louisville, KY: Westminster John Knox Press, 1994), 8-32; Ralph Lewis, "Proclaiming the Gospel Inductively," *Review & Expositor* 84 (1987): 41-52; Roy B. Zuck, *Teaching as Jesus Taught*, 송원준 역, 『예수님의 티칭 스타일』, (서울: 디모데, 2000), 294-359.
754. 구체적인 설명과 성경적 예들에 관해서는 로이 주크의 『바울의 티칭 스타일』, (서울: 디모데, 2002), 249-306를 참조하라.
755. Knapp and Hall, *Nonverbal Communication in Human Interaction*, 5; Martin S. Remland, *Nonverbal Communication in Everyday Life* (Boston, MA: Houghton Mifflin Company, 2003), 19. 그러나 Knapp과 Hall은 언어적 요소와 비언어적 요소는 분리하는 것은 불가능할 정도로 연결되어 있다고 보았다. 메시지를 엔코딩(encoding)하는 과정에서 매우 중요한 비언어적 커뮤니케이션 코드는 크게 여섯 가지 영역을 나누어 질 수 있다. ① 몸의 움직임과 제스처(동작학) ② 얼굴 표현과 시선 행동 ③ 목소리 특성 ④ 시간 ⑤ 공간(근접학) ⑥ 외모/외양. 비언어적 커뮤니케이션의 분류와 기능에 대한 자세한 연구를 위해서는 Sarah Trenholm, *Thinking Through Communication*, 2nd ed. (Needham Heights, MA: Allyn and Bacon, 1999), 113-50; Knapp and Hall, *Nonverbal Communication in Human Interaction*, 7-9; James C. McCroskey, *An Introduction to Rhetorical Communication*, (Needham Heights, MA: Allyn & Bacon, 1997), 138-47을 참조하라.
756. Peter A. Anderson, *Nonverbal Communication: Forms and Functions* (Mountain View, CA: Mayfield Publishing Co., 1999), 1-29.
757. Wayne V. McDill, *The Moment of Truth* (Nashville, TN: Broadman & Holman Pub., 1999), 91; Steven A. Beebe and Susan J. Beebe, *Public Speaking: Audience-centered Approach* (Inglewood Cliffs, NJ: Prentice Hall, 1991), 223. 이러한 비언어적 커뮤니케이션의 중요성에 대해 강조할 때 자주 언급되는 것이 소위 알버트 메흐라비언(Albert Mehrabian)이 주장한 메흐라비언 법칙이다. 즉 언어와 비언어가 갈등을 이룰 때 언어적 요소가 7%, 음성적 요소가 38%, 비언어적 전달 요소가 55% 비중을 가지고 청중들에게 영향을 끼치는 요인으로 작용한다는 커뮤니케이션 법칙이다. Albert Mehrabian, *Silent Messages: Implicit Communication of Emotions and Attitudes*, 2nd ed. (Belmont, CA: Wadsworth, 1981).
758. Chapell, *Christ-centered Preaching*, 331-38; McDill, *The Moment of Truth* (Nashville,TN: Broadman & Holman Pub., 1999), 93; York and Decker, *Preaching with Bold Assurance*, 200.

759. Al Fasol, *A Complete Guide to Sermon Delivery* (Nashville, TN: Broadman &Holman Pub., 1996), 47-86; Wayne V. McDill, *The Moment of Truth*, 91-111.
760. Joel R. Beeke, *Reformed Preaching* (Wheaton, IL: Crossway, 2018), 24-41.
761. York, 『확신있는설교』, 265-75.
762. Keller, *Preaching*, 191-209.
763. 박현신, 『포브릿지 프리칭』, 410-34.

〈부록〉 팀 켈러의 시리즈 설교 및 연속 강해 설교(1989년-2019년)

764. 팀 켈러 설교를 정리해 놓은 다음의 사이트를 참조하여 분석한 것이다. 〈http://www.gospelinlife.com/sermons.html?p_type=6〉. 켈러가 설교한 모든 설교를 다 정리한 것은 아니라 할 지라도, 성경 전체 각 본문에 해당되는 설교 횟수와 연속강해 횟수는 켈러 설교의 전체적인 그림을 알 수 있게 해 준다.